Bertie en de wonderjaren

Mike Hoogveld

Bertie en de wonderjaren

Een kroonprins en de uitvinders
van de moderne wereld

Amsterdam · Antwerpen
Em. Querido's Uitgeverij BV
2022

MIX
Papier van
verantwoorde herkomst
FSC® C004472

Deze uitgave kwam tot stand door bemiddeling van
Sebes & Bisseling Agency te Amsterdam.

Omslag Nanja Toebak
Omslagbeeld Library of Congress, Prints & Photographs Division,
LC-DIG-ppmsc-08567/Blériot XI: Bernisches Historisches Museum
Foto auteur Lionne Hietberg

ISBN 978 90 214 6065 9 / NUR 320
www.querido.nl

Inhoud

Chronologisch overzicht 7

1 Tijd voor verandering 17
2 Stad van plezier 36
3 Bouwen aan de toekomst 58
4 Zondagsrijders 80
5 Citius, altius, fortius 99
6 De tweewielergekte 120
7 De grand tour 138
8 Electrifying 159
9 In beeld en geluid 178
10 Stop de persen! 197
11 Over zee, over land en door de lucht 218
12 De eed van Hippocrates 238

Dank 259
Noten 261
Illustratieverantwoording 314
Register 317

Chronologisch overzicht

1837
Victoria wordt koningin op 20 juni.

1840
Victoria trouwt op 10 februari met haar Duitse neef prins Albert. Op 21 november wordt hun eerste kind geboren: prinses Victoria (Vicky).

1841
Bertie wordt in Buckingham Palace geboren op 9 november. Hij wordt ingehuldigd als Prince of Wales op 8 december.

1843
Berties zus prinses Alice wordt geboren op 25 april. Hierna volgen nog zes broers en zussen: Alfred (1844), Helena (1846), Louise (1848), Arthur (1850), Leopold (1853) en Beatrice (1857).

1851
Bertie ontdekt dat hij Victoria's troonopvolger is. Van mei tot oktober bezoekt hij bijna dagelijks de wereldtentoonstelling in Londen.

1855
Bertie vergezelt zijn ouders op staatsbezoek aan Frankrijk en ontmoet in Parijs keizer Napoleon III en keizerin Eugénie. Hier bezoekt hij ook de Franse wereldtentoonstelling.

1857
Bertie mag met enkele jongens op reis naar Duitsland en Zwitserland. Hier kust hij voor het eerst een meisje.

1858

Bertie gaat op reis naar Italië en geniet van zijn vrijheid.

1859

Bertie gaat vanaf september studeren in Oxford en ontdekt hoe hij zich stiekem kan begeven in een wereld vol geneugten.

1860

Bertie gaat de eerste vier maanden van het jaar succesvol op tournee door Canada en de Verenigde Staten van Amerika. Hiervoor reist hij in de eerste luxeslaaptrein en bezoekt in New York een voorloper van de wolkenkrabber en het circus van Barnum & Bailey. Daarna gaat hij studeren aan Cambridge, waar hij zijn eerste echte vriendschappen sluit.

1861

Bertie gaat op militair kamp en wordt betrapt als hij de nacht doorbrengt met Nellie Clifden, maar zet de relatie heimelijk voort. Albert is woedend en op 25 november praten ze de ruzie uit tijdens een wandeling in de regen. Albert loopt buiktyfus op en komt op 14 december te overlijden.

1862

Victoria neemt Bertie de dood van Albert kwalijk en stuurt hem de eerste maanden van het jaar op grand tour door het Midden-Oosten. Hier bezoekt Bertie Cairo, Luxor, Jeruzalem (waar hij zich laat tatoeëren), Hebron, Damascus, Beiroet, Constantinopel en Athene. Bij terugkomst bezoekt hij de wereldtentoonstelling in Londen. Bertie verlooft zich op aandringen van Victoria op 9 september met prinses Alexandra.

1863

Bertie en Alexandra trouwen op 10 maart. Daarna betrekken ze Marlborough House en Sandringham. Als huwelijksreis maken ze een cruise over de Middellandse Zee, waar Bertie direct verknocht raakt aan Cannes. Dat jaar wordt hij ook beschermheer van de Royal and Ancient Golf Club of St Andrews.

1864

Op 8 januari wordt het eerste kind van Bertie en Alexandra geboren: Albert Victor.

1865
Op 3 juni bevalt Alexandra van hun tweede kind: George.

1867
Op 20 februari wordt de eerste dochter van Bertie en Alexandra geboren: Louise. Bertie is dat jaar voorzitter van de commissie die de Britse bijdrage organiseert voor de wereldtentoonstelling in Parijs.

1868
Op 6 juli wordt het vierde kind van Bertie en Alexandra geboren: Victoria (Toria), die als enige kind ongetrouwd zal blijven.

1869
Op 26 november wordt het vijfde van Bertie en Alexandra geboren: Maud. Bertie bezoekt onder leiding van Ferdinand de Lesseps het in aanbouw zijnde Suezkanaal en opent de sluizen.

1871
Op 7 april verliezen Bertie en Alexandra een dag na de geboorte hun zesde kind: Alexander John. Bertie wordt in de zomer betrapt op illegaal gokken en bovendien gechanteerd met liefdesbrieven. In november krijgt hij buiktyfus en ontsnapt aan de dood. Dit laatste maakt Bertie ongekend populair en leidt in februari 1872 tot een spontane nationale viering.

1875
Tot Victoria's woede maakt Bertie een zelf geïnitieerde tournee door India, waarvan het onverwachte succes haar tot genoegen de titel van keizerin van India oplevert.

1877
Bertie begint een affaire met Lillie Langtry.

1878
Bertie is opnieuw voorzitter van de commissie die de Britse bijdrage organiseert voor de wereldtentoonstelling in Parijs. Hier ontmoet hij Sandford Fleming.

1879
Bertie begint een affaire met de Franse actrice Sarah Bernhardt.

1881
Bertie wordt vanwege zijn waardering voor César Ritz en Auguste Escoffier een vaste gast van het Grand Hôtel in Monte Carlo.

1882
Bertie laat op zowel Windsor als Sandringham een golfbaan aanleggen. Verder reikt hij de Albert Medal uit aan Louis Pasteur.

1884
Na een bezoek aan de sloppenwijken van Londen zorgt Bertie ervoor dat de Housing of the Working Classes Act wordt aangenomen.

1886
Bertie legt in Londen de eerste steen voor de Tower Bridge (en opent deze in 1894). Hij begint een relatie met Jennie Churchill.

1887
Victoria viert haar gouden jubileum en Bertie hoopt tevergeefs op haar troonsafstand ter gelegenheid hiervan. In Londen ontmoet hij Buffalo Bill en Annie Oakley en maakt hun shows populair. Bertie wordt ook een enthousiast esperantist. Verder begint hij zich in te zetten voor de St John Ambulance.

1888
Alexandra en Toria schaffen beiden hun eerste fototoestel aan, een Kodak.

1889
Tegen de wens van Victoria en de Britse regering bezoekt Bertie de wereldtentoonstelling in Parijs en opent de Eiffeltoren. Op deze wereldtentoonstelling ontmoet hij Benz, Daimler en Maybach. Verder maakt hij er kennis met het luchtschip La France. Ook brengt hij zijn eerste bezoek aan de pas geopende Moulin Rouge, waar hij Toulouse-Lautrec en La Goulue ontmoet. Daarna begint hij een affaire met Daisy Warwick.

1890
Bertie opent in Londen de eerste metro ter wereld en bezoekt daar voor het eerst het Savoy Hotel, waar Escoffier speciaal voor hem vele klassieke gerechten ontwikkelt.

1891
Bertie is het middelpunt van een baccaratschandaal, dat uitmondt in een rechtszaak.

1892
Berties oudste zoon Albert Victor ('Eddy') overlijdt op 14 januari, waardoor zijn tweede zoon, George, troonopvolger wordt. Bertie wordt beschermheer van de Football Association. Hij ontmoet Nikola Tesla op de Royal Society.

1893
In mei verlooft Berties zoon George zich met de ex-verloofde van Albert Victor: Mary van Teck.

1894
Bertie organiseert op het meertje van Buckingham Palace de eerste ijshockeywedstrijd van Europa.

1895
Bertie is na Röntgens vrouw de eerste van wie een röntgenfoto wordt gemaakt.

1896
In februari neemt Bertie op het terrein van Buckingham Palace voor het eerst plaats achter het stuur van een auto, een Britse Daimler. En in mei rijdt hij in Parijs voor het eerst in een De Dion-Bouton. Daarna schaft hij zijn eerste auto aan, een Panhard, en berijdt hij zijn eerste fiets, een Humber. Ook wordt hij beschermheer van de eerste autoshow ter wereld, de International Motor Exhibition in Londen. In Athene bezoekt hij de eerste moderne Olympische Spelen. Ook ondergaat hij in Londen elektroshockbehandelingen.

1897
Bertie neemt deel aan een spontane autorace op de Champs-Élysées en ontsnapt kort daarna aan een ernstig ongeluk. Dat jaar is hij ook betrokken bij de oprichting van de Automobile Club of Great Britain, dat al snel uitgroeit tot autosportkoepel en de wegenwacht ontwikkelt. Verder huurt hij Guglielmo Marconi in om vanaf zijn zeiljacht de eerste draadloze tekstberichten te versturen. Tijdens een vlootschouw maakt Bertie kennis met de turbinemotor van Parsons. Daarnaast richt hij het Prince of Wales Hospital Fund op en wordt hij fellow van het Royal College of Physicians.

1898
Bertie verblijft direct na de opening in het Ritz Hotel in Parijs. In februari begint hij een affaire met zowel Alice Keppel als Agnes Keyser.

1899
In Londen wordt Bertie direct vaste gast van Ritz' nieuwe Carlton Hotel. Bertie laat ook een luxe koninklijke trein bouwen (en doet dit nogmaals in 1902). Bertie regelt financiering voor het ziekenhuis van Agnes Keyser, dat enkele jaren later het King Edward VII's Hospital wordt.

1900
Bertie ontsnapt aan een moordaanslag op station Brussel. Samen met admiraal John Fisher initieert hij de ontwikkeling van een nieuw type oorlogsschip.

1901
De eenentachtigjarige Victoria overlijdt op 22 januari, zodat Bertie koning wordt. Hij begin direct met de verbouwing van Buckingham Palace en Windsor Castle, waar hij onder andere centrale verwarming, elektriciteit en telefoon laat aanleggen. Op 5 augustus wenst hij Falcon Scott en Ernest Shackleton goede reis voor hun Antarctica-expeditie. Bertie neemt ook zijn motorjacht HMY Victoria and Albert in gebruik. Verder vraagt hij Cartier om een winkel te openen in Londen. Tevens bezoekt hij Niels Ryberg Finsen en schenkt diens nieuwe uv-lamp aan het London Hospital.

1902
Na zes weken uitstel vanwege zijn buikoperatie wordt Bertie op 9 augustus alsnog gekroond in Westminster Abbey. De nagespeelde verfilming ervan door Méliès wordt door miljoenen wereldwijd bekeken. Op de Royal Society of Arts reikt hij de Albert Medal uit aan Alexander Graham Bell. Dat jaar koopt hij ook de eerste stofzuiger. Verder ontvangt hij van Marconi uit Canada en Amerika de eerste trans-Atlantische berichten ter wereld.

1905
Na Robert Baden-Powell in 1901 te hebben geridderd, adviseert Bertie hem om zijn land te dienen door een scoutingbeweging op te zetten.

1907
Bertie laat zich met het recent ontdekte radium behandelen.

1908
Bertie bepaalt de officiële afstand van de marathon en opent de Olympische Spelen van Londen.

1909
Bertie ontmoet de gebroeders Wright in Pau. Ook verleent hij de door zijn vriend Charles Rolls opgerichte Aero Club het predicaat 'Royal'.

1910
Bertie ontmoet Louis Blériot op 27 maart. Na een kort ziekbed overlijdt hij op 6 mei in Buckingham Palace, 68 jaar oud.

'Ik heb geen enkel bezwaar tegen de notie van een Eeuwige Vader, maar alle bezwaar tegen het concept van een eeuwige moeder,' verzucht Bertie in 1897 tegen de aartsbisschop van Canterbury bij het diamanten jubileum van zijn achtenzeventigjarige moeder, koningin Victoria. Die regeert dan al zestig jaar over het Verenigd Koninkrijk en het Britse imperium, een periode die wordt gekenmerkt door vroomheid en conservatisme aan de ene kant en revolutie, sociaal-culturele veranderingen en grote technologische innovaties aan de andere kant. Bertie zelf is dan 56 jaar oud, ver voorbij de gemiddelde levensverwachting van die tijd, en moet wachten tot zijn moeder sterft voordat hij zelf de troon kan bestijgen. Totdat het in 1901 zover is – waarbij hij zich zal ontpoppen als een goede en geliefde koning – houdt hij er een flamboyante levensstijl op na, met een grote voorkeur voor vrouwen, drank, eten, reizen en nieuwe uitvindingen. Een kroonprins die decadentie koppelt aan een tomeloze nieuwsgierigheid tijdens de wonderjaren van technologische verandering.

1 Tijd voor verandering

Zelfs twee weken na zijn eigen dood toont Bertie zijn niet te evenaren talent om een smakelijk opstootje te ontketenen. En conform zijn markante reputatie is daarbij ook ditmaal niet bepaald sprake van enige discretie. In Londen kunnen op de zonovergoten vrijdagochtend van 20 mei 1910 namelijk zo'n vier miljoen burgers de aanstootgevende kwestie met eigen ogen aanschouwen tijdens zijn begrafenis. En in de dagen erna zien wereldwijd nog eens honderden miljoenen de beelden terug in de kranten en filmjournaals.

De meeste toeschouwers hebben de hele nacht in de regen staan wachten om zich te verzekeren van een plekje langs de route van de begrafenisstoet, waarbij duizenden van hen medische verzorging nodig hebben vanwege uitputtingsverschijnselen. Alleen al in Hyde Park staan bijna 300 000 mensen op elkaar gepakt als haringen in een ton. Whitehall, de brede straat die van Trafalgar Square naar het Palace of Westminster loopt en alle regeringsgebouwen huisvest, ziet letterlijk zwart van de mensen in rouwkleding. De stoepen staan zelfs zo vol dat niemand meer kan bewegen. Langs de hele route vormen 35 000 soldaten een aaneengesloten haag en patrouilleren nog eens zesduizend politieagenten om de menigte in bedwang te houden. Duizenden jongens en mannen klimmen in de bomen om zo een glimp van de kist op te vangen.

Naast de koning zelf is de hoofrolspeler in dit postume schandaal tot ieders verrassing deze keer niet zijn zoveelste maîtresse, maar zijn hond. De witte foxterriër in kwestie (die overigens model heeft gestaan voor Bobbie in de Kuifje-strips) is wat je zegt een bevoorrecht dier. Zo beschikt hij over een persoonlijke bediende en is zijn slaapplek een comfortabele fauteuil naast het bed van de koning. Deze is zelfs zo op zijn maatje gesteld dat hij hem overlaadt met cadeaus en hem heeft laten vereeuwigen op diverse schilderijen en in een door Fabergé uit chalcedoon gehouwen beeld dat is ingelegd met goud en robijnen. Die adoratie wordt overigens door niemand gedeeld, want de meesten kunnen het maar weinig waarderen dat de hond tijdens een gesprek steevast fel grommend in hun broekspijp of jurk hangt terwijl zij dit tot groot vermaak van zijn baas trachten te negeren – hun heimelijke bijnaam voor de hond is Stinky. Om eventuele misverstanden te voorkomen over zijn afkomst draagt de viervoeter een luxueuze halsband waarop staat: 'Ik heet Caesar. Ik behoor toe aan de Koning.' Niet dat deze informatie echt nodig is, want de twee zijn bijkans onafscheidelijk. Na het overlijden van de koning weigert Caesar dan ook om te eten en ligt hij dagenlang jankend voor de slaapkamerdeur, waarna hij naar binnen weet te glippen en zich onder het bed verstopt.

Die koning is een Engelsman die tot aan zijn kroning in 1902 officieel heet: Albert Edward, hertog van Cornwall, hertog van Rothesay, graaf van Chester, prins van Saksen-Coburg en Gotha, prins van Wales, ridder in de Orde van de Kousenband en ridder in de Orde van de Distel. Gelukkig kan hij zich daarna als monarch beperken tot het eenvoudige Edward VII. Bovendien wordt hij door zijn familie al vanaf zijn geboorte gewoon Bertie genoemd.

Omdat de Europese koningshuizen zich lustig voortplanten en daarbij een voorliefde tonen om hun blauwe bloedlijnen onderling te kruisen, bestaat Berties familie uit een zeer omvangrijk en internationaal gezelschap. Zo zijn de Duitse keizer Wilhelm II, koning Haakon VII van Noorwegen en tsaar Nicolaas II van Rusland volle neven van Bertie (men negeert zelfs de evidente genetische bezwaren om volle neven en nichten te laten huwen; helaas leidt deze inteelt ertoe dat velen lijden aan hemofilie, afkomstig van Berties moeder). Koningin Victoria Eugénie van Spanje en de Zweedse kroonprinses Margaret zijn beiden nichten. Tot zijn zwagers kan hij de koningen Frederik VIII van Denemarken en George I van Griekenland rekenen, terwijl de koningen Albert I van België, Ferdinand van Bulgarije, en Carlos I en Manuel II van Portugal zijn achterneven zijn. De flamboyante en kosmopolitische Bertie spreekt dan ook vloeiend Frans en Duits en is bovendien verzot op reizen.

Hierdoor frequenteert hij in zijn rol als koning alle Europese hoven en bewaart zo de eenheid en vrede binnen Europa, wat hem algauw de bijnaam 'L'oncle de l'Europe' oplevert. Maar dat is wellicht ook omdat hij er een internationale schare aan maîtresses op na houdt, met waarschijnlijk heel wat niet-onthulde buitenechtelijke kinderen, die hem alleen als 'oom' kennen.

Tussen al die voorname en harmonieuze familierelaties is er echter ook een die ronduit problematisch is: die met zijn neef Wilhelm II. En helaas voelt deze temperamentvolle Duitser, wiens snorpunten altijd opwaarts zijn gepommadeerd, zich zeer gekrenkt door een incident tijdens de begrafenis.[1] Dat begint allemaal om tien uur die ochtend. Op het New Palace Yard van Westminster Hall hebben de hoofden van zeventig staten, daarmee nog steeds de grootste internationale samenkomst van koningshuizen ooit, zich verzameld om Bertie de laatste eer te bewijzen. De Big Ben luidt zijn eerste van 68 slagen – één voor ieder levensjaar van de overledene – ten teken dat de rouwprocessie vertrekt. De open koets waarop de doodskist ligt, zet zich in beweging en een uiterst exclusief groepje heren maakt zich klaar om deze statig te paard te volgen. Hierin gaat Berties oudste zoon en troonopvolger George V voorop, waarbij keizer Wilhelm II de uitzonderlijk grote eer krijgt om George te flankeren. Dit duo wordt gevolgd door zeven al even voorname ruiters: de koningen van Noorwegen, Denemarken, België, Bulgarije, Griekenland, Spanje en Portugal.

De eerzuchtige Wilhelm is bijzonder content met zijn prestigieuze plek, maar zijn positieve stemming raakt helaas algauw wreed verstoord. Vlak voor vertrek moet de keizer tot zijn ontsteltenis toezien hoe de hond Caesar zich aan de lijn van een begeleider voor de negen vorsten invoegt en dus de ultieme eer krijgt om als eerste de grafkist te volgen. In het uur erna begeeft de lange optocht zich traag via The Mall en Hyde Park richting Paddington, waar de koninklijke trein wacht richting Windsor. Onderweg kunnen de meeste toeschouwers hun tranen niet meer inhouden als ze eerst de kist zien en vervolgens Caesar, die trouw zijn overleden baas volgt. Wilhelm is echter niet verdrietig maar woedend: hij noemt zijn oom achteraf een 'oude pauw', omdat hij het voorval beschouwt als een publiekelijke kleinering. Het vormt een belangrijk onderdeel van de diplomatieke botsingen binnen Europa die de spanning doen oplopen in de aanloop naar de Eerste Wereldoorlog, waarin Duitsland (samen met Oostenrijk-Hongarije, Bulgarije en de Ottomanen) tegenover Engeland en de andere landen komt te staan. Wilhelm geeft Bertie dan ook postuum de schuld voor het uitbreken ervan.

Caesar is op slag wereldberoemd. Binnen een maand verschijnt het boek *Where's Master?*, met daarin een relaas over de dood en begrafenis van Bertie door de ogen van de hond, een regelrechte bestseller, die negen herdrukken beleeft. Steiff, de vermaarde speelgoedfabrikant, brengt een Caesarknuffeldier uit, dat overal binnen de kortste keren uitverkocht is. En hoewel Alexandra, Berties weduwe, altijd een grondige hekel aan Caesar heeft gehad (volgens haar ligt hij alleen maar aan de voeten van de dode koning om zich op te warmen), neemt zij de verzorging nu liefdevol over en verwent hem daarbij voortdurend met een overdaad aan cadeaus. Na Caesars overlijden in 1914 laat zij zelfs een tamelijk uitbundige grafzerk voor hem vervaardigen. En ze is kennelijk zo aan haar huisdier gehecht geraakt dat zij opdracht geeft hem na haar eigen overlijden in 1925 op te nemen in de sculptuur op het gemeenschappelijke graf van haar en Bertie. In de St George's Chapel van Windsor Castle ligt Caesar nog altijd vredig aan Berties voeten.

De affaire-Caesar is slechts een bescheiden voorbeeld van de vele opmerkelijke gebeurtenissen in het leven van Bertie. We hebben hier dan ook van doen met een op zijn zachtst gezegd niet-alledaags figuur. Zijn opmerkelijke persoonlijkheid lijkt voor een groot deel terug te voeren op zijn moeder, koningin Victoria. Die koestert niet bepaald moederlijke gevoelens voor hem. Sterker nog, als baby is hij eenvoudigweg ongewenst.

Als Victoria in 1837 nog maar net achttien is, overlijdt haar oom koning William IV en bij gebrek aan een legitieme troonopvolger (onwettige kinderen zijn in ruime hoeveelheden beschikbaar, maar wettige niet) gaat de kroon over op haar. Ze is echter nog ongetrouwd, zodat in allerijl moet worden gezocht naar een geschikte huwelijkskandidaat. Maar ondanks het feit dat de opvliegende jongedame met haar vooruitstekende tanden en gedrongen postuur niet echt als een schoonheid valt te omschrijven, stelt ze hoge eisen aan het uiterlijk van haar aanstaande wederhelft. Dit bemoeilijkt de zoektocht aanzienlijk, maar als ze in 1839 wordt voorgesteld aan de knappe prins Albert van Saksen-Coburg en Gotha slaat de amoureuze bliksem in. Het reproductieve bezwaar dat hij een volle neef is, legt ze kennelijk terzijde want vijf dagen later doet ze hem al een huwelijksaanzoek. Ze trouwen in 1840 en tot Victoria's ongenoegen raakt ze vrijwel direct bezwangerd door Albert, ondanks de onappetijtelijke lange wollen onderbroeken die hij altijd draagt. Ze haat de zwangerschap en als ze een maand na de geboorte van dochter Vicky constateert dat ze alweer zwanger is, ontsteekt ze in razernij.

De staat van seriële zwangerschap verafschuwt ze niet alleen omdat ze zich 'een konijn of cavia' voelt, maar vooral omdat het moederschap haar afhoudt van haar koninklijke werkzaamheden. Ze beschouwt het als de 'schaduwzijde van het huwelijk'. Na de moeilijke bevalling van Albert Edward op 9 november 1841 belandt ze ook nog eens in wat later een postnatale depressie zal worden genoemd. Ze verfoeit borstvoeding en besteedt dit uit aan een zoogster. De baby verveelt haar merkbaar en ze omschrijft hem als 'een plantje' met 'verschrikkelijke kikkerachtige bewegingen', waarbij ze zijn lelijkheid ronduit 'beangstigend' vindt. Ze noemt hem ook nooit bij naam en refereert slechts aan hem als 'de jongen', omdat ze 'hem nog niet waardig acht om Albert te worden genoemd'. Iedereen noemt hem dan maar Bertie. Kortom, ze is weinig complimenteus, laat staan liefdevol, als het gaat over haar nageslacht. En dat wordt er voor Bertie in de jaren daarna niet veel beter op.

Daar speelt overigens nog iemand van het vrouwelijk geslacht een cruciale rol in, namelijk zijn zus Vicky, die veel weg heeft van een wonderkind en zich als een voorbeeldige minivolwassene gedraagt. Op haar vierde beheerst ze Latijn en Frans al virtuoos – daarbij regelmatig op gênante wijze haar gouvernante corrigerend – en leest ze ter ontspanning Shakespeare en dikke wetenschappelijke boeken. Vader Albert is verzot op zijn oogappel, zelfs zo dat Victoria jaloers wordt en zich door hen buitengesloten voelt. Bertie beschikt over een normaal cognitief vermogen, maar bij Vicky's hoogbegaafdheid steekt dit schril af. Zijn ouders trekken hierdoor onterecht de conclusie dat hun 'arme, rare jongen' achterlijk is. Een discreet ingehuurde expert in frenologie verzekert hun na het betasten van Berties schedel dat 'de ontwikkeling van zijn brein duidt op zwakzinnigheid'.[2] Hierna wordt Bertie stelselmatig door hen genegeerd. Logischerwijze voelt hij zich hierdoor ondergewaardeerd en begint driftbuien te ontwikkelen, waarbij hij al stampend en krijsend weigert zijn lessen te volgen, met zijn boeken smijt en zich onder tafel verstopt. Daarbij komt ook nog eens dat hij gaat stotteren en moeite krijgt met zijn fijne motoriek.

Volgens Victoria hangt de toekomst van de natie af van Berties opleiding en daarom wil ze hem morele onverzettelijkheid bijbrengen door middel van strikte plichten en keihard werken. Vanaf zijn vierde levensjaar stelt ze hem op Buckingham Palace onder een zeer streng regime, waarbij hij van acht uur 's morgens tot zes uur 's avonds intensief onderwijs krijgt van een gouvernante en zijn ouders voor en na de lessen enkel een kwartier te zien krijgt. Slechts sporadisch komen streng geselecteerde jongetjes op bezoek om onder toezicht thee te drinken. De facto wordt hij in een sociaal isolement geplaatst en begrijpelijkerwijs maakt de eenzaamheid hem doodongelukkig. Victoria's antipathie jegens Bertie is echter zo groot dat ze hem vol weerzin op afstand houdt en opgelucht is als hij volgens de traditie op zijn zevende mag worden overgedragen van volledig vrouwelijke verzorging naar 'de harde mannenwereld'.

Zijn vader, prins Albert, pakt het meteen rigoureus aan door een klein legertje aan prestigieuze privéleraren aan te stellen, allen zonder enige ervaring in het doceren aan jonge kinderen. Zes dagen per week is er elf uur lang les. Vakanties en het bezoek van leeftijdgenootjes worden afgeschaft, sporten (behalve tennis) zijn verboden. Het draait uit op een ramp: de opstandige Bertie weigert iedere ochtend zijn bed uit te komen, krijgt nog meer woedeaanvallen, waarbij hij tafels en stoelen omvergooit, en is ongehoorzaam en onbeleefd tegen zijn onderwijzers. Albert schakelt frenologische spionnen in om bij Berties klaslokaal te surveilleren en adviseert de docenten om Bertie oorvijgen te geven of hem met een liniaal hard op de knokkels te slaan. Hij gaat zelfs over tot het persoonlijk toedienen van flinke doses zweepslagen aan de in zijn ogen abnormale zoon, die hij als 'vlees noch vis' beschouwt.

Het gevolg is dat Bertie doodsbang wordt voor zijn ouders. Als hij elf is, lijkt zijn vader Albert zo wanhopig dat hij zijn telg regelmatig lange tijd opsluit in zijn kamer. De frenologen hebben inmiddels de hypothese ontwikkeld dat de gekte van George III, die manisch gedrag vertoonde en later ook leed aan dementie als gevolg van de enzymziekte porfyrie, moet zijn overgegaan op diens achterkleinzoon. Maar als Florence Nightingale in 1852 op initiatief van Victoria's lijfarts Sir James Clark op Balmoral Castle een ontmoeting heeft met Bertie, komt de jongen gekweld op haar over en is haar conclusie dat hij overwerkt is (sommige biografen suggereren overigens dyspraxie en ADD als oorzaak).[3] Als zijn docent dit echter in een memorandum onder Alberts aandacht brengt, leidt dit er slechts toe dat deze al zijn geloof in Bertie verliest.

In de jaren daarna vindt Bertie steun bij zijn jongere broertje en zusje, Affie en Alice, met wie hij heimelijk begint samen te spannen tegen het wrede ouderlijke gezag waar ook zij, hoewel in mindere mate, aan onderworpen zijn. Samen leiden ze een verborgen leven. Ze gedragen zich uiterst correct tegenover hun leraren en ouders, waardoor Victoria en Albert tevreden concluderen dat Bertie 'beslist verbeterd is, alsmede erg stil, beminnelijk en niet tegendraads'. Maar uit het zicht van hun ouderlijk gezag doen de drie kinderen van alles wat niet mag. Als Bertie op veertienjarige leeftijd samen met Affie betrapt wordt op roken, worden ze uit elkaar gehaald en moet Affie tot groot verdriet van beiden naar Windsor verhuizen terwijl Bertie op Buckingham Palace blijft. De woedende Victoria eist ook dat de disciplinaire regels voor Bertie nog verder worden aangescherpt.

Maar Albert weigert dit, omdat hij inmiddels overtuigd is dat Berties intellect weliswaar levendig en scherp is, maar 'net zo nutteloos als een pistool dat is opgeborgen in een foedraal'. Ook is hij na herhaaldelijke adviezen van buitenstaanders om hun kinderen vriendelijker te behandelen gaan twijfelen aan wat hij inmiddels het 'agressieve systeem' van Victoria noemt. In 1857 mag de zestienjarige Bertie, na belijdenis te hebben gedaan bij de aartsbisschop van Canterbury, wat wordt beschouwd als een overgangsritueel naar volwassenheid, op zichzelf gaan wonen in White Lodge, een buitenverblijf dat geïsoleerd ligt op een bijna duizend hectare groot landgoed – tot grote opluchting van zijn ouders. Victoria benoemt Albert overigens in allerijl tot prins-gemaal, waardoor haar echtgenoot de eerste is in de lijn van troonopvolging, en niet Bertie.

Toch is het niet alleen maar malheur in Berties jeugd. Allereerst omdat deze zich afspeelt in de onvoorstelbare luxe van Buckingham Palace, Balmoral, Osborne en Windsor. Maar ook omdat zich wel degelijk enkele hoogtepunten voordoen. Zo gaat Bertie er door de dominantie van Victoria en Vicky tot zijn negende van uit dat het koningshuis matriarchaal in elkaar steekt en dat zijn oudere zus dus de troonopvolger is. Maar als hij die zomer weer eens op zijn kamer zit opgesloten en zich verveelt, bekijkt hij voor het eerst de familiestamboom die aan de muur hangt. Daarop ziet hij alle koningen sinds het begin van de zeventiende eeuw (James I, Charles I en II, James II, William III, George I, II, III en IV, William IV) en constateert dat koninginnen (Mary II, Anne en zijn moeder) een uitzondering vormen.[4] Zo ontdekt hij dat niet Vicky maar hijzelf de troonopvolger is, iets waarvan niemand kennelijk de moeite heeft genomen hem dat te vertellen. Het geeft zijn zelfvertrouwen een boost.

Datzelfde jaar, 1851, organiseert prins Albert samen met Henry Cole, uitvinder van onder andere de postzegel en de kerstkaart, de eerste wereldtentoonstelling ooit: de Great Exhibition in Londen. Bertie vergaapt zich alleen al aan de expositieruimte, het enorme Crystal Palace in Hyde Park, maar binnen raakt hij dagelijks helemaal begeesterd door de ruim 14 000 inzendingen op het gebied van kunst en wetenschap.[5] Hieronder bevinden zich nieuwigheden als de telegraaf, stereoscopische foto's, de voorloper van de fax, een stemmachine, een nieuw soort barometer, grote telescopen en gevulkaniseerd rubber. Het maakt allemaal diepe indruk op Bertie en het zorgt ervoor dat hij zijn leven lang een fervent liefhebber zal blijven van technologische innovaties. En niet onbelangrijk: dat hij daarvoor, dankzij zijn koninklijke toelages en omvangrijke leningen van vrienden, ook altijd flink zijn beurs zal trekken om uitvinders verder te helpen en hier zodoende nauw betrokken bij zal blijven.

Niet veel later ontdekt Bertie ook zijn grote passie voor reizen. In de lente van 1855 mag hij zijn ouders vergezellen op een staatsbezoek aan Frankrijk, het eerste sinds 1431 vanwege de eeuwenlange onderlinge politieke spanningen. De dertienjarige, in kilt geklede Bertie verovert direct de harten van de massaal toegestroomde inwoners van Parijs. Ook keizer Napoleon III, die nog kinderloos is en hevig verlangt naar een zoon, heeft meteen een zwak voor hem en rijdt de jongen persoonlijk rond in zijn open koets. Bertie geniet van de warme aandacht van zijn gastheer en tijdens hun aansluitende wandeling in de Tuilerieën informeert hij of deze niet zijn vader kan worden: 'U hebt een leuk land, ik wil graag uw zoon zijn.' Omdat Napoleon dit verzoek vriendelijk glimlachend negeert, probeert Bertie het later nog eens bij keizerin Eugénie. 'Jouw ouders kunnen niet zonder jou,' antwoordt deze echter diplomatiek. 'Kunnen niet zonder mij!' roept Bertie. 'Geloof dat maar niet, want er zijn er nog zes meer van mij thuis en ze willen me niet.'

Bij het bezoeken van Les Invalides knielt Bertie in het bijzijn van zijn ouders voor de tombe van Napoleon Bonaparte, ooit Engelands aartsvijand, waardoor de menigte ontploft in een extatisch gejuich.

Ook woont Bertie Frankrijks eerste wereldtentoonstelling bij, de Exposition Universelle, die plaatsvindt in het Palais de l'Industrie aan de Champs-Élysées. Hier raakt Bertie opnieuw gefascineerd door nouveautés als een grasmaaier, een wasmachine, een koffiezetapparaat, ventilator, naaimachine en metronoom, maar ook de intrigerende slinger van Foucault, die voor het eerst de draaiing van de aarde zichtbaar aantoont. Bertie heeft absoluut geen zin om naar huis te gaan na deze tiendaagse reis. Zijn verdere leven voelt Frankrijk voor hem bijna als een tweede vaderland en hij zal er veel tijd doorbrengen.

In de zomer van 1857 vinden Victoria en Albert het eindelijk eens tijd worden dat hun vijftienjarige puberzoon ook andere jongens ontmoet (en bovendien hebben ze hem graag uit hun buurt). Onder strikte begeleiding mag Bertie samen met vier secuur geselecteerde leeftijdgenoten drie maanden naar Duitsland en Zwitserland. Victoria laat hem zelfs per brief weten dat hij voortaan zijn eigen kleren mag uitkiezen, op voorwaarde dat het niet 'extravagant of volks' is. En omdat zijn 'gebrek aan kin niet goed in profiel is met de zeer grote neus en lippen' geeft ze nog als aanwijzing om zijn 'haar niet in een scheiding te kammen omdat dit zo verwijfd en meisjesachtig staat'. De trip verloopt tumultueus, want in de dagelijkse rapporten wordt melding gemaakt van 'smerige losbandigheid' (Bertie kust voor het eerst een meisje) en 'kinderlijk gedrag'. Dit laatste duidt op een onophoudelijke stroom van practical jokes, bijvoorbeeld door zich vlak voor het diner onder tafel te verstoppen en het gezelschap een hele avond naar hem te laten zoeken, of door een jachtgeweer met losse flodders op mensen af te vuren.

Bertie blijft uit de band springen om zijn verloren kindertijd in te halen. Tot zijn grote teleurstelling diskwalificeren zijn ouders hem daarom eind 1858 voor een militaire carrière. Ook achten zijn ouders hem nog niet rijp om te gaan studeren. Als oplossing zien ze een tussenjaar, dat in het buitenland, Rome in dit geval, moet worden doorgebracht om hem weg te houden van de bekoringen van Londen. In Rome blijkt hij echter nauwelijks geïnteresseerd in het overvolle programma vol klassieke kunst en geschiedenis of een uniek bezoek aan de paus. In plaats daarvan geniet hij vooral van mode, het uitgaansleven en de roddels over amoureuze escapades van de Romeinse beau monde.

Bertie verheugt zich er enorm op om te gaan studeren, alleen niet met academische aspiraties. Hij heeft zijn buik inmiddels wel vol van alle educatieve verplichtingen. Zijn ambitie ligt meer in het studentenleven. In september 1859, het jaar dat Charles Darwin zijn baanbrekende *On the Origin of Species by Means of Natural Selection* publiceert, trekt Bertie eindelijk naar Oxford. Maar helaas plaatst Albert hem alweer in een isolement: een huis buiten de universiteit – onder strenge supervisie van generaal Robert Bruce als chaperon – en een speciaal voor hem samengesteld programma van privécolleges. Als er iets is wat Bertie er leert, is het wel hoe hij zelf dan maar een gevoel van geluk moet creëren met kleine pleziertjes zoals mooie kleding en hebbedingen. En door vrijwel iedere avond mensen uit te nodigen om copieus bij hem te komen dineren, iets wat hij zijn hele leven zal blijven doen.

De hoeveelheden eten die hij naar binnen werkt, zijn bijna onvoorstelbaar. Ontbijt bestaat meestal uit melk, koffie, stapels geroosterd brood met roomboter, borden vol spek, eieren, schelvis en kip, alsmede kommen schildpaddensoep, en dat alles werkt hij tot veler verbazing naar binnen 'in de korte tijd die anderen nodig hebben voor twee koppen koffie'. Lunch is een nog veel uitgebreidere variant hiervan en wordt aan het einde van de middag gevolgd door thee met daarbij gepocheerde eieren, petitfours, gekonfijte gember, broodjes, scones en diverse soorten cake. Waar het zijn eetlust tijdens het diner betreft stelt zijn moeder met afschuw vast dat ze 'nog nooit zoiets gezien' heeft. Het bestaat dan ook uit minimaal twaalf gangen, waarbij hij om te beginnen binnen enkele minuten meerdere dozijnen oesters verorbert, afgewisseld met brood en roomboter. Daarna volgen zijn favoriete gerechten als kaviaar, in chablis gepocheerde tong, gegarneerd met garnalen, een duivenquiche, kip en kalkoen in aspic, kwartels gevuld met foie gras, watersnip gevuld met gehakt en overgoten met maderasaus, met truffel gevulde fazant en divers gevogelte als patrijs, korhoender en houtsnip. Dit alles wordt gevolgd door kikkerdijen in een gelei van room en moezelwijn, alsmede kroketten, rosbief, lam, Schotse bouillon, Ierse stoofpot, bonen met spek en een afronding met yorkshirepudding en pruimenpudding. Zo ongeveer het enige wat hij niet lust, is macaroni. Al dat eten maakt hem begrijpelijkerwijs zeer corpulent.[6]

Op hoogst geraffineerde wijze weet hij zijn uitspattingen volledig buiten het zicht van zijn ouders en hun handlangers te houden. Samen met de decadente levensgenieter en leeftijdgenoot Frederick Johnstone ontdekt Bertie dat studieresultaten totaal niet relevant zijn in het toegang krijgen tot de geneugten van een wereld vol vrouwen, drank, sigaren, jagen, gokken en paardenraces. Volgens Bruce maakt Berties 'voorliefde voor opwinding en constitutionele onwil voor alle serieuze bezigheden' dat hij 'bijna onbewust het gezelschap van ijdele en frivole mensen' opzoekt – foute vrienden dus in de ogen van zijn ouders. Hoe dan ook, in het jaar erna op Cambridge worden Charles Carrington en de broers Nathaniel en Alfred Rothschild zijn eerste echte vrienden.

Bertie ontdekt ook dat zijn positie als kroonprins alle deuren opent. Omdat zijn vader de Britse relatie met de Nieuwe Wereld wil verbeteren, wordt de achttienjarige Bertie in de zomer van 1860 op een vier maanden durende koninklijke toer door Canada en Amerika gestuurd, waar hij tot zijn schrik de Franse koorddanser Charles Blondin de 340 meter brede kloof bij de Niagarawaterval ziet oversteken. Aangekomen in New York ondergaat hij een bloemenregen van de ruim 300 000 mensen in de straten en houden zesduizend geüniformeerde brandweermannen een fakkelparade voor hem. En bij het aansluitende bal in de Academy of Music, een operagebouw, persen ruim vijfduizend gasten (van wie bijna de helft ongenodigd) zich in de zaal, waardoor de houten vloer met luid geraas instort. Pas na twee uur hard ploeteren door haastig opgetrommelde timmermannen kan het feest vervolgd worden. Bertie geniet volop van het dansen. Bovendien hebben zijn humor en vrolijkheid een bijna betoverende werking op de belangrijke aanwezigen. Met zijn bescheiden en vriendelijke houding blijkt hij een geboren diplomaat en mag hij van president Buchanan zelfs overnachten in het Witte Huis, in wat Abraham Lincolns bed zal worden. De Amerikaanse kranten koppen enthousiast over de goede verhoudingen met Engeland en de populaire humorist Jack Downing schrijft zelfs dat Bertie 'zich gelukkig mag prijzen als hij ontkomt aan een nominatie voor president voordat hij weer op de boot naar huis stapt'. Het succes maakt Victoria jaloers op de in haar ogen volstrekt incompetente jongeman.

Nog geen zes maanden na Berties vertrek breekt de Amerikaanse Burgeroorlog uit, maar ook thuis doet zich een dramatische wending voor. Albert vindt het de hoogste tijd dat er voor Bertie een huwelijkspartner wordt gevonden en hij begint ijverig de *Almanach de Gotha*, het stamboek van de Europese adel, door te spitten. En algauw heeft hij zijn pareltje gevonden: Alexandra, de oogverblindende zestienjarige dochter van de toekomstige koning van Denemarken. Wat deze strategische verbintenis eigenlijk alleen nog in de weg staat, is niet geheel irrelevant. Bertie zelf wil aanvankelijk niets van haar weten.

Bertie wordt die zomer op militair kamp in Ierland gestuurd in de hoop dat hij daar zijn wilde haren zal verliezen. Albert heeft zijn zoon in het generaalskwartier gestationeerd om hem apart te houden van de manschappen, maar ook met de officiers weet Bertie snode plannen te beramen. Op Cambridge is Bertie via zijn vriend Charles in contact gekomen met de welwillende actrice Nellie Clifden en zij is de brigade achternagereisd. 's Nachts klautert Bertie uit zijn raam, sluipt het terrein af en ontmoet haar op een geheim adres, zo zijn eerste seksuele ervaring opdoend. Als dit heimelijke avontuur uitlekt, is Albert furieus. En als blijkt dat Bertie zijn relatie met 'deze vrouw van lichte zeden' gewoon voortzet, verliest Albert opnieuw alle vertrouwen in zijn zoon. Pas in november vergeeft Albert het hem in de storm en regen tijdens een lange wandeling net buiten Cambridge.

Albert keert daarna verkouden terug naar Windsor. Hij krijgt steeds heviger koortsen en pas na twee weken diagnosticeren de dokters buiktyfus.[7] Albert noch Victoria neemt de moeite om Bertie langs te laten komen. Het is dankzij Alice dat hij op het nippertje afscheid kan nemen van zijn vader. Een dag later is deze dood. De ontroostbare Victoria hult zich in diepe rouw en trekt zich zo veel mogelijk terug uit het publieke leven – iets wat ze tot haar dood in 1901 zal volhouden. Woedend vertelt ze Bertie dat Alberts dood direct te wijten valt aan diens grote zorgen over hem. Ze kan 'nooit meer naar hem kijken zonder huivering'. Niet veel later voegt ze daaraan toe dat ze hem 'totaal, maar dan ook totaal, ongeschikt' vindt 'om ooit koning te worden'. Berties communicatie met zijn moeder is daarna vooral schriftelijk en valt het best samen te vatten als onderhandelen met een vijandige mogendheid.

Waarschijnlijk is de term 'verandering' het best van toepassing om Berties leven te duiden. Enerzijds heeft dat betrekking op hemzelf, en niet alleen omdat hij zo vaak van bedgenoot verandert. Het is met name omdat hij zelf gedurende zijn leven fundamenteel verandert, wat nog het duidelijkst zichtbaar zal worden bij zijn transformatie van playboy-prins naar gerespecteerd vorst na zijn kroning. En dat terwijl hij op zijn negenenvijftigste, na al die jaren van uitzichtloos wachten, eigenlijk geen zin meer heeft om de troon te bestijgen. Daarnaast brengt hij ook grote veranderingen teweeg, bijvoorbeeld in hoe het koningshuis functioneert, hoe de Britse defensie wordt ingericht, hoe internationale diplomatie wordt bedreven en hoe mode en omgangsvormen eruit komen te zien.

Anderzijds is het omdat Bertie leeft in een soort tijdsgewricht – niet een tijdperk van verandering, maar een verandering van tijdperk. In de laatste jaren van de negentiende eeuw is namelijk sprake van een soort singulariteit vol verandering. De opmaat hiervoor ligt grofweg tussen 1850 en 1870, zoals manifest wordt in de wereldtentoonstellingen van 1851 in Londen en 1855 in Parijs. Met ruim zes miljoen bezoekers – ongeveer een derde van het aantal inwoners van Groot-Brittannië – is die eerste een overweldigend succes (de onverwacht grote opbrengst wordt gebruikt voor het stichten van het Victoria & Albert Museum, het Science Museum en het Natural History

Museum). Die in Parijs trekt zelfs een miljoen bezoekers meer, maar helaas weet de organisatie het hier voor elkaar te krijgen om met een tekort van 90 procent van de kosten te blijven zitten.

In 1862 is het alweer de hoogste tijd voor een derde show: de International Exhibition in Londen, met als hoogtepunten de mechanische computer van Charles Babbage en Ada Lovelace, het eerste plastic en het bessemerprocedé voor staalproductie. Door een teleurstellende zes miljoen bezoekers (er is op elf miljoen gerekend) draait men echter maar net break-even. In 1867 overtroeft Napoleon dit met een expositie die ruim 50 000 exposanten heeft en door naar schatting vijftien miljoen mensen wordt bezocht. Naast opnieuw vele uitvindingen, zoals een duikerspak, hydraulische lift, gewapend beton en frisdrankmachine, is het vooral een komen en gaan van staatshoofden, omdat Napoleon als doel heeft om begrip en vrede tussen alle mogendheden te bewerkstelligen.

Dat streven naar vrede is geen overbodige luxe, want oorlog voeren is op dat moment schering en inslag in Europa en de Verenigde Staten. De VS hebben net een bloedige burgeroorlog achter de rug en ook de Engelsen en Pruisen hebben veel tijd op het slagveld doorgebracht. Met die laatsten raakt Napoleon in 1870 zelf verwikkeld in een korte maar hevige oorlog, waarvan de nederlaag leidt tot zijn verbanning, alsmede tot de oprichting van het Duitse Keizerrijk.

Maar daarna doen zich in Europa tot 1914 geen grote conflicten meer voor. En hetzelfde geldt voor de Verenigde Staten. Die stabiliteit vormt een vruchtbare bodem voor een enorme versnelling op vrijwel alle vlakken van de maatschappij: kunst, literatuur, muziek, wetenschap, uitvindingen, ontdekkingen, sport, toerisme, eten, wonen, mode en vervoer, maar ook op het gebied van handel, ondernemerschap, welvaart, politiek, wetgeving, sociale verhoudingen en gezondheid. De periode tot 1910, tevens het jaar van Berties overlijden, wordt dan ook de technologische revolutie (of de tweede industriële revolutie) genoemd.

Na de vier wereldtentoonstellingen in Londen en Parijs houden de Engelsen het voor gezien, maar staatshoofden van andere landen lijken het des te meer als een prestigieus podium te beschouwen. Tot 1910 zullen zij het verbluffende aantal van dertien wereldtentoonstellingen organiseren, een gemiddelde van één per drie jaar. Drie landen doen dit in die periode maar liefst driemaal. De Fransen in 1878, 1889 en 1900, waarbij ze voor de middelste zelfs de Eiffeltoren laten bouwen. De opkomende wereldmacht Amerika in 1876 (Philadelphia), 1893 (Chicago) en 1904 (Saint Louis). Het kleine België toont grootsheid met exposities in 1897 en 1910 (Brussel) en 1905 (Luik). Daarnaast willen andere landen zich doen gelden, want ook in Wenen (1873), Melbourne (1880), Barcelona (1888) en Milaan (1906) vinden ze plaats. Alle tentoonstellingen laten een cornucopia van noviteiten zien, de vooruitgang die het dagelijks leven op ontelbare aspecten ingrijpend verandert. De lijst van getoonde primeurs lijkt dan ook wel oneindig.

De laatste 25 jaar van Berties leven vallen dan ook in het meest bruisende tijdvak uit de geschiedenis. Het omvat het gouden tijdperk van de Gilded Age in Amerika en de belle époque in Europa – een unieke periode van ongekende vrijheid, creativiteit, energie, ontplooiing, schoonheid, optimisme, ambitie en pionierend ondernemerschap. Het is verbluffend om te zien hoe in een tijdsbestek van ongeveer een generatie het leven totaal verandert. Alle dynamiek concentreert zich in deze turbulente overgang naar een nieuwe fase, waarbij velen de talloze nieuwigheden gretig omarmen en patentbureaus te maken krijgen met een ongekende, jarenlange piek in aanvragen. Het zijn wonderjaren van uitzonderlijke productiviteit en doorbraken.

Toch heeft het weinig gescheeld of Bertie zou deze bijzondere periode niet meemaken: in 1871 beleeft hij een 'annus horribilis'.[8] In het voorjaar komt het zesde kind van Bertie en Alexandra, die onder druk van Victoria acht jaar eerder alsnog zijn getrouwd, binnen een etmaal na de bevalling te overlijden. Tijdens de zomer wordt Bertie betrapt op illegaal gokken en eind september krijgt hij van Susan Vane-Tempest – een voormalige maîtresse die hij naarstig tracht te mijden – te horen dat zij zes maanden zwanger is van een door hem verwekt kind. Diezelfde maand ontvangt hij een dreigbrief van 'die schurk' Piro Beneni, een Italiaan wiens carrière als tenor is mislukt en als alternatieve kostwinning de rijke cliënten van zijn zus, de Parijse courtisane La Barucci, begint af te persen. Beneni chanteert Bertie met compromitterende correspondentie die deze met La Barucci heeft gewisseld over hun ontmoetingen.

Maar het dieptepunt vormen de laatste twee maanden, waarin hij net als zijn vader de nog immer onbehandelbare buiktyfus oploopt en moet vechten voor zijn leven. Terwijl de dokters vooral druk lijken te zijn met het meerdere malen per dag uitsturen van publieke bulletins over de toestand van hun patiënt, ontsnapt Bertie op een haar na aan de dood. Dit alles wordt breed uitgemeten in de kranten, en de Britse onderdanen leven intensief mee met hun tot dan toe controversiële kroonprins. Ironisch genoeg is het enkel de prestatie om niet te overlijden waardoor zij hem in hun harten sluiten en die hem dus populair maakt in de letterlijke zin van het Latijnse woord 'popularis': van of voor het volk.

De kille Victoria blijkt toch ook aangedaan, vooral omdat ze door de buiktyfus van haar zoon Alberts dood lijkt te herbeleven. Na een verontrustend lang herstel wil ze Berties wederopstanding in februari 1872 discreet vieren met een *thanksgiving* in St Paul's Cathedral. Maar dit loopt tot haar grote ergernis uit op een nationaal evenement waarbij niet zij, maar Bertie door massa's mensen wordt toegejuicht. Na afloop maakt Victoria hem daarom duidelijk dat dit niets verandert aan haar voornemen om tot haar dood op de troon te blijven en hem buiten alle staatszaken te houden. Wat impliceert dat hij gedoemd is om eindeloos in de wachtkamer te zitten.[9]

De teleurgestelde Bertie vestigt zijn hoop dus maar op Victoria's gouden jubileum in 1887. Vijftig jaar op de troon lijkt hem een logisch moment voor abdicatie. Bertie ziet het tevens als een gunstig voorteken dat enkele jaren daarvoor premier Gladstone (die door Victoria wordt omschreven als een 'halfgekke en in veel opzichten belachelijke, wilde en onbegrijpelijke oude fanatiekeling') hem stiekem staatsdocumenten begint door te spelen. Bovendien ontvangt hij van Lord

Rosebery, de minister van Buitenlandse Zaken, vanaf 1886 ook kopieen van alle diplomatieke correspondentie. Maar helaas blijft Victoria ook na 1887 bij haar besluit. Omdat Bertie vrijwel niets omhanden heeft, besluit hij dan maar om de rest van zijn leven zijn bevoorrechte positie zelfs nog meer dan daarvoor te benutten om te genieten van alle mogelijkheden die zich voordoen. En hoe: de aan professionaliteit grenzende volharding waarmee hij zich overgeeft aan alle verleidingen, dwingt bijna respect af.

Aldus begeeft Bertie zich als het ware in een enorme Wunderkammer vol sprankelende kunstenaars, artiesten, wetenschappers, ontdekkers, uitvinders, ondernemers, sporters, recordjagers, staatslieden en simpelweg ook excentriekelingen. Allemaal zijn het aanjagers die iets zullen nalaten voor latere generaties en die tot op de dag van vandaag in het collectieve geheugen gegrift staan, al is het soms alleen als merknaam: Eiffel, Toulouse-Lautrec, Rimmel, Ritz, Escoffier, Waldorf, Astor, Lumière, Pathé, Bell, Edison, Tesla, Eastman, Dunlop, Lonsdale, Spalding, Hearst, Pulitzer, Haussmann, Harrod, Selfridge, Macy, Benz, Daimler, Maybach, Peugeot, Renault, Michelin, Ford, Pullman, Curie, Röntgen, Nobel, Marconi en Churchill – om er maar een paar te noemen. Hun levens spelen zich met name af in Parijs, Londen en New York, de metropolen die gelden als centra van de omwentelingen. Daar en door hen wordt de moderne wereld zoals we die nu kennen grotendeels geschapen, iets waaraan Bertie een belangrijke bijdrage levert.

Noten

1 Volgens rijkskanselier Otto von Bismarck is Wilhelm 'geestelijk niet helemaal in orde' en vergelijkt hem met een ballon: 'Als je het touw niet vasthoudt, weet je nooit waar hij heen zal zweven.'

2 Frenologie is een in die tijd modieuze kwakzalverij die stelt dat iemands talent en karakter zijn af te leiden van de vorm van de schedel, vandaar de uitdrukkingen 'talenknobbel' en 'wiskundeknobbel'. De Italiaanse fysio-

loog Cesare Lombroso raakt er zelfs van overtuigd dat crimineel gedrag aangeboren is en valt te voorspellen uit een laag voorhoofd, brede kaken, hoge jukbeenderen enzovoort.

3 In 1907 zal Bertie haar benoemen in de door hemzelf ingestelde Order of Merit.

4 Het Britse koningshuis volgde het principe van mannelijke primogenituur binnen de Salische wet, wat erop neerkomt dat een dochter pas troonopvolger kan worden als er geen zoons zijn. Na een wetswijziging in 2015 is er inmiddels geen onderscheid meer tussen zoons en dochters.

5 Het 563 meter lange, 124 meter brede en 41 meter hoge Crystal Palace, dat geheel uit glas en gietijzer opgetrokken is, is dan het grootste gebouw ter wereld. De keuze voor de architect, Joseph Paxton, is opmerkelijk omdat hij als tuinontwerper alleen ervaring had met de bouw van kassen. Maar de bouwcommissie zat in grote tijd- en geldnood en was daardoor simpelweg wanhopig. Paxton klaarde de klus uiteindelijk voor slechts 85 500 pond (omgerekend circa 8,4 miljoen euro) en binnen vijf maanden.

6 Berties vraatzuchtige oudoom koning George IV weegt ruim 150 kilo en oogt als 'een enorme worst die in een vel is gepropt'. Om dit te maskeren draagt hij een reusachtig korset, dat zijn gevolg omschrijft als een 'Bastille van baleinen'. Het helpt kennelijk weinig, want in zijn tijd als Prince of Wales wordt hij besmuikt de 'Prince of Whales' (walvissenprins) genoemd.

7 Dit is een darminfectie die wordt veroorzaakt door de zeer besmettelijke bacterie *Salmonella enterica*. Omdat hiertegen in 1861 nog geen vaccin bestaat, sterft van de gehele bevolking jaarlijks ongeveer één op de zes geïnfecteerden aan de gevolgen.

8 Een term die koningin Elizabeth II meer dan een eeuw later opnieuw gebruikt om haar rampjaar 1992 te karakteriseren.

9 Dat de geschiedenis zich soms lijkt te herhalen, blijkt uit de vergelijkbare situatie waarin Elizabeth II en Charles nu verkeren.

2 Stad van plezier

Begin 1887 blijkt voor Bertie helaas algauw dat zijn publieke rol tijdens de festiviteiten rondom Victoria's gouden jubileum beperkt zal blijven tot toespraken, onder andere als Grand Master voor zevenduizend vrijmetselaargenoten in de Royal Albert Hall. Maar in de lente verdwijnt Berties frustratie als hij gefascineerd raakt door een wel heel bijzondere jongedame.

Halverwege de middag van 16 april 1887 meert het 115 meter lange, uit de Verenigde Staten afkomstige stoomschip State of Nebraska aan in de haven van Gravesend, net ten oosten van Londen gelegen aan de Thames. Om zo min mogelijk opwinding te veroorzaken is de aankomst geheimgehouden, maar desondanks staat de kade vol met verslaggevers en haastig toegestroomde inwoners uit de omgeving. De opvarenden vormen dan ook een opvallend gezelschap. Op het achterdek bevinden zich ruim honderd cowboys, herkenbaar aan hun karakteristieke hoeden, vesten en laarzen. En op het voordek staan 130 vervaarlijk kijkende Sioux, met lang haar, oorlogsverf, tatoeages, beverhuiden en mocassins. Sommigen dragen een verentooi of kralenketting, en zonder uitzondering hebben ze een deken met felgekleurde patronen om zich heen geslagen.

Als het schip ruim twee weken daarvoor vertrekt uit New York voor zijn reis van bijna 6000 kilometer, zwaaien de Sioux de menigte aan wal nerveus vaarwel. De indianen hebben psychosomatische klachten omdat ze volgens hun geloof aan land dienen te blijven en op het water getroffen zullen worden door een ziekte die hun vlees en huid zal verteren, waarna hun botten zullen verpulveren totdat niets resteert om te begraven. Brakend over de reling deponeren ze hun afscheidsmaal van hondenvlees in zee. En buitengaats verslechtert de sfeer nog meer als opperhoofd Red Shirt angstig naar de horizon begint te kijken. Hij is bang om aan het einde van de zee van de aarde af te vallen en begint doodsliederen te zingen. Door de stevige deining begint het schip ook nog eens te stampen en slingeren, zodat veel indianen algauw zeeziek worden en ervan overtuigd raken dat het 'drijvende huis' op de bodem van de oceaan zal eindigen. Niets van dit alles gebeurt echter, zodat de menigte in Gravesend kan zien hoe de passagiers hun meegebrachte levende have van boord beginnen te halen. Over de loopplanken komen tweehonderd hinnikende paarden en twaalf balkende ezels aan wal. Maar de opwinding onder het publiek wordt pas echt groot als zestien onheilspellend grommende, bijna twee meter hoge en een ton wegende bizons uit het ruim komen, gevolgd door enkele beren, elanden en herten. Kraanmachinisten zetten ondertussen de al even curieuze vracht aan land: koetsen, huifkarren, totempalen, tipi's en stapels kisten vol hangmatten, kookgerei, muziekinstrumenten, bijlen, speren, bogen, pijlen, geweren en munitie.

In karavaan begeeft men zich vervolgens langs de Thames naar de pleziertuinen van Earl's Court. In een zijstraat hebben nietsvermoedende voetgangers hierbij een surrealistische ervaring als zij een ontsnapte bizon op zich af zien stormen, die maar net op tijd met een lasso kan worden gevangen door een cowboy te paard. In Earl's Court verrijst daarna een 'western'-enclave, waar behalve een kampement ook een arena wordt gerealiseerd met een tribune voor 25 000 bezoekers van *Buffalo Bill's Wild West.* Deze spectaculaire show, die voor het eerst buiten Amerika te zien is, staat onder leiding van de in vilten campagnehoed, kniehoge leren laarzen en van lange franjes voorziene bukskin jas gestoken William Frederick Cody. Deze voormalige goudzoeker, ossendrijver, wagenmeester, bedrijfsleider van een saloon annex logement, koetsier en soldaat krijgt in 1868 door een heldendaad op het slagveld van Kansas de erenaam Buffalo Bill en groeit uit tot een beroemdheid, waarna honderden stuiverromans over zijn heroïsche daden zijn verschenen.

Het idee voor de wildwestshow komt van Cody's vriend James Hickok, die jaren daarvoor in geldnood zit en daarom enkele cowboys, indianen en bizons bijeenbrengt voor een opvoering. Helaas weigert het op de prairie toegestroomde publiek te betalen en slaan ook nog eens de bizons op hol, waarbij ze enkele toeschouwers doodtrappen. Ondanks dit matige resultaat ziet Cody de potentie ervan in en hij professionaliseert het concept, zodat het uitgroeit tot een waar fenomeen. Zijn show krijgt een vaste locatie op Staten Island, waar tweemaal per dag de tribunes uitverkocht zijn met 15 000 betalende toeschouwers. Hij verkoopt door de jaren heen miljoenen kaartjes, maar helaas houden Cody en geld elkaar nooit lang gezelschap, zodat hij zich vrijwel constant op de rand van bankroet bevindt. Dit is de reden dat hij in 1887, op het hoogtepunt van zijn faam, naarstig een tournee naar Engeland organiseert.

Nog voordat het wildwestkamp klaar is, regelt Bertie een privépreview voor zijn familie en vrienden. Hiervan raakt hij zo enthousiast dat hij zelfs zijn moeder weet over te halen om te komen kijken. Voor het eerst sinds Alberts overlijden in 1861 woont Victoria – voor wie Cody in allerijl een koninklijke loge laat timmeren, die wordt bekleed met rood fluweel – een publiek evenement bij. Ze raakt er dusdanig van gecharmeerd dat ze na afloop alle artiesten achter de schermen wil ontmoeten. Ze besluit daarna zelfs om het officiële programma voor de jubileumviering van 20 juni aan te passen en haar hele familie en ruim vijftig buitenlandse koningen, prinsen en staatshoofden uit te nodigen voor een koninklijke editie van de show. Tegen het einde is ook dit publiek dermate enthousiast dat Cody besluit tot een improvisatie met wat hij in pokertermen grappend zijn 'nooit eerder vertoonde royal flush' noemt, omdat deze 'vier koningen en een joker bevat': gezeten op de bok nodigt hij Bertie samen met de koningen Albert van Saksen, Leopold II, Christiaan IX en George I uit voor een rit door de arena in zijn postkoets, waarop de indianen tot ieders groot vermaak een spectaculaire schijnaanval uitvoeren.

Bertie blijkt echter vooral gecharmeerd van de zesentwintigjarige ster van de show, Annie Oakley. Met haar engelachtige vlechten en tengere bouw ziet de slechts anderhalve meter lange Oakley er in haar zelfgemaakte jurken en petticoat heel meisjesachtig uit. Samen met haar immer vriendelijke glimlach en onschuldige bescheidenheid maakt zij zo een lieflijke indruk. Als een journalist haar echter begin 1887 bezoekt in haar appartement aan Madison Square Garden in New York, blijkt de woonkamer vol te liggen met jachtgeweren, buksen en revolvers, alsmede ontelbare trofeeën die ze heeft gewonnen bij schietwedstrijden. Ze jaagt dan ook al vanaf haar achtste en is 's werelds beste precisieschutter.

Dit demonstreert ze meteen tijdens de show in Londen als haar assistent een glazen bol ter grootte van een appel hoog de lucht in gooit en zij deze vanuit haar heup in splinters schiet. Algauw wemelt het in de lucht van de vliegende objecten, die Oakley allemaal feilloos weet te raken, steeds haar revolvers op een tafel gooiend en een nieuwe pakkend als het magazijn leeg is. Daarna laat ze achter haar rug kleiduiven de lucht in slingeren, die ze vanuit een blinde draai allemaal weet te raken. Vervolgens springt ze te paard en herhaalt de demonstratie al galopperend, waarbij ze ook munten en spelkaarten omhoog laat gooien en deze in het hart doorboort voordat ze de grond raken.[1] Dan stapt ze af en schiet op dertig passen afstand een sigaar uit de mond van haar assistent. Ook weet ze op diezelfde afstand een spelkaart zijdelings te splijten en de vlam van een kaars te doven. Tot slot draait ze zich om en legt een geweer achterwaarts over haar schouder, waarmee ze al achteruit kijkend in een handspiegel een kurk uit een fles schiet.

Bertie is tijdens de eerste show voor Victoria al zo onder de indruk van Oakley dat hij eerst over de rand van de loge hangt en daarna zelfs gaat staan om haar beter te zien. Na afloop laat hij direct een verzoek naar haar uitgaan om zich te komen voorstellen in de loge. Maar als hij naar haar hand reikt om deze te kussen, biedt Oakley deze snel aan de meegekomen prinses Alexandra aan, waarna ze tegen Bertie zegt: 'Vergeef me, maar in Amerika gaan dames eerst.' Alexandra is verrukt en kijkt daarna Bertie spottend aan, maar Bertie is niet beledigd. Als Oakley vervolgens wegloopt, zegt hij hardop: 'Wat jammer dat er niet meer vrouwen in de wereld zijn zoals die kleine.'

Meteen de volgende ochtend laat Bertie een briefje aan Cody afgeven dat simpelweg is ondertekend met 'Edward'. Hierin kondigt hij aan later die ochtend langs te komen voor een schietwedstrijd tussen Oakley en zijn neef Michaël Aleksandrovitsj Romanov, zoon van tsaar Alexander III en de beste schutter van Rusland. Ondanks aandringen van Cody om hem te laten winnen verslaat Oakley hem met afstand. Bertie begeeft zich vanaf die dag zeer regelmatig zonder entourage in het kamp, waar hij met iedereen optrekt, maar door Oakley wordt genegeerd. Bertie sluit echter wel een hechte vriendschap met Cody, die een vaste gast wordt op Sandringham en daar Bertie leert pokeren, aldus dit kaartspel van de Amerikaanse *frontier* introducerend in Europa.

Bertie blijft ondertussen onverminderd geïnteresseerd in de getrouwde Oakley. Hij vraagt haar na Victoria's jubileumshow of ze 'niet onder de indruk is van zoveel gekroonde hoofden', waarna ze koeltjes antwoordt dat optreden voor 30 000 Amerikanen indrukwekkender is. Daarna tracht hij haar te imponeren door een ingelijste foto met handtekening van hemzelf te geven, maar ze geeft hem direct een gesigneerde foto van haarzelf terug. Als ze vervolgens te paard wegrijdt, juicht hij haar jodelend als een cowboy na. Bertie introduceert haar daarna bij adellijke schietclubs en laat als cadeau twee exclusieve jachtgeweren voor haar maken bij de beste wapenmaker van Engeland. Ook regelt hij een solo-optreden in het Wimbledon Stadium en dringt zich na afloop door de menigte heen om haar persoonlijk te complimenteren. Hierbij reikt hij haar een eremedaille uit omdat 'hij niemand kent die deze meer verdient dan zij'. Voor Bertie leidt dit alles helaas niet tot een nieuwe verovering, maar Oakley en Cody veroveren door Berties betrokkenheid wel Europa, waarbij alleen al in Londen ruim tweeënhalf miljoen kaartjes worden verkocht.

Aangezien koningin Victoria dermate teruggetrokken leeft dat het koningshuis tot 'een geest op zolder' lijkt verworden, is premier

Gladstone verheugd dat Bertie zijn 'panache, sociale vaardigheden en *showmanship*' gebruikt om het koningshuis zichtbaarder te maken. Omdat Victoria Bertie zoals gebruikelijk buiten alle staatszaken houdt, heeft hij nog steeds weinig omhanden en tracht hij de ledigheid te verdrijven met het vermaken van zichzelf en anderen. Als groot liefhebber van entertainment bezoekt hij bijna dagelijks de vele pleziertuinen, musichalls, nachtclubs en theaters van Londen. Onder de koninklijke loge van het Opera House in Covent Garden heeft Bertie zelfs een speciale eetkamer laten maken, waar hij in de pauze van halfnegen tot halftien met zijn gasten dineert. Met zes bedienden verzorgt zijn chef Gabriel Tschumi hier, uit met koetsen bezorgde grote manden vol tafelkleden, zilverwerk, servies, kristal en gerechten, een uit tien gangen bestaand menu van meestal consommé, koude forel, eend, kreeft, lamskoteletten, plevierenеieren, kip, tong, sandwiches, diverse desserts van vers fruit en patisserie.

Entertainment is aan het einde van de negentiende eeuw een snelgroeiende vorm van vrijetijdsbesteding, waarbij de ontwikkeling van grootschalig opgezet vermaak vooral uit Amerika komt. Een voorbeeld hiervan is het Barnum & Bailey Circus, dat in Amerika en Engeland ruim tachtig miljoen bezoekers zal trekken, onder wie al in 1860 ook Bertie. En in 1893 creëert men in Chicago ter gelegenheid van de wereldtentoonstelling aldaar de anderhalve kilometer lange Midway Plaisance, die geheel in het teken staat van entertainment. Hier beleeft ook het reuzenrad zijn première, het tachtig meter hoge Ferris Wheel, dat maandenlang uitverkocht is. In 1894 opent entertainer Paul Boyton daar ook een wildwaterbaan, het eerste amusementspark in de geschiedenis dat een entreeprijs hanteert. En ondertussen ontwikkelt zich vlak bij Buffalo Bills locatie op Staten Island alweer een nieuw fenomeen. Het aan de zuidwestkant van Brooklyn gelegen Coney Island biedt met zijn stranden, hotels, paardenrenbanen, optredens en vuurwerkshows volop vertier aan inwoners van New York. In 1885 opent daar ook de eerste achtbaan van Amerika die een volledige ronde aflegt en gebruikmaakt van optakeling. In 1895 schaft Boyton zich naast een kudde zeeleeuwen ook zes hectare grond aan op Coney Island en verhuist zijn attractie daarheen om het Sea Lion Park te openen, dat wordt beschouwd als het eerste moderne attractiepark ter wereld. Dit biedt ook de eerste Amerikaanse achtbaan met een looping, waarvan de krachten tot 12 g helaas wel tot ernstige nekwervelklachten leiden bij inzittenden. Niettemin opent in 1897 ook het Steeplechase Park, in 1904 nog gevolgd door Dreamland.

Bertie is inmiddels ook een liefhebber van een vorm van entertainment die op het New Yorkse Broadway is ontstaan, namelijk de musical. In 1866 hebben Henry Jarrett en Henry Palmer een groep Franse balletdanseressen ingehuurd voor een grote voorstelling, maar het hiervoor door hun geboekte Academy of Music, waar in 1860 Berties uit de hand gelopen bal heeft plaatsgevonden, brandt vlak voor de première af. In allerijl benaderen ze de eigenaar van het enige in capaciteit vergelijkbare theater, Niblo's Garden, maar helaas start daar binnen enkele dagen een melodrama genaamd *The Black Crook*. De schrijver, producent en acteur hiervan, Charles Barras, heeft de zaal zelfs honderd avonden achtereen vastgelegd, maar Jarrett en Palmer bedenken een creatieve oplossing om de twee producties te integreren. Het is een voor beide partijen lucratieve overeenkomst. De combinatie van zang, dans, decors, kostuums en melodrama zorgt zo voor het ontstaan van een geheel nieuw genre (dat door *The New York Herald* meteen wordt veroordeeld als 'afkomstig uit Sodom en Gomorra' vanwege 'de onfatsoenlijke en oogverblindende schittering').

Bertie is met name een liefhebber van de musicals van de Londenaar George Edwardes, van wie hij bijvoorbeeld *The Orchid* bezoekt in diens Gaiety Theatre. Bij zijn vele theaterbezoeken – alleen al in 1890 zevenenzestig keer – gaat Bertie overigens na afloop van de uitvoering regelmatig naar de kleedkamers voor wat luchtige conversatie met de cast. Om indruk te maken op zijn maîtresse, de beroemde actrice Sarah Bernhardt, is Bertie op een avond in Parijs zelf op het podium te vinden in Sardous *Fédora*. Hierin figureert hij als haar vermoorde minnaar, over wie zij huilend gebogen staat (al in 1879, nadat Bernhardt haar eerste optreden in Londen heeft, wil Bertie haar verleiden door een high tea te organiseren met zijn andere vriendinnen; maar omdat Bernhardts Engels gebrekkig is en de andere vrouwen uit jaloezie weigeren Frans te praten, slaat iedere conversatie dood en ontstaan pijnlijke stiltes, zodat Berties eerste poging op een mislukking uitdraait).

De snel verveelde en onvermoeibare Bertie toont weinig interesse in de literatuur, beeldende kunst en muziek die tot de hoge cultuur worden gerekend. Zijn leven kent een frenetiek tempo, waarbij hij weinig nachtrust neemt en zijn lange dagen vrijwel volledig vult met vermaak. Zijn inspiratiebron hiervoor is iemand die hij als zijn tweede vader beschouwt, namelijk keizer Napoleon III.[2] Diens frivole levensstijl, waarbij alles aan het hof op Versailles gericht is op plezier, kopieert Bertie naar zijn eigen thuisbases. Dat blijkt al in 1862 als hij het landgoed Sandringham aankoopt en bij de verbouwing behalve een biljartkamer ook een kegelbaan laat aanleggen. Daarnaast houdt hij in de balzaal wedstrijden op driewielers en regelmatig sleet hij op een groot zilveren dienblad de grote trappen af. Bertie laat hier overigens ook alle klokken een halfuur vooruit zetten, zodat het daglicht in de lente en herfst optimaal kan worden benut om te jagen (en hij grapt dat de werkelijke reden is dat zijn vrouw Alexandra, die 'rebels onpunctueel is en altijd te laat komt voor het diner, de trein, kerkdiensten en ceremonies', dan eindelijk eens op tijd is). Deze 'tijdzone' wordt algauw Sandringham Time genoemd.

Reeds jaren eerder hebben in de Tuilerieën keizerin Eugénies verleidelijke *demoiselles d'honneur* Bertie op zijn vijftiende de *odore di femmina* laten opsnuiven, die heeft geleid tot zijn seksverslaving. Voor Bertie wordt het pikante *corridor creeping* dan ook een bron van plezier. Onder de Britse upper class is het gebruikelijk om Saturday-to-Monday te vieren (dat geen weekend wordt genoemd om te benadrukken dat men op maandag geen vulgaire verplichtingen heeft zoals werken). Echtparen nodigen dan bij toerbeurt zoveel dames en heren – overwegend echtparen – uit als passen in hun grote buitenhuis, waarbij het de hoogste eer is Bertie bereid te vinden om te komen logeren. Tijdens de etentjes en het dansen erna worden afspraken gemaakt voor overspel, waarna de heren 's nachts over de donkere gangen naar de slaapkamer van de door hen begeerde vrouw sluipen. Deze expedities pakken overigens niet altijd goed uit. Zo denkt baron Charles Beresford op een keer dat hij in de armen kruipt van gravin Daisy Warwick, om te ontdekken dat het de bisschop van Chester betreft. En Bertie zelf wordt afgewimpeld door markiezin d'Harcourt, die als teken een rozenknop op haar slaapkamerdeur aanbrengt, waarna hij in haar bed de volgens haar lelijkste keukenmeid aantreft. Om Bertie te faciliteren worden overigens meestal naambordjes op de deuren gehangen. Sommigen laten bovendien hutjes op hun landgoed bouwen, zodat Bertie daar zijn maîtresses kan ontmoeten. Bertie huurt zelfs de aantrekkelijke kok Rosa Lewis in om hem tijdens deze weekends te cateren. Uiteraard begint hij ook een relatie met haar en financiert in 1902 mede haar aankoop van het luxe Cavendish Hotel, waar hij zijn eigen wijnkelder krijgt (ook zijn neef Wilhelm II bewondert Rosa en geeft haar bij een bezoek een ingelijst portret van zichzelf, dat zij na zijn vertrek ondersteboven aan de muur van een toilet hangt).

Geheel conform de dubbele moraal van het victoriaanse tijdperk is het voor Bertie volstrekt acceptabel discreet vreemd te gaan, zolang het maar niet leidt tot een scheiding. Scheidingen worden als zondig beschouwd en vinden dan ook nauwelijks plaats. Bertie wil zelfs niet dat hierover openlijk gesproken wordt, en weigert om in de nabijheid van gescheiden mensen te verkeren.

Berties libido is dermate groot dat hij in de loop van zijn leven minstens 55 bekende maîtresses zal hebben, nog afgezien van alle prostituees met wie hij korte of langere affaires heeft. In Londen beschikt Bertie over een 'persoonlijke harem' van vrouwen die hij thuis bezoekt door zich discreet per koets pal voor de deur af te laten zetten. Bij Lady Harriet Mordaunt ontstaat hierbij een gênante situatie wanneer Bertie bij haar thuis is als haar man Charles onverwacht eerder terugkeert van een visvakantie. Deze wordt zo kwaad dat hij ter plekke haar twee witte merries afschiet en wil scheiden. Vervolgens vernedert hij Bertie publiekelijk door hem als getuige op te roepen in de rechtszaak die op het verzoek tot scheiding volgt, en bovendien Harriet te laten opnemen in een gesticht. Dit alles levert Bertie alweer een nieuwe bijnaam op: Dirty Bertie.

De immer van een havannasigaar voorziene Bertie (hij zal er in zijn leven ruim 200 000 roken) houdt daarnaast ook erg van paardenraces. Zo is hij steevast op Ascot te vinden en bouwt hij een eigen stal op, waarvan zijn volbloed Minoru er in 1909 voor zal zorgen dat Bertie de eerste regerende monarch is wiens paard een Britse klassieke derby wint, wat leidt tot 'de wildste tafcrelen van enthousiasme die Engeland ooit gekend heeft'. Daarnaast is Bertie een groot liefhebber van gokspelen. Omdat deze illegaal zijn, wijkt Bertie iedere zomer uit naar het Duitse kuuroord Bad Homburg, waar de Franse tweeling Louis en François Blanc een casino heeft geopend en de moderne vorm van roulette heeft geïntroduceerd. Bertie wordt er betrapt, wat breed wordt uitgemeten in de Engelse kranten en leidt tot grote verontwaardiging onder zijn landgenoten. Als ook in Bad Homburg gokken verboden wordt, wijken de gebroeders Blanc op uitnodiging van prins Charles Grimaldi uit naar Monaco om daar het Monte Carlo Casino te realiseren, en Bertie volgt hen daarnaartoe.[3] In 1891 is Bertie alweer het middelpunt van een gokschandaal als hij bij scheepsmagnaat Arthur Wilson thuis deelneemt aan het recent uit Frankrijk overgewaaide kaartspel baccarat.[4] Berties vriend William Gordon-Cumming wordt hierbij beschuldigd van valsspelen en dit escaleert dusdanig dat Bertie tot grote ergernis van Victoria alweer wordt opgeroepen als getuige in de hieruit resulterende rechtszaak, die een publiek spektakel oplevert.

Maar bovenal zoekt Bertie in 1887 zijn vertier in Parijs, waar hij relatief anoniem 'en garçon' kan opereren. De stad van plezier beschikt dan over ruim 27 000 cafés, meer dan welke stad ook. Mannelijke bezoekers ontvangen daar bij hun bestelling regelmatig een geparfumeerd roze visitekaartje met een vrouwennaam en adres, voorzien van hints als 'tout confort' en 'discrétion assurée'. Minder heimelijk zijn de ongeveer tweehonderd *brasseries filles*, die zich ondanks hun enorme aantal wel aan strikte regels dienen te houden. Om deze te omzeilen opereren deze gelegenheden dan ook sub rosa. Naast deze brasserieën biedt Parijs voor de koopkrachtige Bertie ook nog eens de keuze uit vijfenzeventig bordelen met een officiële staatsvergunning, die herkenbaar zijn aan het grote verlichte huisnummer naast de voordeur. Veruit het duurste hiervan is het tussen het Louvre en de Opéra gelegen Le Chabanais, waar uit een grote diversiteit aan overdadig luxueuze suites met thema's als Japan, Spanje, Hindoe, Moren, Pompeji, Louis XVI en middeleeuwen (met 'de mooiste martelkamer van Parijs') gekozen kan worden.

In deze chique, net door baron Haussmann geheel nieuw opgeleverde wijk, die door Lord Hugh Seymour 'de clitoris van Parijs' wordt genoemd, houdt Bertie tot aan zijn kroning een ruim appartement aan op de bovenste etage van een van witte zandstenen gevel en gietijzeren balkons voorzien gebouw op Avenue de l'Opéra 39.[5] Vanuit deze statige boulevard kan Bertie snel naar het om de hoek gelegen Le Chabanais, waar hij een privésuite heeft, waarvan het plafond is voorzien van zijn familiewapen – vanzelfsprekend buiten Victoria's weten. Naar eigen ontwerp heeft hij de vooraanstaande meubelmaker Louis Soubrier zelfs discreet een *siège d'amour* laten vervaardigen, een stoel die het mogelijk maakt om seks te hebben met twee vrouwen tegelijk, zonder dat zij bezwijken onder het gewicht van de corpulente Bertie.[6] Ook heeft hij een koperen bad laten maken dat in rococostijl vormgegeven is als half zwaan en half vrouw. Dit laat Bertie regelmatig vullen met champagne om samen met een courtisane in te baden.[7]

Daarnaast begeeft Bertie zich regelmatig naar Montmartre. Het dorpje, dat op een ruim honderd meter hoge heuvel ligt net buiten de oude noordelijke stadsgrens van Parijs, is dan recent geannexeerd door het achttiende arrondissement. Het bestaat slechts uit molens, een steengroeve en gipsmijn, een kerk, weilandjes, moestuinen, en de wijngaarden die horen bij de voormalige benedictijnse abdij. De Basilique du Sacré-Coeur is al sinds 1875 in aanbouw en zal nog tot 1914 in de steigers staan. Verder zijn er alleen wat straten en pleintjes met winkels, huizen en cafés. De lage huren trekken veel kunstenaars, artiesten en schrijvers aan, zodat in het gehucht een bohemiensfeer hangt.

Zij verkeren meestal onder invloed van aanzienlijke hoeveelheden sterkedrank, zoals absint, een omstreden likeur die door Henri-Louis Pernod in Frankrijk is geïntroduceerd en die ook Bertie regelmatig consumeert. Bijgenaamd de Groene Fee zou het een belangrijke bron van artistieke inspiratie zijn, omdat de psychoactieve werking van de stof thujon in het ingrediënt alsem leidt tot auditieve en visuele hallucinaties. Tegenstanders, onder leiding van psychiater Valentin Magnan, stellen dat 'absintisme' uiteindelijk zelfs kan leiden tot de dood, zodat het verboden wordt en in de illegaliteit verdwijnt. Door kunstenaars en schrijvers wordt het daarom juist omarmd. Een dronken Oscar Wilde beschrijft een fantoomgevoel van tulpen die zijn benen strelen bij het verlaten van een café in Montmartre. Vincent van Gogh beweert dat hij er zijn 'gele periode' aan te danken heeft (ook wordt gesuggereerd dat het hem ertoe heeft aangezet om zijn oor af te snijden). Henri de Toulouse-Lautrec laat zelfs een speciale wandelstok maken met ruimte voor een flacon absint, zodat hij het altijd en overal kan innemen om zijn verbeelding te prikkelen. Zijn motto hierbij is: 'Je moet niet veel drinken, maar wel vaak.'

In de beginjaren van Montmartre wordt het middelpunt van de absintbacchanalen gevormd door Le Chat Noir. Dit eerste moderne cabaret – een nachtclub met een variétéshow waarvan de acts worden ingeleid door een ceremoniemeester die daarbij interactie zoekt met de aan tafels gezeten gasten – is in 1881 opgericht door impresario Rodolphe Salis. Het is een vorm van entertainment die zich daarna ook in Londen manifesteert als musichall en zich ontwikkelt tot variététheater. In etablissementen als de Pavillion, Empire, Tivoli en Palace Theatre of Varieties breken daar sterren door als Charlie Chaplin en Stan Laurel. Rond de eeuwwisseling krijgt cabaret door de drijvende kracht van Tony Pastor in Amerika ook vorm als vaudeville, die zich later ontwikkelt tot burlesque. In gelegenheden als het Victoria Theatre, Trocadero en Palace Theatre zijn daarbij artiesten te zien als Harry Houdini, Bojangles, Buster Keaton, Oliver Hardy en de Marx Brothers.

Die variététheaters in Londen en vaudevilles in New York laten zich met name inspireren door een nieuw cabaret waar Bertie vanaf 1889 vaak te vinden is tussen de *café society*: de Moulin Rouge. Deze wordt in dat jaar opgericht door Joseph Oller, in 1867 rijk geworden door zijn uitvinding van het wedsysteem van de toto, en zijn collega-impresario Charles Zidler als een etablissement waar 'mensen uit alle windstreken en lagen van de bevolking zich schouder aan schouder mengen om ondergedompeld te worden in een extravagante showwereld'. Aan de voet van de heuvel Montmartre kopen de zakenpartners een grote zaal en richten deze met veel spiegels, kroonluchters en fluweel in als een soort boudoir. Ook de uitgestrekte achtertuin krijgt een flamboyante sfeer, compleet met een gigantische olifant van stucwerk (een wenteltrap in de poot leidt naar een ruimte in de buik, waar heel toepasselijk een buikdanseres valt te bewonderen), weelderig prieel, parasols, lampionnen en de mogelijkheid om ezelritjes te maken. Als verwijzing naar de vele molens van Montmartre verrijst hiervan op ware grootte een exemplaar op het dak, die vervolgens rood wordt geverfd en dient als naamgever.

Op 6 oktober, in de laatste maand van de wereldtentoonstelling van Parijs, openen de deuren en zijn de dagelijks geprogrammeerde dansshows direct een eclatant succes. De choreograaf heeft namelijk besloten een variant op de quadrille nieuw leven in te blazen. Bij deze cancan gooit een grote groep vrouwen naast elkaar onder begeleiding van opzwepende muziek en zwierend met verleidelijke rokken en petticoats synchroon de benen in de lucht en voeren ze spagaten en radslagen uit. De oorspronkelijke dans, door prostituees als erotisch lokmiddel ingezet, is zestig jaar daarvoor in de ban gedaan door Kerk en Staat, waarna vele arrestaties volgden. De reden hiervoor was dat veel danseressen *pantalettes* droegen, een slipje zonder kruis. Met hun talent voor promotie laten Oller en Zidler voor de opening daarom een affiche maken met cancandanseressen. Over de onderkant van de affiche laten ze een strook papier plakken waarop valt te lezen dat de danseressen dringend is verzocht om deze verwerpelijke lingerie niet te dragen. Daarna staan iedere avond rijen voor de deur die doorlopen tot om de hoek van de straat. En de politie komt in de eerste jaren daarom nog regelmatig onaangekondigd controleren of de danseressen überhaupt wel ondergoed dragen.

De grote ster van de danseressen is Louise Weber, die groot op de meeste Moulin Rougeaffiches staat afgebeeld. Ze is beter bekend als La Goulue (De Gulzige), omdat ze steevast alle drankjes van de voorste tafels achteroverslaat. De eerste keer dat ze daarbij Bertie ziet zitten, roept ze: 'Hé Wales, trakteer jij me op champagne, of moet je moeder betalen?' Bertie antwoordt dat ze 'de mooiste benen van Parijs heeft' en neemt haar vervolgens mee uit eten naar het vermaarde Maxim's (waar hij ook regelmatig met de oogverblindende Folies Bergèredanseressen Liane de Pougy, La Belle Otéro, Cléo de Mérode en Émilienne d'Alençon afspreekt) om te eindigen in de slaapkamer boven het restaurant. Daarna reist Weber ook regelmatig met Bertie naar Monaco. In 1895 bevalt ze overigens van een kind waarvan ze stellig beweert dat de vader een prins is, waarna ze het laat adopteren door een reizend circusgezelschap.

Ook de nachtelijke festijnen vol champagne, de favoriete drank van Bertie, vormen een groot succes voor de Moulin Rouge, zodat het met 240 000 flessen per jaar uitgroeit tot de grootste afnemer van champagne ter wereld. Maar ook de rest van de programmering spreekt Bertie zeer aan, bijvoorbeeld Foottit & Chocolat (van wie de laatste als eerste zwarte artiest van Frankrijk zorgt voor een etnische doorbraak binnen het entertainment), die met hun slapstickacts het clownsgenre blijvend veranderen. Maar Bertie waardeert met name flatulist Joseph Pujol, beter bekend onder zijn artiestennaam Le Pétomane. Enkele hoogtepunten uit zijn onderscheidende oeuvre worden gevormd door imitaties van een onweersbui en een kanonskogel, alsmede het voordragen van een gedicht over een wandeling langs de dieren op een boerderij, waarbij hij de bijbehorende geluiden ten gehore brengt. Ook het op een fluit spelen van 'O sole mio' en de Marseillaise blijkt populair, net als het uitblazen van een kaars op enkele meters afstand.[8]

De liefde voor Le Chabanais, de Moulin Rouge en Louise Weber is iets wat Bertie deelt met kunstenaar Henri de Toulouse-Lautrec. Net als overigens het feit dat koningin Victoria en prins Albert een volle neef en nicht van elkaar zijn en dit ook voor Henri's adellijke ouders geldt, en hij eveneens een zeer getroebleerde relatie met hen heeft. Helaas heeft deze inteelt bij Henri geleid tot de genetische ziekte pycnodysostose. Naast vele andere ernstige gebreken levert dit hem vooral broze botten op, zodat hij in zijn jeugd beide heupen breekt en zijn benen niet verder groeien. Hierdoor krijgt hij uiteindelijk een volwassen torso boven korte kinderbenen en stokt zijn lengte op 1,52 meter, zodat het lijkt alsof hij permanent knielt.

Vanwege zijn 'groteske voorkomen' wordt Henri door de meeste aristocraten verstoten en als hij zijn talent voor tekenen en schilderen wil gebruiken om kunstenaar te worden, besluit zijn vader hem ook nog eens te onterven. Henri vertrekt naar Parijs en gaat in de leer bij Fernand Cormon, die hem op pad stuurt om de wereld van Montmartre vast te leggen. Algauw raakt hij daar bevriend met kunstenaars als Vincent van Gogh en Émile Bernard, die hem vanwege zijn korte benen de bijnaam Cafetière (koffiepot) geven, iets wat hij trots accepteert en meteen verwerkt in een schilderij. Henri zal het voor hem veilige Montmartre tot aan zijn vroege dood in 1901 nauwelijks nog verlaten.

Nadat Oller en Zidler eerder affiches hebben laten maken door Jules Chéret, benaderen zij hiervoor in 1891 Henri om hem de Moulin Rouge nog nadrukkelijker te laten onderscheiden van concurrent Folies Bergère. Omdat dit Henri's eerste affiche ooit is, bestudeert hij daarvoor nauwgezet Chérets techniek. Deze lithograaf heeft jaren eerder in Londen zijn geëmigreerde landgenoot Eugène Rimmel ontmoet, een parfumeur die in zijn avonduren volop aan het experimenteren is met cosmetica omdat in die tijd lood het belangrijkste bestanddeel van make-up vormt en dit, evenals de belladonnaoogdruppels om pupillen te vergroten, dodelijk giftig is. Om hun teint zo bleek mogelijk te maken drinken veel vrouwen bovendien *Fowler's solution*, een drankje dat eigenlijk verdund arsenicum is. Gevallen van vergiftiging zijn dan ook aan de orde van de dag, evenals zwelling en ontsteking van de ogen, uitvallende tanden en een zwarte huid, regelmatig leidend tot de dood. In een provisorisch laboratorium op zijn zolderkamer vindt Rimmel met behulp van nieuw ontdekte chemische stoffen de moderne cosmetica uit, waaronder mascara (waarvoor in vele talen 'rimmel' dan ook het eponiem is).

Zijn cosmetica worden in Engeland direct een groot succes en in 1869 vraagt Rimmel aan Chéret om een serie opvallende aanplakbiljetten te maken voor de opening van zijn winkel in Parijs. Met behulp van een nieuwe drukpers vervaardigt Chéret zo het eerste Franse affiche met een steunkleur. Na drie jaar experimenteren slaagt hij er zelfs in om meerdere steunkleuren en ook afbeeldingen te gebruiken. Het maakt hem de grondlegger van een nieuw specialisme waarvoor de Fransen geleidelijk het woord *réclame*, een openbare aanprijzing van een product, gaan gebruiken.

Henri gebruikt op basis van deze techniek vier krachtige kleuren in de stijl van het japonisme. Oller en Zidler zijn meteen enthousiast en bestellen een oplage van drieduizend reproducties. Tot hun genoegen worden deze overal in Parijs al van de muren gehaald voordat de lijm is opgedroogd, en daarna thuis opgehangen als kunstwerk. Het betekent een instantdoorbraak voor Henri naar het sterrendom van Parijs, zodat hij zelfs een eigen stoel en een permanente expositie in de Moulin Rouge krijgt. Zijn affiches worden in binnen- en buitenland zo populair dat het de levensgroot en herkenbaar afgebeelde artiesten als La Goulue, Jane Avril, Yvette Guilbert en Aristide Bruant tot zeer goedbetaalde internationale sterren maakt. Henri legt hiermee de basis voor de celebritycultus.

Met zijn affiches vervult Henri daarnaast een belangrijke rol in de overgang van het impressionisme van schilders als Monet, Manet, Renoir, Degas en Cézanne naar een nieuwe kunststroming. En de inspiratie voor die wending komt uit een op het eerste gezicht nogal onverwachte hoek: Japan. Als dit tot dan toe afgesloten land op de wereldtentoonstelling van 1867 in Parijs zijn nagenoeg onbekende curiositeiten toont, zijn daarna de kimono's, waaiers, parasols, gelakte kistjes en kamerschermen direct uitverkocht bij het Parijse filiaal van het in Tokio gevestigde handelshuis Kiryu Kosho Kaisha. En de kunsthandel van Siegfried Bing in Parijs, L'Art Nouveau genaamd, groeit uit tot een soort bedevaartsoord. Van mei 1888 tot april 1891 geeft Bing zelfs het tijdschrift *Le Japon artistique* uit, dat geheel gewijd is aan Japanse kunst. Het japonisme krijgt zo een invloed die vergelijkbaar is met een eerdere uiting van oriëntalisme in de achttiende eeuw, namelijk de chinoiserie.

Henri en zijn vriend Vincent van Gogh beginnen bij L'Art Nouveau de goedkope, op houten panelen aangebrachte kleurenprenten te verzamelen die 'ukiyo-e' worden genoemd. De twee zijn gefascineerd door de krachtige kleuren en de ongewone ruimtewerking hiervan. Door deze te bestuderen leren ze dat hun eigen tekeningen en schilderijen niet per se een traditionele indeling hoeven te hebben – van dichtbij naar ver weg, zoals in een kijkdoos. Henri en Vincent beginnen er beiden op hun eigen manier mee te experimenteren. Bij Vincent is dat vooral vanaf februari 1888 in Arles, als hij Parijs heeft verlaten omdat hij de drukte van de stad niet langer aankan en het mooie licht van het zuiden wil vangen in zijn olieverfschilderijen.

Bij Henri komt dit tot uiting in zijn affiches, waarmee hij de basis legt voor de naar Bings galerie vernoemde kunststroming van de art nouveau. Schilderijen gelden hierin niet langer als ultieme kunstvorm, zodat kunstenaars hun creatieve talent vanaf dan ook inzetten voor het maken van prenten, boekomslagen, affiches en tijdschriftillustraties. Hiermee slechten ze de traditionele scheiding tussen de 'hoge' beeldende kunst en de 'lage' toegepaste kunst. Er ontstaat een bloeiende handel in verzamelaarsedities van affiches, waardoor kunst van de straat weer verandert in kunst voor de elite. Populair zijn met name de zogenoemde avant-la-lettre-exemplaren, waarop de letters van het oorspronkelijke affiche niet worden afgedrukt en alleen de originele afbeelding is te zien met lege ruimtes voor de letters.

Bertie en Henri waarderen elkaar zeer, wat bijvoorbeeld blijkt uit de vele karikaturen die Henri van hem tekent in zijn schetsboeken. Hetzelfde wordt in 1898 duidelijk tijdens een expositie van Henri in de vooraanstaande Goupil Gallery, in Londen gevestigd aan Regent Street. Uitgeput van het zware nachtleven ligt Henri opgekruld op een sofa te slapen als Bertie zijn entree maakt om de opening te verrichten. De beschaamde galeriehouder wil Henri onmiddellijk wakker schudden, maar Bertie moet glimlachen en staat als een gentleman niet toe dat de kunstenaar speciaal voor hem wordt gewekt. Als Henri later ontwaakt en de galeriehouder hem woedend terechtwijst, grapt hij dat Bertie niets voorstelt omdat hij slechts afstamt van het huis Hannover.[9]

Het japonisme ontaardt ondertussen in een rage waarbij dames op chique feestjes gekleed gaan als ware geisha's, compleet met bijpassende coiffure en visagie. Ook dragen steeds meer vrouwen een zijden jurk met heldere kleuren en bloemmotieven die geïnspireerd is op de kimono en algauw de naam 'japon' krijgt. Mede dankzij de in Parijs gevestigde Engelsman Charles Frederick Worth, die door keizerin Eugénie tot hofleverancier wordt benoemd en zo wordt beschouwd als de eerste *haute couturier* uit de geschiedenis, geldt Parijs dan al als de modehoofdstad van de wereld, waar velen hun inspiratie voor kleding vandaan halen.

En toch is er naast het japonisme nog een andere bron waardoor de Parijzenaren zich op modegebied in omgekeerde richting laten inspireren, namelijk de dandy Bertie. Volgens de Franse schrijver James de Chambrier gelden in Parijs 'de snit van zijn jas, de vorm van zijn hoed, zelfs de kleur van zijn handschoenen als wet'. En politiecommissaris Xavier Paoli, die later wordt aangewezen als Berties bodyguard in Parijs, observeert dat 'onder de onberispelijke snit van een marineblauw tweed pak zijn gang vloeiend en opmerkelijk ontspannen is. Van de vakkundig geknoopte knoop van zijn das tot de fijne zijden zakdoek die uit zijn borstzak steekt; van de bamboestok met gouden handvat onder zijn arm tot de havanna tussen zijn lippen; van de lichtgrijze vilthoed die hij iets naar links gekanteld draagt tot de gele suède handschoenen met zwarte bies, alles suggereert sobere elegantie en subtiele verfijning'.

Met opnieuw Napoleon III als voorbeeld besteedt Bertie dan ook zeer veel geld en tijd aan zelfs de kleinste details van zijn kleding. Zo creëert hij een uitgesproken persoonlijke stijl bij zijn in Savile Row gevestigde kleermaker Henry Poole. Bertie introduceert tweed pakken en creëert met zijn Norfolkjas de nieuwe categorie van sportswear. Ook de gedeukte en van een lint en opgekrulde rand voorziene *homburg* is zijn geesteskind, evenals de omslag onderaan een broek. Daarnaast vraagt hij de prestigieuze Parijse hemdenmaker Charvet om een kraag te maken die rechtop staat en daaroverheen teruggevouwen is, zodat zijn das wordt bedekt. Deze naar Bertie vernoemde HRH-kraag (His Royal Highness) vormt in licht gewijzigde vorm nog steeds de standaard voor overhemden. Bertie introduceert ook de gewoonte van het dragen van een bloem in het knoopsgat van de linkerrevers, alsmede het openlaten van de onderste knoop van een gilet (dit laatste vanwege zijn grote buik). Bovendien laat hij een stof ontwerpen met een patroon van kleine en grote ruiten dat nog steeds veel wordt toegepast, bekend onder de Franse naam prince-de-galles.

En in Berties kringen roken heren na het diner een sigaar, waarbij vele een jasje over hun rokkostuum dragen, zodat deze niet naar rook gaat stinken. Dit fluwelen *smoking-jacket* irriteert Bertie en hetzelfde geldt voor de onhandige lange flappen aan de achterzijde van zijn rokkostuum. Daarom laat hij bij Henry Poole een kort zwart wollen jasje maken dat is voorzien van rechte zijden revers en dat hij de hele avond door kan dragen bij wat informelere gelegenheden. Als Bertie daarna op een bal de rijke koffiehandelaar James Brown Potter en diens aantrekkelijke vrouw uitnodigt voor een diner, vraagt de Amerikaan hem wat hij moet dragen. Bertie verwijst hem vervolgens naar Henry Poole om daar het door hemzelf bedachte smokingjacket te laten maken. Na het diner neemt Potter het jasje mee terug naar Amerika, waar hij het op een avond draagt naar de chique New Yorkse countryclub Tuxedo Park. De daar aanwezige heren kopiëren Potters kledingstuk daarna snel, waarbij het de naam tuxedo krijgt.

Ook Berties vrouw Alexandra wordt in die jaren beschouwd als een stijlicoon, aan wie vele vrouwen een voorbeeld nemen. Daarnaast spelen vrouwen als Jeanne Lanvin, die in 1889 haar eigen modehuis en geurenlijn opricht, evenals Coco Chanel, die in 1909 een hoedenwinkel begint, een belangrijke rol in de mode. Maar zij maken deel uit van een selecte groep vrouwen die een min of meer zelfstandige positie bemachtigen in een vrijwel geheel door mannen gedomineerde wereld. In vele landen – met name ook Engeland – strijden suffragettes voor het vrouwenkiesrecht (iets waar Bertie fel op tegen is), maar in de meeste westerse landen zal dit pas tussen 1913 en 1944 worden ingevoerd.[10]

Tot dan zijn het naast activistes vooral actrices, danseressen, modellen, schrijfsters, kunstenaressen, sportsters en wetenschapsters die andere vrouwen bezielen met hun geëmancipeerde gedrag. Bijvoorbeeld La Goulue, Mata Hari en Annie Oakley, of de zeer succesvolle schilderes Rosa Bonheur, die altijd mannenkleding draagt als protest tegen de ondergeschikte rol van vrouwen. Of archeologe Gertrude Bell, die vele bestsellers schrijft over haar reizen door het Midden-Oosten en Azië, waarbij ze nauw samenwerkt met Thomas Edward Lawrence, beter bekend als Lawrence of Arabia. Voor veruit de meeste vrouwen geldt dan echter dat ze geacht worden thuis te blijven om het huishouden te regelen, hoewel ook steeds meer van hen als gevolg van de industriële revolutie betaalde arbeid verrichten in fabrieken. Slechts bij hoge uitzondering mogen sommige echtgenotes – met name uit de middenklasse en daarboven – zonder begeleiding het huis verlaten voor sociale aangelegenheden en huishoudelijke inkopen, omdat mannen ervan overtuigd zijn dat vrouwen hun aandrang tot geld uitgeven niet kunnen beheersen.

De algemene opvatting is zelfs dat de meeste vrouwen vroeg of laat zullen lijden aan een aandoening die 'hysterie' wordt genoemd. Deze term, naar het Oudgriekse woord voor 'baarmoeder', wordt rond 400 v.Chr. gemunt door arts Hippocrates omdat hij vreemd gedrag van vrouwen verklaart door een problematische bloedstroom tussen de hersenen en de baarmoeder. En in 1885 identificeert Jean-Martin Charcot, een Franse hoogleraar die als pionier geldt in de neurologie, bij vrouwen een staat van kortademigheid, algemeen gebrek aan zelfbeheersing, 'bizarre bewegingen', rusteloosheid, toevallen, overmatige spraak en eigenzinnigheid. Om onnavolgbare redenen komt Charcot tot de conclusie dat deze toestand het gevolg moet zijn van een gebrek aan seksuele bevrediging en herintroduceert daarom de term 'hysterie'.

Charcot begint te experimenteren met hypnose als behandeling, maar constateert dat dit weinig heil brengt. Vervolgens ontwikkelt hij een therapie die hij bekkenbodemmassage noemt, waarbij de genitaliën van vrouwen manueel worden gestimuleerd totdat een verlichtend spasme volgt, dat officieel een 'hysterisch paroxisme' wordt genoemd. Deze behandeling verricht hij overigens achter een stijlvol gordijntje, zodat de discretie gewaarborgd blijft. En omdat gemeenschap tussen echtgenoten wordt beschouwd als strikt functioneel voor de voortplanting, ontstaan voor deze behandeling algauw lange wachtlijsten bij dokters.

De behandeling blijkt echter een tijdrovend karwei en bovendien krijgen veel dokters door de zware fysieke inspanning chronisch last van overbelasting van hun handen en armen. Daarom komt de Engelse arts Joseph Mortimer Granville rond 1890 op het lumineuze idee om de behandeling te mechaniseren met een elektrisch spiermassageapparaat dat hij eerder heeft laten patenteren onder de omschrijving 'manipulator'. Door het succes ervan wordt de behandeling zelfs nog populairder, zodat deze rond de eeuwwisseling wordt aangeboden in alle luxueuze kuuroorden van Europa. De royalty's op zijn uitvinding maken Granville een welvarend man, waarbij zijn apparaat in de jaren erna een meer seksuele connotatie krijgt en de naam ervan vanwege de trillende beweging verandert in 'vibrator'.

Noten

1 In de jaren erna beginnen Amerikaanse treinconducteurs en theaterportiers een tang te gebruiken om toegangskaartjes te doorboren, die algauw door vrijwel iedereen een 'Annie Oakley' wordt genoemd.

2 Als Napoleon III in 1871 wordt verbannen naar Engeland en daar in 1873 overlijdt, raakt Bertie erg gesteld op diens zoon, bijgenaamd Loulou, met wie hij een voorliefde voor practical jokes deelt. Samen leggen ze onder andere een in pyjama geklede ezel in het bed van Harry Crust, de intellectuele hoofredacteur van *The Pall Mall Gazette*. En tijdens seances laten ze deelnemers schrikken door zich in een wit laken te verkleden als spook.

3 De inkomsten hieruit zijn direct zo groot dat Monaco alle belastingheffing kan afschaffen.

4 Ook bridge is dan nieuw; de regels hiervoor zijn in 1886 opgesteld door John Collinson.

5 Hier is nu het hotel Édouard VII gevestigd, waarvan de kamers zijn vernoemd naar zijn maîtresses. Vlakbij zijn ook de statige Rue Édouard VII en Place Édouard VII, waar een levensgroot standbeeld staat van Bertie te paard. Daar bevinden zich ook het Théâtre Édouard VII en diverse cafés en restaurants die zijn naam dragen.

6 In 1951 koopt Louis Vian de stoel voor bijna twee miljoen Franse franc (omgerekend circa een half miljoen euro) bij veilinghuis Drouot, inclusief een koffer met daarin Berties schetsen en handgeschreven instructies voor Soubrier. De volgende ochtend staan twee formeel geklede Britse mannen, vermoedelijk van MI6, voor Vians deur om de koffer met inhoud voor een groot bedrag van hem over te nemen.

7 Dit bad is later gekocht door Salvador Dalí.

8 In 1907 dreigen rellen nadat de biseksuele Sidonie-Gabrielle Colette, auteur van de erotische boekenreeks 'Claudine', op het podium van de Moulin Rouge een pantomime opvoert waarin ze haar vriendin Mathilde de Morny (die, ondanks een wettelijk verbod, steevast een driedelig mannenpak draagt, sigaren rookt en een kort kapsel heeft, zodat ze meestal Oncle Max wordt genoemd) op de mond zoent. De productie wordt daarna per direct verboden door de prefect van Parijs.

9 Berties huis Hannover kent zijn oorsprong in 1635. Henri stamt zelf uit een veel ouder adellijk geslacht, dat al uit 778 stamt en daardoor als voornamer wordt beschouwd.

10 Ironisch genoeg voert het eiland Man in 1881 als eerste vrouwenkiesrecht in.

3 Bouwen aan de toekomst

Hoewel het Palace of Whitehall en daarna St James's Palace altijd als hoofdverblijf van haar voorgangers hebben gediend, wijst Victoria bij haar aantreden in 1837 Buckingham Palace – dat in 1761 door George III is aangekocht als privéverblijf voor zijn vrouw Charlotte – aan als haar officiële residentie. Maar na de dood van haar man Albert in 1861 verblijft ze daar nauwelijks nog. Het Londense paleis, dat met zijn afmetingen van 108 bij 120 meter maar liefst 775 kamers bevat met een totale vloeroppervlakte van ruim 77 000 vierkante meter, raakt verwaarloosd omdat de rouwende Victoria een teruggetrokken leven leidt in het landelijke Windsor, Balmoral en Osborne (waar ze volgens geruchten een heimelijke relatie heeft met haar Schotse dienstknecht John Brown en later ook onder invloed komt van haar Indiase *munshi* Abdul Karim). De leegstand verontwaardigt een onbekend iemand kennelijk dusdanig dat deze naast de poort een bord ophangt met de tekst: DIT INDRUKWEKKENDE PAND IS TE HUUR OF TE KOOP ALS GEVOLG VAN DE NEERGANG VAN HET BEDRIJF VAN DE VOORMALIGE BEWONER.

Bertie, het enige lid van de koninklijke familie dat zowel in Buckingham Palace is geboren als gestorven, is in tegenstelling tot zijn moeder een waar stadsmens. Zodra hij in 1863 is getrouwd met Alexandra, maakt hij Marlborough House, vlak bij Buckingham Palace gelegen aan The Mall, na een ingrijpende verbouwing tot hun vaste woonverblijf. Omdat hij bovendien veel in Parijs verblijft en daar ook lange tijd een appartement heeft, maakt hij de snelle veranderingen in beide steden van dichtbij mee. Net als in New York voltrekt zich hier de totstandkoming van de eerste moderne metropolen.

In de Verenigde Staten is tussen 1880 en 1910 sprake van een onstuimige groei: de bevolking verdubbelt bijna van 50 naar 92 miljoen. En hoewel het in vergelijking hiermee langzaam lijkt, groeit het Verenigd Koninkrijk in die dertig jaar ook hard: van 34 naar 42 miljoen inwoners. Frankrijk stagneert rond de 39 miljoen en hier doet zich richting de eeuwwisseling zelfs enkele jaren krimp voor. Om te voorkomen dat seks meer voor recreatieve dan reproductieve doeleinden wordt gepraktiseerd, wordt daar in 1896 de Alliance Nationale pour l'Accroissement de la Population Française opgericht, die geldbedragen en extra stemrecht toebedeelt aan vaders van grote gezinnen.

Ondertussen is in alle drie de landen sprake van een snelle urbanisatie. Door de industriële revolutie zijn in de fabrieken meer arbeiders nodig en tegelijkertijd zorgen de nieuwe landbouwtechnieken uit de tweede agrarische revolutie ervoor dat minder mensen nodig zijn in de landbouw. Bovendien maken nieuwe vormen van transport het mogelijk om voedsel van grotere afstand aan te voeren. Van 1,9 miljoen inwoners in Berties geboortejaar 1841 groeit Londen hierdoor naar circa 7 miljoen inwoners in zijn overlijdensjaar 1910. Parijs groeit in diezelfde periode van bijna 0,9 miljoen naar ongeveer 4,5 miljoen inwoners, terwijl New York een sprong maakt van ruim 0,3 miljoen naar 4,8 miljoen. In de binnenstad van Londen stijgt het aantal inwoners per vierkante kilometer naar een verstikkende 38 352, terwijl dit in het oude centrum van Parijs (de eerste vier arrondissementen) zelfs toeneemt tot 79 872. En in de Lower East Side van New York bereikt deze bevolkingsdichtheid een verbijsterende hoogte van 144 805.[1]

Al in 1884 roept Bertie de Royal Commission on the Housing of the Working Classes in het leven om de problemen te onderzoeken die door deze verstedelijking in Londen zijn ontstaan. Hij krijgt dat jaar – gekleed in 'arme kleren' – een rondleiding door de smerige en overbevolkte straten van Holborn en St Pancras, eerder al treffend beschreven in de boeken van Charles Dickens. Bertie raakt zo onder de indruk van de armoede in deze achterbuurten dat de begeleidende agent maar net kan voorkomen dat hij geld gaat uitdelen en zo een oploop veroorzaakt. Bertie houdt vervolgens een toespraak in het House of Lords waarin hij oproept om de 'schandelijke leefomstandigheden' te verbeteren, waarna deze in 1885 samen met het House of Commons de Housing of the Working Classes Act aanneemt. Ook via zijn voorzitterschap van de Royal Society of Arts zal Bertie veel initiatieven ontplooien om de positie van de armen in de Londense sloppenwijken te verbeteren, variërend van het zoeken naar technologische alternatieven voor kinderarbeid tot het planten van bomen.

De bestuurders van Londen zijn, net als die van Parijs en New York, voortdurend op zoek naar oplossingen om steeds meer mensen onder te brengen in de beperkte ruimte die hun steden bieden. Hierbij zal een cruciale rol worden vervuld door Gustave Eiffel, van wie Bertie in 1889 een bijzondere uitnodiging ontvangt. Dat jaar organiseert Parijs zijn vierde wereldtentoonstelling, waar zaken als de radar, de seismograaf, zoetstof, kauwgom, Coca-Cola, Listerine, contactlenzen, de vulpen, de vaatwasser en het strijkijzer worden getoond. Dit jaartal is gekozen om het honderdjarig jubileum te vieren van de bestorming van de Bastille, die het begin van de Franse Revolutie markeert. En Eiffel heeft net het bijzondere bouwwerk opgeleverd dat de toegangspoort vormt tot de expositie: een driehonderd meter hoge toren die geheel uit gietijzer is opgetrokken en daarna nog ruim veertig jaar lang het hoogste gebouw ter wereld zal blijven. De vorm van de toren lijkt overigens op een langgerekte hoofdletter A, volgens sommigen een verwijzing naar de beginletter van de voornaam van een jeugdliefde, of wellicht zelfs twee: Eiffel is als kind hevig verliefd op zijn nicht Alice, met wie hij geen relatie mag aangaan, en daarna de uit de hoogste klasse afkomstige en zodoende onbereikbare Adrienne.

Eiffels invitatie illustreert hoe populair Bertie is in Frankrijk: ondanks het feit dat Groot-Brittannië vanwege de politieke spanningen met Frankrijk ontbreekt op de tentoonstelling, wordt Bertie de uitzonderlijke eer verleend om de eerste officiële gast te zijn die bij de opening de toren beklimt, voordat het publiek erop mag. Ondanks de bezwaren van Victoria en de regering accepteert Bertie Eiffels verzoek gretig.

Eiffel is in 1855 als chemicus afgestudeerd aan de prestigieuze École Centrale des Arts et Manufactures in Parijs en als cadeau geeft zijn moeder hem onder meer een kaartje voor de tweede wereldtentoonstelling aldaar. Hij raakt gefascineerd door het speciaal daarvoor aan de Champs-Élysées gebouwde Palais d'Industrie, dat een dak heeft dat geheel bestaat uit gietijzer en glas, geïnspireerd op het Crystal Palace in Londen. Door ruzies in de familie kan Eiffel niet aan de slag in de chemische fabriek van zijn oom en dus gaat hij enkele maanden in de gieterij van zijn zwager werken. Daar raakt hij onder de indruk van de mogelijkheden die gietijzer biedt en besluit tot een loopbaan in de bouw, waar hij de in zijn ogen 'prachtige schoonheid' van dit materiaal kan toepassen.

Hij zal zich in de jaren daarna toeleggen op het bouwen van gietijzeren bruggen en viaducten over de meest uitdagende kloven en rivieren, zoals de Garonne bij Bordeaux en de Douro bij Porto. Daarbij maakt hij voor de pilaren vaak gebruik van gewapend beton, het door de Franse tuinman Joseph Monier uitgevonden materiaal waarmee Eiffel kennismaakt op de Parijse wereldtentoonstelling van 1867. Eiffel begint zijn eigen bouwbedrijf Eiffel et Cie en zijn opdrachten worden steeds complexer en diverser, zoals het bouwen van ontzagwekkende stationshallen, die huidige architecten en ingenieurs nog steeds inspireren. Hij wijdt al zijn tijd aan innovatieve constructies en doet veel onderzoek naar de effecten van windbelasting op effen oppervlakken, waarvoor hij in zijn laboratorium in Auteuil zelfs een windtunnel bouwt. Zijn faam wordt hierdoor zo groot dat de trotse Franse bevolking hem als bijnaam de IJzertovenaar geeft en hij de eervolle opdracht krijgt om zelf enkele belangrijke gebouwen te realiseren voor de Parijse wereldtentoonstelling van 1878.

Daar wordt ook het hoofd en een toorts van een enorm koperen standbeeld tentoongesteld. In Parijs heeft men namelijk het plan opgevat om de Verenigde Staten een bijzonder cadeau te geven voor de viering van het honderdjarige jubileum van hun onafhankelijkheidsverklaring uit 1776: een bouwwerk dat als een moderne Kolossus van Rhodos in de haven van New York moet komen te staan. Beeldhouwer Auguste Bartholdi heeft een ontwerp gemaakt voor een 46 meter hoog koperen beeld, genaamd *La Liberté éclairant le monde* (waarvoor overigens zijn eigen moeder model staat). Door gebrek aan fondsen heeft het project echter veel vertraging opgelopen; dit komt pas weer op gang nadat de Amerikaanse mediamagnaat Joseph Pulitzer voldoende donaties inzamelt voor de sokkel en assemblage in New York.[2]

Dan overlijdt echter plotseling de betrokken ingenieur, Eugène Viollet-le-Duc, en wordt Gustave Eiffel hier in allerijl bij betrokken. Deze ziet zich direct voor de unieke uitdaging gesteld om de grote koperen oppervlakten bestand te maken tegen uitzetting en krimp door grote temperatuurverschillen, de harde wind en felle regen, alsmede het bijtende zout van verstuivend zeewater in de baai ten zuiden van Manhattan. Eiffel komt direct met een geniale vernieuwing: in plaats van een massief betonnen beeld of enorm dikke dragende muren te bedekken met koper, hangt hij een iets meer dan twee millimeter dunne huid van koper (in dikte vergelijkbaar met die van een chocoladepaashaas) op aan een metalen inwendig geraamte van spanten en springveren. Door deze gordijngevel kan bovendien veel sneller en goedkoper gebouwd worden, zodat de vertraging van het project zich uiteindelijk beperkt tot slechts tien jaar en de betrokkenen vinden dat gezichtsverlies voor Frankrijk is voorkomen. Vanwege zijn vakmanschap wordt Eiffel vervolgens gevraagd om de sluizen van het in aanbouw zijnde Panamakanaal te ontwerpen, maar zijn pièce de résistance blijft het Vrijheidsbeeld, dat vooral van belang is omdat hij hiermee de techniek heeft uitgevonden die hoogbouw mogelijk maakt.

Eiffel is er in 1889 vergenoegd mee dat Bertie de opening verricht, en hij ontvangt hem ook eervol als eerste gast in zijn tot dan toe geheime appartement in de top van de toren. Via een nauwe wenteltrap betreden ze een bijna honderd vierkante meter grote ruimte, rondom voorzien van een balkon, waarin zich een badkamer met toilet, een keuken en een woonkamer bevinden.[3] De muren van de woonkamer zijn voorzien van donkergeel behang, houten ornamenten en vele schilderijen, terwijl op het hoogpolige tapijt een bureau, een salontafel en enkele comfortabele fluwelen fauteuils en banken staan, alsmede een piano (een slaapkamer ontbreekt, maar toch zal Eiffel algauw torenhoge biedingen krijgen om zijn appartement voor een nacht te verhuren). Eiffel heeft er een groot, uit groen leder, zijde en geschept papier vervaardigd gastenboek neergelegd, waarin Bertie als eerste zijn handtekening mag zetten. In de maanden daarna zullen nog vele koninklijke bezoekers volgen, zoals Isabella II, Nicolaas II, George I, de koningen van Siam en Senegal, alsmede de sjah van Perzië, die enkele pogingen nodig heeft om zijn hoogtevrees te overwinnen. Ook beroemdheden als Thomas Edison, Berties maîtresse Sarah Bernhardt en zijn goede vriend Buffalo Bill (de indianen in zijn gezelschap staan opnieuw doodsangsten uit) zullen tekenen in Eiffels register.

Na Berties opening zullen tot het einde van de wereldtentoonstelling bijna twee miljoen bezoekers de Eiffeltoren bestijgen. En toch heeft het er lang naar uitgezien dat deze er nooit zou komen. Ten eerste omdat Parijs is gebouwd boven op een soort mierennest van tunnels die het gevolg zijn van eeuwenlange steenwinning. Deze catacomben stellen architecten en ingenieurs al voor enorme uitdagingen bij de ingrijpende stadsrenovatie die enkele decennia daarvoor onder leiding van de conservatieve prefect baron Haussmann plaatsvindt. De ondergrond biedt nauwelijks voldoende ondersteuning voor de grote, meestal vijf etages hoge, van klassieke mansardedaken en zandstenen gevels voorziene appartementsgebouwen die langs de nieuwe boulevards en parken verschijnen.[4] Voor hoogbouw zijn dus ingewikkelde vormen van fundering nodig en aangezien de Eiffeltoren in 1909 alweer dient te worden afgebroken omdat Eiffels twintigjarige concessie dan afloopt, wordt deze dus zo licht mogelijk gehouden.[5]

Het volgende obstakel tijdens de voorbereidingen blijkt een kwestie van smaak. In mei 1886 schrijft het organisatiecomité van de wereldtentoonstelling een open competitie uit voor een ontwerp van de toren en deze levert 107 inzendingen op, waaronder ook een wat minder serieus plan voor een driehonderd meter hoge guillotine.

Achter de schermen heeft Eiffel ervoor gezorgd dat de technische eisen van de selectiecommissie precies overeenkomen met de specificaties van zijn voorstel, zodat deze weinig verrassend als winnaar wordt geselecteerd. Maar zodra het nieuws over het verlenen van zijn concessie wordt gepubliceerd, vinden de creatieve en intellectuele stamgasten van Le Chat Noir elkaar in hun verontwaardiging over wat zij als wansmaak beschouwen.

Om dit kenbaar te maken richten zij het Comité van Driehonderd op (dat voor iedere meter van de toren een lid telt, onder wie Guy de Maupassant en Émile Zola, maar opvallend genoeg ook een voormalig lid van de selectiecommissie, architect Charles Garnier) en stellen een open brief op, die op 14 februari 1887 in *Le Temps* wordt gepubliceerd en gericht is aan Adolphe Alphand, de directeur publieke werken van Parijs en voorzitter van het organisatiecomité. De ondertekenaars protesteren tegen 'de nutteloze en monsterlijke Eiffeltoren' en zetten uiteen dat ze 'de duizelingwekkend belachelijke toren' beschouwen als 'een gruwelijke ontheiliging van de zeer geroemde Franse smaak, een onherstelbare ontering waarmee Frankrijk zich te schande maakt tegenover de rest van de wereld'. Ze kenschetsen de toren als 'een gigantische zwarte fabrieksschoorsteen' en 'een verfoeilijke kolom van geschroefd plaatstaal die met zijn barbaarse massa alle monumenten van de stad vernederend zal verpletteren'.

In latere interviews voegen sommige leden daar nog kwalificaties aan toe als een 'tragische straatlantaarn', 'skelet van een klokkentoren', 'mast van ijzeren gymzaalapparatuur', 'magere piramide van ijzeren ladders', 'trechtervormige grill' en een 'met gaten doorzeefde zetpil'. Het ontaardt in een polemiek, maar uiteindelijk verstommen de protesten en blijft notoir querulant Guy de Maupassant als enige over. Na oplevering van de toren beweert hij dagelijks in de restaurants op de eerste etage van de toren te lunchen omdat er geen enkel ander etablissement in Parijs is waar hij geen uitzicht heeft op de toren. Eiffel reageert hierop minzaam door te stellen dat 'de Franse vlag de enige is die een mast heeft van driehonderd meter lang'.

Omdat niet alleen in Parijs maar ook in Londen en New York de ruimte beperkt is, laat Eiffel met zijn bouwkundige innovaties de oplossing zien voor de noodzaak van meer bouwvolume: omhoog. Sinds de Duitser Friedrich Hofmann in 1858 de ringoven heeft uitgevonden, vormt baksteen echter het standaardbouwmateriaal. En dit heeft als grote nadeel dat het enorm zwaar is, waardoor de bouwhoogte beperkt blijft. Toch maakt de achttienjarige Bertie in 1860 in New York al kennis met een vroege voorloper van Eiffels aanpak. Op Broadway bezoekt hij op initiatief van burgemeester Fernando Wood dan de exclusieve interieurwinkel E.V. Haughwout, die in een net opgeleverd, 24 meter hoog gebouw is gevestigd. De gietijzeren gevels hiervan hangen niet aan de bakstenen muren, maar dienen mede als dragende constructie. Ook beschikt het gebouw over de eerste personenlift uit de geschiedenis, gebouwd door Elisha Otis.

Ongeveer 1500 kilometer naar het westen heeft Chicago te kampen met sponsachtige kleigrond, waardoor hoge bakstenen gebouwen snel verzakken en architect William Le Baron Jenney op zoek moet gaan naar een alternatieve manier van bouwen. Hij bedenkt een vergelijkbare oplossing als die van zijn voormalige klasgenoot Eiffel: een raamwerk dat bestaat uit stalen en smeedijzeren staanders en liggers, gecombineerd met gewapend beton. Deze zelfdragende constructie stelt de dan al vermaarde Le Baron Jenney in staat om de gevel te bekleden met een smalle muur van baksteen, uitbundig voorzien van ramen. In 1885 levert hij zo het tien verdiepingen tellende, 42 meter hoge Home Insurance Building op, dat in 1891 nog met twee verdiepingen wordt verhoogd tot 55 meter. Door de meeste deskundigen wordt dit beschouwd als de eerste 'wolkenkrabber' ooit, een term die algauw in zwang raakt omdat het dak ervan voor de passanten op straat de wolken lijkt te raken.

Daarna ontstaat een ware wedloop in hoogbouw. In 1889 laat architectenbureau Holabird & Roche in Chicago het Tacoma Building verrijzen, in 1890 gevolgd door het Chamber of Commerce Building van Baumann & Huehl en het Rand McNally Building van Burnham & Root. In 1893 telt Chicago al twaalf wolkenkrabbers van tussen de zestien en twintig verdiepingen hoog, dicht op elkaar gepakt midden in het financiële district, waarvan de Masonic Temple met zijn vele winkels, observatiegalerij en dakterras de opvallendste is. Die wordt opgeleverd in 1892, waarna het stadsbestuur vanwege bodemproblemen de bouw verbiedt van wolkenkrabbers hoger dan 150 voet (circa 46 meter).

In New York aarzelt het stadsbestuur tot 1889 om vergunningen te verlenen voor de nieuwe bouwtechniek en daardoor blijft het aantal wolkenkrabbers van zestien etages of meer tot 1893 beperkt tot vier. Maar daarna begint de stad aan een inhaalslag. In 1895 komt het twintig verdiepingen tellende, 92 meter hoge American Surety Building tot stand. Vervolgens laten krantenuitgevers in hoog tempo hun kantoortorens neerzetten aan Park Row. In 1899 verschijnt daar ook het Park Row Building, dat met zijn hoogte van 119 meter de hoogste wolkenkrabber zal blijven totdat in 1908, even verderop in Manhattan, het 186 meter hoge Singer Building wordt opgeleverd.

Deze hoogbouw leidt tot de opkomst van de draaideur, die in 1888 wordt uitgevonden door de Amerikaan Theophilus Van Kannel en in 1899 voor het eerst wordt geplaatst in een restaurant op Times Square.[6] De draaideur lost een probleem op waar wolkenkrabbers mee kampen: vanwege luchtdrukverschillen tussen de buitenlucht en de lucht binnen in wolkenkrabbers ontstaat tocht, zodat reguliere toegangsdeuren gaan klapperen en zo voor geluidsoverlast en kou zorgen. Daarnaast leiden wolkenkrabbers ook tot de doorbraak van de lift, waarbij Otis voor het aantal liften in een gebouw een gouden regel bedenkt die nog steeds wordt gehanteerd: een maximale wachttijd van dertig seconden. Omdat de lift aanvankelijk zeer traag is, wonen en werken de belangrijkste mensen dan op de onderste etages van wolkenkrabbers en worden technische ruimtes – tezamen met de conciërge – helemaal bovenin gehuisvest. Pas nadat liften sneller worden, ontdekt men de voordelen van de bovenste verdiepingen en krijgen die juist een exclusief karakter.[7] De doorbraak van de lift leidt ook nog tot iets heel anders: aan het einde van de eeuw vinden in Amerikaanse en Europese steden honderden jongens werk in het nieuwe beroep van liftbediende. Een belangrijk onderdeel van hun takenpakket is in de beginfase overigens om nerveuze mensen die de lift voor de eerste keer gebruiken gerust te stellen over de veiligheid ervan.

Hoewel Otis ook de liften levert voor de Eiffeltoren, gaat de ontwikkeling van wolkenkrabbers geheel aan Parijs voorbij vanwege de ongeschikte ondergrond en de behoudende stadsarchitectuur.[8] En in Londen zien architecten zich vanaf 1894 geconfronteerd met wettelijke limieten aan de bouwhoogte, nadat Berties moeder Victoria zich heeft beklaagd over het naast St James's Park gelegen veertien etages tellende Queen Anne's Mansions, dat haar uitzicht verpest.[9] Maar in de onderlinge innovatiewedloop binnen de driehoek met Parijs en New York troeft Londen die twee steden af met iets wat zich juist onder de grond bevindt. Omdat de stad als gevolg van de ongebreidelde groei een logistieke nachtmerrie aan het worden is, gaat er in 1863 's werelds eerste ondergrondse trein rijden, de London Underground. Hiervoor zijn diepe geulen gegraven, waarover een soort deksel ligt, dat als wegdek dient voor de bovengelegen straat. Vanaf dan kunnen passagiers het zes kilometer lange traject tussen Paddington en Farringdon geheel *sub terra* afleggen.

Helaas wordt hierbij gebruikgemaakt van stoomlocomotieven, terwijl de wagons bovendien worden verlicht met gaslampen, zodat dagelijks gemiddeld ongeveer twintig mensen flauwvallen als gevolg van de hitte en luchtverontreiniging. Omdat tegelijkertijd sprake is van een opkomende trend om kamerplanten in huis te zetten, komt de vervoerder op het idee deze ook in de coupés en op de perrons te plaatsen om zo de lucht te zuiveren. Ook vraagt men alle mannelijke medewerkers hun baard te laten groeien zodat deze kan dienen als luchtfilter. Hoewel dit alles weinig effect sorteert, claimt de organisatie juist dat het vervoermiddel een soort sanatorium is voor astmapatiënten en mensen die anderszins last hebben van hun bronchiën, terwijl het ook ontstoken amandelen en anorexia geneest.

De Paddington-Farringdonlijn wordt in 1868 en 1884 uitgebreid, waarbij men uiteindelijk tot het inzicht komt dat het gebruik van elektriciteit beter is om het klantenbestand niet langzaam te laten stikken. Op 4 november 1890 opent Bertie het King William Street Station: de terminus van wat wordt beschouwd als de eerste echte ondergrondse. Dit betreft de elektrische, vijf kilometer lange City and South London Railway, die gebruikmaakt van geboorde tunnels die diep onder de grond liggen. Deze techniek voorkomt weliswaar ingewikkelde en dure onderhandelingen met eigenaren van gebouwen boven de route, maar is nog wel zo beperkt dat de dubbele tunnelbuizen ieder een diameter van slechts 310 centimeter hebben (vandaar dat algauw de bijnaam The Tube ontstaat). Mede omdat vervoersklassen en kaartjes zijn afgeschaft en voor het eerst gebruik wordt gemaakt van tourniquets, waarin reizigers slechts twee pence hoeven te werpen, maken in 1891 al ruim vijf miljoen mensen gebruik van de nieuwe lijn. En daarna breidt het netwerk zich snel uit: in 1898 opent de Waterloo and City Railway, in 1900 gevolgd door de Central London Railway en de Great Northern and City Railway in 1902.

Door dit succes wenst het stadsbestuur in het Hôtel de Ville deze vorm van vervoer ook in Parijs te realiseren, alleen dan bovengronds. Maar ook hier storten Guy de Maupassant cum suis zich in 1892 in een publiek debat, waarin ze eisen dat het klassieke stadsaanzicht behouden blijft door de treinen ondergronds te laten rijden. De bestuurders gaan overstag, maar vooral omdat de ondergrondse aanleg een enorme besparing blijkt op te leveren doordat geen twintig meter brede stroken grond hoeven te worden aangekocht voor naar schatting 70 000 frank per strekkende meter. Gemeenteambtenaren zijn echter bevreesd dat de nationale regering en treinmaatschappijen het project naar zich toe zullen trekken. Daarom schakelt men Jean-Baptiste Berlier in, de uitvinder die eerder het met luchtdruk aangedreven systeem van buizenpost heeft gerealiseerd dat door de Parijse riolen loopt en tegen de eeuwwisseling met een totale lengte van 427 kilometer jaarlijks ongeveer tien miljoen berichten verwerkt tussen 130 postkantoren. Berlier maakt een ontwerp waarbij de spoorbreedte en tunneldiameter opzettelijk te klein zijn voor reguliere treinen. Et voilà, in 1896 is iedereen akkoord.

Met als doel om deze te openen op de eerste dag van de wereldtentoonstelling van 1900 start men in november 1898 met de bouwwerkzaamheden voor Ligne 1, die van west naar oost loopt onder de historische plaatsen langs de Seine: Arc de Triomphe, Champs-Élysées, Concorde, Tuilerieën, Louvre, Hôtel de Ville en Bastille. En vijf maanden later wordt een competitie uitgeschreven voor het ontwerp van de entrees. Alle eenentwintig inschrijvingen worden in de pers echter belachelijk gemaakt, waarbij ze worden vergeleken met krantenkiosken, openbare toiletten en begrafenismonumenten. Pas op 12 januari 1900 wendt de vervoersmaatschappij zich in paniek tot de jonge architect Hector Guimard, die snel wat schetsen maakt, uitgaande van glas en metaal, omdat het gebruik van die materialen tijd kan besparen. Pas ruim drie maanden na het begin van de wereldtentoonstelling openen acht stations bij de belangrijkste attracties daarvan, een maand later gevolgd door de resterende tien. Reizigers kunnen zich vergapen aan de prachtige borden en entrees van gietijzer, glas en email die Guimard heeft ontworpen in art-nouveaustijl en samen met de schuin aflopende tegels op de wanden van de perrons uitgroeien tot architectonische iconen.[10] Parijzenaren korten de naam van de uitbater, La Compagnie du Chemin de Fer Métropolitain de Paris, direct al af tot Le Métropolitain en daarna tot Métro, wat in veel landen zal uitgroeien tot een soortnaam.

In New York loopt men tot veler ergernis jaren achter en rijdt de eerste *subway* pas vanaf 1904. Maar naast de wolkenkrabbers beschikt men daar gelukkig over nog een ander pronkstuk: de in 1883 geopende Brooklyn Bridge, die met zijn 486 meter dan de langste hangbrug ter wereld is. In 1889 bedraagt het aantal passanten al zo'n 38 miljoen en in 1898 wordt de brug zelfs zo intensief gebruikt dat deze een bottleneck begint te worden. Hierbij ontstaat een enorme verkeersopstopping als op een dag een paard dood op het wegdek neervalt. Er breekt direct paniek uit omdat een van de 786 ton wegende stalen kabelstrengen begint te buigen, maar de daaropvolgende inspectie toont geen gebreken aan. Toch wordt de bouw van een tweede brug, de Williamsburg Bridge, versneld ingezet. Deze is slechts twee meter langer, maar neemt bij de oplevering in 1903 wel het stokje over als langste hangbrug ter wereld, die ze tot 1924 zal blijven.

De bestuurders van Londen kijken in 1883 met bewondering naar de Brooklyn Bridge, zodat in 1886 wordt gestart met de bouw van de karakteristieke Tower Bridge, waarvoor Bertie de eerste steen legt en in 1894 ook de opening verricht. En met het doel om deze te openen bij de wereldtentoonstelling van 1900 start men in Parijs in 1896 met de bouw van wat de extravagantste brug over de Seine zal worden, rijkelijk voorzien van art-nouveaulantaarns en gouden beeldhouwwerken van klassieke godinnen en nimfen. Deze krijgt de naam Pont Alexandre-III om zo de vriendschappelijke betrekkingen met Rusland te benadrukken.

Terwijl Londen, Parijs en New York in allerlei opzichten hard aan het groeien zijn, geldt dat ook voor een bepaald type winkel in de binnenstad van deze metropolen. Verschillende middenstanders beginnen namelijk hun kleine gespecialiseerde winkels om te vormen tot grotere zaken, waar verschillende afdelingen zijn te vinden met ieder een specifieke productcategorie. De oorsprong van dit fenomeen ligt in Parijs, waar Aristide Boucicaut in 1869 veel succes heeft met zijn 300 vierkante meter grote winkel Le Bon Marché. In de jaren ervoor heeft hij in zijn zaak tal van vernieuwingen doorgevoerd, zoals verkoopmedewerksters, commissie, garantie, de mogelijkheid tot ruilen en retourneren, openingstijden van dertien uur per dag, damestoiletten, een speelhoek met limonade voor kinderen, een leeskamer met koffie en snacks waar ongeduldige mannen tot rust kunnen komen terwijl hun echtgenotes winkelen, alsmede een combinatie van confectie en maatwerk. Ook introduceert hij vaste prijzen, die de tot dan toe gebruikelijke onderhandelingen overbodig maken, bezorgt hij gratis aan huis en verspreidt hij een postordercatalogus met portvrije bestellingen. Maar wat zijn vrouwelijke clientèle vooral weet te waarderen is zijn uitvinding van de tweejaarlijkse seizoenuitverkoop.

Het wordt dermate druk in zijn winkel dat Boucicaut in 1869 een gewaagde stap neemt. Hij huurt Gustave Eiffel in om aan de Rue de

Sèvres in het deftige zevende arrondissement een winkel met een vloeroppervlak van 30 000 vierkante meter te laten optrekken, honderdmaal zo groot als zijn oude zaak. Eiffel oogst veel lof voor het gebouw, waarvan de muren en het dak geheel uit glas en gietijzer bestaan. Boucicauts succesformule is zo aantrekkelijk dat kranten schande spreken van het verschijnsel dat vele vrouwen zich in de schulden steken om in Le Bon Marché te kunnen blijven winkelen en 'aangezet worden tot kleptomaan gedrag'. Dit weerhoudt de ondernemende Boucicaut er echter niet van om in 1872 alweer uit te breiden naar 50 000 vierkante meter (ongeveer tien voetbalvelden). Vlak voor zijn dood in 1877 heeft hij ruim 1700 medewerkers in dienst, voor wie faciliteiten als een eigen levensmiddelenwinkel en bedrijfsrestaurant beschikbaar zijn. Zijn winkel beslaat inmiddels dan ook een heel straatblok, waarbij de jaaromzet is gegroeid van ongeveer een half miljoen tot 72 miljoen frank. Mede daarom wordt Le Bon Marché beschouwd als het eerste moderne warenhuis in de geschiedenis.

De maatschappelijke impact van dit fenomeen fascineert Émile Zola dusdanig dat hij hierover in 1883 het boek *Au bonheur des dames* publiceert, dat zich geheel afspeelt in Le Bon Marché, met Boucicaut en een twintigjarige medewerkster in de hoofdrollen. Zola bekritiseert hierin het warenhuis als 'de kathedraal van de moderne handel, gebouwd voor een gemeenschap van cliëntes'. Niettemin inspireert het enorme succes van Le Bon Marché ook andere ondernemers, wat leidt tot de opening van warenhuizen als Le Printemps, La Samaritaine, Bazar de l'Hôtel de Ville, Tapis Rouge, La Paix en La Ville de Saint-Denis. De Parijzenaren zijn er bijzonder trots op en noemen dit nieuwe type winkel algauw een *grand magasin*. Tussen 1890 en 1896 komen hier nog nieuwe bij: Les Nouvelles Galeries, Les Magasins Dufayel en het zeer succesvolle Galeries Lafayette.

In Londen, waar men dit type winkel simpelweg *department store* is gaan noemen, vestigen winkels als Liberty en John Lewis zich in die tijd vooral in Oxford Street en Regent Street. In Brompton Road, gelegen aan de andere kant van Hyde Park, brandt op 7 december 1883 's nachts het chique, daar in 1849 als kruidenierswinkel gestarte Harrods af nadat een gordijn bij een open raam in een brandende gaslamp waait en vlam vat. Met bewonderenswaardige improvisatie weet eigenaar Charles Harrod met kerst toch alle bestellingen bij zijn klanten af te leveren, wat hem een recordwinst oplevert. Hiermee bouwt hij een veel grotere winkel, die vanaf 1894 alweer flink wordt uitgebreid. Bertie, die in Parijs regelmatig de duurste warenhuizen bezoekt, is in zijn woonplaats Londen ook een trouwe klant van Harrods – Alexandra brengt zelfs zeer regelmatig een bezoek – zodat hij dit begin 1910 met een *royal warrant* tot hofleverancier benoemt. In 1898 is Harrods overigens het eerste Engelse warenhuis dat beschikt over wat dan een 'bewegende trap' of 'hellende lift' wordt genoemd: een roltrap die gebruikmaakt van een gevlochten leren transportband. Sommige klanten vinden deze beproeving dermate zenuwslopend dat hun bovenaan een glaasje brandewijn wordt aangeboden om de opgebouwde spanning weg te nemen. Niettemin krijgen de warenhuizen daarna een nieuwe impuls, omdat klanten dankzij de roltrap eerder geneigd zijn om behalve de begane grond ook de daarboven gelegen etages te bezoeken.[11]

In 1909 krijgen de warenhuiseigenaren in Oxford Street concurrentie van een Amerikaan die het consumentisme van zijn land wil overbrengen naar Europa: Harry Gordon Selfridge. Na de opening van het warenhuis Selfridges op 15 maart kan Bertie hier na sluitingstijd winkelen en wordt dan verrast met een enorme kroon die is gemaakt van verse bloemen, waarna hij een zeer frequent bezoeker wordt. Met als uitgangspunt dat 'de klant altijd gelijk heeft', stelt Selfridge zich als doel dat vrouwen plezier moeten beleven aan het winkelen, zodat ze zichzelf hiermee kunnen verwennen als vrijetijdsbesteding in plaats van het als corvee te ervaren. Daarom schept hij een inspirerende omgeving waar producten op toonbanken worden uitgestald, zodat klanten deze zelf kunnen vastpakken en bekijken. Ook plaatst hij als eerste de parfumafdeling direct bij de ingang op de begane grond. Selfridge creëert ook een bibliotheek, leeskamer, schrijfkamer, stilteruimte, eerstehulppost en meerdere restaurants in zijn zaak. Verder stelt hij ook educatieve voorwerpen tentoon, waaronder

Boven: Het Crystal Palace in 1854. Onder: Caesar loopt voor de koningen uit tijdens Berties begrafenis.

De negen koningen op de begrafenis van Bertie. Staand, vanaf links: Haakon VII van Noorwegen, Ferdinand I van Bulgarije, Manuel II van Portugal, keizer Wilhelm II van Duitsland (koning van Pruisen), George I van Griekenland, Albert I van België. Zittend, vanaf links: Alfonso XIII van Spanje, George V van het Verenigd Koninkrijk, Frederik VIII van Denemarken.

Boven: Bal in de Academy of Music in New York ter ere van Bertie, 1860. Onder: Bertie en Caesar in 1908.

Annie Oakley op affiches voor Buffalo Bills show.
Boven: circa 1886. Onder: 1901.

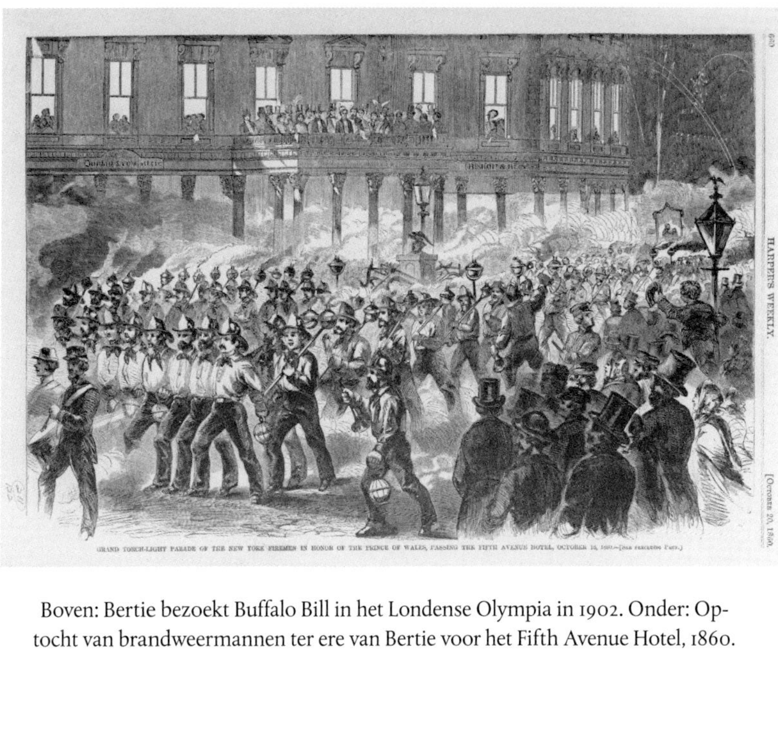

Boven: Bertie bezoekt Buffalo Bill in het Londense Olympia in 1902. Onder: Optocht van brandweermannen ter ere van Bertie voor het Fifth Avenue Hotel, 1860.

Boven: Affiche voor de eerste musical ooit, *The Black Crook*, 1866.
Onder: Toulouse-Lautrecs eerste affiche, voor de Moulin Rouge, 1891.

Boven: Het hoofd van het Vrijheidsbeeld op de Exposition Universelle in Parijs in 1878. Onder: Het eerste Ferris Wheel, op de World's Columbian Exposition in Chicago, 1893.

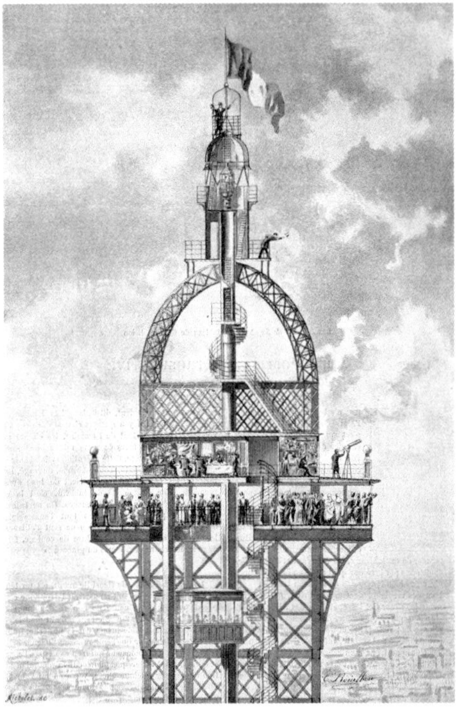

Boven: Eiffels geheime appartement boven het panoramaplatform.
Onder: Cabaret Le Chat Noir aan de Rue Victor-Massé, circa 1887.

Boven: Gustave Eiffel (links) op zijn toren tijdens de Exposition Universelle van 1889. Onder: Affiche van Georges Garen voor de Exposition Universelle in Parijs, 1889.

Boven: De Eiffeltoren in aanbouw, 1888. Onder: Elisha Otis demonstreert zijn veiligheidssysteem voor liften in het New York Crystal Palace, 1853.

Het Home Insurance Building in Chicago, 1891.

Boven: Het graven van de tunnels voor de London Underground, circa 1888.
Onder: De door Hector Guimard ontworpen toegang tot de Parijse metro uit 1900.

GENERAL VIEW OF THE BON MARCHÉ (*PARIS*)

Boven: De Brooklyn Bridge in New York, 1883.
Onder: Le Bon Marché in Parijs, 1892.

Boven: Macy's kerstetalage in 1906. Onder: De door Thomas Nast getekende kerstman in *Harper's Weekly*, 1881.

Boven: De Tower Bridge in Londen op de openingsdag, 1894. Onder: De Benz Patent Motorwagen 3 waarmee Bertha uit rijden gaat, 1888.

Boven: Bertha Ringer in 1872, kort voor haar huwelijk met Karl Benz. Onder: Bertie in een Daimler, 1901.

Boven: De eerste Amerikaanse autoshow in Madison Square Garden, New York, 1900.
Onder: De eerste autorace, Parijs-Rouen, 1894.

Boven: Affiche van Renault, 1908. Onder: Logo van de Royal Automobile Club, met Bertie en profil.

Boven: Hugh Lowther, graaf van Lonsdale, in 1930.
Onder: Automobile Association-scout in 1905.

Boven: De eerste *Guide Michelin*, 1900. Onder: Michelins eerste reclameaffiche met Bibendum, 1898.

Boven: De eerste internationale wedstrijd op Wimbledon vindt plaats op het Centre Court, 1883. Onder: Pierre de Coubertin op een gemotoriseerde driewieler, 1901.

Boven: Dorando Pietri bij de finish van de olympische marathon in Londen, 1908.
Onder: Kinnaird (met baard) met de Old Etonians tegen Blackburn, 1871.

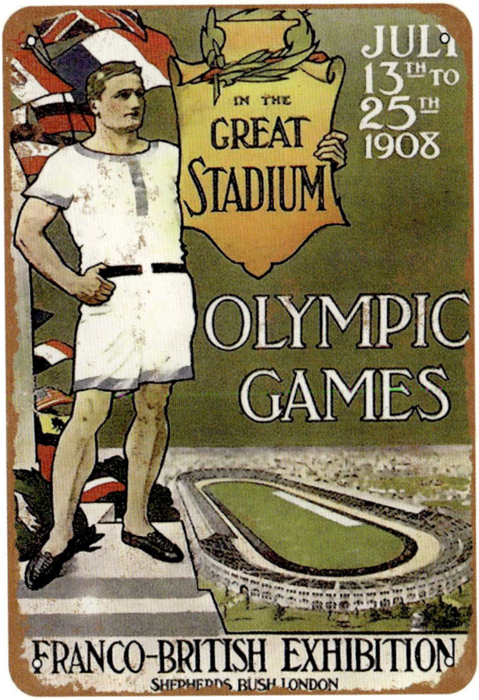

Boven: Affiche voor de Olympische Spelen van Londen, 1908. Onder: Sigarettenkaart uit 1908 van de olympisch kampioen verspringen, Frank Irons.

Boven: Dunlops eerste opblaasbare rubberband om een spaakwiel, 1888.
Onder: De Deense, Russische en Britse koninklijke familie en hun fietsen (Bertie zit op het bordes), 1895.

Boven: Starleys 'Rover' Safety Bike uit 1886, in het British Motor Museum.
Onder: Annie Londonderry in 'bloomers', 1895.

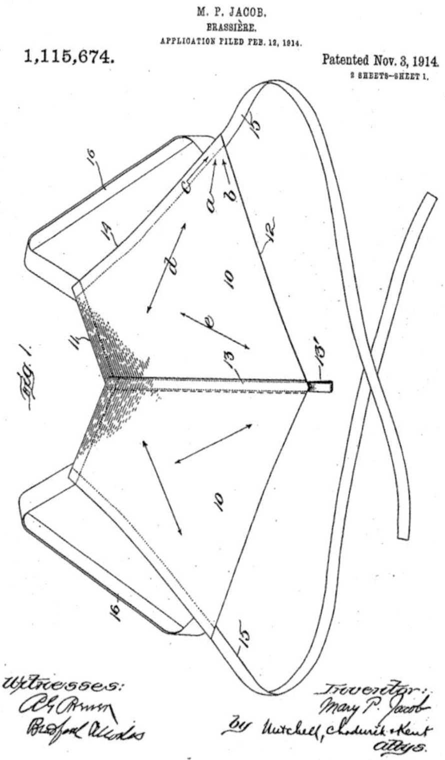

Boven: Mary Phelps Jacobs patent voor de brassière. Onder: Het Vélodrome Buffalo in Parijs (genoemd naar Buffalo Bill, die daar in 1905 opnieuw optrad).

Boven: Jean-Marie Corre op zijn racefiets, 1898. Onder: Start van de eerste etappe van de eerste Tour de France, in Montgeron, 1903.

Boven: Affiche van de Franse dochteronderneming van Beeston Humber, 1896. Onder: Affiche van fietsfabrikant La Française met Paris-Brest-Paris-winnaar Maurice Garin, 1901.

Boven: Falcon Scott salueert naar Bertie op de RRS Discovery, 1901.
Onder: Robert Baden-Powell in scoutingtenue, circa 1910.

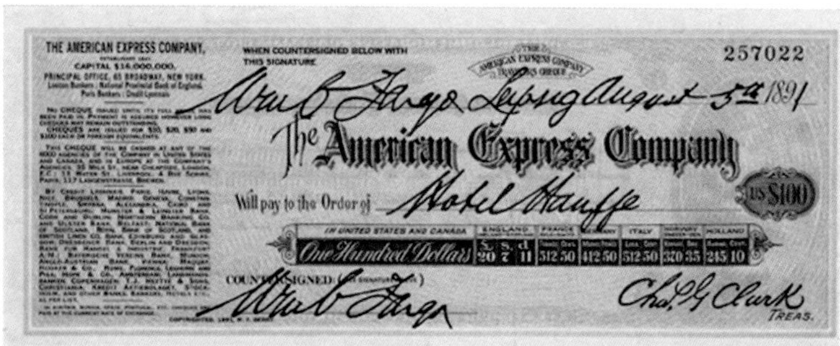

Boven: Eerste American Express-traveller's cheque, 1891. Onder: Standbeeld van Bertie op de Croisette in Cannes, ansichtkaart uit 1912.

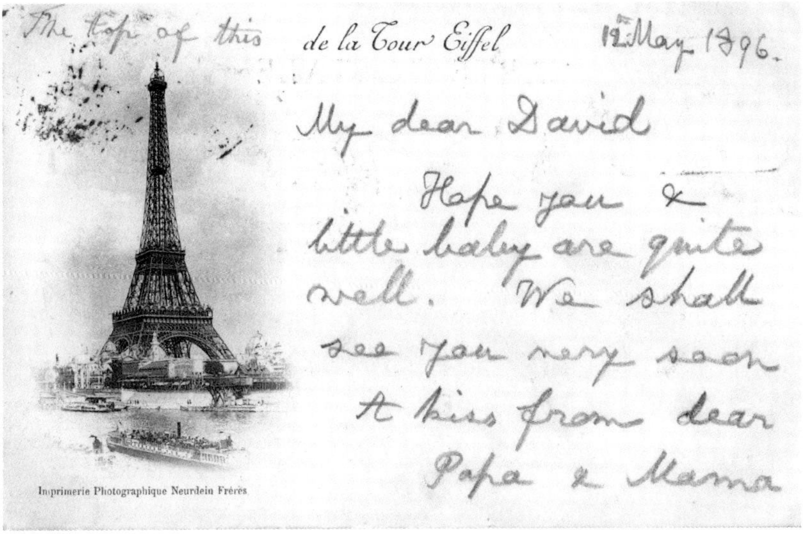
The top of this de la Tour Eiffel 12th May 1896.

My dear David

Hope you & little baby are quite well. We shall see you very soon

A kiss from dear Papa & Mama

Boven: De ansichtkaart die de toekomstige koning George V in 1896 vanaf de top van de Eiffeltoren verstuurt naar zijn oudste zoon. Onder: Auguste Escoffier instrueert zijn keukenbrigade.

Boven: Het Waldorf-Astoria op Fifth Avenue, 1899.
Onder: Het Ritz Hotel in Parijs, 1900.

in 1909 het vliegtuig waarmee de Fransman Louis Blériot dan als eerste het Kanaal is overgestoken. Op het dak van het warenhuis zullen daarna ook een tuin, cafés en zelfs een minigolfbaan en een schietclub voor meisjes verschijnen.

Selfridges succes ontstaat eigenlijk omdat hij spijt heeft dat hij vervroegd met pensioen is gegaan en zich hierdoor verveelt. In 1906, hij is dan 48 jaar oud, boekt hij een vakantie naar Londen en ontdekt daar een gat in de markt voor zijn eigen warenhuis. Tot 1904 is hij aandeelhouder en directeur geweest bij het succesvolle warenhuis Marshall Field in Chicago, waar hij in de jaren ervoor ook vele innovaties doorvoert. Hoewel het niet als damesachtig wordt beschouwd om zonder mannelijke escorte te lunchen in de stad, opent Selfridge bijvoorbeeld als eerste een tearoom in die winkel. Ook introduceert hij een bruidslijst, een gratis personal shopper en doorlopend krediet. En hij bedenkt het concept van een signeersessie, waarvoor hij auteurs uitnodigt op de boekenafdeling. Ook hangt hij als eerste grote borden op met de tekst NOG ... DAGEN TOT KERST, waarmee hij al aftellend de kooplust opwekt en mede bijdraagt aan de toenemende populariteit van deze feestdag. Ondertussen lanceert overigens ook het in Philadelphia gevestigde warenhuis Wanamaker's vele nieuwigheden, zoals elektrische verlichting, buizenpost voor geld en facturen, en een telefoon.

Tegelijkertijd klonteren in New York de warenhuizen samen in wat dientengevolge de Ladies' Mile gaat heten.[12] Dit gebied rond Fifth Avenue, tussen Madison Square Park en Union Square Park, oefent een onweerstaanbare aantrekkingskracht uit op de high society nadat Bertie daar enkele nachten heeft verbleven in het mondaine Fifth Avenue Hotel. De koopdrift komt hier eind jaren negentig tot grote hoogten bij vermaarde zaken als Lord & Taylor, B. Altman, A.T. Stewart, Arnold Constable, Best & Co. en Tiffany's. In respectievelijk 1902 en 1906 voegen ook Saks en Bergdorf Goodmann zich hierbij. Even verderop in Manhattan, aan Third Avenue, zit ook Bloomingdale's, dat in 1898 de eerste Amerikaanse winkel is die een roltrap installeert.

Een warenhuis dat hierbij een opvallende rol speelt, is Macy's. Het is opgericht door Rowland Hussey Macy als winkel in fournituren en manufacturen (waarvan hij de eerste vier in een faillissement heeft doen eindigen), maar de zaken gaan daarna dermate goed dat de snel uitdijende onderneming stap voor stap de naburige winkelpanden betrekt. Dan slaat echter het noodlot toe. In 1875 trekt Macy zijn vijfentwintigjarige neef Robert Valentine en de drieëndertigjarige man van zijn nicht, Abiel La Forge, aan als partners. En daarna doet de statistisch bijna onmogelijke situatie zich voor dat Macy in 1877 komt te overlijden, gevolgd door La Forge in 1878 en Valentine in 1879. Vanaf dan wordt het warenhuis noodgedwongen bestierd door andere leden van zijn familie, die in 1888 besluit om Nathan en Isidor Straus als partners binnen te halen. En deze broers brengen een gevoel voor styling mee dat Macy's zal doen uitblinken in winkelpresentatie. Met name de schitterend opgemaakte en verlichte etalages worden algauw een begrip. Het publiek loopt er speciaal een blok voor om, wat in 1894 de nieuwe term *window shopping* oplevert. Overigens zullen Isidor en zijn vrouw Ida in 1912 omkomen aan boord van de Titanic omdat zij een plek in een reddingsboot op nobele wijze afstaan aan hun dienstmeid Ellen Bird, die dit later begrijpelijkerwijs dankbaar navertelt.

Rond de jaren negentig heeft Santa Claus (een naam die afstamt van het Nederlandse woord 'Sinterklaas', net als de namen van de rendieren Dunder en Blixem) inmiddels een vaste plek veroverd bij de traditionele kerstviering. In 1881 krijgt de kerstman zijn huidige uiterlijk als *Harper's Weekly*-illustrator Thomas Nast hem tekent als een rondbuikige man met baard in een rood-wit pak met muts.[13] En in 1890 brengt dit de gebroeders Straus op het idee om een Macymedewerker aldus als kerstman te verkleden en zo de kinderen al 'Ho ho ho' roepend te vermaken. Het jaar daarop nemen vrijwel alle warenhuizen in New York, die onderling inmiddels een ware strijd zijn aangegaan om de mooiste etalages, deze nieuwigheid over. In december 1895 culmineert de combinatie van beide tot de uitbundigste kerstetalages die New York ooit heeft aanschouwd. Macy's spant de kroon met maar liefst dertien tableaus van *Jack and the Beanstalk, Gulliver's Travels* en andere taferelen. Maar ook bij FAO Schwarz, een enorme speelgoedwinkel op Fifth Avenue die claimt het officiële hoofkantoor van de kerstman in New York te zijn, staat dagelijks de stoep vol kinderen die zich vergapen aan de feestelijke etalages en weelderige versieringen in de winkel.[14]

Die etalages leiden overigens weer tot een nieuw fenomeen. De door Alexis Lavigne uitgevonden torso's die worden gebruikt voor het afspelden van maatwerkkleding transformeren in Parijs door toedoen van zijn leerling Frédéric Stockman naar poppen met hoofd en ledematen, gemaakt van papier-maché waaromheen katoenen doek is gespannen. Deze *mannequins* (afgeleid van het Middelnederlandse woord 'mannekijn' voor een mannetje) dienen met name om kleding te tonen in de etalages. Tegen het einde van de eeuw beginnen exclusieve modehuizen in Parijs en Londen klanten uit te nodigen om hun nieuwe collectie te komen bekijken, die in een aparte zaal wordt gepresenteerd op deze etalagepoppen. En in 1900 komt de innovatieve couturier Worth als eerste op het idee om deze poppen te vervangen door dames die heen en weer lopen in zijn creaties. Hiermee is de modeshow geboren, waarna het woord 'mannequin' overgaat naar de modellen die hiervoor worden ingehuurd.

De groei van wereldsteden brengt echter niet alleen aangename fenomenen als wolkenkrabbers en warenhuizen met zich mee, maar helaas ook veel wantoestanden als armoede, criminaliteit en prostitutie. Hoewel de welvaart onder de middenklasse en happy few toeneemt, verslechteren de omstandigheden in de arme buurten mede als gevolg van enkele economische crises, wat een voedingsbodem vormt voor criminaliteit. Enerzijds gaat dat om lichtere vergrijpen als diefstal en zedendelicten – zo worden in 1910 bijvoorbeeld de twee loopbruggen boven in de Tower Bridge gesloten omdat deze het domein zijn geworden van zakkenrollers en prostituees – en anderzijds krijgt de angst voor moorden de stedelingen steeds meer in zijn greep. Zo laat Herman Webster Mudgett, beter bekend onder zijn schuilnaam H.H. Holmes, in de aanloop naar de wereldtentoonstelling van 1893 in Chicago een klein hotel bouwen vlak bij het expositieterrein. Het hotel opent nooit, maar krijgt later wel 'het moordkasteel' als bijnaam omdat Mudgett in 1894 wordt gearresteerd op verdenking van 230 moorden. Hiervan bekent hij er 27, waarvan de meeste bezoeksters van de tentoonstelling betreffen. En enkele jaren eerder, tussen 1888 en 1891, is Londen in de ban van een seriemoordenaar die in de kranten Jack the Ripper wordt genoemd. In de verpauperde buurt Whitechapel in East End worden dan vijf prostituees op gruwelijke wijze vermoord en verminkt, waarbij van drie zelfs organen worden verwijderd. De politie heeft aanwijzingen dat nog elf vergelijkbare moorden hiermee samenhangen, maar uiteindelijk zijn nooit harde bewijzen gevonden voor enige samenhang en de dader wordt nooit gearresteerd.

Meer verholen is ondertussen een ontwikkeling die de maatschappij structureler zal ontwrichten: de georganiseerde misdaad. Na de strijd voor eenwording en onafhankelijkheid van Italië onder leiding van Giuseppe Garibaldi, die Bertie in 1873 heimelijk ontmoet in Londen, verlaten alleen al tussen 1880 en 1910 ruim dertien miljoen Italianen hun moederland, met name die uit zuidelijke provincies als Campania, Calabrië en Sicilië. Van hen vertrekken ongeveer vier miljoen emigranten naar La Merica, waar ze per schip meestal in New York arriveren via het immigratiestation op Ellis Island.[15] Rond 1885 ontstaat hierdoor in het armste deel van Manhattan een wijk die algauw Little Italy wordt genoemd.

Terwijl in de jaren daarna in Engeland straatbendes als de Peaky Blinders ontstaan, gebeurt ditzelfde met Joodse en Ierse straatbendes in de arme buurten van New York. Maar tegen de eeuwwisseling bouwen Italianen de eerste Amerikaanse maffiafamilies op, die nietsontziend de macht overnemen. Door omkoping van ambtenaren, politici, agenten en rechters kunnen deze vrijelijk hun illegale praktijken – gokken, prostitutie, smokkel, afpersing en geldschieten – uitbreiden. Tot hun jonge rekruten behoren ook Al Capone en Frank Costello, van wie de laatste uitgroeit tot de machtige capo di capi van de Vijf Families van New York (en later model staat voor don Vito Corleone in *The Godfather*).

De politie staat machteloos tegenover hun geraffineerde werkwijze en agent Giuseppe Petrosino schaamt zich dusdanig voor deze landgenoten dat hij met nieuwe vormen van bestrijding zoals infiltratie begint te experimenteren, iets waarvoor hij met toestemming van Theodore Roosevelt een speciaal Italiaans elitekorps opricht.[16] Zo lost de onverschrokken Petrosino onder andere de afpersingszaak op van de beroemde operatenor Enrico Caruso (die in 1904 overigens een privéconcert voor Bertie verzorgt in Buckingham Palace) door zich als hem te vermommen en de daders bij de overdracht van het geld te arresteren. Helaas moet Petrosino dit met zijn leven bekopen als hij in 1909 uit wraak wordt geliquideerd.

Er zijn echter ook criminelen die regelmatig een glimlach op het gezicht weten te toveren van krantenlezers in New York. Zo lukt het de van wisselende schuilnamen gebruikmakende George Parker tussen 1899 en 1901 herhaaldelijk om met een officieel ogend verkoopbord en vervalste eigendomspapieren het Vrijheidsbeeld, het Metropolitan Museum en de Brooklyn Bridge te verkopen. Goedgelovige immigranten die net zijn aangekomen, zien in de investering van enkele honderden dollars hun kans om de Amerikaanse droom waar te maken. Meerdere malen moet de politie Parkers slachtoffers van de Brooklyn Bridge verwijderen als deze druk bezig zijn om een tolhuisje neer te zetten.

De enige vorm van criminaliteit waarmee Bertie gedurende zijn leven te maken krijgt, is die van afpersing. Vanwege zijn vele buitenechtelijke relaties en de weinig discrete liefdesbrieven waarmee hij de betreffende vrouwen overstelpt, wordt hij maar liefst achtmaal het slachtoffer van chantagepogingen nadat deze brieven in verkeerde handen zijn gevallen (zoals gezegd de eerste keer al in 1871 als de Italiaan Piro Beneni hem chanteert met het onthullen van een compromitterende briefwisseling met Beneni's zus Giulia, de zeer exclusieve prostituee La Barucci).[17] Maar dankzij doortastende interventies van zijn hofhouding en de politie – in de vorm van betaling of het na arrestatie in beslag nemen van de correspondentie – worden grote schandalen steeds ternauwernood voorkomen. Beneni's *mano nera*-praktijk, waarbij slachtoffers een dreigbrief ontvangen die is ondertekend met een zwarte handafdruk, verspreidt zich vanaf 1880 razendsnel over de wereld.

Noten

1 Tegenwoordig bedraagt de bevolkingsdichtheid in de Lower East Side ongeveer een kwart van die op het hoogtepunt: circa 34 000.
2 Later zal hij bij testament ook legaten nalaten voor journalisten, schrijvers en componisten: de Pulitzer Prize.
3 Ook bevinden zich hier drie kamers voor meteorologische observaties en wetenschappelijke experimenten. In 1910 ontdekt Theodor Wulf zo de kosmische straling.
4 Haussmann laat ook 56 000 straatlantaarns met gaslampen plaatsen, wat Parijs de bijnaam *La Ville Lumière* oplevert (tevens verwijzend naar de rol die Parijs eerder speelt in de verlichting als intellectuele stroming).
5 In totaal worden 4329 tekeningen uitgewerkt voor 18 038 onderdelen, die aan elkaar worden bevestigd met bijna 2,5 miljoen klinknagels. Maar door de open constructie bedraagt het gewicht hiervan slechts 11 130 ton.
6 Van Kannel zou de draaideur hebben uitgevonden omdat hij een fobie had voor het openen van deuren voor anderen, met name vrouwen. Maar voor deze hardnekkige legende ontbreekt ieder bewijs.
7 In 1920 wordt het eerste penthouse ooit gerealiseerd, boven in het Plaza Hotel met uitzicht over Central Park.
8 De enige wolkenkrabber van Parijs, de 210 meter hoge en uit 1973 stammende Tour Montparnasse, wordt door vrijwel alle Parijzenaren verguisd. In 2008 staat het dan ook in de top 3 van lelijkste gebouwen ter wereld.
9 Deze beperkingen worden pas ruim zestig jaar later versoepeld.
10 De eerste versie van het iconische Tube-logo van London, dat een tunnelbuis symboliseert, stamt uit 1908.
11 In 1892 is de roltrap gepatenteerd door Jesse Reno, die enkele jaren daarvoor is afgestudeerd aan Lehigh University. Daar vergt zijn dagelijkse bezoek aan de Chi Phi-sociëteit het beklimmen van ruim driehonderd traptreden om het hoogteverschil van zo'n honderd meter op de campus te overbruggen, iets wat hij verafschuwt.
12 Tot verwarring van de schoenverkopers in deze warenhuizen proberen

rond de eeuwwisseling ineens vrijwel alle vrouwelijke klanten hun voeten in een maat 1 te persen (34 in Europese maten) omdat dit in hun kringen de norm is. De warenhuizen spreken daarom af om al hun vrouwenschoenen als maat 1 te labelen, een praktijk waaraan op 13 januari 1909 een einde wordt gemaakt als tijdens het jaarcongres van The National Boot and Shoe Manufacturers' Association in Hotel Astor deze 'duidelijk oneerlijke samenzwering' wordt veroordeeld door voorzitter Hannon.

13 Ook deze kleuren stammen van Sinterklaas, evenals de cadeaus die door de schoorsteen vallen (gebaseerd op Jan Steens schilderij *Het Sint-Nicolaasfeest*, waarin kinderen hoopvol omhoogkijken in de open haard).

14 FAO Schwarz heeft in vele films gefigureerd, waaronder *Home Alone* 2.

15 Het eerste wat immigranten tussen 1885 en 1896 vanaf hun schip te zien krijgen van Amerika is niet het Vrijheidsbeeld, maar een 37 meter hoge olifant die op de punt van Coney Island staat. In dit zeven etages tellende gebouw met de naam Elephantine Colossus is een bordeel gevestigd.

16 Het Engelse handboek voor politieagenten uit 1899, beter bekend als de *Bobby's Bible*, richt zich vooral nog op meer basale zaken als spelling. En op stappenplannen voor het omgaan met veelvoorkomende situaties als een paard dat ziek op straat is neergevallen, een man die gebeten is door een hond, of een man die met een plank op zijn schouder de straat oversteekt en wordt aangereden door een fietser. Petrosino's initiatieven dragen zodoende sterk bij aan de modernisering van de politie.

17 La Barucci wordt aan Bertie voorgesteld door hertog de Gramont-Caderousse. Ze komt ruim veertig minuten te laat, zodat ze bij de woedende Bertie wordt geïntroduceerd als 'de minst punctuele vrouw van Frankrijk'. Onverstoorbaar draait La Barucci zich om en laat zonder iets te zeggen haar jurk op de grond zakken. Als de hertog haar hier later voor berispt, antwoordt ze: 'Hoezo? Ik toonde hem het beste wat ik heb en het was gratis.'

4 Zondagsrijders

In 1896, een jaar voordat zijn moeder Victoria haar diamanten jubileum viert als koningin, hernieuwt Bertie zijn inmiddels tien jaar durende knipperlichtrelatie met de ravissante Lady Jennie Churchill, die de corpulente Bertie zijn bijnaam Tum Tum geeft. Haar schoonheid is kennelijk dusdanig dat een bewonderaar – naar verluidt heeft ze ruim tweehonderd affaires – zegt dat 'haar uiterlijk meer heeft van een panter dan van een vrouw'. Jaren eerder heeft Bertie de van oorsprong Amerikaanse Jennie Jerome voorgesteld aan Lord Randolph Churchill, waarna de twee algauw trouwen. Met hun zoon, de toekomstige premier Winston, zal Bertie een hechte vriendschap ontwikkelen. Tussen Bertie en Randolph verloopt daarna echter alles onstuimig, waarbij Bertie hem na een conflict zelfs uitdaagt voor een duel. Als Randolph niet lang daarna onverwacht thuiskomt en daar Jennie en Bertie ongechaperonneerd aantreft, komt het tussen hem en Bertie eigenlijk nooit meer goed.

Naast de relatie met Jennie begint hij ook een verhouding met de beste vriendin van zijn vrouw Alexandra, gravin Georgina Dudley, een weduwe, die hij vervolgens op het Londense landgoed Pembroke Lodge laat wonen. Maar in februari ontdekt Bertie nog een heel andere passie. Op het terrein van Buckingham Palace neemt hij na een demonstratie voor het eerst plaats achter het stuur van een automobiel – de eerste Britse Daimler – die pas enkele weken daarvoor in het Londense straatbeeld is verschenen. En in mei maakt hij in de tuinen van de Britse ambassade in Parijs met markies Jules-Albert de Dion een rit in een De Dion-Bouton. Vervolgens ontmoet hij daar ook René Panhard en Émile Levassor, van wie hij zijn eerste auto aanschaft, een Panhard et Levassor met een benzinemotor van vier pk.

Hoewel de auto in de beginjaren een strikt mannelijke aangelegenheid betreft, is de uitvinding ervan voor een groot deel te danken aan een in Duitsland wonende vrouw. Ruim zeven jaar eerder, als op zondagochtend 5 augustus 1888 haar man buiten de deur is, verlaat Bertha Ringer samen met haar twee tienerzoons Richard en Eugen voor zonsopkomst behoedzaam het huis. In de garage zwengelt Bertha snel de motor aan van een driewielige 'paardloze koets', terwijl haar zoons om de hoek van de achtergelegen steeg kijken of daar geen bewakers op wacht staan. Zodra de motor draait, stappen de drie vlug in, waarna Bertha via de steeg de weg op rijdt. Ze wil met gezwinde spoed naar haar moeder, die bijna honderd kilometer verderop in Pforzheim woont.

Het zal een uitdagende rit blijken, die veel van Bertha's improvisatievermogen en technisch inzicht vergt. Zo heeft de wagen geen tank en bevindt zich in de carburateur slechts vierenhalve liter brandstof. Halverwege moet ze daarom bij een drogist in Wiesloch stoppen om wasbenzine te kopen, deze hiermee en passant het eerste tankstation in de geschiedenis makend. Bovendien moet ze regelmatig stoppen om het kleine waterreservoir bij te vullen, wat nodig is om de enkele zuiger van de motor te koelen. Ook zorgt het stof van de veelal onverharde wegen ervoor dat de brandstofleiding keer op keer verstopt raakt. Maar met behulp van haar hoedenspeld weet de geduldige Bertha steeds opnieuw de opgehoopte propjes te verwijderen. Door de vele kuilen en hobbels in de weg raakt de aandrijfketting van een van de achterwielen ook nog eens uitgerekt, een euvel dat ze door een lokale smid laat verhelpen.

Het vehikel beschikt slechts over een enkele versnelling, zodat de talrijke heuvels onderweg maken dat Richard en Eugen regelmatig moeten uitstappen om het naar boven te duwen. En heuvelafwaarts slijten de houten remmen dusdanig snel dat ze al na enkele uren glad zijn. Daarom stopt Bertha bij een schoenmaker, aan wie ze vraagt hiervoor leren hoesjes te vervaardigen, zo de eerste remblokken uitvindend. En nog blijken alle mankementen niet achter de rug: de huls van een stroomkabel is door het schuren tegen de motor helemaal doorgesleten, zodat kortsluiting ontstaat, maar de inventieve Bertha gebruikt haar kousenband om de draad opnieuw te isoleren. Volledig uitgeput komt het trio iets na zonsondergang eindelijk aan in Pforzheim, waar Bertha direct een telegram verstuurt aan haar echtgenoot om te laten weten waar zijn gezin en zijn wagen zich bevinden en, niet onbelangrijk, dat zij binnen enkele dagen weer terug zullen keren naar Mannheim.

Haar wederhelft luistert naar de naam Karl Benz, met wie Bertie een jaar later kennismaakt op de wereldtentoonstelling van 1889 in Parijs als Benz daar trots zijn driewielige voertuig presenteert. Benz ontmoet Bertha al in 1870, een jonge en zeer aantrekkelijke vrouw, zowel uiterlijk als wat familievermogen betreft, en gaat algauw voor haar op de knieën. Bertha accepteert zijn huwelijksaanzoek, maar wil de bruiloft dan nog twee jaar uitstellen zodat ze als ongetrouwde vrouw haar bruidsschat vrijelijk kan gebruiken om te investeren in het verlieslatende metaalbedrijf van haar aanstaande man. Als het financiële lek in 1878 eindelijk gedicht is, begint Karl in de avonduren te werken aan een betrouwbare tweetaktverbrandingsmotor, daarbij geïnspireerd door de viertaktmotor die Nicolaus Otto twee jaar eerder heeft gepatenteerd. Op oudjaarsavond 1879 heeft Karl zijn motor klaar, maar krijgt deze helaas niet gestart. Evengoed keert hij huiswaarts om zijn vrouw mee uit te nemen naar een nieuwjaarsfeest. Maar Bertha wil liever de motor zien draaien, zodat ze getweeën teruggaan naar zijn werkplaats en samen net zo lang doorwerken tot de motor het doet. Pas als om middernacht de kerkklokken beginnen te luiden en de motor al ruim een uur onafgebroken heeft gedraaid, besluiten ze om alsnog feest te gaan vieren.

Een halfjaar later krijgt Karl octrooi op zijn motor. En daarna begint hij deze te perfectioneren, waarbij hij belangrijke vindingen patenteert als de gashendel, bougie, carburateur, koppeling, versnellingspook, gashendel en radiateur. Als Karl in 1883 de machine- en motorenfabriek Benz & Cie opricht, komt eindelijk het langverwachte zakelijke succes. Dit stelt Karl, een groot liefhebber van driewielige fietsen, in staat om toe te geven aan een vurige wens: het bouwen van een paardloze koets.[1] In 1885 kan Karl trots zijn driewieler presenteren, die hij de Benz Patent Motorwagen doopt. Omdat het geen omgebouwde koets is, maar een volledig nieuw ontworpen voertuig, wordt Karl beschouwd als de uitvinder van de 'automobile' en verkrijgt hij hierop in januari 1886 ook een patent.[2]

Bij de publieke demonstratie in Mannheim in juni van dat jaar maakt Karl helaas niet bepaald een goede eerste indruk als hij zijn wagen frontaal tot stilstand laat komen tegen een stenen muur. Na dit onfortuinlijke incident en vele avondlijke uren in de werkplaats is in augustus 1888 Model 3 klaar, de versie waarmee Bertha uit rijden gaat. En dat laatste dient een weloverwogen doel, want na het ongeluk in 1885 wil vreemd genoeg niemand Karls auto's aanschaffen. Sterker nog, zowel de keizer als de kerk veroordeelt zijn wagen vanwege de openbare overlast. Deze is volgens hen dodelijk gevaarlijk, en bovendien zo luidruchtig dat paarden ervan schrikken. Kerkelijke leiders noemen het zelfs de 'duivelskoets' en waarschuwen mensen om er niet rechtstreeks naar te kijken vanwege de mogelijk fatale gevolgen. Veel burgers klagen en gaan zelfs zo ver dat ze regeringsfunctionarissen aanschrijven. Ambtenaren verbieden Karl daarna om in zijn voertuig te rijden en handhaven dit door bewakers rond zijn huis te posteren. Geen ideaal uitgangspunt voor een beginnend autofabrikant.

Bertha concludeert dat haar man weinig talent heeft voor het verkopen van een product. In de hoop nu eindelijk eens positieve publiciteit te genereren maakt ze daarom de eerste lange autorit in de geschiedenis. En haar stunt slaagt: het verhaal verspreidt zich algauw en maakt Bertha en de Benz Patent Motorwagen beroemd. Hierdoor worden alle bezwaren en restricties terzijde geschoven en mag Karl zijn wagen in productie nemen. Na zijn presentatie op de wereldtentoonstelling van 1889 in Parijs, verkoopt hij er tot 1893 al ongeveer vijfentwintig. Maar ondanks het feit dat Bertha mee heeft geïnvesteerd en verantwoordelijk is voor vele innovaties aan de Benz (alsmede het verplicht stellen van testritten voor autofabrikanten), staat haar naam nergens vermeld op de patenten. Wetgeving staat dit in die tijd niet toe aan vrouwen.[3]

Na de aanschaf van zijn Panhard in 1896 is Bertie onmiddellijk een groot liefhebber van autorijden, bij voorkeur op een zo hoog mogelijke snelheid. Zo neemt hij al in 1897 deel aan een spontane wedstrijd over de Champs-Élysées en de oevers van de Seine. Daarbij laat hij zijn bijrijder hard op een bugel blazen om de langzame koetsen opzij te manen, iets wat hij daarna als een vaste procedure hanteert omdat hij altijd zo hard mogelijk wil kunnen rijden. Datzelfde jaar ontsnapt hij ook voor de eerste maal ternauwernood aan een ernstig ongeluk. In Cannes zegt hij op het laatste moment een uitnodiging af om mee te rijden, waarna de auto tijdens de betreffende rit een zware crash maakt als gevolg van een gebroken vooras. De inzittenden raken hierbij levensgevaarlijk gewond.

Ondertussen gaan de ontwikkelingen snel. Zoals vaak in die tijd leidt de doorbraak van Benz tot vele nieuwe initiatieven. Nog geen honderd kilometer van diens woonplaats vinden Gottlieb Daimler en Wilhelm Maybach, die in 1882 al de viertaktmotor van hun voormalige werkgever Otto verbeteren, in 1885 de motorfiets uit. Deze *Reitwagen* is met zijn halve pk en een topsnelheid van 12 kilometer per uur overigens makkelijk te voet bij te houden. In 1886 gaan ze met een boot voorzien van hun viertaktmotor ook de rivier de Neckar op, daarmee het eerste vaartuig met verbrandingsmotor uit de geschiedenis creëerend. Datzelfde jaar bouwen ze ook een sportieve open Phaetonkoets om naar de eerste vierwielige auto. En in 1889 ontwerpen ze zelfs een compleet nieuwe vierwielige auto, genaamd de Daimler-Maybach Stahlradwagen.[4] Net als hun concurrent Benz demonstreren ze deze op de Parijse expositie, waar ook zij kennismaken met Bertie.

Hierna groeit hun bedrijf snel, deels door hun eigen productie en deels doordat zij licenties voor hun motor en merk afgeven aan buitenlandse fabrikanten, zoals het Britse Daimler, dat de wagen heeft gemaakt waarin Bertie begin 1896 plaatsneemt. Als hij ruim anderhalf jaar later op het terrein van Buckingham Palace opnieuw een proefrit maakt in een nieuw model Daimler, bestelt hij deze wagen ook. Nadat Bertie met zijn neef keizer Wilhelm II hierin een rondrit maakt, bestelt deze bij thuiskomst overigens direct een iets groter model dan dat van Bertie. Bij zijn kroning in 1902 zal Bertie inmiddels al vijf Daimlers bezitten en het merk bovendien hofleverancier maken door het een royal warrant te verlenen. Dit zal nog vijftig jaar de standaard van het koningshuis blijven voordat men na aanhoudende problemen met een versnellingsbak overstapt op Rolls-Royce.

Kort na Berties eerste rit in een Daimler komt Maybach in contact met Emil Jellinek, een succesvolle Oostenrijkse verzekeraar die 's winters in Nice verblijft en verslingerd raakt aan de auto's waarin de aristocraten daar rijden.[5] In 1896 bestelt Jellinek een Daimler Phoenix Double-Phaeton, waarvan de naam indrukwekkender is dan de topsnelheid van 24 kilometer per uur. De wagen bevalt dermate goed dat hij er nog zes bijbestelt, met als doel autodealer te worden voor Zuid-Frankrijk. Ondertussen stort hij zich op autoraces en voorziet hij zijn leverancier met feedback als: 'Jouw ingenieurs moeten worden opgesloten in een gesticht', en 'Je mestwagen is precies volgens schema kapotgegaan.' Niettemin neemt Maybach veel van zijn – constructievere – adviezen over.

Jellinek is zeer bijgelovig en als in 1889 zijn eerste dochter wordt geboren, noemt hij haar Mercédès, naar het Spaanse woord voor 'genade'. Daarna raakt hij ervan overtuigd dat haar naam hem geluk brengt en geeft deze aan veel van zijn bezittingen, zoals zijn villa's in Nice. Als in 1899 de Speed Week plaatsvindt, een serie van vijf autoraces aan de Côte d'Azur, schrijft hij zich hiervoor dan ook in onder het pseudoniem Mercedes, wat groot op zijn auto komt te staan. En zijn bijgeloof wordt verder versterkt als hij hiermee vervolgens alle races wint. Toch ziet hij verbetermogelijkheden en laat Daimler volgens strikte specificaties een raceauto ontwerpen die een langere wielbasis, lager zwaartepunt en betere balans heeft, daarbij gebruikmakend van de nieuwe elektrische ontsteking die net is uitgevonden door Robert Bosch van de in 1886 opgerichte onderneming Bosch.

In 1901 komt deze auto onder de naam Daimler-Mercedes op de markt, waarbij het eerste exemplaar in ontvangst wordt genomen door de trotse baron Henri de Rothschild. Omdat de auto een voor dan verbijsterende topsnelheid haalt van 60 kilometer per uur, wint Rotschild vervolgens vrijwel alle races waaraan hij deelneemt, hierbij vele records brekend. De opwinding is zo groot dat vrijwel alle kranten Paul Meyan, de voorzitter van de Automobile Club de France, op hun voorpagina citeren: 'We hebben het Mercedestijdperk betreden.'[6] Dit doet Bertie in 1905 besluiten om zijn wagenpark verder uit te breiden met twee snelle Daimler-Mercedessen.

Dat Bertie in 1896 ook een Panhard et Levassor heeft aangeschaft, maakt duidelijk dat men ook in Frankrijk ondertussen niet stil heeft gezeten. Al in 1890 verkoopt het duo Panhard en Levassor zijn eerste auto, gebruikmakend van een licentie op de Daimlermotor. De twee Parijzenaren blijken erg vernuftig, want in 1891 vinden zij de handgeschakelde versnellingsbak met koppelingspedaal uit, die bijna zestig jaar lang de standaard zal blijven in de auto-industrie. Als eerste producent die zich volledig richt op het bouwen van auto's, zet het innovatieve merk nog meer standaarden, zoals een voorin geplaatste motor in combinatie met achterwielaandrijving, wat voor een groot deel van de twintigste eeuw op de meeste auto's zal worden toegepast. En terwijl alle auto's dan nog worden bestuurd met een van boten afgekeken helmstok, brengen Panhard en Levassor in 1894 als eersten een stuurwiel aan.[7]

En zo zijn er meer. In 1891 verkrijgt ook Armand Peugeot een licentie op de Daimlermotor, waarna hij zich opsluit in zijn werkplaats en nog datzelfde jaar in zijn eerste auto weer naar buiten rijdt. Het automerk Peugeot is geboren en groeit algauw uit tot de grootste fabrikant van Frankrijk. Zeven jaar later betreedt ook de eenentwintigjarige Louis Renault de automarkt, nadat hij zijn middelbare school heeft verwaarloosd (waar hij klasgenoot is van André Citroën, die vanaf 1919 zijn grote rivaal zal zijn). Al experimenterend creëert Louis als eerste in de geschiedenis een achteruitversnelling en zorgt hij bovendien met behulp van een cardanas en differentieel dat de motor continu en meer kracht kan overbrengen op de wielen. Het resultaat is de Renault Voiturette, een klein wagentje waarmee Louis direct een weddenschap wint door hiermee als eerste de zeer steile Rue Lepic te beklimmen, die tot boven op de Place du Tertre van Montmartre voert. De verzamelde menigte is hiervan zo onder de indruk dat Louis ter plekke zijn eerste twaalf orders ontvangt. In 1905 zal overigens ook Bertie zich een Renault aanschaffen voor zijn vele en lange verblijven in Frankrijk.

In Duitsland speelt ondertussen alweer een andere ondernemende vrouw een opvallende rol: de weduwe Sophie Opel breidt in 1899 het bedrijf van haar vier jaar eerder overleden man Adam Opel uit van naaimachines en fietsen naar auto's.[8] In de beginjaren van de benzineauto zijn het dus vooral Duitsland en Frankrijk die voorop-gaan, maar algauw zullen andere landen volgen. In Italië vormt Turijn bijvoorbeeld een ware kraamkamer. In 1899 richt Giovanni Agnelli daar samen met enkele anderen Fabbrica Italiana di Automobili Torino op, als merk vertaald in het acroniem FIAT. En in 1906 volgt Lancia, opgericht door de bevriende FIAT-racers Vincenzo Lancia en Claudio Fogolin. Ook ALFA (Anonima Lombarda Fabbrica Automobili) wordt hier in 1910 gesticht, in 1915 omgedoopt tot Alfa Romeo, als ontwerper Nicola Romeo de eigenaar wordt.

In Engeland is pas in 1901 sprake van de eerste, echt volledig Engelse auto. Dat jaar richt namelijk Herbert Austin, een fabrikant van schaapscheermachines, samen met de gebroeders Vickers de Wolseley Tool & Motor Company op. Omdat Alexandra niet echt gerust is op de rijstijl van haar echtgenoot Bertie, 'port zij hem bij elke hoek hardhandig in de rug om voorzichtig de bocht om te gaan, en wanneer een hond of kind de weg op komt', zodat hij maar besluit haar een eigen Wolseley cadeau te doen. En in 1904 bouwt ook fiets- en motorenfabrikant Rover zijn eerste auto. Datzelfde jaar ontmoeten Charles Rolls – met wie Bertie regelmatig uit rijden gaat – en Henry Royce elkaar tijdens een bijeenkomst in het chique clubhuis van de Automobile Club in Londen. Ter plekke besluiten ze spontaan om samen 'de beste auto ter wereld te maken' onder de merknaam Rolls-Royce. In 1905 stapt Austin overigens alweer op bij Wolseley en richt hij zijn eigen Austin Motor Company op.[9]

Rond de eeuwwisseling zien ook in Amerika veel nieuwe automerken het licht. In 1895 brengen de gebroeders Duryea hun gelijknamige benzineauto op de markt, de eerste van Amerikaanse bodem. Twee jaar later wordt Oldsmobile opgericht, rond de eeuwwisseling gevolgd door Buick (het oudste nog bestaande Amerikaanse automerk) en Dodge, dat begint als producent van auto-onderdelen. En wat Turijn is voor de Italianen, lijkt Detroit te zijn voor de Amerikanen, want de laatste drie merken hebben daar hun thuisbasis. Zo ook Ford, dat in 1901 een valse start kent nadat oprichter Henry Ford een jaar eerder al een mislukte poging heeft gedaan met zijn Detroit Automobile Company. Na een conflict met zijn financiers verlaat hij binnen een jaar alweer zijn Henry Ford Company, dat zich dan omvormt tot Cadillac.[10]

Daarna start Henry Ford zijn derde bedrijf, de Ford Motor Company, dat hem een van de rijkste en bekendste mensen ter wereld zal maken. Hij begint direct met de productie van zijn Model A, het jaar daarop gevolgd door auto's met de weinig verrassende typenamen B en C. En in 1908 brengt hij een auto op de markt die algemeen wordt beschouwd als de invloedrijkste van de twintigste eeuw: de Model T. Deze heeft als eerste auto geen stuur in het midden maar aan de linkerkant. Hij heeft vooral als voordeel dat hij technisch heel betrouwbaar en bovendien zeer betaalbaar is: de Model T krijgt de Amerikaanse middenklasse massaal op de weg. Die lage prijs is mogelijk door Fords voortdurende streven naar efficiency. Zo stelt hij dat 'de klant de auto in elke kleur kan krijgen, zolang het maar zwart is'. De eerste jaren is de Model T overigens alleen verkrijgbaar in grijs, blauw, groen en rood, maar vanaf 1913 inderdaad alleen in sneller drogende zwarte lak. In dat jaar begint Ford met een assemblagelijn in zijn fabriek, twaalf jaar eerder uitgevonden door Oldsmobile (dat daarvoor inspiratie opdoet bij de slachthuizen in Chicago).[11] Ford verfijnt dit tot een bewegend systeem dat, mede door zijn streven naar standaardisatie, uitgroeit tot een voorbeeld binnen de sector.

Inmiddels hebben in Europa en de Verenigde Staten dan al honderden bedrijven en bedrijfjes zich op de productie van auto's gestort, waarvan de meeste overigens ook snel weer failliet gaan. In 1899 worden wereldwijd circa drieduizend auto's geproduceerd, waarvan ongeveer twee derde in Frankrijk. Een jaar later bedraagt dit al 11 000 en nog een jaar later 17 000. In de vier jaar daarna groeit dit verder door tot 77 000 en in 1913 is het al 606 000, waarvan ongeveer 80 procent in Amerika wordt geproduceerd.

Door het vroege en publieke enthousiasme van Bertie voor auto's krijgt de adoptie ervan door de Britse elite en die op het continent een nieuwe impuls. In 1905 is hij inmiddels vier jaar koning en beschikt dan over een uitgebreid wagenpark. Hij besluit om al zijn auto's bordeauxrood te laten lakken, compleet met zijn koninklijke monogram van Edward VII op de zijkanten. Berties auto's zijn bovendien de enige zonder kentekenplaat, zodat zijn gewoonte om incognito te reizen teneinde meer bewegingsvrijheid te hebben volledig mislukt. Als echte aficionado laat hij zelfs altijd een auto vooruit sturen naar zijn reisbestemmingen, omdat hij ook daar zijn dagelijkse plezierrit wil kunnen maken. Ook neemt hij dat jaar een mecanicien, Charles Stamper, in dienst, die hem permanent vergezelt omdat de auto's onderweg vaak defecten vertonen. Niet lang daarna doorstaat Stamper doodsangsten als bij een lange afdaling vanuit het Zuid-Engelse Midhurst de zware auto steeds meer vaart begint te maken omdat de remmen door olielekkage niet meer blijken te werken. Stamper klimt uit de auto en grijpt de remkabel, waarna hij samen met de chauffeur een waarschijnlijk fataal ongeluk maar net weet te voorkomen door de auto in de berm tot stilstand te brengen.

Daarnaast dient Stamper als een soort cateraar omdat Bertie het nieuwe gebruik introduceert om met zijn vrouw of een vriendin te picknicken langs de kant van de weg, vlak buiten Londen. Verder zijn Berties instructies aan Stamper overigens heel duidelijk: hij beschouwt het als een sport om zo snel mogelijk op zijn bestemming te zijn en wil daarom altijd zo hard mogelijk rijden. Als dat naar tevredenheid lukt, bromt Bertie bij het uitstappen als dank steevast: 'Een heel goede rit, Stamper!' Maar met dat harde rijden gaat het op weg naar Newmarket een keer mis als de chauffeur een groot gat in het wegdek over het hoofd ziet en hier met bijna 80 kilometer per uur doorheen rijdt. Na een luide klap begint de auto te slippen en dreigt vervolgens om te slaan, maar landt op het laatste moment toch weer op zijn wielen. De hevig geschrokken Bertie schreeuwt: 'Stop, stop! Willen jullie me vermoorden?' Direct daarna heeft hij echter alweer aandacht voor zijn kleding. Hij laat Stamper zijn bruine hoed zien, waarvan de bovenzijde helemaal is losgescheurd, zeggende: 'Kijk nu wat jullie hebben gedaan met mijn hoed.'

Als Bertie in 1909 na twee maanden in het buitenland terugkeert op Buckingham Palace, is een van de eerste dingen die hij doet met Stamper een rit maken naar Sandringham in zijn nieuwe, 65 pk sterke Mercedes. Bertie heeft speciaal hiervoor geregeld dat de wegen zijn afgezet door de politie om zodoende op topsnelheid te kunnen rijden, daarbij het wettelijke maximum ruim overschrijdend. In verschillende dorpen onderweg staan fanfares die 'God Save the King' spelen, maar om tijd te winnen vraagt Bertie deze telkens om hun speeltempo te verhogen naar tachtig tellen per minuut. Niettemin neemt hij na afloop steeds beleefd buigend zijn hoed af, waarna hij al zwaaiend de auto snel door laat rijden en buiten het dorp in lachen uitbarst.

Bertie is bepaald niet de enige liefhebber van snelheid. Al in 1898 doet het tijdschrift *La France Automobile* een oproep aan zijn lezers om het landsnelheidsrecord te vestigen over een afstand van een kilometer, met een vliegende start. Op 18 december verschijnt in het Parc d'Agricole van Archères, net buiten Parijs, daarom de van een zwierige krulsnor voorziene graaf Gaston de Chasseloup-Laubat ten tonele, die volop aan het experimenteren is met een elektrische motor. Die middag zet hij het record op zijn naam in zijn Jeantaud: een gemiddelde van 63,2 kilometer per uur. Een journalist onder het uitzinnige publiek geeft hem onmiddellijk de bijnaam Le Comte électrique.

Een maand later raakt hij zijn record echter alweer kwijt aan een Belgische ingenieur en autoracer genaamd Camille Jenatzy, die vanwege zijn halsbrekende rijstijl en rode baard een al even fraaie bijnaam krijgt: Le Diable Rouge. In zijn elektrische CGA Dogcart zet deze 66,7 kilometer per uur op de teller, maar nog geen uur later slaat Chasseloup terug en klokt 70,3. Tien dagen later neemt Jenatzy wraak als hij de kilometer in 44,8 seconden aflegt, oftewel een gemiddelde van 80,4 kilometer per uur, terwijl Chasseloup gefrustreerd moet opgeven met een verbrande motor. Maar de graaf laat het er niet bij zitten en begint de carrosserie van zijn Jeantaud op alle mogelijke manieren te stroomlijnen. Met deze Jeantaud Duc Profilée behaalt hij begin maart 92,8 kilometer per uur en ziet vervolgens hautain toe hoe Jenatzy moet afdruipen.

Maar Jenatzy keert eind april terug met een auto die heel toepasselijk La Jamais Contente heet, de eerste wagen die speciaal is ontworpen voor snelheidsrecords. Hij heeft nog het meest weg van een torpedo op een onderstel van een skelter: een puntige lichtmetalen buis die tot de nok gevuld is met accu's en dubbele motoren van in totaal 68 pk, nauwelijks ruimte overlatend voor een chauffeur. Jenatzy doorbreekt die dag een magische grens als hij een snelheid behaalt van 105,9 kilometer per uur. Datzelfde jaar treedt overigens Ferdinand Porsche in dienst bij de Weense koetsenfabriek Lohner, waar hij de eerste hybride auto uit de geschiedenis ontwikkelt. Deze Lohner-Porsche Mixte wordt in 1900 gedemonstreerd op de wereldtentoonstelling van Parijs, waarna ruim driehonderd exemplaren worden verkocht. Ondanks het succes van deze elektrische en hybride auto's worden ze echter algauw verdrongen door auto's die volledig door een benzinemotor worden aangedreven. Dit is in sterke mate het gevolg van de machtige lobby van John D. Rockefeller, die na het behendig opkopen van concurrenten ongeveer 90 procent van de Amerikaanse oliemarkt in handen heeft.

Inmiddels vinden ook steeds meer races plaats. In Parijs organiseert Pierre Giffard, hoofdredacteur van dagblad *Le Petit Parisien*, op 22 juli 1894 wat algemeen wordt beschouwd als de eerste echte autorace uit de geschiedenis: het Concours des Voitures sans Chevaux. De start is bij Porte Maillot, waarna men via het Bois de Boulogne naar het 127 kilometer verderop gelegen Rouen rijdt. Na 6 uur en 48 minuten finisht markies de Dion daar als eerste, maar later wordt hij tot zijn niet geringe woede gediskwalificeerd omdat zijn door stoom aangedreven auto een stoker nodig heeft, iets wat de reglementen verbieden. En zo wordt Albert Lemaître, die ruim drie minuten later aankomt in zijn Peugeot Type 7, uitgeroepen tot winnaar.

Vervolgens wordt in 1895 op Thanksgiving in Chicago ook de eerste Amerikaanse race gehouden. De wedstrijd heeft dan al ruim drie weken vertraging opgelopen, onder andere omdat een tweetal chauffeurs door de politie van Chicago is aangehouden en verplicht wordt om hun voertuig door paarden voort te laten trekken. Uiteindelijk doen vier auto's en twee motorfietsen mee aan de race, die wordt gewonnen door Frank Duryea. En in Frankrijk organiseert men datzelfde jaar ook de race Parijs-Bordeaux-Parijs, waar in 1896 Parijs-Marseille-Parijs nog bij komt (waarin Levassor omkomt, als eerste van zeer veel dodelijke ongelukken in de jaren daarna), in 1899 gevolgd door de Tour de France Automobile. Als overigens vier jaar later de Coupe Internationale wordt verreden in Ierland – racen is dan nog illegaal in Engeland – besluit het deelnemende Britse team het gastland te eren door hun auto's te laten lakken in een kleur die refereert aan de Ierse vlag. Dit klavergroen, genaamd *British racing green*, zal daarna de standaard blijven.

Nadat in 1895 het eerste automagazine uit de geschiedenis het licht ziet, *The Autocar*, vinden ook de eerste autoshows plaats. In 1896 worden volgens een bezoeker 'Londen en de buitenwijken letterlijk bepleisterd met posters' die de International Motor Exhibition aankondigen. Bertie wordt hiervan beschermheer en 'geeft auto's zo zijn koninklijk zegel van goedkeuring'. Twee jaar later organiseert markies Jules-Albert de Dion in Parijs de Salon de l'Automobile, nog steeds de best bezochte autobeurs ter wereld. In de jaren direct na de eeuwwisseling volgen New York, Chicago en Detroit ieder met een eigen beurs, terwijl ook in Genève de eerste editie van de Salon International de l'Auto et Accessoires plaatsvindt.

Bertie staat ook aan de wieg van een heel ander nieuw fenomeen, de autoclub. Deze dient enerzijds een sociaal doel, zoals het gezamenlijk organiseren van races, en beantwoordt anderzijds aan de toenemende behoefte aan belangenbehartiging voor automobilisten. Dit laatste betreft bijvoorbeeld de regelgeving van de overheid. Hoewel de snelheden nog niet heel hoog zijn (de eerste snelheidsmeter verschijnt pas in 1901, in een Oldsmobile), blijkt autorijden toch niet zonder risico's. In 1893 treedt in Parijs daarom als eerste stad een verordening in werking die kentekenplaten verplicht stelt en een maximumsnelheid van 12 kilometer per uur invoert. Ook wordt een rijbewijs vereist, dat een bestuurder kan behalen door tijdens een enkele minuten durend examen aan te tonen dat hij kan optrekken, afremmen en sturen. Rijbewijzen worden in 1903 ook in Engeland en Duitsland ingevoerd, en zeven jaar later in Amerika.

In januari 1896 heeft de Engelsman Walter Arnold de twijfelachtige eer om de eerste snelheidsboete uit de geschiedenis te krijgen als hij in zijn Benz met een roekeloze 13 kilometer per uur door Paddock Wood stuift.[12] De hevig ontdane dorpsagent geeft hem een bon vanwege vier wetsovertredingen: het op de openbare weg gebruiken van een *locomotive* zonder paard, het bedienen daarvan met minder dan drie personen, het niet vermelden van zijn naam en adres op het voertuig, alsmede het viermaal overschrijden van de geldende maximumsnelheid van 3 kilometer per uur. Vier dagen later wordt Arnold in de rechtbank schuldig bevonden aan alle aanklachten en veroordeeld tot het betalen van een boete van vier pond. Dit leidt tot zulke hevige publieke verontwaardiging dat in november, na hevig lobbyen, de wettelijke snelheidslimiet rigoureus wordt verhoogd tot 23 kilometer per uur.

Omdat autoliefhebbers dit nog steeds absurd vinden, wordt het jaar daarop in Londen de Automobile Club of Great Britain opgericht, waarvan Bertie ook lid wordt. De vereniging speelt vervolgens een belangrijke rol in het beïnvloeden van de politiek bij de totstandkoming van de Motor Car Act van 1903, die de maximumsnelheid op hoofdwegen verder verhoogt tot 32 kilometer per uur. Om de vereniging nog meer invloed te geven verleent Bertie deze in 1907 extra statuur door het predicaat 'Royal' te verstrekken, waarna het bovendien de Britse autosportkoepel wordt. Vanaf dan luidt de naam de Royal Automobile Club (RAC) en als dank wordt Berties hoofd in profiel afgebeeld op het nieuwe logo, dat nog steeds wordt gebruikt. Twee andere leden, Berties goede vriend Lord Montagu of Beaulieu – met wie hij regelmatig autoritten maakt – en Hugh Locke King, laten dat jaar in Surrey ook 's werelds eerste circuit aanleggen, dat de naam Brooklands krijgt.[13]

In 1901 bedenkt de RAC ook het concept van de wegenwacht, voor leden die zich niet Berties luxe van een eigen Stamper kunnen veroorloven. RAC-medewerkers worden uitgerust met een uniform dat is geïnspireerd op dat van de militaire politie – met een nogal strakke paardrijbroek – en krijgen rangen toebedeeld als 'sergeant' en 'agent'. Deze functionarissen staan bij kruisingen op wacht met hun motor, die beschikt over een zijspan waarin zich zaken als reservekannen met benzine, motorslangen, ventilatorriemen en een gereedschapskist bevinden. Ongeveer tien jaar later worden hun wachtposten op hoofdwegen bovendien voorzien van een eigen telefooncel, die ook kan worden gebruikt door leden.

Iemand die net als Bertie een groot liefhebber is van auto's en hier eveneens kapitalen aan besteedt, is Hugh Lowther, graaf van Lonsdale, met wie Bertie een levenslange vriendschap heeft die vele hoogte- en dieptepunten kent. Hun levens vertonen opvallend veel overeenkomsten. Zo wordt Lonsdale in 1857 geboren in een van de oudste en machtigste Engelse adellijke families, maar rebelleert hij in zijn jeugd door iedere vorm van scholing te weigeren en als puber van huis weg te lopen om bij het circus te gaan. Op zijn vijfentwintigste erft hij onverwacht het immense familiekapitaal, waaronder 30 000 hectare land, een bijna vierhonderd kamers tellend kasteel met honderden bedienden, drie enorme huizen, twee jachten en bovendien steenkoolmijnen die hem een jaarlijks netto-inkomen opleveren van ruim 200 000 pond.[14] Het maakt Lonsdale een van de rijkste mannen van Engeland, maar niettemin slaagt hij er gedurende de zestig jaar daarna in om door een extravagante en met schandalen gelardeerde levensstijl zijn fortuin tot vrijwel nul te reduceren.

De werkende klasse geeft hem algauw de koosnaam Lordy vanwege zijn uiterlijk vertoon – Lonsdale geeft uitbundige feesten, verkleedt zich viermaal per dag en rookt zoveel sigaren dat zijn favoriete formaat naar hem wordt vernoemd. Het familiewapen van de flamboyante Lonsdale is geel en deze kleur voert hij overal in door, zodat hij in aristocratische kringen ook wel de Yellow Earl wordt genoemd. Zo dragen zijn vele paarden gele dekken, zijn alle bedienden in geel livrei gestoken en zijn de talrijke koetsen uitgevoerd in geel, waar dit bij Bertie allemaal bordeauxrood is. Lonsdale draagt zelfs gele lederen handschoenen en in zijn kennels is een dozijn blonde (*yellow*) labrador-retrievers te vinden. In 1905 beschikt hij ook over negen Daimlers en Mercedessen, die hij allemaal heeft laten voorzien van twaalf lagen gele lak. Omdat hij auto's lange tijd technisch onvoldoende betrouwbaar acht, zorgt hij altijd dat een identieke auto achter hem aan rijdt voor het geval dat het door hem gereden exemplaar pech krijgt. Hij is zelfs zo veeleisend dat hij zijn eerste Mercedes direct terug op de boot naar Duitsland laat zetten als blijkt dat de sieronderdelen verchroomd zijn. Hij neemt de auto pas weer terug als ze zijn vervangen door massief zilver.

Lonsdale ergert zich enorm aan het feit dat in de Motor Car Act van 1903 de hoogte van de boetes veel sterker is gestegen dan de maximumsnelheid, en overschrijding hiervan bovendien kan leiden tot een aantekening in het rijbewijs of zelfs celstraf. Om die reden besluit hij in 1905 de Automobile Association (AA) op te richten. Deze heeft als belangrijkste doel om AA-medewerkers op fietsen via heimelijke signalen de leden te laten waarschuwen voor politiecontroles verderop op de weg. En nadat kort daarvoor autoclubs in Italië, Frankrijk en Amerika zijn gaan experimenteren met verkeersborden, plaatst de AA hiervan in 1906 al duizenden in Engeland. Een jaar later introduceert de organisatie ook de eerste autoverzekeringen en de van de RAC afgekeken wegenwacht. Om haar oprichter te eren voor het grote succes, besluit de directie dat jaar om het AA-logo en al haar voertuigen voor altijd in geel uit te zullen voeren.

Nog een jaar later komt de AA alweer met iets nieuws voor haar leden, waarvoor de inspiratie uit Frankrijk komt. Daar zijn de broers André en Édouard Michelin zich in 1894 met hun rubberbanden gaan richten op de onstuimig groeiende Franse automarkt, waarmee ze een nieuwe doorbraak in de auto-industrie bewerkstelligen. Hun succes is mede te danken aan Édouards pr-talent, zoals te zien valt aan het feit dat La Jamais Contente het snelheidsrecord breekt op Michelinbanden. Als Édouard in 1898 de Michelinfabriek binnenloopt en daar een rommelige stapel banden ziet liggen die in vorm enige gelijkenis vertoont met een mensenlichaam, besluit hij dit als Michelinmannetje tot het nieuwe bedrijfslogo te maken.[15] En om de omzet te verhogen door klanten zo veel mogelijk kilometers te laten rijden, bedenkt Édouard dat ze daarbij behoefte hebben aan wegenkaarten, alsmede aan adressen voor tankstations, garages en hotels, maar ook aan informatie over de kwaliteit van restaurants in Frankrijk. In 1900 ziet daarom de eerste *Guide Michelin* het licht. In Engeland neemt de AA dit idee acht jaar later over in haar eerste handboek voor leden, met daarin een overzicht van dealers en garages. Dit zal vier jaar later worden uitgebreid met hotels, waarvoor de AA als eerste ter wereld een beoordelingssysteem met vijf sterren bedenkt.

Noten

1 Omdat de motor het paard vervangt, wordt het vermogen ervan vergeleken met het equivalent aan paarden, vandaar de term 'paardenkracht' (pk).

2 Een van de vele neologismen uit die tijd, gemunt door de Académie Française (*auto* is Grieks voor 'zelf' en *mobile* is Latijn voor 'bewegend').

3 Als eerbetoon bestaat inmiddels wel de Bertha Benz Memorial Route en een bijbehorende jaarlijkse race.

4 In 1896 brengen ze ook de eerste vrachtwagen uit de geschiedenis op de markt.

5 Niet te verwarren met de in 1890 geboren, in alcoholisme gespecialiseerde Amerikaanse onderzoeker Elvin Morton Jellinek (autorijden en drank gaan immers niet samen).

6 In 1926 fuseren de bedrijven van Daimler en Benz, waardoor het nieuwe merk Mercedes-Benz ontstaat. In 2002 introduceert het concern ook Maybach als merk.

7 Als Napoleon Bonaparte begin negentiende eeuw regeert over een groot deel van Europa, stelt hij overal verplicht dat koetsen rechts rijden omdat koetsiers dan op het linkerpaard rijden en passeren zo veiliger is. Omdat de Engelsen in oorlog met hem zijn, besluiten dezen uit protest juist links te gaan rijden, waarbij de koetsier rechts zit. Hierdoor is ook het autostuur in Engeland rechts komen te zitten en heeft dit zich via het imperium verspreid naar ongeveer een derde van alle landen wereldwijd.

8 Eind 1902 levert een andere vrouw, Mary Anderson, een heel praktische bijdrage als ze in New York tijdens een sneeuwbui constateert dat de voorruiten onbruikbaar worden, en daarop de ruitenwisser uitvindt.

9 Later zal het in Amerika de Bantam op de markt brengen, die model staat voor Donald Ducks Duckatti, alsmede de Reconnaissance Car, die militairen algauw de Jeep noemen. Rover gebruikt vervolgens het chassis hiervan om zijn eerste Land Rover te bouwen. Austin introduceert weer veel later, in 1959, ook de iconische Mini.

10 Dit is een eerbetoon aan Detroits stichter, de Franse ontdekkingsreiziger Antoine de la Mothe, sieur de Cadillac.

11 In Chicago's abattoirs staan medewerkers op vaste punten langs een bewegende kabel waaraan karkassen hangen, en zij verwijderen ieder een specifiek lichaamsdeel, totdat aan het einde alleen het geraamte resteert.

12 Op 17 augustus 1896 is in Londen Bridget Driscoll de eerste die na een aanrijding door een auto overlijdt.

13 In Parijs wordt door onder anderen De Dion al in 1895 de Automobile Club de France opgericht, gevestigd aan de chique Place de la Concorde. Deze gaat ook wedstrijden organiseren als Le Mans en de Grand Prix, waarvoor in 1904 de Fédération Internationale de l'Automobile (FIA) wordt opgericht, dat later de Formule 1 lanceert. In de Verenigde Staten ziet in 1902 de American Automobile Association (AAA) het licht en een jaar later wordt in Duitsland de Allgemeiner Deutscher Automobil-Club (ADAC) opgericht.

14 Omgerekend circa dertig miljoen euro.

15 Omdat autobanden pas in 1912 zwart worden door de toevoeging van koolstof aan het rubber en tot die tijd licht beige of grijzig wit zijn, is dit laatste de kleur van Bibendum. Deze naam krijgt hij in 1898 door de eerste reclameaffiche, waarop het mannetje staat afgebeeld met een cocktailglas vol spijkers en de kreet 'Nunc est bibendum!' (uit de *Oden* van Horatius: 'Nu is het tijd om te drinken!'), om te benadrukken dat de Michelinband nooit lek raakt. De categorie van betaalbare restaurants in de Michelingids is ook naar hem vernoemd: Bib Gourmand.

5 Citius, altius, fortius

In een brief aan haar oudste dochter, oogappel Vicky, uit Victoria haar ergernis en zorg over het feit dat Bertie zich voortdurend begeeft in wat zij 'een wervelwind van amusement' noemt, iets waaronder zij ook zijn passie voor het tot dan toe illegale boksen schaart. Tot haar ongenoegen wordt hij in Londen regelmatig gesignaleerd bij illegale wedstrijden in de beruchte Pelican Club in Gerrard Street. De oprichting hiervan in 1887 is echter al een aanzienlijke vooruitgang, want voor het bijwonen van de kampioenswedstrijd van een jaar eerder zien aristocraten zich nog genoodzaakt om voor zonsopkomst te verzamelen in een obscuur café achter Leicester Square, daarbij voorzien van hengels en jachtgeweren om hun intenties te verhullen voor de politie. Na het noemen van het wachtwoord 'London Bridge' krijgen ze een locatie op het platteland van East Grinstead ingefluisterd, waar ze zich vervolgens per koets naartoe spoeden. Direct na de beslissende knock-out dienen ze alweer te vluchten omdat een uitkijk de politie heeft gesignaleerd.

Er mag bij dit 'pugilisme' met blote vuisten worden gevochten, men mag worstelen, onder de gordel stoten, trappen, kopstoten, bijten en zelfs het uitkrabben van een oogbal wordt niet bezwaarlijk geacht; er vallen hierdoor regelmatig doden. Om de sport acceptabeler te maken besluit Engelsman John Chambers al in 1867 om een lijst van twaalf richtlijnen op te stellen, die hij vernoemt naar de markies die sponsor is van zijn Amateur Athletic Club in Londen: de Queensberry Rules. De belangrijkste richtlijn is dat bokshandschoenen verplicht zijn en dat naast de boksers alleen een scheidsrechter is toegestaan in de ring (die vierkant is, maar nog steeds zo heet omdat deze van oorsprong cirkelvormig is). Deze regels laten echter nog dermate veel ruimte dat de Amerikaanse boksers Andy Bowen en Jack Burke in 1893 in New Orleans om negen uur 's avonds aan hun wedstrijd beginnen, waarna deze pas 110 ronden later tegen halfvijf 's nachts onbeslist eindigt en ondertussen de meeste van de tienduizend bezoekers in hun stoel in slaap zijn gevallen. Burke blijkt dan vrijwel alle botten in zijn beide handen te hebben gebroken en moet zes weken het bed houden om te herstellen van de langste bokswedstrijd ooit.

Vanwege het uitblijven van wettelijke erkenning wordt de Pelican Club in 1891 op last van de rechter alweer gesloten. In een grote sociëteit aan King Street wordt als opvolger onmiddellijk de National Sporting Club (NSC) opgericht, die door de autoriteiten gedoogd wordt en waarvan Bertie beschermheer wordt. Dat is op uitnodiging van de voorzitter, Berties markante vriend Lonsdale, met wie hij een liefde voor auto's, vrouwen en sport deelt. Victoria's grootofficier Lord Ancaster omschrijft Lonsdale weinig enthousiast als 'bijna een keizer en niet echt een heer'. Dat laatste uit zich bijvoorbeeld als de getrouwde Lonsdale op straat in een hevig vuistgevecht verwikkeld raakt met baron Chetwynd omdat beiden naar de hand van de succesvolle actrice Lillie Langtry dingen, ook wel Jersey Lily genoemd, die dan als mooiste vrouw van Engeland wordt beschouwd en de officiële maîtresse van Bertie is.[1] Lonsdale moet daarna bij koningin Victoria verschijnen voor een terechtwijzing. Volgens geruchten begeeft Lonsdale zich daarna tijdens een weekend op Goodwood 's nachts stil schuifelend over de gang naar Langtry's kamer. Al tastend in het duister pakt hij daarbij Berties baard vast, die net haar kamer verlaat. Als Lonsdale enkele maanden later ook nog de echtgenoot molesteert van zijn nieuwe maîtresse – de oogverblindende actrice Violet Cameron, bij wie hij twee kinderen verwekt – en de hieruit resulterende rechtszaak en scheiding uitmonden in een mediaspektakel, laat Victoria weten dat Lonsdale het land dient te verlaten totdat alle deining is weggeëbd.

Omdat Lonsdale in zijn jeugd les heeft gekregen van de fameuze Engelse bokskampioen Jem Mace, is hij zelf ook een begenadigd bokser. Nadat in 1887 een speciaal voor Bertie georganiseerde wedstrijd tussen de Engelse kampioen Jem Smith en wereldkampioen John Sullivan niet doorgaat, daagt Lonsdale die laatste zelf uit voor een partijtje boksen. Vanwege het nog immer illegale karakter ervan vindt dit heimelijk plaats in de Central Park Academy in New York, waarbij Lonsdale naar eigen zeggen Sullivan verslaat. Maar omdat Lonsdale wel vaker creatief omgaat met de waarheid, gelooft Bertie hem niet en noemt hem 'de grootste leugenaar in mijn koninkrijk'.

Ondanks hun meningsverschillen is zowel Bertie als Lonsdale een groot sportliefhebber, en als NSC-voorzitter besluit Lonsdale direct om de Queensberry Rules verder aan te scherpen tot de regels die nu nog steeds wereldwijd bij boksen worden gebruikt. Doordat Lonsdale toeziet op de strikte naleving ervan, transformeert hij het boksen op basis van fair play tot een respectabele sport die in 1901 na vele rechtszaken ook wettelijk erkend wordt. Als eerbetoon zal Lonsdale vele vernoemingen krijgen, onder andere als merknaam voor boksuitrusting en kleding, alsmede een kampioenschap. En als dank voor zijn rol als beschermheer wordt Bertie in 1901 door de NSC geëerd met het Kroningstoernooi.

Aan het einde van de eeuw komen naast boksen nog meer sporten tot wasdom en zien ook verschillende nieuwe sporten het licht. Zo introduceert Bertie eigenhandig een nieuwe wintersport in Europa als hij eind 1894 de vijf zoons van Lord Stanley of Preston, tot kort daarvoor gouverneur-generaal van Canada, uitnodigt om op het meertje van Buckingham Palace een ijshockeywedstrijd te organiseren, iets wat de jongens in Canada geleerd hebben, maar wat in Europa dan nog nooit gedaan is. Bertie stelt een team samen waarvan ook hijzelf en zijn zoon Georgie (de latere koning George V) deel uitmaken, en lijdt hiermee een grote nederlaag tegen de ervaren Prestontelgen. Daarna zal Bertie jaarlijks vele ijshockeyfeestjes organiseren op het meer van zijn landgoed Sandringham.

Het moderne ijshockey kent zijn oorsprong dan ook in Canada, waar in 1877 aan de McGill University in Montréal de eerste ijshockeyclub ter wereld wordt opgericht. In 1892 komt Yale-tenniskampioen

Malcolm Chase na een toernooi in Canada in gesprek met enkele ijshockeyers en raakt hierover zo enthousiast dat hij bij thuiskomst bevriende studenten van Yale, Harvard, Brown en Columbia (die samen met Cornell, Dartmouth, Princeton en Penn later de Ivy League zullen vormen) begint te polsen voor het vormen van eigen teams. Door het succes hiervan gaat in de noordoostelijke staten van Amerika in 1896 de eerste ijshockeycompetitie van start en worden daar in hoog tempo ijshockeybanen aangelegd. Ook de gegalvaniseerd rubberen puck, scheen- en kniebeschermers, hoge schoenen met metalen buisijzers en het doelnet zijn in die tijd uitgevonden. In het korte- en langebaanschaatsen stapt men ondertussen over van houten onderbinders naar leren schoenen waaronder een metalen buisframe is bevestigd met een langer ijzer. Tegelijkertijd worden op het Museumplein in Amsterdam de eerste wereldkampioenschappen georganiseerd en wordt daar de International Skating Union (ISU) opgericht.

In dezelfde noordoostelijke Amerikaanse staten waar het ijshockey zich snel verspreidt, groeit ook de honkbalsport na de oprichting van de National League in 1875 zeer snel, waarna in 1893 de moderne spelregels definitief worden vastgelegd (en al in 1887 softbal wordt uitgevonden als indoorvariant, zodat in de winter kan worden doorgespeeld). En in die staten ontstaan in diezelfde periode nog twee nieuwe sporten. In het najaar van 1891 ontwikkelt sportdocent James Naismith van de YMCA Training School in Springfield de binnensport 'basket ball' om een klas met notoir lastige leerlingen rustig te houden tijdens het strenge winterseizoen van New England. En drie jaar later ontwikkelt zijn collega William Morgan van de dertien kilometer verderop gelegen YMCA Holyoke om diezelfde reden de binnensport 'volley ball', mede geïnspireerd op de ook al nieuwe sport badminton. Beiden vragen daarbij de voormalige honkbalspeler Albert Spalding om prototypes te vervaardigen van de basketbal en volleybal zoals die nu nog steeds worden gebruikt.

Bertie wordt regelmatig door Lonsdale uitgenodigd op diens Lowther Castle om te jagen, waarbij ze de strijd aangaan om wie de meeste fazanten schiet. Maar ook op andere vlakken beconcurreren de twee sportliefhebbers elkaar hevig. Allereerst is dat op de paardenrenbanen van Goodwood, Epsom, Newmarket en Ascot, waar de over een immense renstal beschikkende Lonsdale tot ergernis van Bertie net zo luid en lang wordt toegejuicht als hijzelf en ze regelmatig tegen elkaar opbieden bij veilingen van volbloeden.

Ook op het water is de strijd fel, als de twee zich na het Londense 'seizoen' vol dagelijkse koetsritten in Hyde Park jaarlijks naar het op het eiland Wight aan de zuidkust van Engeland gelegen stadje Cowes begeven om deel te nemen aan de steeds populairdere zeilwedstrijden. Bertie racet er met zijn nieuwe, bijna veertig meter lange jacht Britannia en behaalt hiermee zoveel overwinningen dat zijn goede vriend Thomas Lipton, rijk geworden in de theehandel, deze nagenoeg kopieert voor zijn Shamrock om in de wedstrijden van de America's Cup te racen. Lonsdale overtroeft hen vooral na de wedstrijden door exuberante feesten te organiseren op het dek van zijn jacht Verena. Hierbij leggen velen rondom zijn schip aan om een glimp op te vangen van Bertie en keizer Wilhelm II, de neef met wie Bertie een zeer moeizame relatie heeft – en met hem vele anderen – maar die tot Berties ergernis de beste vriend van Lonsdale is (terwijl tot Lonsdales ergernis Bertie wel peetvader is van Lonsdales neef maar niet van zijn eigen kinderen). Wilhelm beschouwt Lipton overigens als onwaardig gezelschap en sneert dat Bertie 'uit varen gaat met zijn kruidenier'.

Dat Bertie een groot sportliefhebber is, komt wellicht doordat hij tijdens zijn jongensjaren al graag zijn overvloed aan energie kwijt wil in fysieke activiteiten, maar door zijn vader Albert daarin beperkt wordt tot slechts een partijtje tennis tegen een stalmeester. Dit omdat Albert niet wil dat Bertie met leeftijdgenoten in contact komt, uit angst dat dit hem ontvankelijk zal maken voor wereldse verleidingen. Hoewel hij er niet goed in is, zal Bertie zijn hele leven fanatiek blijven tennissen – zelfs aan dek tijdens scheepsreizen – omdat hij hiermee gewicht hoopt te verliezen en zijn vrouw Alexandra bovendien een groot tennisliefhebber is.

Tennis raakt in de jaren tachtig van de negentiende eeuw ook populair onder de Britse middenklasse, terwijl het in Frankrijk slechts een klein aantal beoefenaars kent. Als in 1890 de zevenentwintigjarige en slechts 1,62 meter lange baron Pierre de Coubertin daar aantreedt als secretaris-generaal van de net opgerichte Union des Sociétés Françaises des Sports Athlétiques (USFSA), wil deze de populariteit terughalen naar Frankrijk omdat dit feitelijk de geboorteplek is van tennis. Al in de twaalfde eeuw wordt het namelijk onder de naam *jeu de paume* in kloosters bedreven als een soort kaatsen, het met de hand gooien en laten stuiteren van een bal. Als de adel vanaf de zestiende eeuw een houten racket in plaats van de handpalm begint te gebruiken bij deze binnensport, ontwikkelen arbeiders hieruit een nogal ruige versie die buiten wordt gespeeld en waarbij men tijdens het serveren 'Tenez!' roept naar de tegenstander. Juist als de populariteit daarna snel afneemt, maakt de sport de oversteek naar Engeland, waar men de term verbastert tot 'tennis'.

Ongeveer tegelijkertijd met die oversteek waait ook een andere zestiende-eeuwse Franse sport het Kanaal over die nauw verwant is aan 'grondbiljart'-spellen als golf, hockey en cricket. Dit betreft *paillemaille* ('bal-hamer'), waarvoor in Parijs en Londen nog verwijzingen naar de speelvelden bestaan in de namen Porte Maillot en Pall Mall. Met enkele aanpassingen en een naamsverandering naar 'croquet' wordt het vanaf ongeveer 1860 een rage in Engeland, waarna ook Bertie zijn leven lang vele fanatieke partijen zal spelen. Tijdens deze rage begint Harry Gem met zijn van oorsprong Spaanse vriend Augurio Perera op diens croquetgrasveld te experimenteren met een spel waarin ze het Baskische *pelota* combineren met rackets. Deze vervanger van het oude *royal tennis* noemen ze *lawn tennis.* En hiervoor richten ze in 1872 de eerste club uit de geschiedenis op, waarna dit een nieuwe rage wordt en croquet meer naar de achtergrond verdwijnt.

In 1875 begint de All England Croquet Club in Wimbledon een croquetgrasveld te gebruiken voor tennis en dit slaat dermate aan onder de leden dat de club twee jaar later haar naam uitbreidt tot de All England Lawn Tennis and Croquet Club. Daarbij legt de club als eerste de regels van het tennis vast en besluit ze om in juli van datzelfde jaar haar eerste toernooi te organiseren. Voor de feestelijke opening hiervan, alsmede om het aanbreken van de zomer te vieren, krijgen toeschouwers overigens een dan heel nieuw en modieus seizoenproduct geserveerd, namelijk aardbeien met slagroom. Al binnen enkele jaren groeit het toernooi uit tot een begrip, waarna in 1884 ook vrouwen worden toegelaten tot het spel, hoewel deze nogal onpraktisch gekleed moeten gaan in een van lange mouwen en hoge halzen voorziene jurk die tot aan de grond reikt, met daaronder een korset, petticoat, lange kousen en hoge hakken, gecompleteerd met een strooien hoed.

Naar het voorbeeld van Engeland willen ook de Verenigde Staten een aansprekend toernooi, wat in 1881 leidt tot de start van het US National Championship in, alweer, New England. Ondertussen is de sport als lawntennis ook teruggekeerd naar haar bakermat Frankrijk. Daar brengt men overigens nog wel een Frans accent aan door als keurige kwinkslag de vormovereenkomst van de nul met een ei als uitgangspunt te nemen voor de term 'l'oeuf', iets wat de Engelsen verbasteren naar 'love'. In Parijs organiseert Coubertin in 1891 de eerste editie van het Championnats Internationaux de France de Tennis (waarvoor het stadion door een latere voorzitter zal worden vernoemd naar diens vriend, luchtvaartpionier Roland Garros). Australië volgt in 1905 met de Australian Championships in Melbourne, hoewel daar lange tijd geen buitenlanders aan zullen deelnemen omdat de boottocht uit bijvoorbeeld Europa dan nog minstens vijfenveertig dagen duurt. Deze vier grote toernooien zijn dan de facto nog nationaal van aard, maar vanaf 1895 nemen Engeland en Frankrijk het ook tegen elkaar op met landenteams. Als dit Harvardstudent en toptennisser Dwight Davis ter ore komt, daagt deze Engeland in 1900 uit voor een toernooi tegen Amerika. Vijf jaar later worden ook Frankrijk, België, Oostenrijk en Australië toegelaten tot deze competitie, die dan inmiddels de Davis Cup is gaan heten. Het tennis internationaliseert bovendien verder als de vier nationale toernooien meer buitenlanders gaan toelaten en daardoor als *majors* wordt aangemerkt onder de term 'grand slam'.

Voor de ambitieuze, van een reusachtige snor voorziene Coubertin maakt tennis onderdeel uit van zijn bredere missie om sport zowel de ontwikkeling van de arbeidersklasse als de internationale vrede te laten bevorderen, iets waaraan Bertie een actieve bijdrage zal leveren. Tijdens zijn studie brengt Coubertin een bezoek aan de Rugby School in het Engelse plaatsje Rugby, een uit 1567 stammende middelbare jongensschool die model heeft gestaan voor alle victoriaanse *public schools*. Het is tevens de plek waar volgens de overlevering leerling William Webb Ellis in 1823 tijdens een partijtje voetbal de bal in zijn handen pakt en wegrent bij zijn verbouwereerde tegenstanders om deze daarna in het doel te leggen en zo een punt te scoren. Deze uitvinding van het rugby is een tamelijk heldhaftige aangelegenheid omdat een medeleerling hierover later zegt dat 'het nemen van dit oneerlijke voordeel bij voetbal niet absoluut verboden was. Maar een jury van Rugbyjongens zou vrijwel zeker tot het oordeel "gerechtvaardigde moord" zijn gekomen als een jongen tijdens deze daad gedood zou worden.' Desondanks bedenken klasgenoten een manier om de voetbal – een varkensblaas die eivormig is – beter vast te kunnen houden. Ze wandelen naar de schoenmaker in het dorp en vragen hem een leren omhulsel te maken dat de bal een ovale vorm geeft. Uiteindelijk legt een drietal Rugbyleerlingen in 1845 ook de nu nog steeds geldende regels van de rugbysport vast.

Coubertin raakt op de speelvelden van Rugby School onder de indruk van de mate waarin 'georganiseerde sport morele en sociale kracht kan creëren'. Als hij hierover in 1889 tijdens de wereldtentoonstelling van Parijs een lezing houdt, wordt hij na afloop aangesproken door William Penny Brookes, die hem inspireert om de 1500 jaar oude Olympische Spelen weer tot leven te wekken. In 1894 presenteert Coubertin dit idee tijdens een USFSA-congres op de Sorbonne, waarna direct het International Olympic Committee (IOC) opgericht, met als eerste voorzitter de rijke Griekse ondernemer en schrijver Dimítrios Vikélas. Als olympisch motto lanceert Coubertin meteen ook de *hendiatris* 'citius, altius, fortius' ('sneller, hoger, sterker') om deelnemers te stimuleren het beste van zichzelf te geven. Ook formuleert hij de olympische gedachte dat 'meedoen belangrijker is dan winnen'.[2] Na afloop wordt bovendien het besluit genomen om in 1896 de eerste moderne Olympische Spelen te organiseren in bakermat Athene.

Algauw doen zich echter geldproblemen voor omdat Griekenland in 1893 failliet is verklaard door de Commission Internationale Financière, waarin zes Europese landen zijn vertegenwoordigd die grote leningen hebben uitstaan bij Griekenland. Daarnaast heeft Coubertin de kosten van het evenement vooraf veel te laag begroot, zodat deze driemaal zo hoog blijken. Door het tekort besluit het Griekse organisatiecomité af te zien van het evenement, maar Coubertin overreedt Berties neef, de Griekse kroonprins Constantijn I, om de nieuwe voorzitter te worden. Deze spoort het Griekse volk vervolgens aan om geld te doneren, laat een speciale serie olympische postzegels maken en vindt bovendien weldoener Georgios Averoff en premier Deligiannis bereid om alle tekorten aan te vullen, ondanks de insolventie van het land.

Op een zonovergoten maandag 6 april 1896 – tweede paasdag en tevens de Griekse Onafhankelijkheidsdag – opent koning George I in het bijzijn van zijn zwager Bertie en zus Alexandra dan eindelijk de eerste internationale Olympische Spelen van de moderne geschiedenis. Ruim 80 000 toeschouwers zijn aanwezig bij de ceremonie, tot op dat moment het grootste aantal dat een sportevenement bekijkt. Deze vinden plaats in het Stadion Panathinaiko, een atletiekbaan uit 330 v.Chr. die in het hart van Athene ligt. Een jaar eerder zijn de fundamenten hiervan opgegraven, waarop een geheel uit wit marmer opgetrokken bouwwerk is verrezen. Na een toespraak van de koning brengen negen orkesten en 150 koorzangers voor het eerst de olympische hymne ten gehore, die hiervoor speciaal is gecomponeerd. Direct aansluitend aan de opening staan de eerste twee van de twaalf atletieknummers op het programma, met drieënzestig deelnemers uit negen landen de grootste en meest internationale van alle negen sporten. Om de koning te eren heeft de organisatie het spectaculairste onderdeel als eerste geprogrammeerd, namelijk de 100 meter sprint, die vanaf dan ook als 'koningsnummer' wordt beschouwd.

De zeven deelnemers aan de eerste voorronde zijn zeer gretig als ze zich opstellen bij de start omdat zich een bijzondere situatie voordoet: voor ieder onderdeel van deze eerste Olympische Spelen vestigt de winnaar van de eerste voorronde per definitie een olympisch record. Maar het startschot laat op zich wachten vanwege een incident. Terwijl zes van de renners rechtop klaarstaan, kijken deze verwonderd toe hoe de Amerikaanse student Thomas Burke een voorovergebogen positie aanneemt met twee handen en een knie op de grond. De jury is niet bekend met deze nieuwe *crouch*-techniek, maar uiteindelijk besluit men het toe te staan, waarna Burke tot ergernis van zijn tegenstanders wint. Ook in de finale zegeviert hij, en dit herhaalt zich op de vierhonderd meter. In geen van de sporten zullen echter wereldrecords worden verbroken. Onder de bijna tachtig buitenlandse deelnemers ontbreekt het aan echte topatleten omdat Griekenland zeer lastig bereikbaar en bereisbaar is. Wat atletiek betreft komt daar nog bij dat het stadion een uitzonderlijk smalle en langgerekte vorm heeft, wat renners in de scherpe haarspeldbochten noodzaakt vaart te minderen om binnen hun baan te blijven.

In de dagen daarna blijkt het onderdeel atletiek onomwonden uit te draaien op een deceptie voor de Grieken. Zeven van de tien resterende onderdelen worden gewonnen door Amerikanen en een Australiër. En ondanks de olympische gedachte lijken een tweede of derde plek tijdens dit toernooi niet echt mee te tellen. Winnende finalisten ontvangen een zilveren medaille met een krans van olijftakken en een diploma, terwijl de nummers twee genoegen moeten nemen met een kleine koperen medaille en lauriertak en de nummers drie zelfs helemaal niets krijgen. Omdat verschillende sporters hierover blijven klagen, wordt later besloten om met terugwerkende kracht een gouden medaille aan de winnaars te geven, een zilveren aan de nummers twee en een bronzen aan de nummers drie (wat vanaf de Spelen in Londen van 1908 in de meeste sporten meteen ook de standaard is voor kampioenschapstoernooien).

Op de valreep behalen de Grieken toch nog een prestigieuze overwinning, omdat Coubertin heeft besloten een oude legende opnieuw tot leven te wekken, die tot op dat moment nog niet zo algemeen bekend is. Deze stamt uit het jaar 490 v.Chr., als de Griekse stadstaten in oorlog zijn met de Perzen en tijdens een slag op de vlakte bij het stadje Marathon een beslissende overwinning behalen op deze veel sterkere vijand. Volgens de legende wordt soldaat Pheidippides onmiddellijk als ijlbode op pad gestuurd om het goede nieuws te verkondigen in Athene. In de zinderend hete augustuszon rent Pheidippides de ongeveer 35 kilometer aan één stuk door, waarna hij nog net de woorden 'Verheugt u, wij hebben gewonnen!' weet uit te brengen alvorens dood neer te vallen.

Ondanks deze afloop vergroot Coubertin de afstand zelfs tot de mooi afgeronde afstand van 25 mijl, ongeveer 40 kilometer. Op 10 april wordt het hierdoor een soort afvalrace, waarbij voorafgaand aan de start al meerdere buitenlandse deelnemers afhaken vanwege de hoge temperatuur en maar negen van de zeventien starters zullen finishen. Vanaf de start in het plaatsje Marathon nemen buitenlanders Lermusiaux, Blake en Flack afwisselend de leiding, maar deze zijn na 37 kilometer alle drie uitgevallen. Ondertussen lijkt de Griekse geitenherder Spyridon Louis zich de fabel over de haas en de schildpad – geschreven door zijn in de zesde eeuw v.Chr. levende landgenoot Aesopus – goed te hebben ingeprent: in Pikermi stopt hij rustig voor een glas wijn en langs de route laat hij zich door landgenoten geduldig foerageren met melk, bier, paaseieren en sinaasappelsap, om na 2 uur, 58 minuten en 50 seconden als winnaar te finishen. Hij is direct een nationale held en wordt overladen met cadeaus, waaronder een leven lang gratis scheren door zijn lokale barbier. Vele sportverenigingen zullen naar hem vernoemd worden, maar toch zal hij na deze wedstrijd nooit meer hardlopen.

Pas in 1908 komen de Olympische Spelen in Londen tot hun volle glorie, ondanks het feit dat deze in allerijl moeten worden georganiseerd nadat Rome op het laatste moment afhaakt als Napels wordt verwoest door een uitbarsting van de Vesuvius. In minder dan negen maanden wordt het White City Stadium opgetrokken, het eerste in de geschiedenis dat volledig is voorzien van zitplaatsen. Daar zien op 27 april 1908 68 000 toeschouwers hoe Bertie het stadion en de Spelen na zijn toespraak feestelijk opent. Tijdens de ereronde, die de sporters dan voor het eerst maken, is overigens sprake van een pijnlijk incident als atleet Ralph Rose weigert om de Amerikaanse vlag bij het passeren van Berties loge neer te laten, een teken van superioriteit omdat men volgens zijn equipegenoot Martin Sheridan wil laten zien dat 'deze vlag voor geen enkele aardse koning wordt neergelaten'. Maar door diplomatieke inspanningen achter de schermen wordt een hieruit voortvloeiende rel voorkomen.

In de tussenliggende jaren zijn overigens de Spelen tot schaamte van de nieuwe IOC-voorzitter Coubertin uitgedraaid op een faliekante mislukking, ondanks het heugelijke feit dat hieraan voor het eerst ook vrouwen kunnen deelnemen. In 1900 voegt hij in Parijs nieuwe sporten zoals boogschieten, paardrijden, pelota, polo, waterpolo, voetbal, rugby, golf, cricket, croquet en touwtrekken toe. Enthousiastelingen zullen daarbij van de gelegenheid gebruikmaken om zelf wedstrijden te organiseren in een bonte verzameling disciplines zoals vissen, ballonvaren, jeu de boules, kanon schieten, brand blussen, vliegeren, 'levens redden' en zelfs duivensport, maar deze worden achteraf niet erkend als olympisch.

Het uitblijven van financiering noodzaakt Coubertin echter om het toernooi te koppelen aan de Parijse wereldtentoonstelling. Hierdoor wordt geen stadion gebouwd en ontbreken een officiële opening en afsluiting, zodat lokale sportclubs zelf maar het initiatief nemen om wedstrijden te organiseren. Alles vergt veel improvisatie, zodat de atletiekmeerkamp bijvoorbeeld wordt afgewerkt op een oneffen en nat weiland, afgebroken telefoonpalen worden gebruikt om hindernissen te maken bij het paardenspringen, en hamerslingeraars hun vliegende gereedschap regelmatig terugvinden in een boom. De Seine fungeert als zwembad, waarbij de stroming zorgt voor sterk afwijkende tijden en deelnemers aan het onderdeel 'onderwaterzwemmen' vanwege het modderige water onzichtbaar blijven. En in 1904 is in Saint Louis eigenlijk sprake van een herhaling van het debacle in Parijs, omdat het een secundair evenement van de wereldtentoonstelling aldaar wordt en slechts minder dan 10 procent van de 651 deelnemers niet uit Amerika afkomstig is.

In Londen speelt in 1908 de marathon opnieuw een hoofdrol. Allereerst omdat Bertie deze op het oostelijke terras van Windsor Castle wil laten starten, zodat zijn logerende kleinkinderen een goed uitzicht hebben vanuit hun kamers, waarna de loop met een ronde in het White City Stadium moet eindigen op een finishlijn recht voor de koninklijke loge. Hiermee laat Bertie de marathon door de officials verlengen naar 42 195 meter, de afstand die nu nog steeds wordt gebruikt. Maar die extra meters blijken zeer nadelig uit te pakken voor de koploper, de 1,59 meter lange Italiaanse banketbakker Dorando Pietri. Door alle krachtinspanningen krijgt hij te kampen met extreme uitdroging en vermoeidheid. Hierdoor slaat hij bij binnenkomst van het stadion de verkeerde richting in en moeten de scheidsrechters hem overreden zich om te draaien. Pietri valt plotseling neer, waarna zij hem tot vijfmaal toe weer op de been moeten helpen en het laatste stuk zelfs helemaal moeten ondersteunen omdat 'het ernaar uitzag dat hij recht voor het koninklijk paar zou overlijden'. Totaal uitgeput haalt Pietri als eerste de eindstreep, waarbij hij ruim tien minuten heeft gedaan over de laatste driehonderd meter. Het Amerikaanse team protesteert tegen de verleende hulp, zodat Pietri wordt gediskwalificeerd en John Haynes alsnog de winnaar wordt. Omdat Pietri zelf geen schuld heeft aan zijn diskwalificatie, bieden Bertie en Alexandra hem de volgende dag persoonlijk een vergulde bokaal aan.[3]

Dit drama maakt Pietri direct een internationale held, waarbij een succesvolle inzamelingsactie wordt gestart om Pietri een eigen bakkerij te kunnen laten openen in zijn woonplaats Carpi. De beroemde Amerikaanse componist Irving Berlin schrijft zelfs een lied over hem en in november 1908 wordt in Madison Square Garden voor Pietri een wedstrijd tegen Haynes georganiseerd, die de Italiaan wint. De aandacht die dit alles wereldwijd trekt, maakt dat niet alleen Pietri maar ook de marathon zelf daarna uitermate populair wordt.

Ook golf staat in 1908 in Londen op het programma van de Spelen, maar door onderlinge onenigheid tussen de Britse deelnemers besluiten deze het evenement te boycotten, zodat dit onderdeel wordt geannuleerd. In de twee decennia daarvoor heeft deze sport een enorme groei doorgemaakt. Al in 1754 wordt in het Schotse St Andrews de eerste golfclub ter wereld opgericht, maar de verspreiding naar de rest van de wereld gaat daarna langzaam, totdat koningin Victoria in 1848 Balmoral Castle aankoopt in de Schotse Hooglanden. Samen met de uitbreiding van de spoorwegen leidt dit tot een aanwas van toeristen, die daar kennismaken met golf. Al in 1860 wordt zo het allereerste golftoernooi ter wereld gehouden, de British Open, en dit vergroot de belangstelling voor de sport nog meer. Dit wordt verder versterkt doordat Bertie drie jaar later beschermheer en captain wordt van wat inmiddels de Royal and Ancient Golf Club of St Andrews heet. Ook wordt hij in 1882 voorzitter van de Royal Wimbledon Golf Club en laat hij zowel op Windsor als op Sandringham een privégolfbaan aanleggen.

Beschikt Engeland in 1850 nog over een enkele golfbaan, in 1890 zijn dit er al ruim zestig en tien jaar later bijna vijfhonderd. Van een aanvankelijk elitaire sport groeit golf er uit tot een volkssport, omdat het zo 'ongedwongen gezellig en betaalbaar is'. Ook in de Verenigde Staten wordt golf snel populair. In 1894 beschikt men daar over ruim veertig banen, en vanwege de snelle groei in toernooien wordt dat jaar de United States Golf Association opgericht. Deze organiseert een jaar later de eerste US Open, dat samen met de British Open een van de vier majors zal vormen. En om internationale competitie mogelijk te maken wordt het 'home of golf' St Andrews twee jaar daarna gevraagd om alle regelgeving te uniformeren en de eindverantwoordelijkheid voor alle toernooien op zich te nemen.

Een sport die in 1908 voor het eerst deel uitmaakt van de Olympische Spelen, is het aan golf verwante hockey, dat vanaf halverwege de negentiende eeuw in een betrekkelijk ruige vorm ook wordt gespeeld op Engelse kostscholen. Hierbij wordt tegen een zwart rubberen kubus geslagen met een houten stok die aan de onderkant is gebogen in een enorme krul en 'hockey' wordt genoemd (afgeleid van het middeleeuwse Franse woord *hoquet* voor een herdersstaf). Met zijn tackles en scrimmages heeft het veel weg van rugby, waarbij een flink uithoudingsvermogen wenselijk is omdat het veld maar liefst 247 bij 64 meter groot is.

Maar in de winter van 1871 ondergaat het spel een fundamentele verandering als de spelers van de Teddington Cricket Club in Londen op zoek gaan naar een sportieve activiteit om de tijd te overbruggen tot het nieuwe seizoen. Op de egale buitenvelden rondom de pitch beginnen ze te experimenteren door met de hockeystokken tegen oude cricketballen te slaan en ze stellen hiervoor regels op die grotendeels nog steeds gelden. Er ontstaat geleidelijk een regionale hockeycompetitie in en om Londen, waarvoor in 1886 de Hockey Association wordt opgericht. Hockey wordt rond dat jaar ook opgepikt door het leger, zodat de sport zich snel verspreidt in het Britse imperium, met name in landen als India, Pakistan en Australië. Tien jaar later ontstaat hieruit een internationale competitie, alsmede de vorming van de International Rules Board, zodat veel landen op het Europese continent het hockey adopteren en ook vrouwen hun eigen hockeyverenigingen beginnen op te richten.

Ook het aan golf en hockey verwante cricket beleeft in het decennium voor en na de eeuwwisseling zijn gouden tijdperk. Toch gaat in die periode de meeste aandacht uit naar twee sporten waarvan Bertie beschermheer is en die mede door zijn inzet snel groeien: rugby en voetbal.

De populariteit van teamsporten is overigens vooral het gevolg van een bewust beleid dat Britse machtshebbers hiervoor voeren. Dit beleid grijpt terug op dat van de elitaire kostscholen als Eton, Harrow en Winchester, die de christelijke signatuur hebben van de Church of England. De grootste angst van de vrome schoolleiders is namelijk dat de jongens gaan masturberen. Om dit te voorkomen worden ze dan ook nooit alleen gelaten. Bovendien dienen ze al hun energie kwijt te raken, zodat het hun verder aan iedere lust ontbreekt. Schoolleiders zien daarom de ultieme oplossing in het intensief bedrijven van teamsporten. Het bijkomende voordeel is dat dit de gelegenheid creeert om 'mannen te maken van de jongens', gebaseerd op deugden uit de krijgsmacht: kracht, moed, doorzettingsvermogen, gehoorzaamheid, loyaliteit en samenwerken, waarbij fair play als erecode geldt.

Die ideologie spreekt de Britse machtshebbers zeer aan, omdat zij in het laatste deel van de negentiende eeuw beginnen te vrezen dat hun Empire uiteen zal vallen, zoals dat eerder met het glorieuze Romeinse Rijk is gebeurd. Om dit te voorkomen moeten jongens en mannen beziggehouden worden, zodat ze geen tijd en energie hebben voor opstandige initiatieven. Zodoende wordt een plan bedacht om teamsporten populair te maken onder de arbeidersklasse, terwijl dit er bovendien voor moet zorgen dat de lokale bevolking in de koloniën deze sporten adopteert en zo de Britse cultuur overneemt.[4] Hiermee groeit sport uit tot de grote trots van de Britten.

Overigens zijn rugby en voetbal dan nog nauw aan elkaar verwant, zodat spelers van Cambridge zich genoodzaakt zien een set van regels op te stellen om voetbal duidelijker te onderscheiden. Tussen voetbalclubs blijft echter een belangrijke controverse bestaan over de vraag of spelers met de bal in hun handen mogen lopen en hierbij door tegenstanders met een harde schop tegen de schenen – *hacking* genaamd – mogen worden afgestopt. Omdat deze onenigheid al zo lang voortduurt, komen in november 1863 op initiatief van advocaat Ebenezer Cobb Morley elf clubs bijeen in Londen. Ter plekke richten ze de Football Association (FA) op om tot een oplossing te komen voor de voetbalreglementen, waarvoor Morley een concept heeft opgesteld. Na nog vijf verhitte vergaderingen over de hackingkwestie, waarbij verschillende clubs opstappen en andere zich juist aansluiten, bereikt men in december eindelijk overeenstemming en kunnen de 'Laws of the Game' worden gepubliceerd. Hierin gebruikt men de term *soccer* voor voetbal (wat Oxfordse studententaal is voor *association*), om het expliciet te onderscheiden van het *rugby football*, waarbij hacking wel is toegestaan.

Naar het voorbeeld van de FA richten in 1871 de Engelse rugbyclubs de Rugby Football Union op, waarna clubs in landen als Nieuw-Zeeland, Zuid-Afrika, Ierland, Wales en Schotland hetzelfde doen. En in 1886 richten die laatste drie de International Rugby Football Board op om de internationale competitie te organiseren en alle regels te uniformeren. In de Verenigde Staten past Yalestudent Walter Camp deze regels ondertussen, als initiator van diverse regelcommissies, aan tot wat uiteindelijk American football wordt, een sport waarvan hij als de geestelijk vader wordt beschouwd. Vanaf 1890 verspreidt deze variant zich mede door zijn inspanningen in hoog tempo over Amerika.

Omdat Bertie de eerste van zijn koningshuis is die een voetbalwedstrijd bijwoont, wordt hij in 1892 ook maar beschermheer van de FA. Dat is op verzoek van de voorzitter, baron Arthur Kinnaird, met wie hij zo goed bevriend raakt dat Bertie hem in 1902 een persoonlijke uitnodiging stuurt om zijn kroning bij te wonen. En als in 1905 Kinnaird medeoprichter is van de British Olympic Association, regelt deze direct dat Coubertin en zijn IOC-bestuursleden bij Bertie op bezoek kunnen gaan om de kandidatuur van Londen voor de Spelen van 1908 kracht bij te zetten.

Kinnaird heeft na zijn schooltijd op Eton gestudeerd aan het Trinity College van Cambridge, waar hij kampioen is geworden in tennis, hardlopen, zwemmen en kanoën. Maar voetbal is zijn grootste passie, zodat hij ook na zijn afstuderen minstens vier wedstrijden per week speelt. Door velen wordt hij beschouwd als de eerste echte voetbalster, waarbij kranten hem bejubelen als 'een leider, en vooral een gespierd type christen' die 'in welke positie dan ook een voorbeeld is van mannelijk robuust voetbal' en 'het spel populair maakt onder alle klassen'. Tussen 1873 en 1883 speelt Kinnaird negen keer in een FA Cupfinale, een record dat nog steeds staat (waarbij hij in de finale van 1877 de twijfelachtige eer heeft om het eerste officiële eigen doelpunt ooit te scoren). Kinnaird is ook berucht omdat hij veruit de hardste tackles van die tijd maakt. Zelfs zo dat zijn vrouw Alma hierover op een dag tegen een huisvriend zegt dat zij bezorgd is dat 'Arthur op een dag nog eens zal thuiskomen met een gebroken been'. Hierop antwoordt de man geruststellend dat ze zich 'geen zorgen hoeft te maken, omdat dit dan niet zijn eigen been zal zijn'.

In tegenstelling tot zijn FA-bestuursgenoten heeft Kinnaird veel oog voor de minder gefortuneerden binnen de Britse samenleving. Zijn moeder geldt hierbij voor hem als voorbeeld, de filantropiste Mary Jane Hoare, die in 1855 de Young Women's Christian Association (YWCA) opricht als de op vrouwen gerichte tegenhanger van de YMCA. Als enige staat Kinnaird positief tegenover de ontwikkeling dat het FA Cuptoernooi inschrijvingen krijgt van arbeidersteams. Deze hebben wel het nadeel dat hun spelers zeer lange en fysiek zware werkdagen maken in de fabriek, waardoor zij nauwelijks tijd en energie hebben voor training en oefenwedstrijden. Bovendien ontbreekt het hun aan financiële middelen voor fatsoenlijke faciliteiten en materialen. Fabriekseigenaren beginnen hen daarom in natura te sponsoren en hun meest getalenteerde werknemers gedeeltelijk vrij te stellen van werk, wat een indirecte vorm is van betaling. Maar heimelijk betalen zij goede spelers ook al eenmalige sommen om hen over te laten stappen vanuit een andere club.

Kinnaird speelt vanaf 1875 als captain voor de door hem opgerichte Old Etonians FC, het team waarvan zijn FA-bestuursgenoten ook allemaal deel uitmaken. Onder het mom van liefde voor hun nobele sport passen die andere bestuurders echter de door henzelf opgestelde Laws of the Game dusdanig toe op eigen wedstrijden dat arbeidersteams hierdoor als tegenstander worden belemmerd. Zo diskwalificeren zij in 1882 bijvoorbeeld het sterke Blackburn, waarin de Schotse metselaar Fergus Suter speelt. Suter tilt met zijn combinatiespel van passes en samenwerking het voetbal naar een hoger niveau, terwijl andere teams nog steeds de oude tactiek toepassen van lange ballen (kick-and-rush), dribbelen en scrimmage. De officiële reden voor de uitsluiting luidt dat het FA-bestuur Suter verdenkt van het ontvangen van betalingen. Maar Blackburn is ook de volgende tegenstander van de Old Etonians, zodat zij hiermee vanzelf een ronde verder komen. Suter gaat hiertegen in beroep bij de FA, maar dit wordt door Kinnairds medebestuurders afgewezen. Pas als de noordelijke teams dreigen hun eigen voetbalassociatie op te richten, zwichten Kinnairds collega's. In het seizoen van 1883 verslaat Blackburn de Old Etonians voor een publiek van ruim achtduizend mensen in het Londense cricketstadion The Oval, waarna nooit meer een amateurteam de FA Cup zal winnen.

Na lang aandringen door Kinnaird staat de FA vanaf 1885 betaald professionalisme eindelijk officieel toe, maar dan is het al te laat. Omdat het aantal teams enorm snel groeit, biedt de FA Cup deze simpelweg te weinig wedstrijden om regelmatig te kunnen spelen en richten in 1888 een tiental professionele clubs uit de Midlands en het noordwesten van Engeland de English Football League (EFL) op. Dit is de eerste betaalde competitie om het landskampioenschap, met wekelijkse uit- en thuiswedstrijden en een puntenklassement zoals tegenwoordig gangbaar is in vrijwel alle voetballanden. Door de steeds grotere populariteit van voetbal breidt de EFL deze competitie in 1892 uit naar zestien clubs. Bovendien voert ze datzelfde jaar door de inlijving van de inmiddels ontstane concurrent Football Alliance een tweede divisie toe, die twee jaar later ook weer wordt uitgebreid.[5] Na Sheffield en Crystal Palace – de oudste voetbalclubs ter wereld – zijn dan clubs als Arsenal (waarvan Berties vriend Lonsdale erevoorzitter zal worden), Aston Villa, Blackburn Rovers, Everton, Newcastle United, Watford, Burnley, Tottenham Hotspur en Leicester City opgericht. En rond de eeuwwisseling ontstaan steeds meer nieuwe clubs, waaronder ook Liverpool, Manchester City, Manchester United, West Ham United, Bournemouth en Chelsea.

De FA blijft niettemin het hoogste Engelse voetbalorgaan, dat toezicht houdt op alle regels en competities. In 1886 richt het in Londen samen met de nationale voetbalbonden van Wales, Schotland en Ierland de International Football Association Board (IFAB) op om interlands mogelijk te maken. Voetbal is inmiddels ook overgewaaid naar het Europese vasteland, waar rond de eeuwwisseling in vrijwel alle landen nationale sportbonden worden opgezet en tegelijkertijd vele nu nog bekende clubs worden opgericht.[6] Door deze internationalisering stelt USFSA-voorzitter Robert Guérin in 1903 aan de FA voor om een internationaal orgaan op te richten die wordt geleid door de FA. Maar door bureaucratische traagheid van de FA-bestuurssecretaris, Frederick Wall, krijgt Guérin geen reactie en besluit in 1904 om dit dan maar zelf te doen: in Parijs wordt de Fédération Internationale de Football Association (FIFA) opgericht door de voetbalbonden van Frankrijk, Duitsland, Spanje, Nederland, België, Zweden, Denemarken en Zwitserland. Het jaar erop besluit Kinnaird om zich samen met zeven andere nationale bonden alsnog aan te sluiten. En dan pleegt hij de moeder aller machtsgrepen: hij laat de FIFA-voorzitter Guérin opvolgen door zijn trouwe FA-medewerker Daniel Woolfall en deze maakt de FIFA vervolgens lid van de IFAB, zodat daar de volledige zeggenschap blijft behouden over de 'Laws of the Game'.

Noten

1 Al in 1878 is Lillie de eerste ter wereld met een betaalde *celebrity endorsement* als ze in een advertentie van Pears Soap onder haar portret laat citeren dat ze 'al haar andere zeep heeft weggegooid, nadat ze Pears voor het eerst gebruikte'.

2 Dit is zijn parafrasering uit 1912, de oorspronkelijke tekst uit 1894 luidt: 'Het belangrijke in het leven is niet de triomf maar de strijd; het essentiële is niet om te hebben gewonnen maar om goed te hebben gestreden.' In 1912 ontwerpt hij ook het beeldmerk van vijf in elkaar grijpende ringen die symbool staan voor de continenten.

3 De finishlijn staat nog steeds gemarkeerd in de stoep voor het BBC-gebouw dat daar nu gevestigd is.

4 Een gevolg van dit beleid is overigens dat de Britten tegenwoordig in hun eigen perceptie in geen van de sporten die ze zelf hebben ontwikkeld nog de beste zijn, wat wordt ervaren als een nationaal volkstrauma.

5 In 1992 zullen de beste tweeëntwintig teams samen de Premier League oprichten.

6 In Frankrijk betreft dit Olympique Marseille, Olympique Lyonnais, Amiens, Stade Rennais, Lille en Nice. In Duitsland hebben in die periode clubs als HSV, Hertha Berlin, VfB Stuttgart, Karlsruhe, Rapid Wien, Ein-

tracht Frankfurt, Werder Bremen, Borussia Mönchengladbach, Bayern Munchen en Schalke 04 hun oorsprong. En in Italië worden dan Genoa, Udinese, Juventus, AC Milan, Lazio, Hellas Verona, Napoli, Atalanta Bergamo en Bologna gesticht. De Spaanse clubs Espanyol, Sevilla, Barcelona, Real Madrid, Atletico Madrid en Malaga stammen uit datzelfde tijdvak, net als Porto, Benfica en Sporting Lissabon uit Portugal. En ook in Nederland en België zien dan clubs als Sparta, Ajax, Vitesse, Heracles, Club Brugge, Standard Luik, Cercle Brugge en AA Gent het licht.

6 De tweewielergekte

Op de podia van de Londense musichalls is in 1892 vrijwel iedere avond de hit 'Daisy Bell' te horen, waarbij het publiek steevast luid meezingt met het refrein:

Daisy, Daisy,
Give me your answer, do!
I'm half crazy,
All for the love of you!
It won't be a stylish marriage,
I can't afford a carriage,
But you'll look sweet on the seat
Of a bicycle built for two!

Het succes van het nummer is deels te verklaren uit de aanstekelijke melodie van het refrein, maar lijkt vooral te berusten op het feit dat de inhoud ervan gaat over twee onderwerpen die op dat moment bijzonder populair zijn: fietsen en Berties vele affaires. De fictieve Daisy Bell uit de liedtekst verwijst met haar achternaam behalve naar een fietsbel dan ook naar de 'uitzonderlijke schoonheid' – een zogenoemde belle – gravin Daisy Warwick. De in 1861 geboren Daisy wordt door koningin Victoria in 1880 uitverkoren als echtgenote voor haar jongste zoon Leopold, maar tegen de zin van haar ouders wijst zij hem af. Het jaar daarop trouwt Daisy met Lord Brooke, die in 1893 de titel van graaf van Warwick erft. In adellijke kringen wordt de onorthodoxe Daisy, die regelmatig kleding draagt in de voor dames ongepaste kleur rood, algauw als 'gevaarlijk' beschouwd. Bijvoorbeeld omdat ze zeer indiscreet is over haar vele affaires en buitenechtelijke kind, wat haar als woordspeling de bijnaam Babbling Brooke oplevert. Daarnaast is ze openlijk socialistisch, waarbij ze actief fondsen werft voor de armen en bovendien vrouwenscholen opricht in haar strijd voor emancipatie.

Ondanks de ongemakkelijke geschiedenis met zijn broer Leopold en het feit dat hij Lord Brookes getuige is op het huwelijk, voelt Bertie zich aangetrokken tot de knappe en twintig jaar jongere Daisy, zodat hij haar in 1889 thuis op haar verjaardagsfeest schaakt. Haar andere minnaar op dat moment, oorlogsheld Lord Charles Beresford, neemt hier echter geen genoegen mee en dreigt een compromitterende brief openbaar te maken. De ruzie die Bertie hierover in 1890 met hem krijgt, loopt zo hoog op dat hij een inktpot naar Beresfords hoofd gooit, die op de muur uiteenspat, iets waar het 'half crazy' uit het lied aan lijkt te refereren. Daarnaast heeft de protagonist in het lied weinig geld te besteden, waarmee waarschijnlijk bespot wordt dat Bertie dat jaar grote leningen moet afsluiten om zijn steeds grotere financiële tekorten aan te vullen.

Het nummer 'Daisy Bell' verwijst daarnaast naar een tandem omdat Bertie, evenals Daisy, een groot liefhebber is van fietsen. Dit blijkt onder andere uit het feit dat Bertie in 1896 fabrikant Humber, die door de hoge kwaliteit van zijn fietsen dan wordt beschouwd als het topmerk, als hofleverancier selecteert en een royal warrant verleent. In 1902 staat Bertie zelfs afgebeeld op een reclameposter van dit bedrijf. In de inleiding van een verkoopbrochure uit die tijd staat met trots vermeld dat Bertie sinds 1896 op Humberfietsen rijdt en 'klanten het zullen waarderen dat de koning niet alleen een voorliefde heeft voor de fiets van zijn keuze, maar dat Zijne Majesteit ook geen andere fiets berijdt dan de Humber'. En hoewel Victoria zelf nooit op een fiets heeft gezeten, behoort tijdens haar diamanten jubileum van 1897 een fietshoedje met haar afbeelding op de voorklep tot de populairste parafernalia.

'Daisy Bell' is dan overigens niet het enige musichallnummer dat over fietsen gaat. In het laatste decennium van de eeuw verschijnen tientallen sketches en liedjes over fietsen, zoals 'Marriage on a Bicycle', 'The Bicycle Girl' en 'Salute My Bicycle'. En in 1895 schrijft H.G. Wells ook de eerste roman die over fietsen gaat, *The Wheels of Change.*[1] De boektitel typeert de periode heel goed, omdat zowel West-Europa als de Verenigde Staten zich dan midden in het gouden tijdperk van de fiets bevinden, een circa tien jaar durende rage, die achteraf de benaming *bike craze* (tweewielergekte) zal krijgen.

Een belangrijke basis daarvoor wordt eigenlijk pas enkele jaren eerder gelegd. Onder de vele innovaties die Bertie op de wereldtentoonstelling van 1889 in Parijs gedemonstreerd krijgt, bevindt zich namelijk een schijnbaar eenvoudige uitvinding: de opblaasbare rubberband. De inventieve Bertie behoort het jaar erna tot de eersten die deze banden op de wielen van zijn koetsen laten aanbrengen om de oncomfortabele trillingen tijdens ritten te verminderen. Dit gebeurt onder het toeziend oog van de eigenaren van het bedrijf dat deze produceert, Harvey du Cros en John Boyd Dunlop, die erg dankbaar zijn voor de snelle en brede acceptatie die deze koninklijke ondersteuning van hun product oplevert. Die dankbaarheid is kennelijk dermate groot dat Du Cros en zijn inmiddels tot het bedrijf toegetreden zoon Arthur in 1915 ingrijpen als de in geldnood verkerende Daisy dreigt om Berties aan haar gerichte liefdesbrieven te verkopen aan een Britse en Amerikaanse uitgever. In ruil voor deze correspondentie lossen zij al haar schulden af, ter waarde van 64 000 pond.[2] Als dank wordt Arthur in 1916 door Berties zoon, koning George v, in de adelstand verheven.

Die opblaasbare rubberband is in 1888 uitgevonden door Dunlop, een verlegen en uiterst beleefde Schot, voorzien van een baard die tot op zijn borst reikt en tijdens het fietsen over zijn schouders wappert. Als boerenzoon heeft hij diergeneeskunde gestudeerd aan de universiteit van Edinburgh en na emigratie naar Ierland bestiert hij daar al twintig jaar de meest welvarende veeartsenpraktijk van het land. Op een frisse januariochtend maakt Dunlop op advies van zijn vriend en dokter John Fagan zijn dagelijkse wandeling door de straten van zijn woonplaats Belfast. Dat advies om te bewegen in de buitenlucht betreft niet hemzelf, maar zijn ziekelijke zoontje Johnny, die naast hem rijdt op zijn driewieler. Dunlop vraagt zich echter steeds meer af of die buitenactiviteit daadwerkelijk bijdraagt aan een betere gezondheid van Johnny, aangezien deze opnieuw klaagt dat hij hier juist hoofdpijn van krijgt. Dunlop denkt inmiddels wel te weten waar dat aan ligt: de fiets heeft wielen van hout die zijn bekleed met ijzer, en in combinatie met de hobbelige kasseien zorgt dit ervoor dat de driewieler tijdens het rijden hevig rammelt.

Als Dunlop dit 's avonds bij een diner bespreekt met Fagan, vertelt deze hem dat men in zijn ziekenhuis gebruikmaakt van met lucht gevulde varkensblazen om patiënten die aan bed gekluisterd zijn comfortabeler te laten liggen. Dunlop krijgt hierdoor de ingeving dat 'rubber in opgeblazen vorm misschien gebruikt kan worden om het schokken van fietswielen te voorkomen', en trekt zich de volgende ochtend direct terug in zijn schuur, waar hij begint te knutselen. Hierbij maakt hij gebruik van gevulkaniseerd rubber, dat ruim veertig jaar daarvoor is uitgevonden door de autodidactische chemicus Charles Goodyear.[3] Deze Amerikaan is in 1844 al lange tijd op zoek naar een manier om rubber makkelijker te kunnen bewerken en bestendig te maken tegen hitte en kou. Op een dag morst hij hierbij per ongeluk een mengsel van lood, zwavel en rubber op zijn fornuis en ontdekt dat dit verhitte brouwsel de ideale combinatie van eigenschappen bezit. Helaas raakt Goodyear daarna in vele patentrechtszaken verwikkeld, zodat hij de destijds enorme schuld van ruim 200 000 dollar opbouwt, tot hij in 1860 op negenenvijftigjarige leeftijd door een hartaanval sterft.

Zelf heeft Dunlop ook meerdere pogingen nodig voor de realisatie van zijn idee. Uiteindelijk lijmt hij repen rubber aan elkaar tot een ronde buis, blaast deze op met een ballenpomp en plakt het hiervoor gemaakte gat weer dicht. Van houten planken maakt hij een ronde schijf waar hij de rubberen buis met stroken zeildoek en spijkertjes omheen bevestigt. Tot slot lijmt hij een strook rubber op het loopvlak. Als test maakt hij een wiel van de driewieler los en geeft dit een zetje in zijn tuin, waarna dit al binnen enkele meters tot stilstand komt en omvalt. Vervolgens doet hij hetzelfde met zijn eigen prototype, dat blijft doorrollen totdat het uiteindelijk tegen het tuinhek botst en zelfs weer krachtig terugstuitert. De luchtband is geboren.[4]

Dunlops uitvinding kan daarna direct rekenen op grote belangstelling van fietsenmakers, omdat de fiets dan volop in ontwikkeling is als vervoersmiddel. Al in 1816 heeft de Duitser Karl von Drais een houten loopfiets uitgevonden, een revolutionair idee omdat dit het eerste voertuig is waarvan de wielen achter elkaar en niet naast elkaar staan. Deze *Laufmaschine* krijgt in Parijs de naam *vélocipède* (Frans voor 'snelloper', algauw afgekort tot *vélo*), maar vanwege het beperkte praktisch nut wordt het voertuig vooral door modieuze heren gebruikt, zodat het in Londen de bijnaam *dandy horse* krijgt. Ongeveer vijftig jaar later komt de Parijse smid Pierre Michaux op het idee om krukken en pedalen te bevestigen aan het voorwiel ervan. De drie gebroeders Olivier zien de commerciële potentie en gaan direct met Michaux in zee om de eerste fietsfabrikant in de geschiedenis op te richten, Michaux et Cie. Ter promotie van hun product organiseren zij in 1867 in het Bois de Boulogne ook de eerste officiële fietswedstrijd. Vrijwel alle welgestelde mannen willen hierdoor een Michaux bezitten, maar zij ervaren helaas weinig comfort, omdat de frames van smeedijzer zijn vervaardigd en zijn voorzien van houten wielen met een ijzeren loopvlak. Om zichzelf verklarende redenen wordt de fiets in Engeland dan ook algauw de 'bottenschudder' genoemd.

Voldoende snelheid maken om het evenwicht te kunnen bewaren is overigens ook bepaald geen sinecure. Omdat de pedalen direct op de as van het voorwiel zijn aangebracht, dienen de berijders deze in heel hoog tempo rond te draaien. De Parijzenaar Eugène Meyer denkt hiervoor in 1869 een oplossing te hebben gevonden als hij het voorwiel een grotere omtrek geeft. De voorwielen worden uiteindelijk enorm – met een diameter van ruim anderhalve tot twee meter – en omdat het zadel bijna recht boven het voorwiel zit, komt dit in hoogte ongeveer overeen met de schothoogte van een groot paard. Opstappen en stilstaan is alleen mogelijk vanaf een muurtje of een trap, waarbij enige acrobatische vaardigheden onontbeerlijk zijn. Deze ‘hoogwielers’ zijn geheel gemaakt van gietijzer of smeedijzer in combinatie met hout, en wegen gemiddeld dan ook nog eens bijna vijftig kilo, wat het trappen tot een afmattende aangelegenheid maakt.[5] Bovendien is remmen alleen mogelijk door een voet tegen het wiel te houden, wat met name heuvelaf of bij onverwachte verkeerssituaties voor de nodige perikelen zorgt. Het is eerder regel dan uitzondering dat de voeten op uiterst pijnlijke wijze tussen de spaken komen, en veel fietsers belanden om de zoveel tijd met een flinke klap op het wegdek.

Desondanks zijn deze fietsen op hoge wielen al heel populair, waarschijnlijk omdat het dan de enige vorm is van individueel vervoer zonder gebruik van een paard. Terwijl jongemannen halsbrekende capriolen uithalen om op hun tweewieler te blijven zitten, geven dames en waardige heren echter de voorkeur aan de minder riskante maar veel duurdere driewielers. Bertie draagt sterk bij aan de populariteit van deze driewielers als hij in 1881 een exemplaar aanschaft van fabrikant Cheylesmore (en algauw daarna een exemplaar cadeau krijgt van concurrent Zephyr).

Naar schatting komen niet minder dan driehonderd fietsmodellen op de markt, waaronder ook eenwielers, vierwielers, tandems en duofietsen, maar ook heuse waterfietsen, een vouwfiets en zelfs een zogenoemde *home trainer* op een rollenbank (waarvoor een hoog plafond vereist is). Het fietsen verspreidt zich zo vanuit Parijs snel naar de rest van Europa, en met name in Engeland en de Verenigde Staten wordt dit ook heel populair. In Parijs komt direct *bicycle* (en iets later ook het verkleinwoord *bicyclette*) als nieuwe benaming voor de tweewieler in zwang, een term die in alle Engelstalige landen wordt overgenomen, algauw afgekort tot *bike*. Maar de rage is van zeer korte duur omdat voetgangers massaal klagen over de in hun ogen gevaarlijke weggebruikers.

In Engeland gaat deze juist onverminderd door en zoals dat met veel disruptieve innovaties gaat, dient zich in 1880 plotseling een buitenstaander aan die ervoor zorgt dat het fietsen een doorbraak beleeft. Er bestaan dan al simpele kettingen, maar Hans Renold, een Zwitserse ingenieur die is geëmigreerd naar Manchester, vindt dan de zogenoemde rollenketting uit, die een enorme verbetering blijkt en nog steeds de standaard is. Omdat deze mechaniek van een ketting en kettingwielen een indirecte overbrenging heeft, kunnen pedalen nu met een andere frequentie roteren dan het fietswiel en door dit verzet (de afstand die een wiel aflegt als de pedalen eenmaal ronddraaien) is een onhandig groot voorwiel niet langer nodig.

Toegepast op fietsen die worden gemaakt door landgenoten Harry Lawson en Berties latere hofleverancier Thomas Humber, vormt deze ketting voor de Engelse fietsenmaker John Starley in 1885 een bron van inspiratie. Hij introduceert dat jaar een fiets die, op minieme details na, het klassieke herenmodel stadsfiets is zoals we die nog steeds kennen. Omdat berijders hiermee nauwelijks nog ten val komen, noemt Starley het model simpelweg de *safety bike* en brengt dit op de markt onder de merknaam Rover. Zijn fiets is op slag een groot succes en wordt ook steeds meer gebruikt voor wedstrijden. Nadat Dunlop eind 1888 zijn patent heeft gekregen, laat hij meteen vijftig safety bikes produceren die zijn voorzien van zijn luchtbanden. Hiervan schaft de lokale wielerheld Willie Hume direct een exemplaar aan, omdat hij enthousiast is over wat hij 'puddingbanden' noemt. In mei 1889 neemt Hume deel aan de vier wielerwedstrijden van Queen's College en wint deze allemaal eenvoudig. Later dat jaar doet hij in Liverpool opnieuw aan vier wedstrijden mee, waarvan hij alleen de laatste verliest door pech. Als in 1890 Charles Wood dan ook nog het fietsventiel uitvindt, worden Dunlops banden ook gebruiksvriendelijk voor een breed publiek en gaat het decennium van de tweewielergekte van start.[6] In vele westerse landen zijn de fietsen niet aan te slepen en lenen mensen zelfs massaal geld om een eigen exemplaar aan te kunnen schaffen.

Honderden bedrijven betreden de markt, waaronder ook remblokkenfabrikant Michelin & Cie uit Clermont-Ferrand. In het voorjaar van 1891 loopt een Engelse fietser daar de werkplaats binnen en vraagt aan Édouard Michelin of deze zijn lekke Dunlopband misschien kan repareren. Dit lukt hem pas na enkele uren ploeteren en bij het wegrijden raakt de band direct weer los, waarna de gefrustreerde Édouard ter plekke besluit om een band te ontwikkelen die 'binnen een kwartier demontabel is voor een imbeciel'. Die zomer patenteren de gebroeders Michelin hun verwisselbare fietsband en in september betalen ze Charles Terront om deze te gebruiken in de wedstrijd Parijs-Brest-Parijs, waarna diens overwinning een groot commercieel succes inluidt voor Michelinbanden. Maar niet voordat ze eerst ook een verwisselbare binnenband ontwikkelen en in 1892 hun eigen wedstrijd organiseren, Parijs-Clermont-Ferrand. Overigens deponeert Édouard hierbij op meerdere plekken in het parcours de inhoud van een doos spijkers op het wegdek. Zo kan hij demonstreren dat de Michelinrijders binnen twee minuten hun lekke band hebben verwisseld, terwijl concurrenten op Dunlopbanden hiervoor soms wel een uur nodig hebben.

De gebruiksvriendelijkheid van banden wordt daarna verder vergroot doordat Thomas Jeffery in 1892 de velg met opstaande rand uitvindt, waarop de binnen- en buitenband eenvoudig gefixeerd kunnen worden. En via de koetswielen van Bertie leidt dit er uiteindelijk toe dat de banden ook zullen worden gebruikt op auto's. Na Dunlop en Michelin zullen ook Amerikaanse ondernemers als Frank Seiberling – die zijn bedrijf vernoemt naar Charles Goodyear – en Harvey Firestone hun autobandenfabrieken oprichten.

Dit alles leidt ook tot de doorbraak van een uitvinding die aanvankelijk weinig praktisch nut lijkt te hebben. Omdat fietsen door de rubberbanden nauwelijks nog rammelen, beginnen voetgangers en paarden te schrikken van passerende fietsers omdat ze deze niet meer aan horen komen. De fietsbel, die in 1887 wordt uitgevonden door John Dedicoat, een leerling van James Watt die eerder al de puntenslijper heeft bedacht, wordt hierdoor algauw als standaardonderdeel gemonteerd op het fietsstuur om andere weggebruikers te kunnen waarschuwen.

Ook Berties in 1868 geboren dochter Victoria (Toria genoemd), die haar hele leven ongetrouwd bij haar ouders blijft wonen, houdt veel van fietsen. En in 1901 raakt zij hierdoor betrokken bij een in meerdere opzichten pijnlijk incident. Kort na Berties troonbestijging verblijft de familie op Windsor Castle als Toria besluit om een fietstochtje te maken in het ruim tweeduizend hectare tellende koninklijk park, dat ook publiek toegankelijk is. Als ze met haar fiets stiekem aan de hand door de toegangspoort bij de Long Walk sluipt en daarna opstapt, wordt haar een halt toegeroepen door William Green, een bejaarde veteraan van de Coldstream Guards die daar al veertig jaar portier is.[7] Het laatste jaar is hij hevig gefrustreerd geraakt omdat hij ruim zevenhonderd mensen heeft moeten vertellen dat fietsen verboden is in het park. Als Toria zijn bevel echter negeert en gewoon wegfietst, rent de overijverige Green daarom zijn portiershuisje uit en geeft een ruk aan het stuur, waardoor ze hard ten val komt op de stenen. Pas later komt Green er tot zijn schrik achter dat hij de dochter van zijn koning niet herkend heeft, en worden over en weer excuses aangeboden. Toria koestert blijkbaar geen rancune, want als Green in 1905 ernstig ziek raakt en zijn been moet worden geamputeerd, zoekt Toria hem regelmatig op en na zijn overlijden wordt hij eervol begraven op Windsor.

Toria's voorval is illustratief voor de rol die de fiets speelt in de emancipatie van vrouwen uit de middenklasse en elite. Doordat het relatief goedkope vervoersmiddel snel en makkelijk kan worden gebruikt, draagt dit sterk bij aan hun autonome mobiliteit en beginnen zij zonder mannelijke begeleiding de wereld om hen heen te ontdekken. De beroemde vrouwenrechtenactiviste Susan Anthony zegt hier rond de eeuwwisseling over dat fietsen 'meer voor vrouwenemancipatie heeft gedaan dan wat dan ook ter wereld, omdat het vrouwen een gevoel van vrijheid en zelfredzaamheid geeft'.[8] Journaliste Ann Strong benadert het enkele jaren eerder al heel praktisch door te stellen dat 'de fiets net zo goed gezelschap is als de meeste echtgenoten. En als hij oud en armoedig wordt, kan een vrouw zich ervan ontdoen en een nieuwe kopen zonder de hele gemeenschap te choqueren.'

Aan het einde van de negentiende eeuw raden de meeste dokters het fietsen door vrouwen echter nog af, omdat in vele wetenschappelijke medische artikelen uitvoerig en tot in het kleinste detail wordt besproken hoe 'de schrijlingse zit op het zadel schadelijke stimulatie van de in de vulva gelegen labia en clitoris veroorzaakt'. De christelijke Women's Rescue League wijst er in een pamflet uit 1896 zelfs op dat driekwart van de fietssters invalide wordt door 'vrouwenziekten' en zij dus 'de satanische fiets dienen te mijden, tenzij ze moederschap willen voorkomen' (in 1898 komt fabrikant Christy daarom met een speciaal dameszadel, het model No. 9, dat met zijn overdwarse ovale zitvlak 'optimaal is vormgegeven voor de vrouwelijke anatomie'). Daarnaast waarschuwen artsen voor het zogenoemde fietsgezicht: een rood aangelopen of juist bleek gelaat, samengeperste lippen en donkere randen onder de ogen, die geen van alle nog zullen verdwijnen. En tot slot stellen ze dat fietsen bij vrouwen tot aandoeningen leidt als zwelling van de schildklier, uitpuilende ogen, blindedarmontsteking, tuberculose en jicht.

Niettemin slaagt de vijfentwintigjarige Annie Londonderry er in 1895 in om – met een blakende gezondheid – als eerste vrouw per fiets de wereld rond te rijden (zij het dat ze de vijftien maanden durende reis vooral per boot aflegt en alleen dagtochten maakt tijdens de tussenstops). Maar waar de kranten vooral aandacht aan besteden, is haar kleding. Ondanks de aflopende bovenstang van haar damesfiets, komt Londonderry aan het begin van haar tocht voortdurend ten val doordat haar dan gangbare enkellange rok (die samen met de onderrokken, korset en vest tot wel zeven kilo kunnen wegen) verstrikt raakt in de trappers of de ketting. Daarom besluit ze die te verruilen voor de halverwege de negentiende eeuw door Amelia Bloomer geïntroduceerde 'rationele kleding' van een vest met daaronder een pofbroek tot op de knie en lange kousen. Net als Bloomer wordt Londonderry vanwege deze herintroductie van 'onvrouwelijke kleding' niet alleen verguisd in de pers, maar op straat zelfs regelmatig lastiggevallen door boze mannen.

In modestad Parijs leidt het juist meteen tot een *bicycle costume*. En hierna patenteren vrouwen in Engeland en Amerika innovaties als rokken die – met een katrolsysteem in de naden, een mechanisme van haken en ogen, of een systeem van lussen en knopen – kunnen worden opgetrokken en zelfs omgekeerd kunnen worden tot een modieuze cape met kraag. Indirect leidt dit in 1910 ook tot de uitvinding van de beha als de negentienjarige Mary Phelps Jacob als debutante naar een New Yorks bal moet. Ze heeft genoeg van haar korset, dat ze omschrijft als een 'doosachtig pantser van walvisbeen en bekabeling', omdat het knelt en bovendien haar decolleté verpest. Ze vraagt haar bediende om twee zakdoeken en wat roze lint te brengen, waarna ze hiervan een *brassière* vervaardigt. Als vervolgens vrijwel alle vrouwen op het bal zich om haar heen verzamelen en willen weten hoe ze zo zich zo vrijelijk kan bewegen, besluit ze de volgende dag om patent aan te vragen. 'Ik kan niet zeggen dat de "bra" dezelfde plek in de geschiedenis verdient als de stoomboot, maar ik heb hem mooi wel uitgevonden,' zal ze hier later over zeggen (ze stamt af van Robert Fulton, uitvinder van de stoomboot). Hoe dan ook, praktische vrouwenkleding raakt geleidelijk aan geaccepteerd, zodat vrouwen weer een stap dichter bij hun onafhankelijkheid komen.

Ondertussen gaan de vernieuwingen aan de fietsen zelf ook door. Zo worden bijvoorbeeld de eerste patenten voor elektrische fietsen gehonoreerd. En Henry Sturmey, die Bertie goed kent omdat hij mede-eigenaar en directeur is van Daimler, blijkt behalve in auto's ook in fietsen geïnteresseerd. Zo vindt hij in 1901 een mechanisme met drie versnellingen uit dat in de achternaaf is geplaatst en bovendien vrijloop van het wiel mogelijk maakt.[9]

In Frankrijk ontstaat hiervoor ongeveer tegelijkertijd een andere oplossing. Op een ochtend in 1889 beklimt Paul de Vivie, een begenadigd fietser die als uitgever van fietstijdschrift *La Cycliste* zelf ook fietsverhalen schrijft onder het pseudoniem Vélocio, de ruim 1100 meter hoge Col de la République op zijn zelfgemaakte La Gauloise-fiets. Dan wordt hij ineens met gemak ingehaald door een man die, al neuriënd, rustig een pijp aan het roken is. Nadat De Vivies irritatie hierover is weggezakt, bedenkt hij dat de andere fiets moet hebben beschikt over een beter geschikt verzet. En die conclusie stelt hem voor een dilemma: met een groot verzet kan hij niet snel klimmen en met een klein verzet gaat hij langzaam op de vlakke stukken.

Als oplossing plaatst De Vivie twee verschillende kettingwielen naast elkaar op de achteras, die hij kan gebruiken door af te stappen en met de hand de ketting van het ene naar het andere kettingwiel te verleggen. Maar de vieze handen die hem dit steeds oplevert, doen hem tegen de eeuwwisseling besluiten om zijn schuur in te gaan en een eenvoudig mechaniek te bouwen waarmee een beugel tegen de ketting duwt en deze zo over laat springen naar het naastliggende kettingwiel. Omdat ze geïnspireerd is op de spoorwegwissel, noemt hij zijn vinding *dérailleur* en deze groeit direct uit tot de standaard in de wielersport. Vanaf dat moment beklimt De Vivie iedere ochtend de Col de la République, gewoon voor de lol om iedereen in te halen die niet over een derailleur beschikt. Overigens wordt zijn vinding ogenblikkelijk afgewezen door puristen. De excentrieke wielrenner Henri Desgrange, die sinds 1891 vele baanrecords heeft gevestigd, zegt hierover dat 'echte mannen hun spieren horen te gebruiken, en niet deze kunstgreep', omdat 'zoiets alleen voor vrouwen, invaliden en bejaarden is'.

Ook zonder derailleur worden in het laatste decennium van de negentiende eeuw al vele wielerwedstrijden georganiseerd, zowel op de baan als op de weg. Bertie wordt in 1890 beschermheer van de Paddington Recreation Ground in het oude centrum van Londen en helpt actief mee om veel geld in te zamelen, zodat het park tien jaar later zijn sintelbanen om kan bouwen tot wielerbaan. In de meeste Europese landen en in Amerika verrijzen dan in hoog tempo wielerstadions, die *vélodrome* worden genoemd. Op de Boulevard Montmartre in Parijs opent zelfs een heus *cyclodrome*: een zaaltje waarin vier racefietsen op rollenbanken staan die ieder een fietsje op een miniatuurwielerbaan aandrijven. Het publiek kan er bij een loket geld inzetten op wedstrijden en daarna zijn favoriete wielrenner aanmoedigen.

Vanwege de snel toenemende populariteit van wielerwedstrijden kiezen steeds meer mannen voor het vak van beroepsrenner. En de succesvolle Jean-Marie Corre gaat daarbij op zoek naar manieren om het gewicht van zijn bijna tweeëntwintig kilo zware fiets te verlagen. Zo komt hij onder andere op het idee om zijn stalen frame te vervangen door een exemplaar van het nieuwe materiaal aluminium, dat pas sinds 1889 op betrouwbare wijze kan worden geproduceerd dankzij een vinding van drie chemici: zijn landgenoot Paul Héroult, de Amerikaan Charles Hall en de Oostenrijker Karl Bayer. Met zijn opgespaarde prijzengeld opent Corre in 1895 een fietsfabriek in Parijs, waar hij zich toelegt op de productie van aluminium wedstrijdfietsen. En zijn eerste ontwerp toont eigenlijk al meteen de essentiële kenmerken van de moderne racefiets: een dunner frame, smallere wielen met plattere banden, het ontbreken van spatborden, een naar beneden gebogen stuur, een smal zadel en teenbeugels met riempjes op de pedalen.

In datzelfde jaar bedenkt Corre een slimme publiciteitsstunt. Om de superioriteit van zijn racefiets te demonstreren legt hij de routes af van alle belangrijke koersen die op dat moment in Parijs starten of eindigen. Zo doet hij Bordeaux, Brest, Trouville, Lyon, Nantes, Clermont-Ferrand, Bar le Duc, Dinant, Saint Malo en Royan aan, een tocht van ruim 4000 kilometer, die hij zelf de Tour de France doopt. In het fietsgekke Frankrijk levert dit hem acuut een heldenstatus op, zodat zijn fiets een verkoopsucces wordt. Een nadeel hiervan is natuurlijk wel dat Corre geen voorsprong meer heeft, omdat hij steeds meer tegenstanders aan de start ziet verschijnen op zijn eigen aluminium racefiets. Als deze renners in 1898 vrijwel allemaal ook 'spierversterkende middelen' gaan gebruiken, besluit hij zijn wielercarrière vervroegd te beëindigen. Maar Corre geeft met zijn vinding een sterke impuls aan de wielersport, die algauw ook een internationaal karakter krijgt. In 1900 richten de nationale wielerbonden van Frankrijk, Italië, Zwitserland, België en de Verenigde Staten daarom in Parijs de Union Cycliste Internationale (UCI) op.[10]

Bij het in 1892 opgerichte *Le Vélo*, een op groen papier gedrukte sportkrant, raakt de jonge Parijse journalist Géo Lefèvre helemaal begeesterd door Corres Tour de France. Maar helaas heeft hoofredacteur Pierre Giffard heel andere dingen aan zijn hoofd: de Dreyfusaffaire, waarin Émile Zola's pamflet *J'accuse* duidelijk maakt dat er sprake is van antisemitisme binnen het Franse leger. Dit zorgt voor een politieke controverse en de spanningen in dit verhitte publieke debat lopen dermate hoog op dat Giffard adverteerders de deur wijst of uit eigen beweging ziet vertrekken vanwege hun tegengestelde standpunten. Onder hen bevindt zich ook de gepassioneerde markies de Dion, die hierover in 1899 op de Auteuil-paardenrenbaan van Parijs als notoir duellist in een verhitte woordenwisseling betrokken raakt. Tijdens de hieruit resulterende schermutseling slaat hij niemand minder dan Émile Loubet, de zojuist aangetreden president van Frankrijk, hard op het hoofd met zijn wandelstok. Deze tamelijk onbezonnen actie komt De Dion op vijftien dagen gevangenisstraf te staan, maar dit deert hem weinig. De felle kritiek die Giffard daarna in *Le Vélo* op hem uit, doet hem echter ontsteken in razernij. Om Giffard dwars te zitten besluit de rancuneuze De Dion een jaar later om met Édouard Michelin en nog enkele vrienden een concurrerende sportkrant op te richten, *L'Auto-Vélo*. Omdat niemand echter ook maar enig verstand heeft van uitgeven, benadert De Dion hiervoor Henri Desgrange, die inmiddels directeur is van het velodroom in het Parc des Princes in Parijs.

De medewerkers van het velodroom zijn verheugd met het vertrek van Desgrange, omdat hun autoritaire baas nogal tiranniek gedrag vertoont en zij hem zodoende omschrijven als 'een gedreven man, iemand die geen tegenspraak duldt'. Naar eigen zeggen zijn Desgranges beslissingen 'altijd correct, definitief en onbetwistbaar'. Hij zit nooit verlegen om een controversiële mening en vindt bijvoorbeeld dat de vernedering in de Frans-Pruisische Oorlog gelegen is in het feit dat de Fransen 'lui zijn, zonder spieren, zonder karakter en zonder wilskracht'. En in zijn trainingsboek voor wielrenners schrijft hij dat 'een ambitieuze renner net zomin behoefte heeft aan een vrouw als aan een ongewassen paar sokken' (Desgrange is dan recent gescheiden). Tot zijn woede ziet de net bij *L'Auto-Vélo* aangetreden Desgrange zich direct gedwongen om de naam van zijn dagblad in te korten tot *L'Auto*, omdat Giffard succesvol een rechtszaak heeft aangespannen waarin deze stelt dat de merknaam inbreuk maakt op diens *Le Vélo*. Als wraak weet Desgrange daarna Giffards medewerker Géo Lefèvre te verleiden om over te stappen en chef wielerredactie te worden bij *L'Auto*.

Ter viering van Berties kroningsdag, 9 augustus 1902, vinden op vele plaatsen in het Britse imperium koningsspelen plaats, waarbij met name zeer veel fietswedstrijden worden georganiseerd. Ondertussen blijft in Frankrijk de verkoop van *L'Auto* sterk tegenvallen, zodat Desgrange tijdens een crisisvergadering in november vraagt ideeën te opperen om 'Giffards bek dicht te spijkeren'. Lefèvre grijpt meteen de kans om zijn lang gekoesterde droom van de Tour de France naar voren te brengen als promotiemiddel. Desgrange vindt het 'een dom plan', maar omdat hij toch twijfelt, vraagt hij Lefèvre om zijn idee te bespreken met Victor Godet, de financiële man van de uitgeverij. Deze blijkt direct enthousiast en grapt, wijzend op de kluis in zijn kamer, dat Lefèvre al het geld kan pakken dat hij nodig heeft. Vanwege Goddets positieve reactie gaat Desgrange uiteindelijk ook schoorvoetend akkoord.

In het lommerrijke dorpje Montgeron, aan de rand van Parijs, gaan op woensdagochtend 1 juli 1903 aldus zestig deelnemers van start in de eerste Tour de France, die bestaat uit zes etappes van gemiddeld ruim 400 kilometer. Door die extreme lengte ligt de gemiddelde snelheid op slechts 26 kilometer per uur, zodat een etappe gemiddeld bijna zestien uur duurt en regelmatig ook 's nachts moet worden gereden. Tijdens die eerste editie moet de nog maar zesentwintigjarige Lefèvre als een soort eenmansorkest de functie van verslaggever combineren met die van wedstrijdleider, controleur en tijdwaarnemer, terwijl hij bovendien het startschot moet geven en ook nog dient te vlaggen bij de finish. Desgrange blijft weg bij het evenement, mede omdat hij ontstemd is over het feit dat de route door de Pyreneeën voert en renners hebben geprotesteerd dat, als ze daar de eindstreep al halen, ze vrijwel zeker zullen worden opgegeten door wilde beren. Hij wil er niets meer mee te maken hebben en bijt Lefèvre toe dat 'hij het maar moet uitzoeken'. Desgrange is pas tevreden als de wedstrijd al na enkele dagen een onverwacht groot succes blijkt: de verkoop van *L'Auto* is bijna verdriedubbeld tot ruim 65 000 exemplaren.[11]

Hierna plaatst Desgrange Lefèvre over naar een andere redactie en trekt de Tour geheel naar zich toe, waarna hij zich naar buiten toe presenteert als de geestelijk vader ervan. Bij de tweede editie, die een exacte kopie is van de eerste, blijkt overigens dat men in Frankrijk niet unaniem enthousiast is over de wielerwedstrijd. Op meerdere plekken langs het parcours werpen omwonenden barricades op, omdat de doortocht van de karavaan hun nachtrust verstoort. In Zuid-Frankrijk liggen de straten zelfs vol glasscherven en worden renners onthaald met stokslagen. Vier rijders blijken de voortdurende chaos te misbruiken om af en toe de trein te nemen, af te snijden over binnenwegen en zich te laten voorttrekken. Desgrange is furieus en kondigt in een opwelling aan dat van een derde Tour geen sprake zal zijn.

Niet veel later bedenkt hij zich en besluit om nogal extreme veranderingen door te voeren. Desgrange heeft namelijk een obsessie voor lichaamsbeweging, waarbij hij zichzelf al zijn hele volwassen leven een streng regime van fysieke inspanningen oplegt. Zo is hij iedere dag enkele uren aan het hardlopen, liefst met beklimming van steile heuvels, en neemt hij zelfs 's avonds laat nog de tijd op terwijl hij heen en weer loopt door zijn slaapkamer. In *L'Auto* houdt hij in zijn column 'Vieze voeten' bovendien een lijstje bij van renners die niet douchen na een rit. Naar zijn mening moet de Tour daarom slopend zijn en de grenzen van menselijke prestaties verleggen, liefst dusdanig dat er uiteindelijk maar één enkele rijder overblijft, die 'nog net niet dood neervalt na de finish'.

Desgrange verlengt de Tour daarom tot bijna 3000 kilometer (doorgroeiend tot ongeveer 5800 kilometer in 1926): elf etappes langs de buitengrenzen van Frankrijk, zodat voor het eerst daadwerkelijk sprake is van een ronde. Desgrange voert ook een puntenklassement in en bedenkt zelfstandig allerlei nogal arbitraire regels, die hij naar hartenlust handhaaft: de derailleur is verboden, evenals het afwisselen in gangmaken of welke vorm van samenwerking dan ook. Onafhankelijkheid en zelfredzaamheid staan in alles voorop, dus renners moeten bijvoorbeeld zelf een lekke band plakken of hun fiets repareren. Desgrange deelt willekeurig tijdstraffen uit als rijders kleding uittrekken vanwege de hitte of een lekke binnenband langs de weg achterlaten. Dit alles doet regelmatig rijders en zelfs hele teams afhaken. Over een klassementsrijder die dit doet, schrijft Desgrange vervolgens dat hij 'een arrogante kampioen is met een varkenskop'. Kortom, Desgrange laat er geen misverstand over bestaan dat hij het alleenrecht heeft op de Tour en geen enkele inmenging wenst van buitenaf, zelfs niet van officiële instanties. Wel zal hij enkele jaren later een concessie doen als journalisten hem vragen om duidelijkere herkenbaarheid van de klassementsleider in het peloton. Zijn oplossing is het dragen van een gele trui, omdat *L'Auto* op geel papier wordt gedrukt.

Hoe dan ook, de Tour wordt een steeds groter succes. En niet in de laatste plaats omdat de Fransen in die tijd nauwelijks bekend zijn met de geografie van Frankrijk, waarbij de kaarten die dagelijks in *L'Auto* verschijnen hen helpen om de hexagonale vorm van hun land en de plaatsen erbinnen te ontdekken. Het succes van de Tour dringt ook algauw door tot de aangrenzende landen. In Italië besluit Emilio Costamagna, uitgever van de in 1896 opgerichte sportkrant *La Gazzetta dello Sport*, de aanpak van *L'Auto* te kopiëren. Op 13 mei 1909 organiseert hij zo de eerste Giro d'Italia, waarvan het ruim 2400 kilometer lange parcours vanuit Milaan langs Bologna, Chieti, Napels, Rome, Firenze, Genua en Turijn terug naar Milaan voert. En omdat de *Gazzetta* op roze papier verschijnt, draagt de klassementsleider hierbij een roze trui. Nog weer later zal ook de Spaanse krant *Informaciones* de wielerwedstrijd Vuelta a España oprichten.

Noten

1 Mede vanwege zijn *The War of the Worlds* uit 1898 zal futurist Wells vooral herinnerd worden als de vader van de sciencefiction en viermaal voor de Nobelprijs worden genomineerd (in Frankrijk beschouwt men overigens Jules Verne als die vader).

2 Omgerekend ruim acht miljoen euro.

3 Al in 1770 ontdekt de Engelse chemicus Joseph Priestley bij toeval dat 'elastische gum' bruikbaar is om potloodstrepen van papier te verwijderen. Hij noemt het daarom *rubber*, naar het Engelse woord voor 'wrijven'.

4 Dunlop vraagt meteen patent aan. Dit wordt vier jaar later alweer ongeldig verklaard omdat zijn landgenoot Thomson in 1845 een vergelijkbaar idee blijkt te hebben gepatenteerd, dat volledig in de vergetelheid is geraakt.

5 Dit ondanks de kogellagers die de Parijse fietsenmaker Jules Suriray in 1869 patenteert.

6 Naast dit Engelse ventiel worden dat jaar ook twee, nog steeds gebruikte, varianten uitgevonden: het Franse (Presta) en het Amerikaanse (Schrader) ventiel. Verloopnippels laten nog jaren op zich wachten.

7 Dit oudste regiment van het Britse leger, herkenbaar aan de karakteristieke hoge zwarte berenmuts en rode tuniek, bewaakt het koningshuis sinds het in 1660 de monarchie heeft gered tijdens de Engelse Burgeroorlog.

8 Daarnaast wordt de komst van de fiets door verschillende biologen beschouwd als de belangrijkste gebeurtenis in de recente menselijke evolutie, omdat deze geografisch gezien veel meer huwelijkskandidaten bereikbaar maakt en zo de genenpool flink vergroot.

9 Dit 'planeetwiel'-systeem is nog steeds de standaard voor stadsfietsen. Na ingewikkelde conflicten over patenten is dit de Sturmey-Archerversnelling gaan heten.

10 De UCI is nog steeds de wereldwijde organisatie die wedstrijdlicenties verstrekt, de reglementen bepaalt en de wedstrijdkalender beheert voor de wielersport.

11 Daarna blijft de oplage gestadig doorgroeien tot 854 000 exemplaren in 1933. *Le Vélo* ziet zich hierdoor al in november 1904 gedwongen om zijn activiteiten te staken.

7 De grand tour

Na het overlijden van zijn moeder Victoria begin 1901 is Bertie op 5 augustus ruim een halfjaar koning als hij tijdens de Cowes Week, de zeilwedstrijd bij het eiland Wight, aan boord gaat van de 52 meter lange RRS Discovery, de laatste traditionele houten driemaster die in het Verenigd Koninkrijk is gebouwd en die als teken van de overgang naar de moderne tijd ook beschikt over een stoommotor. Mede door Berties actieve bemoeienis in zijn rol als beschermheer van zowel de Royal Geographic Society als de Royal Society hebben deze twee onderzoeksinstituten samen met de marine de bouw van het schip gefinancierd, alsook de wetenschappelijke expeditie waarop dit de volgende dag zal vertrekken. Na een rondleiding door expeditieleider Robert Falcon Scott en diens secondant Ernest Shackleton wenst Bertie hun veel succes, en alvorens afscheid te nemen eert hij Scott door hem te benoemen tot lid van de Royal Victorian Order.

Na een reis van bijna zes maanden meert de Discovery aan bij een nog niet eerder ontdekt schiereiland van Antarctica, dat direct King Edward VII Land wordt gedoopt. Hierna laat Scott het schip insluiten door het aanwassende ijs om tijdens de overwintering onderzoek te kunnen doen. Vanuit deze positie doen Scott en Shackleton eind 1902 een drie maanden durende poging om als eerste de geografische zuidpool te bereiken. Door sneeuwblindheid, bevriezing, scheurbuik, voedseltekorten en het overlijden van de sleehonden moeten ze echter op ongeveer 180 kilometer van de pool hun poging opgeven, maar ze bereiken hiermee wel het tot dan toe verste zuidelijke punt, op 82°17' zuiderbreedte. Een jaar later ontdekken ze ook het Polar Plateau en beklimmen ze als eerste de 2700 meter hoge bergrug van Victoria Land.

Na twee pogingen van reddingsschepen om de Discovery met behulp van dynamiet te bevrijden uit het ijs kan in februari 1904 eindelijk de terugreis worden aangevangen. Na hun aankomst in september worden Scott en Shackleton in Londen ontvangen als volkshelden, waarbij Bertie beiden benoemt tot commandeur van de Royal Victorian Order, en een Polar Medal uitreikt aan de overige bemanning. Het zijn de hoogtijdagen van wat de Heroïsche Tijd van Antarcticaverkenningen zal worden genoemd, waarbij Shackletons nieuwe Nimrodexpeditie begin 1909 in 'de race naar de zuidpool' tot 88°17' zuiderbreedte komt. Omdat hij wel de magnetische zuidpool bereikt, wordt hij bij thuiskomst door Bertie geridderd. In 1910 vertrekt Scott voor een nieuwe poging met zijn Terra Nova-expeditie en bereikt op 17 januari 1912 na vele ontberingen dan eindelijk de geografische zuidpool, om er daar achter te komen dat de Noor Roald Amundsen hem slechts enkele weken eerder voor is geweest.[1] Hevig teleurgesteld keert zijn team om, maar op de terugweg gaat het mis als het hondenteam niet op de ontmoetingsplaats blijkt te zijn. Na een wekenlange zwerftocht met temperaturen tot veertig graden onder nul, vriest Scott als laatste van de vijf mannen op 29 maart dood, na afscheidsbrieven te hebben geschreven aan de moeders van alle vijf de mannen en zijn eigen vrouw. De lichamen en brieven worden acht maanden later tijdens een reddingsexpeditie teruggevonden in hun ondergesneeuwde tent.

Berties actieve bemoeienis met de Zuidpoolexpedities komt voort uit een grote nieuwsgierigheid en reislust, die ook bij veel van zijn tijdgenoten is terug te zien. Zo wordt bijvoorbeeld in 1889 voor het eerst de top van de Kilimanjaro beklommen door de Duitse geograaf Hans Meyer en worden rond diezelfde tijd de eerste toppen van de Himalaya bereikt nadat deze eerder door hoofdlandmeter George Everest in kaart zijn gebracht. In 1894 raakt de westerse wereld zelfs in een hoge staat van opwinding wanneer Percival Lowell met behulp van zijn net gebouwde observatorium kaarten van Mars publiceert waarop kanalen zijn te zien. Men raakt er stellig van overtuigd dat deze alleen door intelligente wezens kunnen zijn gegraven, iets wat H.G. Wells drie jaar later inspireert tot het schrijven van zijn roman *The War of the Worlds*.

Ook onder de Britse jeugd wordt die *wanderlust* aangewakkerd door toedoen van een uit Londen afkomstige oorlogsheld. Tijdens de Boerenoorlog in Zuid-Afrika verkent de als vlinderverzamelaar vermomde Robert Baden-Powell veel vijandig terrein en in 1900 weet hij door slimme misleidingen het 217 dagen durende beleg van de Zuid-Afrikaanse stad Mafeking door bijna achtduizend Boeren tot een goed einde te brengen. Hierbij redt hij ook de zoon van premier Lord Edward Cecil, zodat hij uitgroeit tot een nationale held, en in oktober 1901 wordt hij op Balmoral door Bertie geridderd.

Wanneer hij twee jaar later definitief terugkeert in Londen, komt hij er tot zijn verrassing achter dat het door hem geschreven verkennershandboek *Aids to Scouting* een bestseller is geworden en door veel leraren en jeugdorganisaties wordt gebruikt. En als hij later tegen Bertie klaagt dat zijn nieuwe kantoorfunctie als luitenant-generaal hem niet bevalt, adviseert Bertie hem een scoutingbeweging op te zetten, omdat hij zijn land hiermee veel beter kan dienen. Om dit idee te testen organiseert Baden-Powell in 1907 een scoutingkamp voor de zoons van vrienden en herschrijft hij *Aids to Scouting* tot *Scouting for Boys* (dat uiteindelijk bijna 150 miljoen keer over de toonbank zal gaan). De Scout Movement is geboren en telt al ruim 107 000 leden als Baden-Powell in 1909 de eerste officiële bijeenkomst organiseert in het Crystal Palace in Londen, waaraan bijna 11 000 in het kenmerkende scoutinguniform gestoken jongens en meisjes deelnemen. Als eerbetoon lopen Baden-Powell en een groep King's Scouts, die door Bertie persoonlijk op Windsor in deze scoutingorde zijn geïnstalleerd, in 1910 prominent mee in de processie op Berties begrafenis. Hierna verspreidt de beweging zich ook snel wereldwijd en ze zal op haar hoogtepunt ruim 250 miljoen leden tellen.

Baden-Powell en Bertie zijn beiden overigens ook aanhanger van een heel ander fenomeen: de in 1887 door de Poolse oogarts Ludwik Lejzer Zamenhof nieuw gecreëerde taal Esperanto, die als lingua franca het leggen van internationale contacten moet vergemakkelijken. De kosmopolitische Bertie, die ook vloeiend Frans en Duits spreekt, is meteen enthousiast en vindt 'het Esperanto een grote winst voor de mensheid', waarbij zijn 'wens is dat het spoedig een groot succes zal worden'. Ook Jules Verne, Lev Tolstoj, Mahatma Gandhi, Louis Lumière, Rudolf Diesel, Gustave Eiffel en Albert Einstein zullen aanhangers van het Esperanto worden, waarna het gebruik ervan rond de eeuwwisseling een snelle – maar door politieke onderdrukking ook kortstondige – groei doormaakt.

Evenals de internationalisering van de scouting is de adoptie van het Esperanto een uiting van de snel toenemende globalisering, waaraan stoomtreinen en stoomboten samen met de elektrische telegraaf sterk bijdragen. Een belangrijke doorbraak daarin vindt eind 1869 plaats met de opening van het Suezkanaal in Egypte. Op 25 maart van dat jaar krijgt Bertie hier een rondleiding van de Franse burggraaf Ferdinand de Lesseps, die verantwoordelijk is voor de immense onderneming. Deze gunt Bertie de grote eer om de sluizen halverwege het kanaal te openen, zodat het water uit de Middellandse Zee de Bittermeren in stroomt en daar voor het eerst in contact komt met het water uit de Rode Zee. De twee mannen raken bevriend, zodat De Lesseps het jaar daarop een bezoek brengt aan Bertie in Londen. Omdat het kanaal onder Frans bewind staat, mag de door Bertie bewonderde keizerin Eugénie op de ochtend van 17 november 1869 ter inauguratie met haar zeiljacht L'Aigle als eerste het Suezkanaal bevaren. Maar tot groot vermaak van de Britten (wier lucratieve pleisterplaats Kaap de Goede Hoop door het nieuwe kanaal buitenspel komt te staan) heeft George Nares, kapitein van de HMS Newport, in de nacht ervoor stiekem zijn marineschip voor de ingang gemanoeuvreerd en is haar zo dus voor. Met een grote glimlach neemt Nares daarna de officiële reprimande in ontvangst.

Het 193 kilometer lange kanaal, waar in tien jaar door in totaal ruim anderhalf miljoen arbeiders aan is gewerkt – waarbij sprake is van veel dwangarbeid, eufemistisch *corvée* genoemd door de Fransen – stimuleert direct de wereldhandel. Het verkort de traditionele scheepsroute tussen West-Europa en de Oriënt, die van oudsher om de zuidpunt van Afrika loopt, met maar liefst bijna 9000 kilometer en bovendien vermijden schepen zo de even onvoorspelbare als gevaarlijke zuidelijke delen van de Indische en Atlantische Oceaan. In 1879 wordt De Lesseps, ondanks zijn vierenzeventigjarige leeftijd, daarom gevraagd om ook het 82 kilometer lange Panamakanaal te realiseren. Echter, de beslissing om dit zonder sluizen te doen op zeeniveau, in combinatie met de tropische omstandigheden die zorgen voor landverschuivingen en uitbraken van malaria en gele koorts, maken dat hij jammerlijk faalt. In 1888 kondigt The Panama Canal Company haar faillissement aan, waarna de Amerikanen het project in 1904 nieuw leven inblazen en het kanaal in 1914 alsnog kan worden geopend.

Op de wereldtentoonstelling van 1889 in Parijs wordt Bertie onder andere rondgeleid door de Rue de Caire, een bijzondere attractie die mede gefinancierd is door De Lesseps zoon Charles om zijn vader ondanks diens recente echec te eren. Tussen twee sierpoorten ligt een kronkelige straat met exotische gebouwen, waaronder huizen, winkeltjes, twee moskeeën met minaret en een schooltje, waarvan alle materialen afkomstig zijn van gesloopte gebouwen uit Caïro. Dit alles is drukbevolkt met honderden Egyptenaren in kostuums, onder wie beeldhouwers, goudsmeden, wevers, muzikanten, buikdanseressen en straatverkopers met Egyptische etenswaren. Waar voorgaande wereldtentoonstellingen vooral technologie, wetenschap en kunst tonen, kunnen bezoekers zich nu ook onderdompelen in een grote diversiteit aan culturen. Zo ligt naast de Rue de Caire een Indonesisch dorpje waar danseressen in traditionele zijden jurken zijn te bewonderen.[2] Zestig inwoners van Java en Sumatra zijn overgekomen om gedurende zes maanden in een nagebouwde kampong te verblijven, compleet met een hindoeïstische *pura*-tempel. Ook Argentinië, Chili, Brazilië, Mexico, Nicaragua, India, Siam, Perzië, Algerije en Hawaii (dan nog geen onderdeel van de Verenigde Staten) hebben er enorme, uitbundige paviljoens laten bouwen.

Deze trend wordt met name veroorzaakt doordat West-Europese landen elkaar trots hun koloniën willen tonen. Terwijl ontdekkingsreiziger Henry Morton Stanley in 1871 missionaris David Livingstone nog met veel improvisatie terug moet vinden in de binnenlanden van Afrika, is vijftien jaar later de kolonisering van dit werelddeel in volle gang. Vooral het Verenigd Koninkrijk verovert na de Amerikaanse Onafhankelijkheidsoorlog een grote verscheidenheid aan landen die met enigszins verbloemende formuleringen koloniën, protectoraten, dominions of mandaten worden genoemd. Het Britse imperium omvat rond 1880 landen als Canada, India, Birma, Maleisië, Brunei, Australië, Nieuw-Zeeland, een groot gedeelte van het Caribisch gebied en het Midden-Oosten, alsmede een hele reeks eilanden in de Stille Oceaan. Vrijwel geheel Afrika is dan nog onafhankelijk, maar na 1885 komt daarin snel verandering als Engeland, Frankrijk, Spanje, Portugal, Duitsland, Italië en België in de Koloniale Conferentie van Berlijn onder leiding van Otto von Bismarck met elkaar afspreken hoe ze dit grondstofrijke continent onderling gaan verdelen. Wat tot rond de eeuwwisseling volgt, zal bekend komen te staan als de Scramble for Africa: vrijwel alle Afrikaanse landen worden onderworpen, waarbij het alleen Ethiopië, Somalië en Liberia lukt om zelfstandig te blijven. Het maakt ook dat voor veel landen in en rond de Sahara kaarsrechte grenzen getrokken worden, alsof de machtshebbers met een zakmes landverovertje hebben gespeeld in het zand.

In deze race krijgen de Engelsen het, tot grote trots van nationalist Cecil Rhodes, voor elkaar om een aaneengesloten gebied te claimen dat loopt van Kaapstad in het uiterste zuiden tot Caïro in het uiterste noorden.[3] En zoals het de Engelsen betaamt, wordt daar direct ook de 10 489 kilometer lange Cape to Cairo Railway aangelegd. Tegen het einde van die eeuw bevindt het Britse imperium zich in macht op zijn absolute hoogtepunt: het rijk beslaat dan ongeveer 35,5 miljoen vierkante kilometer, waar bijna 412 miljoen mensen wonen – circa 24 procent van het aardoppervlak en de wereldpopulatie. Vanwege de uitgestrektheid van oost naar west is er gedurende een etmaal altijd wel een gebied waar de zon schijnt, zodat het rijk ook wel wordt omschreven als 'het imperium waar de zon nooit ondergaat'. Maar in Afrika gaat Frankrijk er met de grootste buit vandoor door vrijwel het gehele noordwesten in te nemen, waaronder landen als Marokko, Algerije, Tunesië, Guinea, Mali, Mauritanië, Niger, Nigeria, Senegal, Gambia en een deel van Congo. In de bezettende landen is men overwegend trots op deze successen, in het dan heersende paradigma dat kolonialisme iets nobels is: het levert vooral veel voordelen op voor de gekoloniseerde landen zelf en de machthebbers kunnen hier taal, geloof en waarden en normen opleggen, wat in hun ogen beter is dan wat doorgaans in de kolonies beleden wordt.

De internationalisatie die gepaard gaat met de snelle expansie van zowel het kolonialisme als de wereldhandel en migratie, leidt tot een activiteit die in het laatste decennium van de negentiende eeuw in een stroomversnelling komt: toerisme. Die term vindt zijn oorsprong in een uit de achttiende eeuw stammende traditie onder de Britse adel waarbij mannen van 21 jaar oud, ter voorbereiding op hun volwassen leven, een *rite de passage* ondergaan die de grand tour wordt genoemd. En op 6 februari 1862 onderwerpt de nog maar twintigjarige Bertie zich hier maar al te graag aan, omdat de diep rouwende Victoria hem het overlijden – dan anderhalve maand geleden – van haar geliefde Albert nog steeds verwijt en hem daarom voor lange tijd uit haar buurt wil hebben.

Voor welgestelde ouders is het idee achter de grand tour om hun zoons enkele maanden door Frankrijk en Italië te laten reizen, zodat ze hun wilde haren kunnen verliezen en in aanraking komen met de culturele erfenissen van de klassieke oudheid en de renaissance. Tot de vaste onderdelen behoren dan ook bezoeken aan Parijs, Venetië, Florence, Rome en Napels, en voor sommige *tourists* eindigt de trip pas in Athene. Vrome families slagen er zelfs in een persoonlijke audiëntie bij de paus te regelen om hun zoon de teen van diens muil te laten kussen – na een aanzienlijke storting bij 'Gods boekhouder', de kardinaal die de kas van het Vaticaan beheert. Om elk mogelijk leed te verzachten vindt dit alles doorgaans plaats in het gezelschap van een *cicerone*, een privégids die deskundig is in kunst en cultuur en bovendien alle praktische zaken regelt. Acuut geheugenverlies lijkt voor deze factotum een nuttige eigenschap, aangezien ouders denken te investeren in een degelijke voorbereiding op een beschaafd leven met grote verantwoordelijkheden, terwijl hun zoons de reis veelal benutten om zich juist af te reageren op hun strenge opvoeding.

Onder jongemannen is 'grand tour' zelfs een codewoord voor hun geheime agenda van feesten en het opdoen van seksuele ervaring, waarbij het verblijf in Venetië en Napels meestal disproportioneel lang is. In plaats van educatieve bezoeken aan musea, kathedralen, theaters, de opera, de Vesuvius, Pompeji en Herculaneum prefereren ze daar een lichtzinniger tijdsbesteding met carnaval en prostituees. Begin negentiende eeuw heeft havenstad Napels met zijn 'ruim tienduizend schaamteloze lichtekooien' de reputatie 'ongemeen verdorven' te zijn, hierin slechts overtroffen door Venetië, dat bekendstaat als het bordeel van Europa. Dichter Lord Byron pakt het overigens iets anders aan door een kamer te huren bij een Venetiaan, om zich vervolgens met diens vrouw op het amoureuze pad te begeven en zo 'een van de gelukkigste onwettige stellen aan deze kant van de Alpen' te vormen.[4]

Terwijl Victoria op de achtergrond een vroeg huwelijk voor Bertie aan het voorbereiden is in de hoop dat dit hem op het rechte pad zal brengen, heeft ze zijn grand tour zo vormgegeven dat iedere verleiding wordt vermeden. Deze loopt niet via Frankrijk maar via Duitsland en omvat vooral het Heilige Land, dat Bertie als eerste van het Britse koningshuis bezoekt. Daarbij staat hij nog steeds onder strikt toezicht van zijn vaste chaperon, generaal Robert Bruce. Na een zo kort mogelijk verblijf in Venetië, waar Bertie zich vooral vermaakt met varen in gondels, gaat de reis verder op het koninklijk jacht Osborne, dat als bestemming Alexandrië heeft. Een drie weken durende tocht over de Nijl voert Bertie langs Caïro en Luxor, maar net als drie jaar eerder in Rome toont hij weinig interesse in de culturele aspecten en geniet hij van zijn vrijheid door plezier te halen uit andere zaken. Zo laat hij in Gizeh zijn cicerone, Laurence Oliphant, tot diens verbazing beneden om de piramide van Cheops 'met exceptioneel enthousiasme' in hoog tempo op en neer te gaan en daarna geen andere historische bouwwerken meer te willen bekijken.

In plaats daarvan vermaakt Bertie zich met het schieten op krokodillen vanaf het dek en leest hij Ellen Woods sensatieroman *East Lynne* (volgens zijn familie het enige boek dat hij in zijn leven uitleest; het onderwerp ervan betreft overspel), waarvan hij voor iedereen in het gezelschap een exemplaar aanschaft, zodat hij elke avond een quiz over de inhoud ervan kan organiseren. In Jeruzalem besluit Bertie om een baard te laten staan en laat hij bij de al sinds de veertiende eeuw op pelgrims gerichte zaak Razzouk een Jeruzalemkruis tatoeeren op zijn onderarm (zijn zoon, de latere koning George V, zal in 1881 in Japan een draak en tijger op zijn armen laten zetten).[5]

Terwijl Bertie zijn reis vervolgt langs Hebron, Damascus, Beiroet, Constantinopel en Athene, ontwikkelt hij een nieuwe liefhebberij: het verzamelen van oudheden. Met name bij een bezoek aan opgravingen op Rhodos schaft hij net ontdekte vazen, borden en beelden aan. Dit past geheel in de traditie van de grand tour om een breed scala aan artefacten mee te nemen als dank aan de ouders, een herinnering die algauw de chique Franse term *souvenir* krijgt en waardoor buitenlandse bezienswaardigheden langzaam ook bekend raken onder een breder publiek. Iets wat daar ook aan bijdraagt, zijn de reisverslagen die de jongemannen aan de thuisblijvers sturen en die de aanleiding vormen voor de publicatie van de eerste reeksen moderne reisgidsen, zoals *Murray's Handbooks for Travellers* uit Engeland en Baedeker uit Duitsland.[6] Bertie beschikt zelfs over een eigen fotograaf, Francis Bedford, wiens reportage 'een revelatie is voor het publiek omdat het het Midden-Oosten alleen kent uit tekeningen en de Bijbel', en daarom zeer veel aandacht krijgt in de kranten.

Vanaf omstreeks 1870 wordt het *tourism*, mede als gevolg van de snelle expansie van het spoornetwerk (slechts enkele decennia daarvoor door paus Gregorius XVI nog bestempeld als het werk van de duivel), overgenomen door de adel op het Europese continent en rijke Amerikanen. Daarna beginnen achtereenvolgens ook oudere mannen, vrouwen, gezinnen en mensen uit de middenklasse naar de betreffende landen te reizen, maar dan korter en steeds minder vaak met educatieve doeleinden. Bij de middenklasse – gevormd door middenstanders, kantoorklerken, leraren, leidinggevenden in fabrieken en zogenoemde vrije beroepen als advocaat – wordt deze trend mede veroorzaakt door de toegenomen welvaart en vrije tijd. Dat laatste uit zich onder andere in een fenomeen dat in 1879 voor het eerst in een document wordt genoemd: het *weekend*. De zondag is dan al lange tijd een vrije dag, maar in plaats van hun rustdag te benutten om te herstellen van hun zware werk besteden veel arbeiders deze vaak aan profanere activiteiten als drinken, gokken en vechten. Tegelijkertijd houden Joodse werknemers sabbat op zaterdag en werken daarom op zondag, wat vrome christelijken dusdanig tegen de borst stuit dat werkgevers langzaamaan beide dagen vrij beginnen te geven.

De gewoonte van de Bank of England om geen zaken te doen op bepaalde christelijke feestdagen (*bank holidays*), zorgt er bovendien voor dat in 1871 in het Verenigd Koninkrijk bij wet wordt vastgelegd dat – naast Kerstmis en Goede Vrijdag – ook tweede paasdag, tweede pinksterdag, tweede kerstdag en de eerste maandag van augustus algemene vrije dagen worden, iets wat gaandeweg wordt overgenomen op het Europese vasteland. Daarnaast adopteren adellijke en nouveau-richefamilies de gewoonte van rechtbanken en universiteiten om tijdens de zomermaanden hun huis *vacant*, leeg, te maken en zich terug te trekken in hun nieuwe buitenverblijven – een gebruik dat algauw *vacation* gaat heten. Dit inspireert weer de vakbonden om betaalde vakantiedagen te eisen: in 1900 heeft circa 12 procent van de middenklasse betaalde vakantiedagen, en tien jaar later is dat ongeveer een derde, terwijl dat bij arbeiders dan nog rond de 5 procent ligt.

Het toerisme leidt overigens ook tot een heel praktisch probleem. In 1890 keert de uit New York afkomstige James Fargo, directeur van koeriersbedrijf American Express, gefrustreerd terug van een reis door Europa. Woedend vertelt hij zijn medewerker Marcellus Berry hoe moeilijk het is gebleken om onderweg kredietbrieven in te wisselen voor geld en vraagt hem om hiervoor een praktische oplossing te bedenken. Berry bedenkt daarom een concept van een internationaal waardepapier dat op naam staat en in coupures van tien, twintig, vijftig en honderd dollar eenvoudig kan worden ingewisseld bij iedere bank. Fargo is direct enthousiast, zodat een jaar later de eerste *traveller's cheque* wordt uitgebracht.

Ook na zijn grand tour en zijn huwelijk in 1863 met de door Victoria voor hem geselecteerde Deense prinses Alexandra blijft Bertie een fanatiek reiziger. Zo maken Alexandra en hij als huwelijksreis een uitgebreide mediterrane cruise. Als groot liefhebber van Frankrijk raakt de kosmopolitische Bertie direct verknocht aan de Riviera (die pas in 1887 tot Côte d'Azur wordt gedoopt door schrijver Stéphen Liégeard) en hij zal hier jaarlijks minimaal de maand februari doorbrengen, bij voorkeur *en garçon* in Cannes. Het toerisme naar deze badplaats krijgt zo een impuls en mede als dank hiervoor wordt in 1912 een ruim tien meter hoog witmarmeren standbeeld van Bertie opgericht aan de Boulevard de la Croisette.

Het uit 1873 stammende woord 'globetrotter' lijkt wel voor Bertie te zijn gemunt, want na zijn grand tour brengt hij meer tijd door in het buitenland dan in Engeland. Met Londen als uitvalsbasis hanteert Bertie – naast een intensief schema van ceremoniële en privébezoeken door heel Engeland – een vast ritme, waarin hij de herfst grotendeels doorbrengt in Duitsland en Schotland, de maanden december en januari op Sandringham, direct gevolgd door Cannes en Parijs, alsmede een mediterrane cruise in het voorjaar en de Cowes Week in augustus. Verder bezoekt hij regelmatig familie in Denemarken, Griekenland en Spanje, terwijl hij ook de eerste van het Britse koningshuis is die Zweden en Rusland bezoekt. Tot grote woede van Alexandra en Victoria vertrekt hij in 1875 met een groep vrienden voor enkele maanden naar India. Victoria's woede bekoelt echter snel als het wederom grote diplomatieke succes van de rondreis haar de titel van keizerin van India oplevert. Ondertussen jaagt Bertie hartstochtelijk op *big game*, zoals tijgers in Nepal, olifanten in Ceylon en later ook beren in Roemenië en Hongarije.

Daarnaast is Bertie in de vroege jaren van zijn huwelijk een fervent bezoeker van de Europese wereldtentoonstellingen geworden (en is hij voor die in 1867 en 1878 in Parijs zelfs voorzitter van de commissie die de Britse bijdrage organiseert). Door de wereldtentoonstellingen krijgt het toerisme een nieuwe impuls, waarbij de expositie van 1900 in Parijs bijvoorbeeld 51 miljoen voornamelijk buitenlandse bezoekers trekt – ruim 14 procent van de westerse bevolking. Veel landen en steden beginnen zich hier vanaf 1878 aan te prijzen als toeristische bestemming, waarbij ook steeds meer gebruik wordt gemaakt van affiches. En in 1889 komt daar een heel nieuw verschijnsel bij, doordat kort daarvoor verschillende landen op het Europese vasteland het staatsmonopolie op het uitgeven van postkaarten opheffen. *Le Figaro*, het oudste dagblad van Frankrijk, huurt illustrator Libonis in om een kaart te ontwerpen waarvan de voorkant een afbeelding van de Eiffeltoren toont. Deze kan als souvenir aangeschaft worden op de wereldtentoonstelling in Parijs en daarna worden gepost in een bus die zich boven in de toren bevindt. De prentbriefkaart is geboren en met ruim 300 000 verkochte exemplaren wordt deze kaart een regelrechte hit.

Dit kondigt een ruim twintig jaar durende periode aan die later het gouden tijdperk van de ansichtkaart wordt genoemd en waarin ook Bertie veelvuldig wordt afgebeeld. In respectievelijk 1894 en 1898 heffen ook Engeland en Amerika hun staatsmonopolie op, terwijl in de meeste landen bovendien de porto wordt verlaagd, waarna het versturen en ontvangen van kaarten met toeristische bezienswaardigheden een statussymbool wordt. Rond de eeuwwisseling worden naar schatting al een miljard kaarten per jaar verkocht, waarvan minder dan de helft daadwerkelijk wordt verstuurd omdat er een verzamelwoede is ontstaan. Er is sprake van een wildgroei in tijdschriften, catalogi, tentoonstellingen, congressen en veilingen op het gebied van de *deltiology* en mede als gevolg hiervan krijgt ook het verzamelen van postzegels een nieuwe impuls. In Frankrijk komt in diezelfde periode het naturisme op en illustrator Édouard-Henri Avril gebruikt dat momentum om, onder de noemer van kunst, een reeks kaarten te produceren waarop vrouwen naakt staan afgebeeld. Vrijwel iedereen wijst deze erotica gechoqueerd af en er verschijnen zelfs pamfletten waarin wordt gewaarschuwd tegen 'La Grande Epidémie de Pornographie'. Niettemin blijken de kaarten steeds uitverkocht, zodat in vele landen onmiddellijk een wettelijk verbod wordt ingesteld op het versturen van deze 'Franse afbeeldingen'.

De wereldtentoonstelling van 1878 in Parijs leidt daarnaast nog tot een heel ander fenomeen. In het Zweeds-Noorse paviljoen ziet de in Grenoble wonende bergbeklimmer Henry Duhamel een tweetal houten planken die 'ski' heten en worden gebruikt om zich voort te bewegen in de sneeuw. Gefascineerd weet hij het paar aan het einde van de expositie voor te veel geld te bemachtigen. Op de hellingen van de Dauphiné begint hij ermee te experimenteren, gebruikmakend van bindingen die hij een lokale schoenmaker heeft laten fabriceren. Maar na veel pijnlijke valpartijen besluit hij in 1890 eindelijk om een trip te maken naar Lapland, waar hij skiles krijgt van de Sami en vervolgens veertien paar ski's mee naar huis neemt om te verdelen onder zijn vrienden. Samen richten zij in 1895 in Grenoble de eerste Franse skiclub op, de Ski Club des Alpes, die gebruikmaakt van de chalets van de bergsportvereniging Club Alpin Français. De berg op komen is dan nog een kwestie van klimmen, maar in het Zwitserse Davos – waar dankzij het alpinisme het eerste skiresort ter wereld ontstaat – begint men dan gebruik te maken van treintjes op een tandradbaan. Daar wordt in 1908 ook 's werelds eerste skilift geopend, gebruikmakend van stoeltjes aan een kabelbaan, terwijl net over de grens in Duitsland datzelfde jaar ook de eerste sleeplift wordt uitgevonden en in alle Alpenlanden bovendien de eerste skischolen ontstaan. De aanleg van het treinspoor heeft er dan inmiddels voor gezorgd dat de Parijse elite jaarlijks naar de Franse en Zwitserse Alpen is gaan afreizen. Vanaf 1909 voegt de middenklasse zich hier steeds meer bij als Engelsman Thomas Cook de eerste wintersportpakketreizen begint aan te bieden.

Tijdens zijn bezoek aan New York in 1860 verblijft Bertie in het net opgeleverde Fifth Avenue Hotel, gelegen aan Madison Square. Dit gebouw, met een bouwsom van een voor dan exorbitante twee miljoen dollar, wordt in *Harper's Weekly* bejubeld vanwege de 'massa verguld hout, rijke gordijnen, weelderige tapijten en meubels van buitengewoon mooi palissander met broccatello marmer'. De gasten worden er door ruim vierhonderd medewerkers bediend, terwijl iedere kamer beschikt over een eigen badkamer en open haard – een unicum voor die tijd – zodat een correspondent van *The Times* een vergelijking maakt met Berties thuisbasis door te stellen dat het hotel 'groter en mooier is dan Buckingham Palace'. Veel inspiratie voor dit dan meest luxueuze hotel van Amerika komt van het uit 1829 stammende hotel Tremont House in Boston, dat als eerste ter wereld beschikt over een waterleiding, toilet en bad binnenshuis, een receptie, afsluitbare kamerdeuren, gratis zeep en loopjongens. Tegelijkertijd geldt in Engeland het van 1812 daterende Claridge's als 'het vooraanstaande hotel van Londen', zeker nadat keizerin Eugénie hier tijdens een verblijf in 1860 koningin Victoria uitnodigt en hierdoor de bijnaam 'annex van Buckingham Palace' krijgt.

Samen met enkele andere hotels vormen deze in 1860 echter de uitzondering, omdat de traditionele herbergen, waar nauwelijks sanitaire voorzieningen zijn en het voor reizigers heel gebruikelijk is om een bed te moeten delen met een wildvreemde, zich pas relatief kort daarvoor zijn gaan ontwikkelen tot de eerste hotels voor aristocraten. Mede door de uitbreiding van het spoornetwerk groeit de stroom toeristen snel en verrijzen vanaf omstreeks 1860 vele nieuwe hotels aan de kust en bij bergen of bossen, maar met name in de steden. Weliswaar bevinden zich hieronder ook al tientallen grote en comfortabele hotels, zoals The Langham in Londen, waarvan Bertie in 1865 de opening verricht, maar deze zijn in luxueuze innovaties nog beperkt tot bijvoorbeeld gasverlichting of een hydraulische lift.

Op 6 augustus 1889 komt hierin echter abrupt verandering als Richard d'Oyly Carte, rijk geworden met de komische operaproducties van Gilbert & Sullivan in zijn Savoy Theatre, aan de Strand in Londen de deuren opent van zijn Savoy Hotel. Het biedt een voor die tijd ongekende luxe, waarbij optimaal gebruik is gemaakt van een nieuwe uitvinding: elektriciteit, opgewekt door een eigen stoomgenerator in de kelder. Hierdoor biedt het hotel een overdaad aan gloeilampen in alle vertrekken, alsmede elektrische liften voor zowel gasten als personeel. Het warme water van de generator maakt ook centrale verwarming mogelijk en de badkamers in de grootste, weelderig ingerichte suites beschikken zelfs over stromend warm en koud water. Vanuit hun kamer kunnen gasten voor het eerst ook gebruikmaken van spreekbuizen om *room service* te bestellen.

Ondanks Cartes ambitie om het Savoy te positioneren als 's werelds exclusiefste hotel, blijft het beoogde publiek de eerste zes maanden weg. Dan begint Carte te beseffen dat de klandizie van Bertie en diens bonte vriendenkring – bijgenaamd de Marlborough House Set – nodig is om dit te doorbreken, aangezien zij een onweerstaanbare aantrekkingskracht uitoefenen op de beau monde in Europa en Amerika. Carte weet dat Bertie een connaisseur is op het gebied van eten en drinken, en tracht hem hiermee te verleiden tot een eerste bezoek. Allereerst is dat door een kelder te vullen met de beste brut champagnes, Berties favoriete drank.[7]

Daarnaast weet Carte dat Bertie, die 'veel enthousiasme toont voor het hotelleven', sinds de opening in 1881 een vaste klant is van het Grand Hôtel in Monte Carlo. De reden hiervoor is dat Bertie daar geniet van de gastronomie van de Franse chef de cuisine Auguste Escoffier, nadat dit culinaire genie hem heeft verlokt met zijn meesterlijke gerecht Poularde Derby. Escoffier vormt daar een vast koppel met de maître d'hôtel César Ritz, een Zwitser die voor de wereldtentoonstelling van 1867 naar Parijs is getrokken om zijn fortuin te zoeken en daar algauw opklimt van ober naar hotelmanager. Zijn talent hiervoor blijkt zelfs zo groot dat hij tien jaar later het Grand Hôtel in Lucarno tot een succes maakt, ondanks de excentrieke gewoontes van de alcoholistische eigenaar, zoals het iedere ochtend om vijf uur luiden van een koeienbel voor de kamerdeuren en het overdag met een legerpistool achtervolgen van zijn vrouw door de gangen.

Vanwege Berties affiniteit met Escoffier wil Carte hem laten overstappen naar het Savoy, maar hij begrijpt dat dit alleen zal gebeuren als ook Ritz dit doet. Carte biedt hun beiden bijzonder riante salarissen aan, waarna ze in april 1890 eindelijk toezeggen. Ritz huurt direct 'een klein leger aan hotelpersoneel in om Londen te veroveren', en met zijn bijna maniakale aandacht voor details realiseert hij een niet eerder vertoonde kwaliteitsstandaard in service, culinaire beleving en entertainment, zoals het voor de eetzaal inhuren van Johann Strauss en diens orkest. Ritz' credo hierbij is simpel, maar voor die tijd volstrekt nieuw: 'Le client n'a jamais tort', oftewel: de klant heeft altijd gelijk. En inderdaad lukt het zodoende om Bertie als vaste gast aan te trekken, waarna vele aristocraten, staatshoofden, ondernemers en artiesten als Monet, Puccini, Vanderbilt, Gillette en Roosevelt volgen. Uniek is dat vrouwen onbegeleid naar binnen mogen, behalve degenen 'met een twijfelachtige reputatie of inkomen'. Berties maîtresse en actrice Sarah Bernhardt besluit zelfs permanent in het Savoy te gaan wonen.

Geheel volgens Cartes verwachtingen speelt Escoffier inderdaad een cruciale rol bij het aanlokken van Bertie. Zo creëert hij in het openingsjaar speciaal voor Bertie een dessert dat bestaat uit flensjes met een saus van gekarameliseerde boter en suiker, sinaasappelsap, geraspte citroenschil en Grand Marnier. Bertie is verheugd en stelt voor om het gerecht te vernoemen naar zijn tafelgenote, de Parijse actrice Suzanne Reichenberg, waarna Escoffier het op het menu zet als *crêpes suzette* en dit een klassieker wordt. Iets vergelijkbaars gebeurt met de mooie Australische sopraan Nellie Melba, met wie Bertie zeer veel omgaat. Na afloop van een diner met Bertie presenteert Escoffier, zelf ook een aanbidder van Melba, haar een ijsdessert met perzik dat hij *pêche melba* doopt (voor periodes waarin ze op dieet is, maakt hij bovendien flinterdun geroosterd brood, dat hij *melbatoast* noemt). En voor een diner van Bertie met Sarah Bernhardt bereidt Escoffier een sorbet van aardbeien en ananas die hij *fraises Sarah Bernhardt* noemt.

Het zullen slechts enkele van zijn culinaire vernieuwingen blijken. Escoffier krijgt de vrije hand om de keuken in te richten met de op dat moment modernste voorzieningen. Hij besteedt veel aandacht aan hygiëne en breekt met de traditionele inrichting door te kiezen voor natuurlijke verlichting en ventilatie. Ook creëert hij 'stations' voor wat hij de 'keukenbrigade' doopt, waarmee hij het kookproces opknipt in fases. Dit laatste zet een nieuwe standaard, volgens welke de keukens van grote restaurants nog steeds worden ingedeeld. Daarnaast vindt hij nieuwe manieren uit om ingrediënten te conserveren. Escoffier bedenkt ook vele signatuurgerechten. Geïnspireerd door het werk van de in 1833 overleden chef Marie-Antoine Carême, vereenvoudigt en moderniseert hij het koken en ontwikkelt zo de haute cuisine, die ook wel de Franse keuken wordt genoemd. In 1903 zal hij op basis hiervan zijn eerste kookboek uitgeven, *Le Guide Culinaire*, dat nog immer geldt als kookbijbel.[8] In dit boek beschrijft hij, naast kooktechnieken, onder andere de recepten die voor vrijwel iedere chef gaan gelden als de vijf zogenoemde moedersausen: bechamel, espagnole, velouté, hollandaise en tomaat.

Bertie erkent de uitzonderlijke prestaties van Ritz en Escoffier door hen steevast respectievelijk 'koning van de hotels en hotelier voor de koningen' en 'koning van de chefs en chef voor de koningen' te noemen. Hun grote succes stelt Carte zelfs financieel in staat om concurrent Claridge's over te nemen. Hoewel het Savoy floreert en de omzet groeit, valt het Carte echter op dat de winst om onverklaarbare redenen terugloopt. Discreet huurt hij een auditor in, die na zes maanden genoeg bewijs heeft verzameld om te concluderen dat Ritz voor duizenden ponden aan drank heeft ontvreemd en dat Escoffier 5 procent van de toch al zeer hoge inkoopkosten afroomt in de vorm van kortingen en commissies van leveranciers. Begin 1897 worden beiden op staande voet ontslagen vanwege deze fraude, waarna ze uiteindelijk een bekentenis ondertekenen en afspreken dat ze een deel van het geld terugbetalen in ruil voor wederzijdse geheimhouding (hoewel het voorval kennelijk toch uitlekt).

Ritz wendt zich direct tot zijn jeugdvriend Louis-Alexandre Marnier-Lapostolle, die puissant rijk is geworden nadat Ritz in 1880 voor hem de merknaam en iconische fles van de likeur Grand Marnier heeft bedacht. Als wederdienst zegt deze toe om te investeren in de onderneming die Ritz wil oprichten om, in nauwe samenwerking met Escoffier, hotels te ontwikkelen die de absolute top in luxe bieden. Ritz koopt meteen het voormalige paleis van markies de Louvois aan de Place Vendôme in Parijs en laat dit verbouwen tot een 210 kamers groot hotel in de originele stijl uit 1705. Waarschijnlijk weer met Bertie in gedachten vraagt hij architect Charles Mèwes om de inrichting 'alle verfijning te geven die een prins in zijn eigen huis zou kunnen wensen'. Alle kamers beschikken als eerste in de geschiedenis over een telefoon en zijn gedecoreerd met museumwaardige kunst en antiquiteiten.

Het Ritz Paris opent op 1 juni 1898 met een glamoureus feest en zal uitgroeien tot een wereldwijd icoon. Ook Bertie verblijft er meteen regelmatig en moet een jaar later door het personeel op discrete wijze worden ontzet als hij, vanwege zijn corpulentie, met een maîtresse klem is komen te zitten in de badkuip van de monumentale Suite Impériale.[9] Het hotel is zo comfortabel dat Coco Chanel zal besluiten hier de laatste dertig jaar van haar leven permanent te gaan wonen, terwijl Ritz' gevoel voor stijl en luxe leidt tot het Engelse eponiem *ritzy*. Nog in 1899 opent Ritz in Londen het Carlton Hotel, dat niet geheel toevallig vlak naast het Savoy ligt en er onmiddellijk voor zorgt dat de high society de voorkeur geeft aan deze nieuwe aanwinst. Bertie 'volgt' Ritz als altijd en wordt er, evenals Winston Churchill, direct een vaste gast. Als dank krijgt Bertie van Ritz een eigen balkon boven de verzonken entreehal, een uitkijkpunt waar hij verscholen achter enkele palmen van zijn privacy geniet.

In New York doet zich overigens een vergelijkbare strijd voor als politicus William Waldorf Astor, bijgenaamd Willy, in 1890 een van de rijkste mannen van Amerika wordt omdat hij als enig kind het immense vermogen van zijn vader erft (waarvan hij jaarlijks vijfduizend dollar zal doneren aan het fonds dat Bertie in 1897 opricht voor de bouw van een modern ziekenhuis). In de boedel bevindt zich ook het herenhuis van Willy's vader aan de chique Fifth Avenue. Maar het uitgestrekte perceel hiervan grenst aan dat van Waldorfs tante Caroline Schermerhorn Astor (bijgenaamd Lina), een vooraanstaande socialite met wie hij een langslepende ruzie heeft. Geïnspireerd door het succes van het Savoy besluit hij zijn vaders huis te slopen om daar een groot hotel te bouwen dat het huis van zijn tante letterlijk en figuurlijk moet overschaduwen. Hij gaat een samenwerking aan met de succesvolle hotelier George Boldt, wiens vrouw gelooft dat 13 een geluksgetal is, zodat het Waldorf Hotel dit aantal etages krijgt. Om zijn tante extra te irriteren organiseert Willy voor de opening op 13 maart 1893 een benefietdiner voor het St. Mary's Children's Hospital, het favoriete charitatieve doel van de high society.[10] Een rijke vriendin, mevrouw Vanderbilt, doneert bovendien een optreden van het New York Philharmonic Orchestra, zodat de prijzige kaartjes binnen enkele uren zijn uitverkocht. En omdat Lina niet wil schitteren door afwezigheid bij het establishment, ziet ze zich gedwongen om ook deel te nemen.

Een meesterlijke zet van Boldt is om het jonge Zwitserse talent Oscar Tschirky los te weken bij het befaamde restaurant Delmonico's en in te huren als maître d'hôtel, wat hij vijftig jaar zal blijven. Net als Ritz verstaat ook Tschirky de kunst om zijn veeleisende gasten op een persoonlijke manier te vermaken. Zo organiseert hij direct het duurste diner ooit, met een prijskaartje van 250 dollar per couvert. En hoewel hij geen kok is, bedenkt hij ook nieuwe gerechten als de waldorfsalade, eggs benedict en de *Thousand Islands-dressing*. Het hotel en restaurant worden immens populair en zet alleen al in het eerste jaar het voor dan ongekende bedrag van ruim vier miljoen dollar om. Het doet Willy en George al in 1895 besluiten om vijf extra etages op het hotel te laten bouwen.

Lina, die weigert de naam Waldorf te gebruiken en het hotel steevast 'die veredelde taverne naast mijn huis' noemt, doet na deze uitbreiding een wraaklustige tegenzet. Ze laat haar zoon John Jacob Astor ook haar huis slopen en hierop een nog mondainer hotel bouwen, dat hij de naam Astoria geeft. Als dit in 1897 wordt opgeleverd, besluit Willy eindelijk de strijdbijl te begraven en worden de twee hotels samengevoegd tot het Waldorf-Astoria. Lange tijd zal dit het duurste hotel ter wereld zijn, waar mensen als Andrew Carnegie bijna dagelijks te vinden zijn.[11] In de kelder beschikt het hotel als eerste over een eigen sigarenhandel met humidors, waarvoor het longfillers importeert uit Cuba en verkoopt onder de eigen merken La Savoie en La Magnita. En sommige gasten grappen wel dat ze in een conservatorium slapen, omdat het hotel een eigen klassiek orkest van 35 musici heeft dat dagelijks optreedt.

Noten

1 In 1909 bereikt de Amerikaan Robert Peary de Noordpool, maar dit wordt betwist omdat sprake is van omissies in zijn logboeknotities en de geclaimde snelheid van reizen inconsistent is. De eerste officieel bevestigde claim komt wederom van Roald Amundsen, op 12 mei 1926.

2 Claude Debussy hoort hier voor het eerst een gamelanensemble, wat hem inspireert tot een vernieuwing van de klassieke muziek en via zijn vriend Erik Satie ook leidt tot nieuwe genres als achtergrondmuziek en ambient.

3 Rhodes richt in 1888 De Beers op, dat vanaf het begin tot op heden circa 85 procent van de wereldwijde diamantmarkt in handen heeft en hem steenrijk maakt. In 1890 brengt zijn British South Africa Company een groot gebied in kaart, dat het tot 1920 ook als land zal besturen, en noemt dit Rhodesia (het huidige Zimbabwe en Zambia).

4 Byrons enige wettige kind, gravin Ada Lovelace, wordt beschouwd als de eerste softwareprogrammeur uit de geschiedenis. Halverwege de negentiende eeuw beseft ze als wiskundige dat de Analytical Engine van Charles Babbage meer toepassingen heeft dan alleen als calculator en schrijft daarom in 1843 geheel zelfstandig het eerste algoritme ooit.

5 Na de uitvinding van de elektrische tatoeëermachine door Samuel O'Reilly in 1891 worden tatoeages een rage onder de Angelsaksische elite. Zo heeft in 1897 circa driekwart van de rijke vrouwen in New York een tatoeage.

6 Ook het in 1854 gepubliceerde boek *Walden*, van de transcendentalist Henry David Thoreau, waarin lezers onder andere worden aangespoord om meer tijd door te brengen in de natuur, draagt hieraan bij.

7 Ruim tien jaar eerder heeft Bertie het chateau Perrier tot hofleverancier benoemd. Omdat hij de drank te zoet vindt, is zijn voorwaarde dat een droge versie wordt gebotteld. Deze krijgt de nieuwe aanduiding 'brut', die

vele chateaus daarna voor de Engelse markt gaan voeren. In 1901 verkrijgt zo ook Bollinger een royal warrant.

8 Ook Escoffiers landgenoot Henri de Toulouse-Lautrec schrijft een kookboek, getiteld *L'Art de la cuisine*. Maar zijn recepten voor sprinkhanen, eekhoorn, reiger, kangoeroe en marmot slaan minder aan. Ook zijn favoriete 'Aardbeving'-cocktail is met drie delen absint en drie delen cognac alleen voor liefhebbers. Zijn vingervoedsel in de vorm van kleine borrelhapjes verrijken daarentegen de Franse keuken wel.

9 In 1997 dineert Diana, de ex-vrouw van Berties achterachterkleinzoon Charles, met haar vriend Dodi (zoon van eigenaar Mohamed Al-Fayed, die in die tijd ook Harrods bezit) in deze suite, waarna ze in Dodi's Mercedes-Benz stappen en samen met hun chauffeur dodelijk verongelukken in de Pont de l'Almatunnel.

10 Statler en Waldorf, het cynische duo uit *The Muppet Show* dat altijd ruzie zoekt vanaf hun theaterbalkon, zijn beiden vernoemd naar beroemde hotels in New York: het Statler Hilton en Waldorf-Astoria.

11 In 1929 wordt het hotel gesloopt om plaats te maken voor het Empire State Building, waarna het herbouwd wordt aan Park Avenue. Daarna zal Berties kleinzoon Edward VIII – met 326 dagen de kortst regerende Britse monarch, omdat hij in 1936 abdiceert na een constitutionele crisis rond zijn voorgenomen huwelijk met de gescheiden Amerikaanse socialite Wallis Simpson – hier tot 1966 jaarlijks zes maanden met Simpson verblijven in de Royal Suite. Hierbij zijn ze immer in gezelschap van hun overmatig verwende mopshonden, met klinkende namen als Dizzy (vernoemd naar premier Disraeli), Winston, Davy Crockett, Mr. Chu, Rufus, Minoru, Trooper, Ginseng en Diamond.

8 Electrifying

Als Bertie op 22 januari 1901 eindelijk aantreedt als koning, maakt hij meteen een begin met de herinvoering van het oude ceremonieel en uiterlijk vertoon om de luister van het koningshuis te herstellen die onder de veertig jaar lang rouwende Victoria verloren is gegaan. Allereerst zegt hij velen uit Victoria's oude hofhouding de wacht aan, waarbij hij brieven en andere zaken die gerelateerd zijn aan Victoria's protegé John Brown en haar invloedrijke munshi Abdul Karim op een groot kampvuur in de tuin laat gooien. Bertie 'snuffelt dagen achtereen rond' in vele van de ruim duizend kamers op Windsor Castle om 'in kasten te turen en lades door te spitten', meubels en schilderijen te laten verplaatsen en alle aandenkens aan zijn vader Albert weg te laten bergen. Talrijke vertrekken worden zo voor het eerst in ruim een halve eeuw opgeruimd en door Bertie persoonlijk 'met veel enthousiasme en smaak opnieuw ingericht'. Met zijn gutturale stem en Duits aandoende accent bromt hij dat hij 'dan misschien geen verstand mag hebben van kunst, maar wel van inrichting'. Zijn beeldenstorm is niet zozeer een kwestie van smaak, als wel van postume wraak op zijn moeder.

Wel laat Bertie de ruim vierhonderd klokken ongemoeid en houdt hij de twee voltijds 'horologische conservatoren' in dienst die verantwoordelijk zijn voor het opwinden en onderhouden van deze en nog eens bijna 350 klokken in Buckingham Palace. Niettemin wil Bertie de lang verwaarloosde paleizen moderniseren, al is het alleen al omdat zijn vrouw Alexandra anders weigert te verhuizen uit Marlborough House. Geïnspireerd door de stijl van Ritz huurt Bertie theaterarchitect Frank Verity in om Buckingham Palace 'te transformeren in een zee van paars, wit en goud'. De stallen worden grotendeels omgebouwd tot garages voor auto's, terwijl ook telefoonlijnen worden aangelegd. En hoewel welgestelden in steden al omstreeks 1820 hun huizen zijn gaan voorzien van gaslampen, heeft Victoria tot aan haar dood de voorkeur gegeven aan kaarslicht. Enkel verwarmd door haardvuur is het uit de elfde eeuw stammende Windsor Castle daarom berucht donker, koud en tochtig, zodat Bertie hier voor het eerst ook centrale verwarming en elektrische verlichting laat installeren. Hetzelfde doet hij op Buckingham Palace, dat uiteindelijk ruim 40 000 lichtbronnen zal tellen.

De praktische toepassing van elektriciteit is dan een nieuw fenomeen dat voor veel opwinding zorgt. Dat wordt een jaar daarvoor zeer duidelijk zichtbaar op de wereldtentoonstelling van 1900 in Parijs, waar Bertie op 15 april een van de openingsspeeches moet verzorgen, maar hier op het laatste moment van afziet vanwege perikelen rond de net uitgebroken Boerenoorlog (en wellicht ook omdat vrijwel alles op de tentoonstelling dan nog in de steigers staat). Het is de best bezochte wereldtentoonstelling ooit, verspreid over een gebied van 216 hectare in het Bois de Vincennes, alsmede op de Place de la Concorde, de Champs de Mars, de Place du Trocadéro en de oevers van de Seine. Vrijwel alles aan deze tentoonstelling is groots, een uiting van de optimistische ambitie die dan heerst. Zo heeft de Globe Céleste, een planetarium in de vorm van een wereldbol, een diameter van 45 meter.[1] Ook het 240 meter brede Grand Palais, geïnspireerd op het Crystal Palace, en het daartegenover gelegen 150 meter brede Petit Palais zijn beide enorm. Verderop is een ruim 700 meter lange ondergrondse galerij langs het dan grootste aquarium ter wereld, dat 38 meter diep en bijna 7 meter hoog is. Het Palais de l'Optique herbergt de grootste refractortelescoop ooit – met een lengte van 60 meter – die het beeld van de maan tienduizend keer vergroot en projecteert op een groot scherm in een zaal met tweeduizend zitplaatsen. En vlak bij de Eiffeltoren staat een 106 meter hoog reuzenrad dat een capaciteit heeft van 1600 personen. Voor de tentoonstelling worden zelfs twee nieuwe treinstations gebouwd: het gigantische Gare de Lyon, met een klokkentoren die een kopie is van de Big Ben, en het zelfs nog grotere Gare d'Orsay.[2]

De ruim 83 000 exposanten tonen talrijke uitvindingen, zoals de tractor, de aspirine, de rits, de paperclip en de suikerspin. Maar de tentoonstelling staat met name in het teken van de elektriciteit, waarbij in de imposante Galerie des Machines uitvindingen als de generator, de elektromotor, de transformator, de batterij, de boiler, de ponskaart en de stofzuiger worden gedemonstreerd. En boven op de façade van het naast de Eiffeltoren gelegen Palais d'Électricité bevindt zich een zes meter hoog beeld van godin Elektra met een toorts in haar hand die 's avonds de Champs de Mars verlicht met 50 000 volt. Daaronder worden de gevel en de ervoor gelegen waterval en fonteinen verlicht door ruim zevenduizend in vele kleuren uitgevoerde gloeilampen, wat het geheel een feeërieke sfeer geeft. Achter die gevel bevinden zich twee immense hallen die geheel gevuld zijn met stoomgeneratoren, waarvoor via een speciale treinrails bijna 200 000 liter stookolie per uur wordt aangevoerd. Met een gezamenlijk vermogen van 40 000 pk wekken deze generatoren elektriciteit op voor de verlichting van alle gebouwen en bezienswaardigheden.

Deze krachtbron wordt ook gebruikt voor elektrische treintjes die elke twee minuten vertrekken van diverse stations op een drie kilometer lang cirkelvormig traject over het terrein van de tentoonstelling. Maar de bezoekers blijken vooral onder de indruk van het Trottoir Roulant, een loopband op een viaduct van zeven meter hoog die langs hetzelfde traject continu ronddraait en 14 000 personen tegelijkertijd kan vervoeren. Voor deze sensatie, die later op vliegvelden gebruikt zal worden, kopen bijna zeven miljoen mensen een kaartje van een franc. Thomas Edison is zelfs zo enthousiast dat hij er een korte film van maakt, waarop mensen te zien zijn die nogal onwennig op en van de 'weg van de toekomst' springen, zoals de bijnaam algauw luidt.

Edison is dan de meest vooraanstaande Amerikaanse uitvinder en speelt een cruciale rol bij de introductie van elektriciteit. Maar dit natuurverschijnsel is natuurlijk niet nieuw, want al in 1550 maakt Girolamo Cardano na experimenten met barnsteen onderscheid tussen magnetische en elektrische krachten.[3] Lange tijd is echter het nuttigste wat men hiervoor kan bedenken een nogal bijzondere vorm van entertainment: als Luigi Galvani kikkerpoten blijkt te kunnen laten bewegen met behulp van elektriciteit, brengt dit zijn neef Giovanni Aldini op een idee om geld te verdienen. Aldini begint Europa rond te trekken met een zeer populaire voorstelling waarin opgehangen misdadigers als het ware weer tot leven worden gewekt door hun ledematen te laten bewegen. In Frankrijk gebruikt hij zelfs geguillotineerde hoofden om hiervan de ogen te laten knipperen en de mond geluidloos te laten praten.[4] Hierdoor raakt men overtuigd van de heilzame werking voor levenden, zodat tot eind negentiende eeuw elektrische pulsen volop gebruikt worden tegen kwalen als obstipatie en lethargie, waarbij iemand als Charles Darwin zich overgiet met azijn en omwikkelt met zinken kettingen. Bertie ondergaat in 1896 zelfs een serie elektroshockbehandelingen, naar alle waarschijnlijkheid om zijn impotentie te genezen.

Edison, die met een verwijzing naar zijn New Yorkse laboratorium de bijnaam de Tovenaar van Menlo Park krijgt, is overigens 'geen onverdeeld aangenaam mens'. Hij schroomt niet om 'te liegen en bedriegen en is bereid om octrooien te stelen of journalisten om te kopen voor positieve publiciteit', zodat algauw wordt gezegd dat hij 'een vacuüm heeft waar zijn geweten had moeten zitten'. Maar hij is een bijzonder hard werkende ondernemer die uitblinkt in het gestructureerd organiseren van onderzoek en het in de markt uitrollen van geïntegreerde systemen. In zijn hele werkzame leven zal hij maar liefst 1093 patenten vastleggen en zijn lijfspreuk luidt dan ook dat 'genialiteit 1 procent inspiratie is en 99 procent transpiratie'. Al in 1860 staat Edison als dertienjarige jongen tussen de toeschouwers tijdens Berties koninklijke tournee langs de oostkust van Canada en Amerika en ze komen elkaar voor het eerst echt tegen op de wereldtentoonstelling van Parijs in 1878, waar Bertie als voorzitter van het organisatiecomité van de Britse bijdrage een van de openingsspeeches verzorgt.

Edison heeft in New York dan net de Edison Electric Light Company opgericht, omdat hij geobsedeerd is door de gloeilamp, een reeds bestaande uitvinding die tot dan toe extreem veel stroom verbruikt en een levensduur van slechts enkele uren heeft. Door slim gebruik te maken van de recent door Hermann Sprengel uitgevonden kwikpomp weten Edisons medewerkers de inhoud van een glazen peertje vacuüm te trekken, waardoor het doorbranden van de gloeidraad wordt vertraagd. Vervolgens is het een kwestie van het vinden van een gloeidraad met de juiste weerstand en duurzaamheid, zodat Edison zijn mensen naar alle uithoeken van de wereld stuurt om bruikbare materialen te verzamelen. Zijn teams testen duizenden alternatieven, variërend van platinum, nikkel, koper, kokosvezels, visdraad, dierenharen, kurk, vlas en naaigaren tot geschaafde hoorn en zelfs de rode baardhaar van een huisvriend, die verkoold worden of geïmpregneerd met zaken als walvistraan, kandijsuiker of katoenolie.

Edison raakt zodanig bezeten van de zoektocht dat sommige medewerkers door het intensieve werken met de Sprengelpomp een kwikvergiftiging oplopen en hun tanden uitvallen Na ruim een jaar van uitblijvend succes dreigen zijn aandeelhouders zich terug te trekken, als zich plotseling een doorbraak voordoet: het gebruik van karton als gloeidraad verlengt de levensduur tot veertig uur. Als iemand kort daarna per ongeluk een schroevendraaier op deze gloeidraad laat vallen, zorgt de hierdoor ontstane hoefijzervorm tot een verlening naar honderd uur. En eind 1879 leidt een experiment met een dun gesneden strook bamboe tot een sprong naar 1200 uur, waarna Edison besluit dit te patenteren en een persconferentie te beleggen waarin hij stelt dat hij 'niet gefaald heeft, maar tienduizend manieren heeft gevonden die niet werken'.

Zonder dat ze het van elkaar weten, is in Engeland uitvinder Joseph Swan intussen Edison acht maanden voor met een gloeidraad van cellulose. In maart 1879 krijgen zijn eigen huis en het nabijgelegen Mosley Street in Newcastle als eerste in de geschiedenis elektrische verlichting en in 1881 gebruikt hij in Londen 1200 gloeilampen om het Savoy Theatre van Richard d'Oyly Carte hiervan als eerste publieke gebouw ter wereld geheel te voorzien.[5] Edison opent desondanks ook een vestiging in Londen, waar Bertie in 1882 in het Crystal Palace een demonstratie krijgt van diens medewerker Edward Johnson. Alexandra ontvangt daar een zilveren kandelaar in de vorm van een bos bloemen, waarvan de knoppen de eerste miniatuurgloeilampen uit de geschiedenis zijn (die datzelfde jaar dienen als de eerste elektrische kerstverlichting).

Na een ontmoeting in Parijs op de Exposition Internationale d'Électricité in 1881 – waar de nieuwe standaardeenheden van volt, ohm, ampère, coulomb en farad worden vastgelegd – besluiten Edison en Swan hun bedrijven in Engeland te fuseren tot EdiSwan om samen het Verenigd Koninkrijk te elektrificeren. Bertie is hun voor dit laatste zeer erkentelijk en als voorzitter van de Royal Society of Arts reikt hij daarom in 1892 de gouden Albert Medal uit aan Edison, waarbij hij hem een persoonlijke brief schrijft. Omdat Bertie daarnaast *royal fellow* is van de Royal Society, wordt Swan in 1894 gevraagd om daar toe te treden als fellow, waarna Bertie hem tien jaar later bovendien riddert en weer twee jaar later ook de Albert Medal uitreikt.

Tegelijkertijd is een snelle proliferatie gaande van een nieuwe energiebron die de afhankelijkheid van steenkool sterk vermindert. En deze omwenteling wordt ingezet door een man die verre familie is van Bertie, aangezien zij koning Edward III als gemeenschappelijke voorvader hebben. Dit betreft John Rockefeller, die al in 1860 probeert om Bertie te ontmoeten tijdens het grote bal in de Academy of Music in New York, maar tot zijn ergernis wordt buitengesloten door de oude families die de kaartverkoop regelen (uit wraak laat hij in 1883 de tweemaal zo grote Metropolitan Opera bouwen, die direct alle bezoekers wegtrekt bij de Academy). Rockefeller, die een groot liefhebber is van Engeland, boekt in 1887 een hotel aan Piccadilly om vanaf zijn balkon het best mogelijke uitzicht te hebben als Victoria ter ere van haar jubileum langsrijdt in een parade, waarna hij Bertie alsnog ontmoet tijdens de aansluitende festiviteiten.[6]

De ontdekker van die nieuwe energiebron is echter niet Rockefeller zelf, maar een slimme advocaat uit New York die luistert naar de naam George Bissell. Als Bissell op bezoek gaat bij zijn oude hoogleraar aan Dartmouth, laat deze hem een flesje zien met iets wat hij 'petroleum' noemt, een vloeistof die in Pennsylvania zomaar uit de grond opborrelt en waarvan niemand het nut inziet, behalve als ingrediënt van geneesmiddelen. Na enkele experimenten beseft Bissell dat het gebruikt kan worden als kerosine, maar wel in grote volumes moet worden gewonnen om het economisch haalbaar te maken. Na aankoop van een stuk land komt hij op het volgens vrienden bespottelijke idee om hier te gaan boren in plaats van aan mijnbouw of afgraving te doen. Een vondst blijft inderdaad uit, zodat Bissells geld drie jaar later op is. Maar net voordat hij zijn werklieden eind 1859 na lang aarzelen wil telegraferen met de opdracht hun activiteiten te staken, boren dezen een oliebron aan. In paniek weten ze niet waar ze de omhoogspuitende olie moeten laten en beginnen verwoed flessen, kommen, emmers en badkuipen te verzamelen, totdat ze uiteindelijk een partij oude wijnvaten weten te bemachtigen.[7]

De wereld zal er daarna nooit meer hetzelfde uitzien. Het spectaculaire nieuws lekt uit en binnen drie maanden staat de omgeving vol met honderden boortorens en is de bevolking van een tiental gegroeid tot 15 000 inwoners. In 1869 produceert Amerika al ruim vier miljoen vaten olie. De prijzen kelderen, waardoor Bissells onderneming net als vele andere oliebedrijven failliet gaat en vrijwel alle hierdoor vrijkomende concessies worden opgekocht door John Rockefeller. Met dit monopolie kan Rockefeller de prijzen opdrijven en, in verhouding tot het bruto binnenlands product, een vermogen opbouwen van omgerekend 418 miljard dollar (waarna hij in 1911 met de speciaal hiervoor ontwikkelde antitrustwetgeving wordt gedwongen om zijn Standard Oil op te splitsen in onder andere Chevron, Mobil en Exxon).

Voordat olie voor auto's en generatoren zal worden gebruikt, dient ze de eerste twintig jaar vooral als grondstof voor kerosine en petroleum, waarop lampen branden die zorgen voor een veel betere verlichting. Nog halverwege de negentiende eeuw heerst namelijk zelfs in grote steden na zonsondergang complete duisternis in de meeste straten, zodat men op de tast en strompelend zijn weg moet vinden en bovendien het risico loopt om overvallen te worden. Ook binnenshuis is de lichtopbrengst van kaarsen heel beperkt – een fascinerend Frans gezegde uit die tijd luidt dat een geit bij kaarslicht op een dame lijkt – zodat meer koopkrachtige mensen kiezen voor de efficiëntere gaslamp.[8] Ook de olielamp komt op, maar de hiervoor benodigde walvistraan, terpentijnolie of raapolie zijn duur, terwijl de walm ervan letterlijk roet in het eten gooit door het interieur en iedereen die zich binnen bevindt te bedekken met een zwarte laag (en bovendien de walvispopulatie gestadig uitroeit tot aan het punt van uitsterven). En ze zorgen helaas ook voor veel huisbranden, waarbij jaarlijks ongeveer zesduizend doden vallen. Zelfs na de komst van kerosine- en petroleumlampen betekent elektrische verlichting dan ook een onvoorstelbare sprong vooruit.

In New York pakt Edison het ondertussen groots aan, mede omdat hij zich gesteund weet door twee kapitaalkrachtige financiers. De eerste van hen is John Pierpont Morgan, die als veruit de machtigste bankier van Amerika puissant rijk geworden is door investeringen in staalproductie en spoorwegen en daarom de bijnaam de Napoleon van Wall Street heeft gekregen.[9] Ook Morgan is een goede bekende van Bertie, nadat hij een groot deel van zijn kunstcollectie heeft gedoneerd aan het British Museum, waar Bertie in het bestuur zit. Overigens gaat Morgan later een opmerkelijke weddenschap aan met Berties vriend Lord Lonsdale als ze na een avond gokken in de National Sporting Club in discussie raken over de vraag of iemand wel of niet de wereld te voet zou kunnen rondreizen zonder zijn identiteit te onthullen. Ze vinden de met geldgebrek kampende playboy Harry Bensley bereid om dit te doen en zetten de dan extravagante som van 21 000 pond in. Er zijn dan ook vijftien voorwaarden waaraan Bensley moet voldoen, zoals het meenemen van slechts één enkele set ondergoed, het duwen van een kinderwagen, het dragen van een metalen ridderhelm met vizier, het vinden van een echtgenote zonder zijn gezicht te tonen en het verdienen van de kost met ansichtkaarten van zichzelf. Opmerkelijk genoeg slaagt Bensley hier in zes jaar tijd in, waarbij hij zijn eerste ansichtkaart verkoopt aan Bertie, maar diens verzoek om een handtekening weigert om zijn identiteit niet te onthullen.

In 1901 zal Morgan vele staalbedrijven opkopen en samenvoegen tot het machtige US Steel, de grootste onderneming ter wereld, met inkomsten die ruim tweemaal zo groot zijn als die van de Amerikaanse federale overheid. Mede doordat in Amerika nog geen inkomstenbelasting bestaat, behoort Morgan hiermee tot een indrukwekkende lijst van nouveau-richefamilies, waarop naast Rockefeller ook bekende namen als Astor, Carnegie, Guggenheim, Du Pont, Hearst, Schwab en Vanderbilt prijken.[10] De late negentiende eeuw wordt dan ook wel de Gilded Age genoemd, een periode waarin Amerika's economie – mede door de toepassing van Frederick Taylors nieuwe *scientific management*-aanpak om bedrijven efficiënt te organiseren – exponentieel groeit en in 1900 groter is dan die van Engeland, Frankrijk en Duitsland samen.[11] In slechts enkele decennia stijgt hierdoor het aantal miljonairs van nog geen twintig naar ruim 40 000.

Naast het gestructureerd vormgeven van filantropie door Rockefeller en Carnegie, beginnen de nieuwe rijken ook en masse naar Europa te reizen om kunst, artefacten en meubelen te kopen, veelal van Engelse aristocraten in geldnood. Krantenmagnaat William Randolph Hearst doet dit zelfs zo buitensporig dat hij twee gigantische pakhuizen in Brooklyn nodig heeft om alle kostbaarheden op te slaan. Daarnaast worden diezelfde aristocraten benaderd voor het uithuwelijken van hun dochters, veelal een aangelegenheid waarbij niet zozeer de liefde als wel de uitruil van een Britse adellijke titel en een Amerikaanse bruidsschat of erfenis de drijfveer is. Berties vroege bewondering voor Amerikaanse vrouwen wordt hierbij beschouwd als sociale goedkeuring en zet een trend in gang. Alleen al in de laatste twee decennia van de negentiende eeuw trouwen ruim vijfhonderd jonge Amerikaanse vrouwen op deze manier, en in de jaren na de eeuwwisseling wordt ongeveer 10 procent van de Britse adellijke huwelijken met een Amerikaanse gesloten, zoals in het geval van Berties maîtresse Jennie Churchill.

Deze nieuwe dynastieën besteden hun onmetelijke rijkdom ook graag aan decadente, tienduizenden dollars kostende feesten en diners in Manhattan. Zo is er een groot diner waarbij op alle tafels een berg zand ligt en iedere gast een gouden schepje ontvangt om te zoeken naar diamanten en andere edelstenen. Bij een andere gelegenheid worden tientallen gasten, verkleed als cowboys en cowgirls, te paard de balzaal van het chique restaurant Sherry's binnengeleid, waar ze worden aangelijnd aan tafels om al zittend in hun zadel te dineren. Maar de kroon wordt gespannen door de vrouw van William Vanderbilt, die 250 000 dollar als budget voor een gekostumeerd bal met duizend gasten aanhoudt, zij het 'aan het einde van de vastentijd'. Haar schoonzus verschijnt hier verkleed als gloeilamp, om te vieren dat haar enorme mansion aan Fifth Avenue net voorzien is van elektrische verlichting (hoewel ze alles kort daarna weer laat verwijderen als het volgens haar de oorzaak is van een brandje). Overigens leidt de rijkdom ook tot de nodige excentriciteiten, zoals bijvoorbeeld bij Rockefellers dochter Edith, die stellig gelooft dat zij de reïncarnatie is van Anchesenamon, de echtgenote van de Egyptische farao Toetanchamon.

Het bouwen en overdadig inrichten van huizen met imposante afmetingen is nog een liefhebberij die deze families gemeen hebben, aangevoerd door de Vanderbilts. Hun vermogen is door pater familias Cornelius Vanderbilt vergaard met spoorwegen en scheepvaart, iets waardoor hij de controle krijgt over ongeveer 10 procent van het geld dat in Amerika in omloop is, en vanwege zijn werkwijze de twijfelachtige eer heeft om als eerste van de genoemde ondernemers te worden aangeduid als *robber baron*.[12] Alleen al op Fifth Avenue bezitten zijn kinderen tien op paleizen lijkende huizen, waarvan het grootste ruim 130 kamers en dubbel zoveel personeel telt – het duurste huis dat ooit in een stad is gebouwd.[13] Dit betreft het huis van William Vanderbilt, de tweede financier van Edison.

De huizen van Vanderbilt en Morgan zijn dan ook de eerste die worden voorzien van elektrische verlichting, maar bij die laatste heeft Edisons installatie te kampen met vele kinderziekten. De elektriciteit wordt in de kelder opgewekt door een enorme kolengestookte stoomgenerator die van drie uur 's nachts tot elf uur 's avonds moet worden bediend door een ingenieur, waarbij het apparaat niet alleen veel lawaai en giftige rook verspreidt, maar het pand – en dat van de buren – ook hevig doet trillen. De bedrading veroorzaakt bovendien een smeulende brand in de bibliotheek. Maar omdat Morgan desondanks de potentie ervan ziet, laat hij alle problemen door Edison oplossen, waarna hij thuis een receptie geeft voor vierhonderd gasten om zijn technologische aanwinst te vieren.

En daarna toont Edison zich een ware visionair door in de wijk rond Wall Street een geheel zelf ontwikkeld systeem aan te leggen om verlichting mogelijk te maken: een energiecentrale, ondergrondse elektriciteitsdraden, fittingen en schakelaars. Paarden lopen er aanvankelijk huiverig door de straten, totdat men ontdekt dat weglekkende elektriciteit hun hoeven doet prikken. Maar na uitvoerige testen is op 4 september 1882 sprake van een historisch moment als Edison op het kantoor van Morgan een schakelaar omdraait die het licht aanzet bij de bijna honderd bedrijven die zich hebben ingeschreven voor het project. Hierna rolt Edison zijn systeem binnen enkele maanden uit naar ruim driehonderd strategische locaties, waaronder het Teatro alla Scala in Milaan en het Lagerhuis in Londen. In New York storten tientallen nieuwe bedrijven zich op de aanleg van elektriciteitsnetwerken, waardoor tussen de myriade van telegraaf-, telefoon- en alarmlijnen op de houten palen ook nog vele elektriciteitskabels worden aangebracht en boven de straten een spinnenweb van draden ontstaat die het daglicht grotendeels wegnemen. George Westinghouse, rijk geworden met zijn uitvinding van de luchtrem, groeit hierbij uit tot Edisons grootste concurrent, waarna de nietsontziende Edison vanaf 1888 een ongekend felle strijd met hem aangaat die bekend zal komen te staan als de War of the Currents – de stroomoorlog.

Als wapen in die strijd beschikt Westinghouse over een geniale oud-werknemer van Edison, genaamd Nikola Tesla. Bertie komt algauw indirect met Tesla in aanraking, omdat deze met zijn knappe uiterlijk en stijlvolle kleding hevig begeerd wordt door Berties maîtresses Sarah Bernhardt en Daisy Warwick, die veel contact met Tesla hebben. Zelf zal Bertie de briljante Tesla in 1892 ontmoeten als deze een toespraak met spectaculaire demonstraties houdt voor de Royal Society, waarvan Bertie royal fellow is. De avond erna gebeurt dit opnieuw bij een reprise op de Royal Institution, waar Bertie al in 1853 als twaalfjarige gegrepen is door het fenomeen elektriciteit tijdens de befaamde Christmas Lectures van Michael Faraday – de ontdekker van elektromagnetische inductie en elektrolyse, alsmede uitvinder van de dynamo – die hij sindsdien jaarlijks bijwoont.

Tesla is op zijn zachtst gezegd een zeer opmerkelijke man, die model heeft gestaan voor het stereotype van de *mad scientist.* Hij wordt op 10 juli 1856 tijdens een onweersbui geboren in Smiljan, dan onderdeel van Oostenrijk, en zal zich algauw ontpoppen als een wonderkind dat een fotografisch geheugen heeft en acht talen spreekt. Op zijn zeventiende loopt hij cholera op en ontsnapt enkele malen aan de dood, waarna zijn opgeluchte vader hem toestaat om naar de ingenieursschool in Graz te gaan, en niet naar het seminarie om priester te worden. Daar raakt Tesla bezeten door de colleges over elektriciteit en hij slaapt slechts twee uur per etmaal, iets wat hij zijn hele leven volhoudt. Hij studeert dagelijks twintig uur en krijgt levendige visioenen van uitvindingen, die hij als een savant volledig in gedachten ontwerpt en test – net zoals Mozart zonder gebruik te maken van papier en instrumenten muziek kon componeren in zijn hoofd. De verontruste professoren beginnen zelfs brieven naar Tesla's vader te sturen om te waarschuwen dat zijn zoon zal overlijden aan uitputting.

Maar in plaats daarvan raakt Tesla verslaafd aan gokken, waardoor hij zijn volledige studiebeurs verspeelt en zijn opleiding niet afmaakt. Uit schaamte durft hij zijn vader niet onder ogen te komen en fingeert verdrinking in een rivier, waarna hij onderduikt en een zenuwinzinking krijgt. Als hij hersteld is, werkt hij eerst als technisch tekenaar voordat hij in 1882 naar Parijs verhuist en daar in dienst treedt bij de net geopende vestiging van Edisons bedrijf. Hij begint als installateur van gloeilampen in Parijse huizen, maar groeit algauw uit tot probleemoplosser, zodat zijn leidinggevende hem twee jaar later meevraagt naar New York.

Daar ziet Edison direct 'een verdomd goede man' in Tesla, maar ergert zich aan diens excentrieke gedrag. Zo krult Tesla zijn tenen honderdmaal per dag omdat dit zijn hersencellen zou stimuleren. Hij haat ronde objecten, verafschuwt juwelen (hij weigert te praten met vrouwen die parels dragen), is doodsbang voor bacteriën, wil nooit iemands haar aanraken en leeft volstrekt celibatair. Dwangmatig wast hij zijn handen altijd driemaal achter elkaar en loopt driemaal rond een gebouw voordat hij naar binnen gaat. Voorzien van witte handschoenen eet hij iedere avond stipt om 20.10 uur bij Delmonico's – het befaamde restaurant waar Bertie al in 1860 copieus dineert – aan zijn eigen eenpersoonstafel, waar hij alleen door zijn vaste ober bediend wil worden en zijn servies en bestek eerst obsessief poetst met achttien servetten. Bij iedere hap berekent hij het volume van het eten op zijn vork of lepel omdat het hem anders niet smaakt. Daarnaast claimt hij extreem goed te kunnen horen, zoals het tikken van de pootjes van een vlieg die op een tafelblad landt. Bovendien beweert hij in staat te zijn tot communicatie met de duiven die hij dagelijks voert in Central Park (waarvoor hij de chef van het Waldorf-Astoria, waar hij vanaf 1900 tweeëntwintig jaar lang zal wonen, een speciale zadenmix laat samenstellen). Hij wordt daarna zelfs hevig verliefd op een witte duif en besteedt tweeduizend dollar aan het bouwen van een revalidatieapparaat voor haar gebroken vleugel en poot.

Na een halfjaar neemt Tesla woedend ontslag als hij van Edison niet de 50 000 dollar bonus ontvangt waarop hij na een toezegging van Edison recht meent te hebben vanwege zijn uitvindingen. Als vervolgens enkele investeerders zijn nieuwe patenten kapen, vervalt Tesla in bittere armoede en is hij genoodzaakt om in de werkverschaffing voor twee dollar per dag greppels te graven rond New York. Maar als zijn voorman hem introduceert bij nieuwe investeerders, kan Tesla in 1887 wraak nemen op Edison. Diens elektrische systeem is gebaseerd op gelijkstroom en serieschakeling, wat als belangrijkste nadeel heeft dat het slechts korte afstanden kan overbruggen, zodat in iedere wijk vele centrales voor elektriciteitsopwekking moeten worden gebouwd. Tesla stort zich daarom op wisselstroom, een alternatief dat dit nadeel mede dankzij parallelschakeling en transformators wegneemt en zodoende 70 procent goedkoper is. Al binnen enkele maanden zorgt Tesla voor een revolutie als hij de driefase-inductiemotor uitvindt, die gebruikt zal worden in bijvoorbeeld industriële machines, huishoudelijke apparatuur en elektrische auto's. Edisons concurrent Westinghouse neemt onmiddellijk een licentie en huurt Tesla een jaar lang tegen een enorm salaris in als adviseur, zodat ze vanaf 1888 samen strijden om wisselstroom tot standaard in de markt te verheffen.[14]

Maar Edison slaat direct terug. Het feit dat elektriciteit ontastbaar is, maakt het voor velen een mysterieus fenomeen en zelfverklaarde deskundigen beweren dat het leidt tot zaken als hoofdpijn, vermoeide ogen, algemene ziekelijkheid, 'voortijdige uitputting van het leven' en zelfs sproeten. Een belangrijk doel van de wereldtentoonstelling in Chicago, waar vijf jaar later ook al toepassingen van elektriciteit worden gepresenteerd, is dan ook 'het onder de bevolking verminderen van angst tegen verandering'. Behalve vele slinkse rechtszaken over patentrechtschendingen – bijvoorbeeld het gebruik van fittingen – om Westinghouse en Tesla zelf af te schrikken, is het middel dat Edison daarom vooral inzet het zaaien van angst onder de inwoners van New York.[15]

Een morbide voorbeeld hiervan betreft Western Unionmonteur John Feeks. Als deze in 1889 in Chambers Street, vlak bij het kolossale City Hall, onderhoud verricht aan een telegraaflijn boven in een hoge houten paal, blijkt deze lijn vanwege een technisch mankement enkele blokken verderop in direct contact te staan met een hoogspanningslijn van zesduizend volt. Met een harde knal dringt de elektrostatische ontlading Feeks' lichaam binnen, waarna de geschrokken menigte ervan getuige is hoe zijn levenloze lichaam in de waaier aan draden valt en sinister begint te vonken, branden en smeulen, terwijl zijn naar de straat gekeerde gezicht half verkoolt. Er valt een ijselijke stilte, waarin de meesten als verlamd naar het gruwelijke schouwspel staren en niemand in de buurt durft te komen. Als eindelijk de gealarmeerde brandweermannen arriveren, trekken die wit weg. Pas na ruim een halfuur kan de stroom worden uitgezet en lukt het hun om het rokende lijk naar beneden te halen. De ijlings opgetrommelde lijkschouwer meldt huiverend dat hij in zijn lange loopbaan nog nooit zoiets afgrijselijks heeft gezien. Edison grijpt het voorval direct aan om via zijn stroman Harold Brown in de kranten en vaktijdschriften te stellen dat deze tragedie veroorzaakt is door de levensgevaarlijke wisselstroom en dit het macabere bewijs vormt voor de noodzaak om deze wettelijk te verbieden.

Enkele maanden later ruikt Edison opnieuw een kans om wisselstroom in een kwaad daglicht te stellen. Onder druk van de negatieve publieke opinie over de doodstraf heeft de gouverneur van New York namelijk een commissie ingesteld die, als alternatief voor executie door ophanging, voorstelt om veroordeelden te elektrocuteren in een speciaal hiervoor te bouwen stoel. Als Edison wordt benaderd voor het vervaardigen van de technische installatie hiervan, schakelt hij opnieuw Brown in, die voor hem al vele katten, honden, schapen, kalveren en paarden publiekelijk heeft laten elektrocuteren om het gevaar van wisselstroom te demonstreren. Brown krijgt opdracht om heimelijk de hand te leggen op wisselstroomgeneratoren van Westinghouse, in de hoop dat deze bedrijfsnaam zo geassocieerd zal raken met de dood. En op 6 augustus 1890 neemt William Kemmler, die zijn vrouw heeft vermoord met een bijl, als eerste in de geschiedenis plaats op de elektrische stoel. De twee artsen en de vele door Brown uitgenodigde journalisten zijn er getuige van hoe Kemmler zeventien seconden lang duizend volt krijgt toegediend en bewusteloos raakt, maar gewoon blijft doorademen. Na inspectie bevestigen de artsen dat Kemmler nog leeft en roepen dat de stroom direct weer aan moet, maar de generator blijkt tijd nodig te hebben om op te laden. De dosis wordt verhoogd tot tweeduizend volt, waardoor bloedvaten scheuren en schroeiplekken ontstaan rond de elektroden, maar de dood nog steeds niet intreedt. Pas na vele pogingen slaagt de beul hier acht minuten later in, waarna een verslaggever schrijft dat het 'een vreselijk schouwspel was, veel erger dan ophanging'.

Dat het zo moeilijk blijkt om Kemmler te doden, zorgt tot Edisons afgrijzen juist tot een aanzienlijk positievere perceptie van de veiligheid van wisselstroom. Bij Westinghouse slaagt Tesla er bovendien in om een infrastructuur te ontwerpen die wisselstroom naar hoog-, midden- en laagspanning brengt, waarna deze over een dan ongekende afstand van ruim 40 kilometer kan worden getransporteerd – de technologie waarmee stroomnetten nu nog steeds werken. Als Westinghouse in 1892 ook nog het contract binnenhaalt om de wereldtentoonstelling van Chicago een jaar later van stroom te voorzien, grijpt Morgan rigoureus in.[16] Hij wordt niet alleen investeerder in Tesla's onderneming, maar zet Edison ook buitenspel binnen diens eigen onderneming om deze te laten fuseren met wisselstroomaanbieder Thomson-Houston en zo General Electric te vormen. Hiermee komt de stroomoorlog ten einde. En dit vormt het startpunt voor de opmars van elektrische toepassingen, waarvan wereldwijd de levens van burgers volledig afhankelijk zullen worden, alsmede het functioneren van overheden en bedrijven.

Ondanks een mysterieuze brand in zijn laboratorium aan Fifth Avenue werkt Tesla ondertussen onverminderd door – op een bepaald moment zelfs 48 uur achtereen – en legt ruim driehonderd patenten vast. Hieronder bevindt zich bijvoorbeeld een oscillator, die weinig praktisch nut blijkt te hebben, maar wel een wolkenkrabber laat schudden als bij een aardbeving en bovendien de constipatie van zijn beste vriend Mark Twain – de schrijver van de populaire avonturenboeken over Tom Sawyer en Huckleberry Finn, die hij in Delmonico's heeft ontmoet – acuut wegneemt. Tijdens een bezoek aan de wereldtentoonstelling van Parijs in 1889 is Tesla bovendien geïnspireerd geraakt door het werk van leeftijdgenoot Heinrich Hertz en dit leidt tot zijn uitvinding van een spoel die radiosignalen uit kan zenden. Maar Tesla gebruikt de spoel vooral als vermakelijk speeltje omdat hij er tien meter lange, bliksemachtige vonken mee kan opwekken. Een nuttiger toepassing van die radiosignalen is zijn uitvinding van de eerste op afstand bestuurbare boot ter wereld. Maar andere ideeën komen ongeveer een eeuw te vroeg, zoals zijn voorstel aan Morgan voor een centrale die draadloos beurskoersen en telegramberichten verstuurt naar mobiele handtoestellen. Ook is Tesla zijn tijd ver vooruit in de zin dat hij een manifest schrijft waarin hij zijn zorgen uit over de gevolgen die het overmatige gebruik van fossiele brandstoffen heeft voor de aarde, en voorstelt om een transitie te maken naar duurzame alternatieven als waterstof en zonne-energie. Hij is in Niagara Falls dan ook nauw betrokken bij de bouw van de eerste waterkrachtcentrale ter wereld.

In 1900 is elektrische verlichting in steden al steeds meer de norm en beginnen ook een stekker en stopcontact redelijk gangbaar te worden (doordat dit vooral op nationaal niveau wordt gestandaardiseerd, ontstaan hiervan wereldwijd vijftien verschillende varianten). Onderwijl verschijnen aan de lopende band uitvindingen die op praktische wijze gebruikmaken van elektriciteit, zoals de ventilator, de stofzuiger, de wasmachine, de vaatwasser, de boiler, de koelkast, de mixer, de naaimachine, het strijkijzer en het broodrooster.[17] Deze huishoudelijke apparaten veranderen het leven van veel huisvrouwen fundamenteel doordat ze hun veel tijd besparen, en bovendien nemen ze het huishoudelijk personeel uit de huizen van welgestelden steeds meer werk uit handen, waardoor dat sterk ingekrompen wordt.

Ondertussen ontwikkelt de elektrische verlichting zich snel verder. Nadat de Duitse uitvinder Carl Gassner in 1886 een batterij heeft uitgevonden die niet gebruikmaakt van vloeibare, maar van vaste stoffen, leidt dit in 1899 tot de uitvinding van de zaklamp door de Britse uitvinder David Missell. Het concept van een mobiele lamp is zo revolutionair dat de politie van New York deze direct aanschaft en ze een jaar later op de wereldtentoonstelling in Parijs een grote sensatie is. Weer tien jaar later beleeft in Parijs de Salon de l'Automobile de primeur van neonverlichting, een uitvinding van de Fransman Georges Claude die reclame-uitingen een nieuwe dimensie geeft en het straatbeeld van steden voorgoed zal veranderen.

Noten

1 De door vertragingen haastig opgeleverde toegangsbrug, gebouwd van het nieuwe materiaal gewapend beton, stort twee weken na de opening in, waarbij negen doden en vele zwaargewonden vallen.

2 In 1986 wordt het station omgevormd tot het Musée d'Orsay.

3 In 1646 munt de Engelse arts en schrijver Thomas Browne het woord *electricity*, omdat barnsteen in het Grieks *elektron* heet.

4 Dit zogenoemde galvanisme inspireert Mary Shelley tot het schrijven van haar boek *Frankenstein*.

5 Er worden dan ook al booglampen gebruikt, maar deze blijken zeer onpraktisch door de extreme felheid van het licht, hoge kosten, korte levensduur en onbetrouwbaarheid, zodat ze snel weer verdwijnen.

6 Ook op een geheel andere wijze raken ze gelieerd: op Antarctica zal admiraal Byrd in 1929 een bergketen in King Edward VII Land ontdekken en deze naar Rockefeller vernoemen.

7 Deze groeien algauw uit tot de standaardmaat van een olievat: 42 Amerikaanse gallon, oftewel 159 liter.

8 De meeste huizen moeten het dan doen met minder licht dan een koelkast met open deur nu levert. Ter vergelijking: tegenwoordig levert een ledlamp van twee watt het equivalent van tweehonderd kaarsen op.

9 Morgan lijdt aan rhinophyma, waardoor hij een 'neus als een paarse bloemkool' heeft. Uit ijdelheid laat hij daarom al zijn portretten retoucheren en slaat hij iedere fotograaf die te dichtbij komt neer met zijn wandelstok. Anderen schrikt hij gewoonweg af door zijn 'priemende ogen, blaffende stem en tirannieke manier van doen'.

10 Rockefeller wordt beschouwd als de rijkste man in de moderne geschiedenis. In de top 10 staan ook Carnegie (310 miljard), Vanderbilt (240 miljard) en Astor (140 miljard). Morgan bezit naar schatting 25 miljard, waarover Rockefeller na diens dood zegt: 'En dan te bedenken dat hij niet eens een rijk man was.'

11 Aan het einde van de negentiende eeuw verschijnt, met name dankzij Brooks Brothers, ook het eerste *business suit* op de markt, dat in zakelijke omgevingen nog steeds vrijwel ongewijzigd gedragen wordt.

12 Ook de termen *captain of industry*, *magnate*, *tycoon* en *mogul* worden dan geïntroduceerd om het nieuwe fenomeen van zeer rijke en machtige ondernemers te omschrijven.

13 Het zou omgerekend naar schatting een half miljard dollar kosten om het nu te herbouwen.

14 Wisselstroom wordt *alternating current* (AC) genoemd en gelijkstroom *direct current* (DC). De naam van de in 1973 in Australië opgerichte hardrockband AC/DC verwijst naar deze strijd.

15 Westinghouse laat zich hierin bijstaan door de vijfentwintigjarige advocaat Paul Drennan Cravath. Deze zal later het zogenoemde Cravathmodel ontwikkelen, een managementaanpak (met principes als *up or out*) die wereldwijd nog steeds door grote advocatenkantoren en adviesbureaus wordt gebruikt.

16 Edison heeft tal van werknemers in dienst gehad die beroemdheden zijn geworden, zoals Henry Ford en Reginald Fessenden. Die laatste wordt in 1891 ontslagen en stapt over naar Westinghouse, waar hij direct enkele technische problemen oplost en zo ervoor zorgt dat deze het ook door Edison felbegeerde contract binnenhaalt voor de wereldtentoonstelling van Chicago.

17 Als in 1902 bij de voorbereidingen van Berties kroning het tapijt onder zijn troon smerig blijkt en er geen tijd meer is om dit te vervangen, schiet Cecil Booth, eigenaar van Vacuum Cleaner Co, te hulp met zijn reusachtige mobiele stofzuiger. Bertie is hierover zo enthousiast dat hij meteen twee exemplaren bestelt voor Buckingham Palace en Windsor Castle. Hierdoor raakt de stofzuiger populair onder de society, waarbij gastvrouwen zelfs speciale soirees organiseren waar hun gasten vermaakt worden met een demonstratie. Booth ontwikkelt hiervoor zelfs een doorzichtige stofzuigerslang, zodat men het vuil uit het tapijt de machine in kan zien verdwijnen.

9 In beeld en geluid

Op Buckingham Palace blijkt Alexandra op 9 augustus 1902 eindelijk eens punctueel, zodat Bertie stipt om elf uur met haar in de staatskoets kan stappen richting Westminster Abbey. Nadat ze daar zijn gearriveerd, gaat Alexandra als eerste de kerk binnen, gevolgd door een processie met de koninklijke regalia van scepter, zwaard, rijksappel en kroon. Als Bertie vervolgens zijn entree maakt, roept het jongenskoor: 'Vivat Rex Edwardus!', waarna een plechtige stilte over de achtduizend aanwezigen valt. Aangekomen bij het altaar wordt Bertie de eed afgenomen door de eenentachtigjarige aartsbisschop Temple, die, ondanks het feit dat hij zowel zeer vergeetachtig als vrijwel blind is (en vier maanden later van ouderdom zal sterven), de enkele uren durende ceremonie geheel voor zichzelf heeft opgeëist. Zijn tekst is daarom in enorme letters uitgeschreven op rollen die voor hem worden opgehouden door een bisschop. En als Temple tegen het einde van de plichtplegingen niet meer blijkt te kunnen opstaan uit zijn knielende positie, snerpt hij dezelfde bisschop luid het bevel toe om hem op de been te helpen, waarna hij op de traptreden naar de troon moet worden opgevangen door Bertie omdat hij dreigt om te vallen. Tot slot begaat hij de voor Bertie onvergeeflijke fout om de kroon achterstevoren op diens hoofd te plaatsen. Niettemin barst daarna een luid 'God Save the King' los, gevolgd door een wild daverend gejuich, waarbij veel vrouwen in huilen uitbarsten. Onder hen bevinden zich ook Berties maîtresses – Alice Keppel, Jennie Churchill, Sarah Bernhardt, Minnie Paget en nog enkele anderen – die bij gebrek aan een adellijke titel eigenlijk niet aanwezig mogen zijn, maar toch door hem bij elkaar zijn geplaatst op de galerij recht boven de prinsessen. De pers noemt deze plek naderhand schertsend Berties *loose box* (een hippische term voor een stal waar merries zich vrij kunnen bewegen).

Noch deze maîtresses, noch de omgekeerde kroon zullen echter zichtbaar worden buiten de kerk, omdat het grote publiek een zes minuten durende synopsis in bewegend beeld te zien krijgt die al zeven weken daarvoor is opgenomen. In de achtertuin van zijn huis in Parijs heeft filmpionier Georges Méliès namelijk een trompe-l'oeildecor laten schilderen, waarvoor veertig personen die gelijkenis vertonen met de belangrijkste betrokkenen, de ceremonie in scène zetten (waarbij Bertie gespeeld wordt door een Parijse wasserijbediende). Het betekent de grote doorbraak voor Méliès omdat zijn verslag de wereldwijd meest bekeken film tot dan toe wordt. Als Bertie de film enkele dagen na zijn kroning zelf te zien krijgt, is hij verrukt. Na afloop grapt hij dat 'de cinema een geweldig apparaat is', omdat 'het zelfs een manier heeft gevonden om onderdelen van de ceremonie op te nemen die niet plaats hebben gevonden'.

Dat miljoenen mensen deze film te zien krijgen, is een bijzondere mijlpaal omdat dit nieuwe fenomeen pas sinds enkele jaren veilig kan worden bekeken, iets wat op schrijnende wijze duidelijk wordt op de middag van 4 mei 1897 in Parijs. Op de Rue Jean Goujoun is het dan een komen en gaan van prachtige koetsen, waaruit gesoigneerde dames stappen om een tachtig meter diepe, uit grenenhout opgetrokken loods te betreden. Daarbinnen is een levendig straatje uit middeleeuws Parijs nagebootst: de muren zijn beplakt met gedroogde bladeren, aan het plafond hangen teerdoeken om de suggestie te wekken van een nachtelijke hemel, en met behulp van oude decorstukken uit het theater – gemaakt van bordkarton en papier-maché – zijn langs de wanden ruim twintig pittoreske winkeltjes gecreëerd waarop houten uithangborden prijken met teksten als 'IN DE VLIEGENDE ZEUG'. Achter in de loods is ook een klein zaaltje gecreëerd waar de nieuwe sensatie van die tijd staat opgesteld: een filmprojector, die *cinématographe* wordt genoemd.

Dit jaarlijkse evenement, de vierdaagse Bazar de la Charité, is een soort gedistingeerde vlooienmarkt waar de welgestelden elkaar boventallige kunstwerken, sieraden, boeken en parafernalia verkopen en de opbrengst hiervan schenken aan behoeftige Parijzenaren. Vanwege de feestelijke opening van de liefdadigheidsbijeenkomst is de loods iets na vieren afgeladen, waardoor enkele van de ruim 1200 aanwezige dames zelfs flauwvallen. En nog geen kwartier na de opening gaat het volledig mis als de operateur de ether in zijn cinematograaf wil bijvullen en aan zijn assistent vraagt om hierbij voor wat licht te zorgen. In plaats van een spleet te maken in het verduisterende gordijn rond het apparaat, steekt deze echter een lucifer aan, waarna de etherdampen direct voor een steekvlam zorgen en het apparaat in brand vliegt. Als ook het gordijn vlamvat, gaat alles ineens razendsnel. Via de houten wanden slaat het vuur over naar de teerdoeken, die als een toorts alle decorstukken en gordijnen in brand steken, zodat de hele loods binnen enkele minuten is veranderd in één grote vuurzee.

Onmiddellijk breekt paniek uit, omdat de dubbele deur bij de entree de enige uitgang vormt. De wanhopige vrouwen zitten in de val en als ongeveer tien minuten later de brandweer arriveert, heeft blussen al geen zin meer. Kort daarna stort de loods in en resteert slechts een smeulende hoop kool. Bij het bergen van de lijken blijken deze dermate verminkt dat identificatie alleen mogelijk is door middel van sieraden of het gebit (de eerste toepassing van forensische tandheelkunde in de geschiedenis). Er zijn niet minder dan 132 doden te betreuren, onder wie ook drie familieleden van gravin Saint-Didier, een maîtresse van Bertie.

Ondanks deze catastrofe blijft de cinematograaf uitermate populair. Het is dan ook nog maar kortgeleden dat mensen voor het eerst hebben kennisgemaakt met de sensatie van bewegend beeld. Dit is overigens nog zonder geluid, want ook audio is pas enkele jaren daarvoor uitgevonden. En dat laatste begint bij een naar Canada geëmigreerde Schot die als betrokken Brits onderdaan in 1901 de begrafenis van Victoria bijwoont en een jaar later door Bertie de Albert Medal van de Royal Society of Arts krijgt uitgereikt: Alexander Graham Bell. Deze hoogleraar in vocale fysiologie traint docenten om dove kinderen les te geven met een systeem dat hij 'zichtbare spraak' noemt. Bell, die overigens als bijzondere hobby heeft om dode dieren te ontleden in zijn laboratorium en ook medeoprichter is van de National Geographic Society, vindt in 1876 de telefoon uit – en wil het apparaat daarna nooit op zijn werkkamer hebben staan omdat hij het eigenlijk beschouwt als iets wat hem afleidt van zijn wetenschappelijke werk.[1]

Het magische moment dient zich aan op 10 maart als Bell het apparaat gebruikt voor de mededeling 'Meneer Watson, kom hier. Ik wil u spreken', en zijn assistent, die zich buiten gehoorafstand in een andere kamer bevindt, even later inderdaad naast Bells bureau verschijnt. Op de wereldtentoonstelling in Philadelphia later dat jaar wekt zijn uitvinding echter weinig interesse. Maar in de jaren daarna wordt de telefoon doorontwikkeld als commercieel product en verschijnen de eerste telefooncentrales (alsmede de eerste rechtszaken over patenten, waarvan Bells onvermoeibare advocaat er ruim zeshonderd zal moeten voeren). De werkelijke doorbraak komt echter pas rond 1890 als de 'kandelaar'-telefoon wordt geïntroduceerd. Deze bestaat uit een klein statief waarop zich naast een mondstuk met microfoon een schakelhaak bevindt, waarop een luidspreker met snoer hangt die opgepakt dient te worden om tegen het oor te houden. Dit apparaat is dermate gebruiksvriendelijk dat binnen twee jaar het aantal abonnees wereldwijd al bijna 28 000 bedraagt en dit in 1901 is gestegen tot ruim 1,4 miljoen. Datzelfde jaar levert Bell ook het telefoonsysteem waarvan Bertie het gedateerde Buckingham Palace en Windsor Castle laat voorzien.

Parallel hieraan ontwikkelt zich nog een nieuw fenomeen dat grotendeels gebruikmaakt van dezelfde technieken: de fonograaf. In 1889 presenteert Thomas Edison – die zelf trouwens geheel doof is aan zijn ene oor en nagenoeg doof aan het andere – hiervan zijn verbeterde versie op de wereldtentoonstelling in Parijs. Zijn apparaat kan geluid vastleggen door geluidstrillingen op te vangen in een grote hoorn en deze met een naald om te zetten naar groeven in het oppervlak van een roterende cilinder, een *record* genoemd, waarna het afspelen van dit geluid simpelweg het omgekeerde proces is. Het publiek in Parijs is razend enthousiast, omdat het tot dan toe alleen muziek heeft kunnen beluisteren in cabarets en theaters. Desondanks keert Edison gefrustreerd terug van zijn reis, omdat na eerdere gepatenteerde verbeteringen door Bell nu ook Emile Berliner de euvele moed blijkt te hebben om met een concurrerende variant op de markt te komen, die hij *gramophone* noemt.[2] Het maakt gebruikers vooralsnog weinig uit. Nog datzelfde jaar opent in San Francisco de eerste muzieksalon, waar fonografen staan met ieder een andere record. Door er een stuiver in te gooien kunnen de bezoekers muziek beluisteren via een soort stethoscoop.

Vijf jaar later beschikt iedere zichzelf respecterende stad hierover, maar de luxesalon van de gebroeders Pathé in Parijs overtreft deze vanaf dan allemaal. Klanten zitten hier in pluchen fauteuils en kunnen via een spreekbuis hun keuze uit honderden titels doorgeven aan het personeel dat de fonograaf bedient in de kelder eronder. In hun ernaast gelegen winkel verkopen de vier gebroeders Pathé de fonografen en records van Edison, terwijl ze deze kort daarna ook zelf beginnen te produceren onder hun eigen merk Pathé. In 1896 hebben ze niet alleen een studio in Parijs maar ook in Milaan, Londen en Sint-Petersburg. En algauw wordt hun aandacht getrokken door alweer een nieuwe innovatie, de cinematograaf.

De cinematograaf is de uitkomst van een estafette van uitvinders die elkaar inspireren. Een belangrijke stap wordt hierbij gezet als de Amerikaan Milton Bradley met zijn net opgerichte speelgoedfabriek MB in 1866 de *zoetrope* op de markt brengt. Deze draaiende cilinder beschikt over smalle verticale openingen die op de binnenkant getekende plaatjes tonen.[3] Het wordt een verkoopsucces en ruim tien jaar later inspireert dit de Parijse fotograaf Émile Reynaud tot de *praxinoscope*. Hij beplakt de binnenzijde van een oude koektrommel met getekende plaatjes en in het midden plaatst hij een met spiegels beklede cilinder waar de trommel omheen draait. En spontaan krijgt Reynaud de ingeving om dit te combineren met een reeds in de zeventiende eeuw uitgevonden toverlantaarn. Zo is hij in staat om de eerste bewegende beelden te projecteren op een scherm. In 1888 presenteert hij hiervan een verbeterde versie die hij *théâtre optique* noemt, namelijk een lange rol met getekende plaatjes die hij projecteert als een geanimeerd verhaal: de rolprent.

In Zuid-Frankrijk raakt uitvinder Louis Le Prince, die goed bevriend is met fotografiepionier Louis Daguerre, in 1888 volledig begeesterd door Reynauds uitvinding en wil in plaats van getekende plaatjes gebruikmaken van foto's. Dat leidt binnen enkele maanden tot het patenteren van een apparaat dat zowel een camera voor bewegend beeld is als een projector daarvan. Gedurende de twee jaar daarna werkt hij hard aan de vervolmaking van zijn innovatie, waarbij hij als eerste op het idee komt om gaatjes te perforeren in de randen van de film om deze door het apparaat te kunnen geleiden met tandwielen. In zijn werkplaats toont hij aan familie en vrienden hiermee de eerste projectie van films ooit. Maar daags voordat hij dit in 1890 zal patenteren en publiekelijk demonstreren in New York, verdwijnt Le Prince op mysterieuze wijze als hij de trein neemt naar Parijs, vanwaar hij via Londen – om daar een patent voor Groot-Brittannië te registreren – op weg wil gaan naar de Verenigde Staten (ondanks vele politieonderzoeken ontbreekt nog steeds ieder spoor).

Ondertussen heeft de Engelse fotograaf Eadweard Muybridge een variant van Reynauds uitvinding ontwikkeld die hij de *zoopraxiscope* noemt. Deze demonstreert hij in 1882 tijdens een bijeenkomst onder voorzitterschap van Bertie op de Royal Institution, waarbij hij foto's projecteert van een rennend paard in de achtereenvolgende stadia van een galop, zodat een vloeiende beweging valt te zien. En het is dit apparaat dat Edison inspireert tot wat hij de *kinetoscope* doopt.[4] Een belangrijk puzzelstuk hiervoor vormt ook de alfanumerieke *stock ticker*, die Edison zelf al in 1869 patenteert. Gebruikmakend van telegrafie print deze continu aandelenkoersen op een smalle strook papier die hierdoorheen schuift vanaf een grote rol – de *ticker tape*. Voor het eerst zijn hierdoor koersen bijna realtime beschikbaar, zodat alle bankiers en beurshandelaren er gebruik van maken.[5] Edison bedenkt dat het snel afrollen van zo'n lint ook kan worden gebruikt voor foto's die kort achter elkaar zijn genomen, zodat voor het oog de suggestie van een bewegend beeld ontstaat, net als bij Muybridge' apparaat. Samen met zijn werknemers doktert hij uit dat een naadloze beweging ontstaat als tussen de 16 en 24 beelden per seconde worden gebruikt.

Gelukkig voor Edison is in de jaren daarvoor een andere inwoner van New York druk aan het knutselen geweest in de keuken van zijn ouderlijk huis: George Eastman. Als de bij zijn moeder wonende Eastman, die zijn hele leven vrijgezel zal blijven, in 1877 voor het eerst op vakantie gaat, adviseert een collega hem om een fotocamera mee te nemen. Ondanks het feit dat George schrikt van de prijzen, schaft hij toch alle benodigde fotoapparatuur en materialen aan en begint thuis te oefenen met zijn aankopen. Hij ergert zich daarbij aan het grote gewicht van de camera, alsmede het onhandige procedé om foto's te ontwikkelen, en besluit thuis te blijven om te onderzoeken of een betere techniek mogelijk is. Uiteindelijk oogt de keuken van zijn moeder drie jaar lang als een laboratorium, waar de bezeten George al zijn vrije tijd besteedt aan het experimenteren met gelatine-emulsies (en dit slechts afwisselt met het voorbinden van een schort om pasteien en taarten te bakken). Hij vindt een apparaat uit om glasplaten te coaten, waarmee de kosten van fotografie flink verlaagd kunnen worden. In zijn woonplaats vindt hij een geïnteresseerde investeerder, waardoor hij in 1881 zijn eigen bedrijf kan oprichten.

Maar nog steeds vindt Eastman die platen onpraktisch, met als gevolg dat zijn moeder haar keuken nog eens drie jaar in wanorde aantreft. In 1884 nodigt hij haar daar eindelijk uit voor een heuglijke onthulling: de eerste flexibele fotorol die praktisch bruikbaar is. Een jaar later koopt hij van David Houston – een boer die ook graag knutselt, maar dan in zijn schuur – diens patent voor een fotorolhouder. George is echter nog altijd niet tevreden en mist een bijbehorende camera die praktisch is in het gebruik. Voor de derde keer neemt hij drie jaar lang de keuken in beslag, en in 1888 toont hij zijn moeder een doosje dat aan de voorkant is voorzien van een gat. Het is de eerste camera die gebruikmaakt van een fotorolletje. Dit luidt het begin

Boven: Affiche uit 1905 waarmee treinmaatschappij PLM toerisme bevorderde.
Onder: Zoeklichten op de top van de Eiffeltoren voor de Exposition Universelle van 1900.

Het Electrical Building op de World's Columbian Exposition in Chicago, 1893.

Boven: Het Trottoir Roulant op de Exposition Universelle van Parijs, 1900.
Onder: Thomas Edison in zijn laboratorium, 1901.

Boven: Edisons gloeilamp met koolstoffilament, 1880. Onder: Het 'Petit Chateau', de New Yorkse mansion van William K. Vanderbilt op 660 Fifth Avenue, 1886.

Boven: De 'mad scientist' Nikola Tesla, 1890. Onder: Bertie woont op de Royal Institution een lezing bij van James Dewar, 1893.

Getrukeerde foto van Nikola Tesla naast een grote spoel
in zijn laboratorium, 1899.

Boven: Het Palais d'Électricité op de Exposition Universelle in Parijs, 1900.
Onder: Overzicht van de Exposition Universelle in Parijs, 1900.

Boven: Cartoon waarmee tijdschrift *Puck* de industriële en politieke macht van Rockefellers Standard Oil aan de kaak stelt, 1904. Onder: *Puck*-cartoon waarin J.P. Morgan met zijn financiële slagkracht de macht van Berties rijk omverwerpt.

Boven: De cinematograaf van Lumière, 1897. Onder: Alexander Graham Bell telefoneert vanuit New York naar Chicago, 1892.

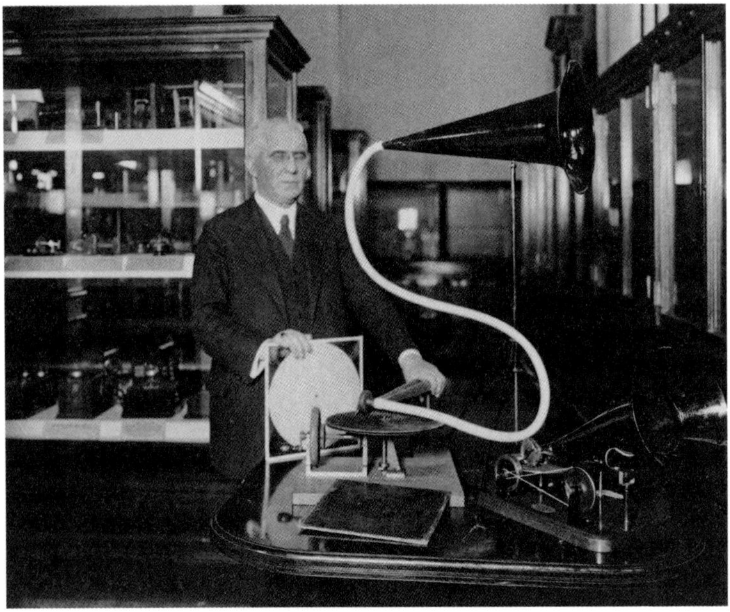

Boven: Emile Berliner met zijn eerste grammofoon uit 1889.
Onder: Prinses Alexandra tijdens de kerstdagen met haar nieuwe Kodak No. 1 (foto genomen door prinses Victoria), 1889.

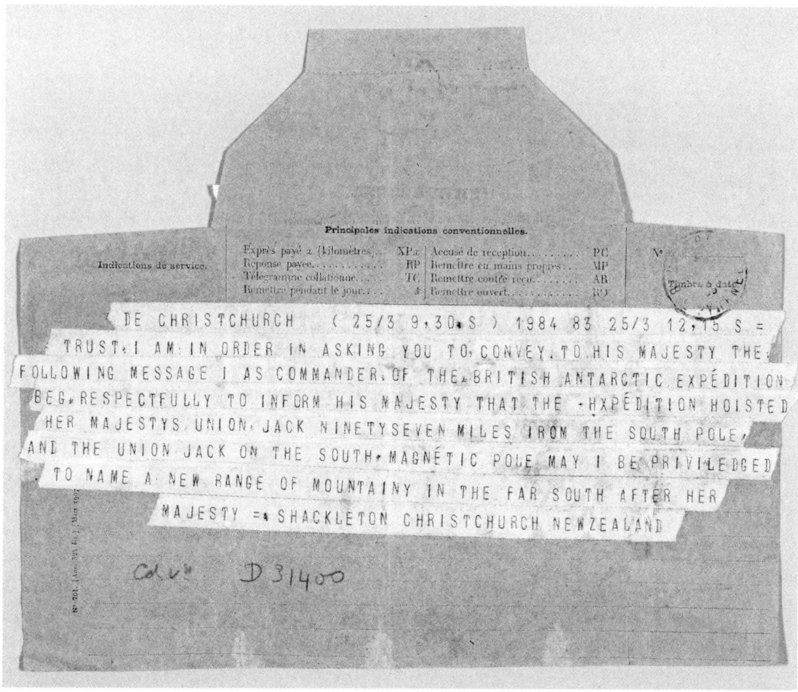

Principales indications conventionnelles.

Indications de service.

Exprès payé x (kilomètres)	XPx	Accusé de réception	PC
Réponse payée	RP	Remettre en mains propres	MP
Télégramme collationné	TC	Remettre contre reçu	AB
Remettre pendant le jour	J	Remettre ouvert	RO

N°

Timbre à date

DE CHRISTCHURCH (25/3 9,30 S) 1984 83 25/3 12,15 S =
TRUST I AM IN ORDER IN ASKING YOU TO CONVEY TO HIS MAJESTY THE
FOLLOWING MESSAGE I AS COMMANDER OF THE BRITISH ANTARCTIC EXPÉDITION
BEG RESPECTFULLY TO INFORM HIS MAJESTY THAT THE HXPÉDITION HOISTED
HER MAJESTYS UNION JACK NINETYSEVEN MILES IROM THE SOUTH POLE
AND THE UNION JACK ON THE SOUTH MAGNÉTIC POLE MAY I BE PRIVILEDGED
TO NAME A NEW RANGE OF MOUNTAINY IN THE FAR SOUTH AFTER HER
MAJESTY = SHACKLETON CHRISTCHURCH NEWZEALAND

Col. v.n D 31400

Boven: Edisons filmstudio Black Maria, waar in 1894 ook opnames worden gemaakt van Annie Oakley. Onder: Bij terugkomst in Nieuw-Zeeland telegrafeert Shackleton aan Bertie over het succes van zijn Zuidpoolexpeditie, 1909.

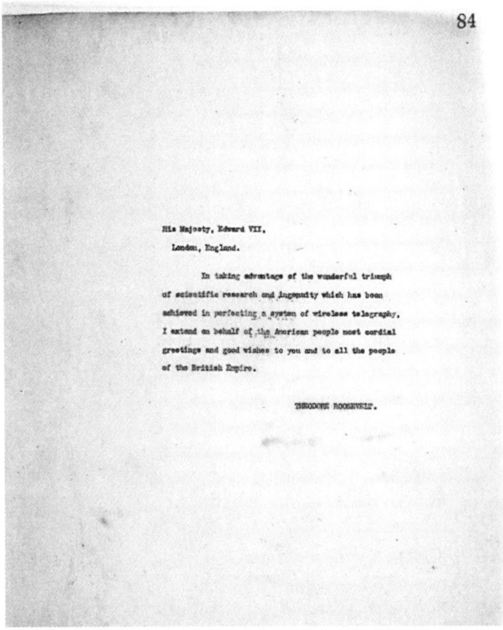
84

His Majesty, Edward VII,

London, England.

In taking advantage of the wonderful triumph of scientific research and ingenuity which has been achieved in perfecting a system of wireless telegraphy, I extend on behalf of the American people most cordial greetings and good wishes to you and to all the people of the British Empire.

THEODORE ROOSEVELT.

Boven: Het draadloze telegram van Theodore Roosevelt aan Bertie.
Onder: Reddingsboten van de RMS Titanic op weg naar de RMS Carpathia, 1912.

Boven: De marconistenkamer op de RMS Titanic (replica).
Onder: Reginald Fessenden tijdens zijn eerste radio-uitzending in 1906.

Boven: Affiche voor de cinematograaf van Lumière, 1896.
Onder: Affiche voor Edisons Vitascope, 1896.

Eerste affiche met de ‘Kodak Girl’, die zal uitgroeien tot een icoon, 1910.

Boven: Remington-typemachine uit 1890 met *shift key* en qwertytoetsenbord.
Onder: Park Row ('Newspaper Row') in New York, 1905.

Boven: Kiosk in New Orleans, 1910.
Onder: Kiosk in New York, 1913.

'Newsies' in New York, 1910.

Boven: Cover van het julinummer van *Vogue*, 1912. Onder: Cover van het zomernummer van *Harper's Bazaar*, dat toen nog *Harper's Bazar* heette, 1896.

Cover van *Alice's Adventures in Wonderland*, 1907.

Cover van de eerste druk van *The Wonderful Wizard of Oz*, 1900.

Boven: Interieur van de Oriënt-Express, 1900.
Onder: De Turbinia, 1897.

Boven: De eerste stationaire dieselmotor, 1896.
Onder: De eerste vlucht van de Zeppelin, 1900.

ROUND EIFFEL TOWER

Boven: Santos-Dumont rondt de Eiffeltoren in zijn luchtschip, 1901.
Onder: Een vroege Cartier Santos, 1910.

Boven: Otto Lilienthal, zwevend vanaf zijn Fliegeberg in Berlijn, 1894. Onder: De eerste gemotoriseerde vlucht van de gebroeders Wright op 17 december 1903.

Affiche voor de maidentrip van de Titanic, 1912.

Affiche van Jules Chéret voor de Oriënt-Express, 1889.

Boven: Wilbur Wright demonstreert Bertie zijn Model A, 1909.
Onder: Agnes Keyser in zusteruniform, 1899.

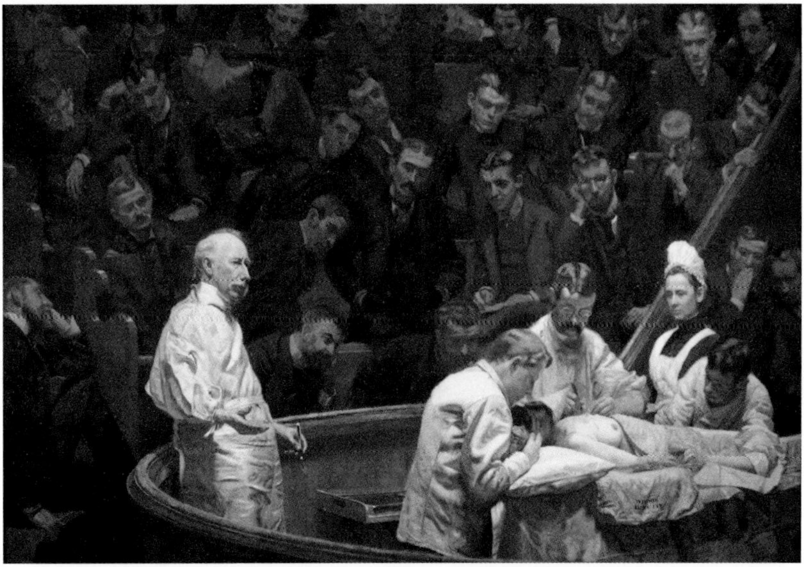

Boven: *The Agnew Clinic* van Thomas Eakins uit 1889 is een van de eerste afbeeldingen van Listers operatiekleding.
Onder: De eerste uitreiking van de Nobelprijs, 1901.

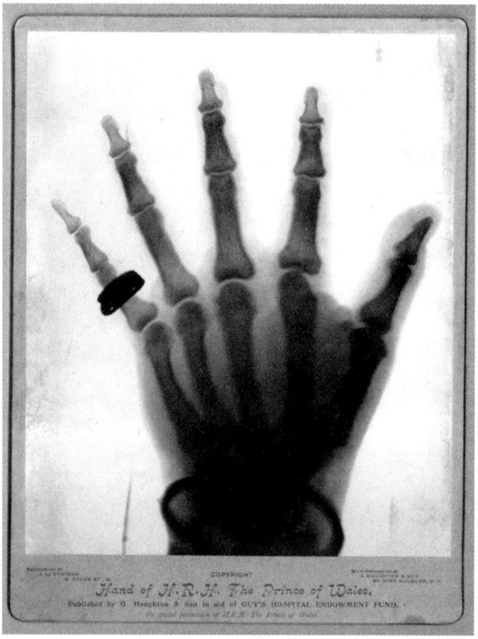

Boven: De röntgenfoto van Berties hand.
Onder: De jonge Albert Einstein in 1905, zijn annus mirabilis.

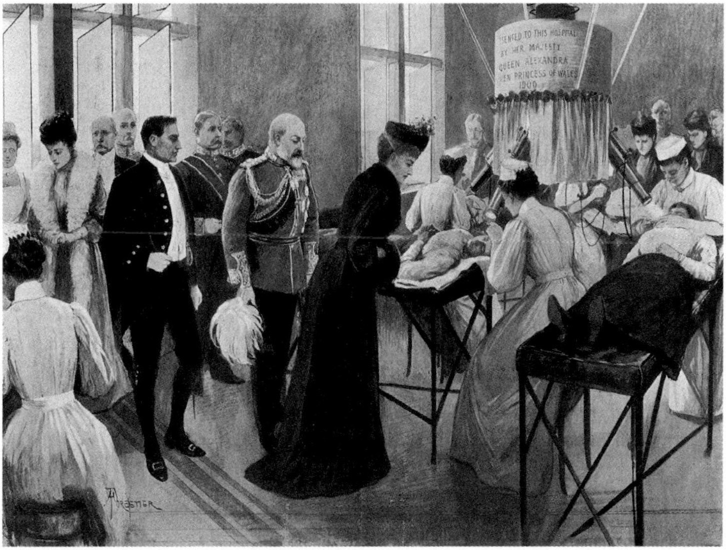

Boven: Bertie bekijkt de lamp van Finsen in het London Hospital, 1903.
Onder: Pierre en Marie Curie in hun laboratorium, 1904.

Boven: De originele 'eerste hulp'-bandage van Esmarch uit 1870.
Onder: Monument voor Bertie in Biarritz, ansichtkaart uit 1922.

in van de amateurfotografie. Eastman heeft er zelfs al een naam voor bedacht: Kodak.

Eastman, die met zijn moeder een jaar later ook de wereldtentoonstelling in Parijs bezoekt, ontpopt zich vervolgens als een slimme ondernemer. Hij ziet in dat de meeste amateurfotografen waarschijnlijk geen zin hebben om zelf hun foto's te ontwikkelen in een donkere kamer en wil 'de camera net zo makkelijk maken als een potlood'. Met als pakkende slogan 'Jij drukt op de knop, wij doen de rest' biedt hij daarom de mogelijkheid om het volle fotorolletje per post op te sturen, waarna de afgedrukte foto's worden teruggestuurd. Hij stippelt ook een slimme strategie uit – die daarna door vele bedrijven gevolgd zal worden – om de camera bijna tegen kostprijs aan te bieden en hoge winstmarges te halen uit het gebruik van de fotorolletjes. In 1895 is hij zelfs in staat om de camera terug te brengen tot zakformaat en deze aan te bieden voor slechts vijf dollar. Het betekent de doorbraak naar een massamarkt (waardoor Eastman zich de luxe kan permitteren om een gigantisch Eolisch pijporgel in zijn huis te laten bouwen en een organist in dienst te nemen die hem iedere ochtend wekt met een aubade).[6] Tegen het einde van de eeuw is fotografie dan ook heel gangbaar onder de middenklasse en elite. Zo bestaan van Bertie naast de vele officiële groepsfoto's – waarop hij zich steevast laat omringen door de mooiste vrouwen uit het gezelschap – vele Kodakkiekjes. Deze zijn genomen door zijn vrouw Alexandra en dochter Victoria, die in 1888 beiden direct de eerste Kodak aanschaffen (alsmede de opvolgers daarvan, de No. 1 en Brownie) en hierdoor fervente amateurfotografen worden, die met hun duizenden foto's vele albums zullen vullen.

Edison en zijn medewerkers realiseren zich begin 1890 dat Eastmans fotorol een grote kans biedt voor hun kinetoscope en bestellen direct een grote voorraad. Ze splitsen de rol in de lengterichting in tweeën tot een breedte van 35 millimeter. Ze kiezen daarbij voor een beeldgrootte van 24 bij 18 millimeter, zodat langs beide zijkanten ruimte overblijft waarin vierkante gaatjes kunnen worden geperforeerd, die dienen om de rol snel te laten draaien over een set tandwielen. Als eerste ontwikkelen ze hiermee de *kinetograph*: een apparaat om films mee op te nemen, dat gebruikmaakt van een snel draaiend mechanisme uit een klok om de film beeld voor beeld kort achter de lens te laten verschijnen voor belichting. Edison, die groot denkt en een gesloten totaalsysteem wil creëren, laat meteen ook de eerste filmstudio in de historie bouwen.[7] Wat de kosten en uitvoering hiervan betreft is hij kennelijk minder ruimdenkend, want volgens het personeel is het bouwwerk een kleine en ongemakkelijke plek om te werken, dat 'zich niet heeft onderworpen aan architectonische regels'. Omdat de studio vanbinnen en vanbuiten bovendien helemaal zwart geverfd is, geven de medewerkers het de bijnaam Black Maria (naar de benauwde zwarte politiekoets, die eruitziet als een kleine cel), maar zelf prefereert Edison het nog aanlokkelijker klinkende Hondenhok. Het nieuws over zijn uitvinding verspreidt zich overigens razendsnel, waarna dagelijks vele dansers, goochelaars, boksers en vaudevilleartiesten uit het hele land toestromen, in de hoop te mogen optreden in een film.

In Edisons totaalsysteem ontbreekt dan alleen nog een apparaat om films mee te kunnen bekijken. En hier maakt hij een cruciale denkfout door te veronderstellen dat mensen dit het liefst individueel doen. Op de wereldtentoonstelling van Chicago presenteert hij in 1893 daarom zijn kinetoscope: een forse kast die tot navelhoogte reikt, met in het binnenste een ingenieus samenstel van spoelen en tandwielen waar de ontwikkelde film met hoge snelheid overheen draait. Boven op deze kast zit een kijkgat waaronder de film met een snelheid van zestien beelden per seconde langskomt. De eerste vertoning is een geluidloze, ongeveer dertig seconden lange zwart-witfilm van drie smeden die hun hamer beurtelings op een aambeeld slaan. Ondanks dit weinig spannende plot is het publiek verrukt over de revolutionaire nieuwigheid, die vanwege het kleine kijkgat algauw een *peepshow* zal worden genoemd.

Een jaar later opent Holland Bros. een salon in New York waar tien kinetoscopes staan met ieder een andere film, waarvan de duur veertig seconden is omdat de filmrollen slechts vijftien meter lang zijn. Ondanks de hoge toegangsprijs van 25 cent – evenveel als voor een vaudevilletheater – wordt het direct een groot succes, waarna in alle grote steden in hoog tempo kinetoscope salons worden geopend.[8] Maar de rage zal van korte duur blijken, als gevolg van een superieur concept dat Louis Lumière ondertussen heeft ontwikkeld in Parijs.

In 1892 raakt Lumière, die in Lyon samen met zijn broer Auguste in de fabriek voor fotoapparatuur van hun vader Antoine werkt, gefascineerd door een dat jaar gepatenteerde uitvinding van zijn landgenoot Léon Bouly. Met deze cinematograaf maakt Lumière direct zijn eerste film, getiteld *Le Prince de Galles*: een minuut durende documentaire over de door hem bewonderde Bertie (die overigens net als hijzelf een prominent aanhanger is van het Esperanto). Daarna raadpleegt hij ook het octrooi van de vermiste Louis Le Prince en twee jaar later besluit hij om Bouly's patent over te nemen als deze geld tekort blijkt te komen voor de verlenging ervan. In 1895 legt Lumière, samen met zijn broer, op basis hiervan een eigen patent voor de cinematograaf vast: een slechts acht kilo wegend, relatief compact apparaat dat films kan opnemen en ontwikkelen en deze vervolgens ook kan projecteren.

Op 28 december 1895 vindt op een groot wit doek dat is opgehangen in het grand café van de chique Jockey Club de Paris – die Bertie als erelid frequenteert – de eerste betaalde publieke vertoning van films plaats. Le tout-Paris raakt er in extase tijdens tien korte films en in de collectieve beleving van dit wonder slaan velen de handen voor hun ogen uit ongeloof over het betoverende schouwspel. Met behulp van de handbediening demonstreert Lumière ook de eerste special effects uit de geschiedenis door het beeld te vertragen en versnellen. De kijkers staan perplex en hun enthousiasme resulteert daarna in ruim vierduizend bezoekers per dag, die in lange rijen voor de deur staan. Samen met een glorieuze demonstratie op de wereldtentoonstelling van Parijs in 1900 zal dit alles Lumière de bijnaam van de vader van de cinema opleveren.

Edison realiseert zich in maart 1896 dat zijn kinetoscope achterhaald is omdat veel eigenaren van variététheaters op het punt staan om te investeren in de cinematograaf van Lumière (zoals inmiddels is gebeurd in Londen, waar een soort filmgekte is ontstaan). Maar hij beseft ook dat het gebruik van een gloeilamp veel praktischer en veiliger is dan ether. Na enkele verbeteringen aan een snel opgekocht patent presenteert hij daarom de Vitascope en laat deze in april zijn première beleven in New York. In juli opent Edison in New Orleans de eerste vaste bioscoop ter wereld, de Vitascope Hall, en in september is in New York de eerste speciaal voor dit doeleinde gebouwde bioscoop een feit, genaamd Edisonia Hall. Zijn tactiek slaagt en binnen een tweetal jaren vormt Vitascope de facto de nationale standaard, daarmee tevens de neergang van de vaudevilles inluidend. In Europa blijft het voorlopig bij rondreizende bioscopen die in tenten op kermissen staan of onderdak vinden bij cabarets en musichalls. Maar in 1907 openen in Parijs en Londen als eerste ook de overdadig luxueuze bioscopen van Léon Gaumont en de gebroeders Pathé.[9]

De stomme films worden geleidelijk langer en steeds vaker is daarom een explicateur aanwezig, die het verhaal vertelt. Ook begint men meer en meer gebruik te maken van muzikanten, die de film begeleiden op viool of piano. Frankrijk heeft in 1896 de primeur van de eerste vrouwelijke filmmaker ter wereld, Alice Guy-Blaché. En in datzelfde jaar zorgen de Fransen weer voor een vernieuwing die tegelijkertijd wordt afgekeurd en omarmd: Eugène Pirou en Albert Kirchner schrijven cineastische geschiedenis door als eersten een pornofilm te produceren. Dit betreft *Coucher de la Mariée,* een zeven minuten durende opname waarin Louise Willy een striptease doet in de badkamer. Hun volgende film – *Fatima's Coochie-Coochie Dance,* dat een naakte buikdanseres toont – valt direct de eer toe om als eerste film ooit gecensureerd te worden.

Rond de eeuwwisseling is Bertie opnieuw actief betrokken bij alweer een nieuwe ontwikkeling, ditmaal een innovatie die voortkomt uit de telegraaf. Die telegraaf zelf is al in 1832 uitgevonden door de Amerikaanse portretschilder Samuel Morse, die tijdens de bootreis na een bezoek aan Europa geïnspireerd raakt door de elektromagnetische experimenten van een medepassagier. En ruim tien jaar later ontwikkelt Morse hiervoor ook de naar hem vernoemde code van punten en strepen waarmee letters en cijfers kunnen worden gevormd voor een telegrambericht. Doordat binnen Amerika en Europa daarna in hoog tempo een verfijnd netwerk van telegraafkabels wordt aangelegd, zorgen Morse' communicatiemiddelen voor een revolutionaire versnelling in het berichtenverkeer. En daarom stelt Morse voor om een onderzeese telegraafkabel aan te leggen tussen die beide continenten, zodat deze volgens een dan net gemunte term *internetted* worden.

De eerste poging hiertoe mislukt, maar dan ontwerpt de geniale Britse ingenieur Isambard Brunel vlak voor zijn dood de SS Great Eastern, dat met zijn ruim tweehonderd meter lengte veruit het grootste schip ter wereld is en dat tot de eeuwwisseling ook zal blijven. Hiermee is het mogelijk om de ruim 4300 kilometer lange kabel, die in het gigantische ruim kan worden opgeslagen, via een installatie aan dek in zee te laten zakken. In 1865 vaart de Great Eastern vanaf de uiterste westpunt van Ierland naar de uiterste oostpunt van Newfoundland om deze trans-Atlantische telegraafkabel te leggen, maar na vele ontberingen gaat het halverwege mis als de kabel breekt en het uiteinde naar de vier kilometer diepe bodem zinkt. Een jaar later slaagt de operatie echter alsnog met een nieuwe kabel en blijkt men met een sleephaak zelfs op miraculeuze wijze in staat om 'een heel kleine speld in een heel grote hooiberg' te vinden en de oude kabel boven water te halen, die na reparatie ook in gebruik wordt genomen. De telegraafmaatschappij maakt daarna haar slogan 'Van twee weken naar twee minuten' voor de verzending van berichten ruimschoots waar, zodat de wereld als het ware wordt verkleind en hierdoor intercontinentale relaties van persoonlijke, zakelijke en politieke aard blijvend veranderen. De toegenomen transparantie van de handelsmarkt zorgt dat prijzen van goederen en diensten dalen en de trans-Atlantische handel een groeispurt doormaakt, als uiting van vroege globalisering. De extraverte Bertie besteedt daarna alleen al ruim duizend pond per jaar aan telegrammen, ongeveer twintigmaal zoveel als het gemiddelde jaarsalaris van een fabrieksarbeider. En tegen het einde van de eeuw zal hij een cruciale rol spelen bij alweer een nieuwe revolutie in communicatie.

In juni 1896 woont Bertie op de Royal Institution en de Royal Society namelijk voordrachten bij van William Preece, de *engineer-in-chief* van het General Post Office (de Britse overheidsinstantie voor post, telegrafie en telefonie), over experimenten die een recent naar Engeland verhuisde Italiaan voor hem heeft uitgevoerd. Deze drieëntwintigjarige Italiaanse graaf luistert naar de naam Guglielmo Marconi en spreekt onberispelijk Engels omdat hij met zijn Ierse moeder, een rijke erfgename van de beroemde whiskeydistilleerderij Jameson, tot zijn zesde in Engeland heeft gewoond. Daarna brengt hij zijn jeugd door bij zijn vader in Bologna, waar hij thuisonderwijs krijgt. En op zijn achttiende komt hij daar in contact met professor Augusto Righi, die is verbonden aan de oudste universiteit ter wereld, die is gevestigd in een prachtig middeleeuws gebouw in het centrum.[10] Righi laat Marconi kennismaken met het werk van Heinrich Hertz op het gebied van elektromagnetische golven en staat hem daarna toe om enkele colleges bij te wonen en gebruik te maken van de bibliotheek. Twee jaar later begint Marconi hierdoor, met behulp van zijn butler, op zolder te experimenteren en ontwikkelt zo een zender en ontvanger die het mogelijk maken om telegraafberichten draadloos te versturen.

De toehoorders in Londen zijn verrukt over Marconi's net gepatenteerde uitvinding en in de zomer van 1897 besluit Bertie hem in te schakelen voor het oplossen van een praktisch probleem. In juli heeft Bertie in het kasteel van zijn vriend Ferdinand de Rothschild namelijk zijn knieschijf gebroken bij een val van een wenteltrap en kan daardoor nauwelijks lopen. Maar tegen de uitdrukkelijke wens van Victoria wil hij begin augustus toch zoals ieder jaar deelnemen aan de regatta van de Cowes Week. Bertie nodigt Marconi zodoende uit voor een verblijf van ruim twee weken op het koninklijke zeiljacht om zijn 'magische doos' te benutten en de in haar zomerpaleis Osborne House verblijvende Victoria dagelijks gerust te stellen met een bulletin over zijn medische conditie. Aan boord geniet de jonge Marconi van Berties 'gebruikelijke bonhomie' en krijgt van hem 'een heel mooie en kostbare dasspeld cadeau'. Ook wordt hij door Bertie beloond met een persoonlijke audiëntie bij Victoria.

Nadat Marconi een antenne heeft gemonteerd in de mast, laat Bertie hem een van de eerste draadloze tekstberichten uit de geschiedenis versturen. Dit bericht aan zijn moeder betreft echter niet Berties gezondheid maar diens vertier: 'Wil heel graag een cricketwedstrijd houden tussen Crescent en de officieren van de koninklijke jachten. Sta alstublieft toe dat deze wedstrijd op Osborne wordt gespeeld.' Hierna laat Victoria kort en zakelijk antwoorden dat zij dit goedkeurt. Bertie en de koninklijke familie zijn er direct van onder de indruk hoe makkelijk het systeem functioneert, en gedurende die weken zullen zij en hun gasten dan ook ruim honderd berichten versturen (waarvan vele overigens gaan over het plannen van afspraken om thee te drinken). Al varend ontdekt Marconi tot zijn grote genoegen dat de berichten zelfs een afstand van 25 kilometer kunnen overbruggen en de hoge klifkust hierbij geen belemmering vormt. Dit alles levert Marconi veel publiciteit op, waarbij de net gelanceerde *Daily Mail* zelfs een paginavullende illustratie plaatst van twee aantrekkelijke vrouwen die gefascineerd toekijken hoe Marconi achter zijn apparaat zit terwijl de signalen met een golvende stippellijn de mast van Berties jacht verlaten. Tussen Bertie en Marconi ontwikkelt zich bovendien een warme vriendschap.

In 1901 ontmoet Marconi zijn toekomstige echtgenote Beatrice, die als meisje regelmatig op Sandringham met Berties zoon George heeft gespeeld, en wordt hij als eregast uitgenodigd voor Berties kroning. Wellicht dat dit hem, na twee jaar eerder het eerste draadloze overzeese bericht ooit te hebben verstuurd over het Kanaal, het vertrouwen geeft voor de ultieme stap: het trans-Atlantisch versturen van draadloze berichten. Hij neemt hoogleraar John Ambrose Fleming in dienst om een krachtiger systeem te ontwerpen en laat zowel in Poldhu, de uiterste zuidwestpunt van Engeland, als aan de oostkust van het Canadese Nova Scotia zestig meter hoge zendmasten bouwen.

Na enkele mislukte testen breekt het historische moment op 15 december 1902 dan alsnog aan: vanuit Canada verstuurt Marconi het eerste draadloze bericht over de oceaan, een groet gericht aan Bertie. Enkele uren later ontvangt Marconi antwoord van Bertie, waarbij hij hem feliciteert en hartelijk in herinnering brengt hoe diens experimenten vijf jaar eerder zijn begonnen aan boord van het koninklijk jacht. Op 18 januari is het de beurt aan de Verenigde Staten als Marconi vanaf Cape Cod een bericht verstuurt van president Theodore Roosevelt, opnieuw gericht aan Bertie: 'Door gebruik te maken van de prachtige triomf van wetenschappelijk onderzoek en vindingrijkheid die is bereikt bij het perfectioneren van een systeem van draadloze telegrafie, spreek ik namens het Amerikaanse volk de zeer hartelijke groeten en goede wensen uit aan u en alle mensen van het Britse Rijk.' Ook dit wordt door Bertie bevestigd: 'Ik dank u hartelijk voor het vriendelijke bericht dat ik zojuist van u heb ontvangen via Marconi's trans-Atlantische draadloze telegraaf.'

Mede dankzij Berties publieke ondersteuning is Marconi's naam na dit moment definitief gevestigd en zal hij zijn eerste van nog vele onderscheidingen, prijzen en vernoemingen ontvangen. Maar zijn waarlijke doorbraak naar internationale faam volgt tien jaar later. De basis hiervoor wordt in 1907 gelegd als Bruce Ismay, directeur van rederij White Star Line, en de eigenaar hiervan, John Pierpont Morgan, besluiten het grootste en meest luxueuze passagierschip ter wereld te laten bouwen om hiermee concurrent Cunard Line af te troeven in hun onderlinge prestigestrijd. De in Belfast gevestigde scheepswerf Harland & Wolff krijgt een ongelimiteerd budget en presenteert het jaar daarop de ontwerpen. Een onderdeel van hun voorstel is om de krachtigst denkbare uitvoering van Marconi's apparatuur aan boord te installeren. Na goedkeuring vangt de bouw aan en op 10 april 1912 vertrekt het 269 meter lange en inmiddels Titanic genaamde stoomschip uit Southampton voor haar maidentrip naar New York.

Zowel Morgan als Marconi heeft door omstandigheden op het laatste moment af moeten zeggen voor deze reis. Maar aan boord van het onzinkbaar geachte schip zijn wel twee van Marconi's eigen werknemers, Jack Phillips en zijn assistent Harold Bride, om als 'marconist' de apparatuur in continue ploegendienst te bemensen. Op de avond van 12 april ontvangt Phillips twee berichten van nabije schepen die waarschuwen voor ijsbergen, maar deze vergeet hij door te geven aan de kapitein omdat hij druk is met het wegwerken van een achterstand in berichten voor passagiers. Vlak voor middernacht heeft de op volle snelheid varende Titanic een aanvaring met een ijsberg, waardoor onder de waterlijn een bijna negentig meter lange scheur in de romp ontstaat. Het zeewater blijkt hierdoor snel naar binnen te stromen, zodat Phillips het recent geïntroduceerde SOS-signaal begint te versturen. Zo slaagt hij erin om de RMS Carpathia te bereiken, wiens bemanning 705 van de 2223 opvarenden weet te redden die zich in de slechts twintig reddingssloepen of in het zeewater van twee graden onder nul bevinden.[11] Phillips blijft ondertussen doorwerken totdat het water ook zijn hooggelegen kamer onderspoelt en hij omkomt in een poging het schip te verlaten. Bride raakt zwaargewond, maar desondanks helpt hij de marconist van de Carpathia gedurende de hele reis naar New York met het versturen van geruststellende berichten van overlevenden aan hun familie.[12]

Daar wordt Marconi zelf enkele dagen later als een held onthaald. Menigten beginnen te applaudisseren en juichen zodra hij ergens verschijnt, omdat de kranten euforisch Edisons stelling citeren dat alle aan de dood ontsnapte passagiers hun leven aan Marconi te danken hebben. In de bijgaande illustraties beelden ze Marconi zelfs af als Poseidon die reddingssloepen uit het water tilt. Nadat de Amerikaanse Senaatscommissie en de Britse Kamer van Koophandel hun onderzoeken naar de toedracht van de ramp hebben afgerond, wordt wetgeving ingesteld die Marconi's systeem een verplichte voorziening maakt op alle schepen. En daarnaast vormt de catastrofe de basis voor het nieuwe genre van rampenfilm.

Bertie maakt deze triomf van zijn goede vriend helaas niet meer mee, omdat hij twee jaar daarvoor is overleden. Maar eerder is hij er nog wel getuige van hoe Marconi's uitvinding de basis vormt voor een andere baanbrekende vernieuwing: de radio.[13] Hierbij is een belangrijke rol weggelegd voor Reginald Fessenden, wiens Canadese moeder in 1860 dusdanig onder de indruk is van het staatsbezoek van Bertie dat zij er daarna persoonlijk voor zorgt dat Victoria Day in het leven wordt geroepen als nationale vrije dag waarop ook Berties verjaardag wordt gevierd. In 1900 is Fessenden, die gedurende zijn leven ruim vijfhonderd patenten zal aanvragen, na betrekkingen bij Edison, Westinghouse en twee universiteiten inmiddels in dienst bij het Amerikaanse weerbureau. Hier mag hij experimenteren met Marconi's draadloze telegrafie voor het doorgeven van informatie vanuit weerstations. Daarbij ontdekt hij toevallig dat tussen de morsecode door soms menselijke stemgeluiden zijn te horen. En dit zet hem op het spoor om een variant op Marconi's techniek te ontwikkelen waarbij hoge frequenties worden gebruikt, een techniek die amplitudemodulatie (AM) wordt genoemd. Enkele maanden later slaagt hij er met deze zogenoemde radiotelefonie in om een spraakbericht te verzenden, echter, niemand ziet hiervan het potentieel in.

Maar in 1904 vindt Marconi's werknemer John Fleming de vacuumdiode uit, een radiobuis die wordt beschouwd als de eerste vorm van elektronica. Fessenden maakt hiervan dankbaar gebruik om zijn eerste radioapparatuur te bouwen. En hiermee verzorgt hij twee jaar later naar eigen zeggen de eerste radio-uitzending ooit door scheepsmarconisten op kerstavond te verrassen met een fonograafopname van Händels *Largo*, waarna hij 'niet heel zuiver zingt' als hij 'Oh Holy Night' compleet met vioolsolo ten beste te brengt, om na een passage uit Lucas 2:14 af te ronden met een kerstgroet. Omdat bewijs hiervoor ontbreekt, wordt aangenomen dat uitvinder Lee de Forest in de maanden daarna de eerste is die, vanuit zijn laboratorium boven in een New Yorkse wolkenkrabber, een radio-uitzending maakt. Na experimenten met fonograaf en een elektrisch orgel laat hij op 22 september mezzosopraan Eugenia Farrar twee populaire liederen zingen (een jaar later realiseert hij tijdens zijn huwelijksreis in Parijs ook de eerste Europese radio-uitzending, vanuit Eiffels laboratorium boven in de Eiffeltoren). Hoe dan ook, Marconi adopteert de radio en zijn onderneming zal enige tijd later in Engeland en Amerika medeoprichter zijn van niet alleen de British Broadcasting Company (BBC), maar ook de National Broadcasting Company (NBC) als eerste radiozenders.

Noten

1 De Italiaanse uitvinder Antonio Meucci is Bell enkele jaren voor met een apparaat dat hij *teletrofono* noemt, maar door juridische en inhoudelijke details verliest hij zijn aanspraak op het patent (iets vergelijkbaars geldt voor Elisha Gray; de term 'telefoon' is overigens in 1861 bedacht door de Duitse uitvinder Johann Reis). Bell richt in 1877 de Bell Telephone Company op, die uiteindelijk zijn naam verandert in AT&T.

2 Berliners variant maakt in plaats van cilinders gebruik van platte ronde schijven. Dit biedt veel voordelen, zoals goedkope massaproductie, dubbelzijdig gebruik en een makkelijker manier van bewaren. Uiteindelijk maakt de koppige Edison pas in 1912 ook de overstap naar deze grammofoonplaat.

3 Het effect is vergelijkbaar met dat van flipboekjes (folioscoop geheten): op iedere volgende pagina staat een bal die iets naar boven of beneden verschoven is. Door dit snel door te bladeren ontstaat de optische illusie van een stuiterende bal. Die beweging herhaalt zich als een continue lus, zoals tegenwoordig bij een GIF.

4 Kennelijk vormen termen uit de klassieke oudheid dan de norm voor neologismen. Zo zijn 'cinematographe' en 'kinetograph' beide afgeleid van de Griekse woorden voor beweging en vastleggen. Hetzelfde geldt voor 'kinetoscope' (beweging; kijken), 'zoetrope' (leven; wiel), 'praxinoscope' (actie; kijken). 'Record' refereert dan weer aan het Latijnse werkwoord *recordare* (onthouden).

5 Om het apparaat zo snel mogelijk te laten werken worden de namen van beursgenoteerde bedrijven afgekort tot maximaal vier letters. Deze zijn nog steeds gangbaar in digitale ticker tapes.

6 Eastman Kodak groeit uit tot ruim 145 000 werknemers. Vele historische momenten worden met zijn producten vastgelegd, maar in 2012 gaat het bedrijf failliet omdat men niet goed inspeelt op de uitvinding van de digitale fotografie en film.

7 Later zal Steve Jobs zich voor Apple door deze strategie van Edison laten inspireren.

8 Vanaf 1896 verschijnen hier, van de hand van de Duitse immigrant Rudolph Wurlitzer, die later jukeboxen gaat produceren, ook de eerste pianola's die muziek afspelen na inworp van een munt.

9 In Amerika beginnen vanaf 1905 de eerste *nickelodeons* te verschijnen: eenvoudige bioscopen waar ook de arbeidersklasse voor een dubbeltje (*nickel*) films kan bekijken.

10 De universiteit van Bologna is opgericht in 1088 en kent vele beroemde alumni, onder wie meerdere pausen, Dante Alighieri, Nicolaas Copernicus, Desiderius Erasmus, Luigi Galvani, Enzo Ferrari en Umberto Eco.

11 Van de 1518 slachtoffers betreft bijna de helft scheepspersoneel, inclusief het achtkoppige orkest, dat aan dek tot aan de ondergang muziek blijft spelen om de passagiers tot rust te brengen. Onder de omgekomen passagiers bevinden zich ook vele bekende mensen, zoals John Jacob Astor, Isidor Straus en Benjamin Guggenheim (die zich in rokkostuum verkleedt, zodat hij 'voorbereid is om als een heer ten onder te gaan'). Na de ramp ontstaat overigens de Just Missed It Club van mensen die hun ticket op het laatste moment hebben geannuleerd. Onder hen bevinden zich George Vanderbilt, chocoladetycoon Milton Hershey, staalbaron Henry Clay Frick, entertainmentpionier Edgar Selwyn en de latere Nobelprijswinnaar John Mott.

12 In 1898 schrijft Morgan Robertson een roman getiteld *The Wreck of the Titan* over een enorm Brits passagiersschip, genaamd de SS Titan, dat onvoldoende reddingsboten heeft omdat het als onzinkbaar wordt beschouwd. Tijdens een reis in april raakt het echter een ijsberg en zinkt in de Noord-Atlantische Oceaan, waardoor vrijwel alle opvarenden omkomen. Omdat dit verhaal zoveel gelijkenis vertoont met de latere gebeurtenissen, vormt het nog steeds een bron van complottheorieën.

13 Later zal het ook de basis vormen voor uitvindingen als mobiele telefonie, satellietnavigatie, bluetooth en wifi.

10 Stop de persen!

Tot grote afschuw van Victoria verschijnt in 1877 een aanstootgevend artikel over de dan zesendertigjarige Bertie in *The News of The World*. Met scoops over publieke schandalen, spectaculaire verslaggeving over criminaliteit en schokkende onthullingen over 'vrouwen van lichte zeden' richt dit goedkoopste dagblad van Engeland zich op de werkende klasse, waardoor het in de volksmond vooral als 'News of the Screws' wordt betiteld. In het betreffende artikel beschrijft de redacteur hoe de zeer populaire prinses Alexandra lijdzaam slachtoffer is van het veelvuldige overspel van haar echtgenoot Bertie, waarbij hij 'Prins Hal waarschuwt dat zijn op veler gebied in het oog springende leven met groeiende afkeuring nauwlettend in de gaten wordt gehouden'.[1] Deze nieuwe bijnaam, die heimelijk ook door premier Benjamin Disraeli wordt gebezigd, verwijst naar het Shakespearestuk *Hendrik IV*, waarin de veertiende-eeuwse koning van Engeland zich schaamt voor zijn zoon, de toekomstige koning Hendrik V. Als prins van Wales leidt deze een 'laag leven vol ondeugden en schandaleuze losbandigheid', waarbij hij zich omringt met 'mensen van laag allooi', onder wie de 'foute metgezel' John Falstaff, die de voornaam van zijn vriend afkort tot Hal.

De karakterisering als Prins Hal is representatief voor de wijze waarop krantenredacties in die tijd verslag doen van Berties leven. Het toont hoe journalistiek aan het veranderen is, bijvoorbeeld als tien jaar later William Thomas Stead, hoofdredacteur van *The Pall Mall Gazette*, zich in een verslag van Victoria's gouden jubileum openlijk over Bertie afvraagt of 'die weinig indrukwekkende, dikke, kleine man in het rood ooit over ons zal kunnen regeren'. Stead, een onvermoeibare man met een woeste baard, priemende ogen en uitgesproken meningen, is dan ook 'op een kruistocht om de victoriaanse maatschappij te hervormen', iets wat hem zelfs twee maanden gevangenisstraf oplevert. Hierbij schuwt hij geenszins middelen als verdraaiing van feiten, verzonnen verhalen, pertinente leugens en beschaming van vertrouwen. Als zijn voormalige baas bij de *Gazette*, John Morley, tot staatssecretaris voor Ierland wordt benoemd en premier William Gladstone vraagt of 'hij dat benarde land wel aankan', antwoordt Morley laconiek dat 'als je erin slaagt Stead te managen, je overal in zult slagen'.

Steads pen is zelfs zo scherp dat Bertie in 1891 zijn maîtresse Daisy Brooke angstig een exemplaar overhandigt van het door Stead dat jaar opgerichte maandblad *The Review of Reviews*: 'Ik heb gehoord dat hierin een verschrikkelijk artikel over mij staat. Ik durf het niet te openen. Ik wil dat jij het leest en me vertelt wat hij schrijft.' De strekking ervan blijkt echter positief, omdat Stead respectvol de potentie van Berties talenten benadrukt. Ondanks de eerdere belediging komt het daarom vijf jaar later zelfs tot een zorgvuldig gepland privégesprek dat beider doelen dient. Stead, die overigens ook esperantist is, tracht hierin Bertie 'te verbeteren door morele en intellectuele verheffing', terwijl Bertie zelf probeert Stead te beïnvloeden in de inhoud en vorm van zijn verslaggeving. Daarmee legt Bertie de basis voor zijn publicrelationsaanpak, die hij tijdens zijn koningschap effectief zal uitbouwen door middel van zichtbaarheid, ceremonieel en persoonlijke contacten met journalisten. Dat is een vernieuwende manier van werken omdat pr in die jaren nog een vakgebied in wording is.[2]

Stead zorgt intussen voor een revolutie in de journalistiek. De typemachine, die in 1878 is doorgebroken nadat Remington het model No. 2 op de markt heeft gebracht, zorgt er tegen het einde van de eeuw voor dat vrouwen ook werkzaam worden op kantoor.[3] En Stead is de eerste die vrouwelijke journalisten in dienst neemt. Daarnaast introduceert hij New Journalism, waarbij onderzoeksjournalistiek en opiniërende editorials worden ingezet om het publiek en de machtshebbers te beïnvloeden over maatschappelijke kwesties.

Ook gebruikt hij als eerste kaarten en diagrammen in artikelen, voert hij koppen en tussenkoppen in en lanceert hij bijlages. In combinatie met zijn sensatiezucht legt hij zo mede het fundament voor een nieuw soort krant: de tabloid. Overigens komt de voor de Nobelprijs genomineerde Stead in 1912 net zo dramatisch te overlijden als veel van zijn verhalen verlopen. Bij de ondergang van de Titanic geeft hij zijn zwemvest weg aan een vrouw, waarna hij en John Jacob Astor zich later schouder aan schouder moeten vastklampen aan de reling van een reddingssloep en genoodzaakt zijn om los te laten als hun ledematen bevriezen, zodat ze naar de bodem van de oceaan zinken. Zowel deze ramp als zijn eigen lot daarbij is door Stead zelf overigens in 1886 voorspeld. Dan publiceert hij in de *Gazette* een kort verhaal waarin een oceaanstomer op weg naar de VS zinkt en hijzelf samen met de meeste passagiers verdrinkt door een groot tekort aan reddingsboten. In 1892 publiceert hij opnieuw een verhaal waarin een oceaanstomer passagiers redt omdat hun schip zinkende is na een aanvaring met een ijsberg in de noordelijke Atlantische Oceaan.

Stead behoort tot een groep markante mannen die het medium dagblad in die jaren definiëren. Zo koopt in 1894 de rusteloze, bij voorkeur in een lange bontjas geklede Alfred Harmsworth – die ervan overtuigd is de reïncarnatie te zijn van Napoleon Bonaparte en zich daar ook op geheel authentieke wijze naar gedraagt – in Londen het zieltogende *Evening News* op en maakt hiervan een groot succes. Twee jaar daarna lanceert hij 'met jongensachtige bravoure' de *Daily Mail*, die zich met een bodemprijs en populistische verslaggeving specifiek richt op de lagere middenklasse, waarbij ook vrouwen als doelgroep worden onderkend. Wat Harmsworth steevast met een twinkeling in zijn ogen aan zijn journalisten instrueert, laat dan ook niets aan duidelijkheid te wensen over: 'Er zijn drie zaken altijd nieuwswaardig: seks, gezondheid en geld.' De mix van nieuws, controverses, schandalen (iets waarmee hij zelf tamelijk bekend is aangezien hij op zeventienjarige leeftijd een kind krijgt bij het zestienjarige dienstmeisje van zijn ouders), human interest, specials, kruiswoordpuzzels, horoscopen en prijsvragen blijkt een welhaast onweerstaanbare formule. Direct na de lancering moet Harmsworth met spoed extra drukkerijen inhuren om aan het einde van de eerste week een oplage van ruim 350 000 kranten te kunnen leveren, waarbij hij speciale treinen dient te regelen om deze ook buiten Londen te distribueren. Al in 1902 wordt, als eerste Engelse krant, de mijlpaal van een miljoen gedrukte exemplaren bereikt.

De daarna door Harmsworth gelanceerde tabloid *Daily Mirror* flopt aanvankelijk, maar als hij besluit om een serie grote foto's van Bertie en zijn gezin af te beelden, volgt alsnog de doorbraak. De krant groeit vervolgens onstuimig en als Harmsworth vervolgens *The Observer* en *The Times* overneemt, vormen zijn kranten tezamen bijna de helft van alle exemplaren die dagelijks in Groot-Brittannië gedrukt worden. Het maakt hem de belangrijkste man van Fleet Street, waar de meeste van de tweeënvijftig Londense kranten zijn gevestigd, zoals de eveneens succesvolle *Daily Telegraph*. Vanwege het grote bereik en de daarmee samenhangende macht van de kranten aldaar begint men rond 1910 voor het eerst te spreken van 'massamedia'. Voor zijn bijdrage aan de geletterdheid van de bevolking is Harmsworth dan al door Bertie in de adelstand verheven. Voor Harmsworth vormt Bertie zelf inmiddels een spil in zijn verslaggeving: 'De koning is zo'n immense persoonlijkheid geworden dat de ruimte die wij aan de bewegingen van het koningshuis wijden, is vervijfvoudigd sinds Zijne Majesteit op de troon zit.'

Het laatste decennium van de negentiende eeuw en het eerste van de twintigste eeuw worden dan ook beschouwd als het hoogtepunt in het gouden tijdperk van de krant. De voedingsbodem hiervoor is het snel toenemende alfabetisme van de westerse bevolking vanaf omstreeks 1870.[4] Deze trend komt met name voort uit het beleid van nationale overheden, die door de industriële revolutie zijn gaan beseffen dat de economische groei van hun land afhankelijk is van een beroepsbevolking die een opleiding heeft genoten. In Engeland vormt Bertie hierin een drijvende kracht, ondanks zijn eigen traumatische ervaringen op het gebied van scholing. Als voorzitter van de Royal Society of Arts en als lid van diverse Royal Commissions zet hij zich actief in voor het toegankelijk maken van scholing voor de arbeidersklasse, waarbij hij bovendien trouw de feestelijke opening verricht van bijna ontelbare scholen. Daarnaast wordt een belangrijke rol gespeeld door drie mannen die net als Bertie vrijmetselaar zijn. Zo leiden de initiatieven van William Forster – lid van de Privy Council, die de vorst adviseert – ertoe dat in 1880 een leerplicht tot tien jaar wordt ingevoerd en dat door aanvullende staatsbijdragen het basisonderwijs in 1890 de facto gratis wordt.

In Amerika is een vergelijkbare ontwikkeling zichtbaar, onder leiding van Congreslid Horace Mann en latere aanhangers van zijn gedachtegoed. Mann jaagt de realisatie van een netwerk van openbare scholen aan, zorgt voor het opleiden van leraren, richt een systeem in waarbij leerlingen worden gescheiden op basis van leeftijd en niveau, en voert een methode in waarmee leerlingen leren lezen en schrijven via woorden in plaats van losse letters. Zijn *common school* slaat vooral aan in de noordelijke staten, waarvan er vierendertig in 1900 een wettelijke leerplicht kennen. En in Frankrijk voert minister Jules Ferry in 1881 een wet door om basisonderwijs gratis te maken, die het jaar daarop wordt uitgebreid met een leerplicht en de inhoudelijke vastlegging van het seculiere karakter van de lesstof. Tegelijkertijd nemen vrijwel alle westerse landen in het laatste kwart van de negentiende eeuw ook wetten aan die kinderarbeid verbieden of beperken. In die periode stijgt in die landen het aandeel van de bevolking dat enige vorm van opleiding heeft genoten zeer snel, evenals de duur van die opleiding. Als gevolg daarvan neemt in Engeland het alfabetisme onder mensen van vijftien jaar en ouder toe van 62 tot 87 procent. In Frankrijk stijgt dit van 61 tot 85 procent en in Amerika van 67 tot 89 procent.

Aan de snelle popularisering van kranten liggen echter ook technologische factoren ten grondslag. Zoals bijvoorbeeld de uitvinding van het sulfietprocedé, waarmee papier vanaf 1879 goedkoop kan worden gefabriceerd uit houtpulp, in plaats van de lompen die door voddenmannen dan nog worden ingezameld als grondstof. Ook de in 1886 uitgevonden linotype bespaart drukkerijen zeer veel tijd en geld, omdat deze als een soort typemachine hele regels printbare tekst kan maken door vloeibaar lood in matrijzen te gieten, zodat het niet langer nodig is losse drukletters handmatig te zetten.[5] En ondertussen zorgt de dubbelzijdige rotatiepers ervoor dat snel grote volumes kunnen worden gedrukt, omdat dit met papierrollen geschiedt in plaats van losse vellen. De mede-uitvinder hiervan, een Parijzenaar met Italiaanse ouders die luistert naar de fraaie naam Hippolyte Auguste Marinoni, besluit in 1882 zelf ook de uitgeverswereld te betreden door eigenaar te worden van dagblad *Le Petit Journal*. Het zal een stap blijken waardoor hij later algemeen wordt beschouwd als een van de belangrijkste grondleggers van de moderne pers.

Le Petit Journal dient dan ook als voorbeeld voor Harmsworths latere titels. Het verschijnt in een handzaam klein formaat en tegen een lage prijs, biedt de mogelijkheid van losse verkoop in plaats van het dan gebruikelijke abonnement, wordt in de avond verspreid als arbeiders terugkeren van hun werk, en introduceert als eerste een zondagsbijlage met kleurenillustraties. In 1895 is het met een oplage van twee miljoen de grootste krant ter wereld en vier jaar later is het bereik zelfs ruim vijf miljoen lezers. Marinoni's succes doet andere ondernemers kranten oprichten als *Le Matin*, zodat in 1900 alleen al in Parijs ruim tachtig nieuwsbladen verschijnen. De grootste titels daaronder worden in korte tijd machtige bolwerken, die grote invloed op de publieke opinie uitoefenen.[6] Vrijwel al hun redacties hebben overigens bewondering voor de wijze waarop Bertie relaties onderhoudt, zowel tussen Frankrijk en Engeland, als met zijn vele maîtresses. Daardoor is hij in Parijs overwegend positief in het nieuws en worden zijn amoureuze escapades verzwegen, mede een reden waarom hij er zo graag verblijft. Niettemin verschijnen artikelen waarin bijvoorbeeld verslag wordt gedaan van hoe courtisane Cora Pearl zich in een vertrek van Café Anglais laat opdienen aan Bertie, naakt liggend op een enorm zilveren dienblad, en hoe de politie rapporteert dat receptionisten van de hotels waar de in geldnood verkerende Bertie verblijft continu worden lastiggevallen door louche geldschieters die naar zijn aanwezigheid informeren.

Ook de puissant rijke Amerikaanse krantenuitgever James Gordon Bennett Jr. resideert dan in Parijs, waar hij iedere avond een klein kapitaal spendeert in de beste restaurants. Regelmatig loopt hij hier in beschonken toestand de tafels van andere gasten omver, om vervolgens, ondanks het kletterende kristal en porselein, zonder enige verontschuldiging het etablissement te verlaten. Bertie en hij ontmoeten elkaar voor het eerst in 1866 tijdens een feestje op Osborne House ter gelegenheid van Bennetts winst in de eerste trans-Atlantische zeilwedstrijd ooit, waarbij Bennett koningin Victoria als dank een nogal opmerkelijk cadeau aanbiedt: een dozijn dode eenden, die tijdens de reis boven in de mast hebben gehangen om ze vers te houden.[7] Bertie en Bennett zijn beiden dan 25 jaar oud en delen de levensstijl van een playboy, waarbij ze ieder een relatie krijgen met zowel Lillie Langtry als Jennie Churchill en elkaar nog vaak zullen treffen bij door Bennett gesponsorde zeil- en autowedstrijden. Maar Bennett gedraagt zich aanzienlijk excentrieker dan Bertie. Zo is hij in zijn toenmalige woonplaats New York geroyeerd uit de prestigieuze herenclub The Reading Room omdat hij te paard de bibliotheek in is gereden. Ook rijdt hij 's avonds regelmatig naakt op zijn koets door Manhattan, voorzien van slechts een witte zijden hoed. En tijdens een poging om zo hard mogelijk te rijden laat Bennett – ditmaal geheel gekleed – zijn koets in een bocht over de kop slaan, een ongeluk dat zijn adolescente passagier Jennie Jerome ternauwernood overleeft.

Bennett moet New York uiteindelijk ontvluchten om een tamelijk banale reden. Op een avond geeft zijn verloofde, de socialite Caroline May, een feestje in haar chique ouderlijk huis als Bennett te laat en stomdronken de salon vol geanimeerd pratende gasten binnenstormt. Hij roept dat hij 'ontzettend nodig moet pissen', laat zijn broek zakken en wil de brandende houtblokken in de enorme open haard blussen. Maar op het laatste moment bedenkt hij zich en leegt tot ontsteltenis van de aanwezigen – en in het bijzonder de ingehuurde pianist – zijn blaas in de opengeklapte concertvleugel, waarna de aanwezige heren hem hardhandig op de stoep deponeren. Als Mays broer de volgende dag verhaal komt halen en hem een stomp op zijn neus geeft, heeft Bennett zelfs nog de euvele moed om deze uit te dagen voor een pistoolduel. Beiden overleven het, maar Bennetts sociale houdbaarheidsdatum is daarmee wel overschreden.[8]

Zijn overvloedige rijkdom dankt Bennett aan het feit dat zijn vader in 1835 het florerende dagblad *The New York Herald* heeft opgericht en de leiding hiervan in 1867 aan hem overdraagt. En ondanks een zeer matige arbeidsethos blijkt junior een talent voor uitgeven te hebben. Zo stelt hij drie jaar later Henry Morton Stanley een onbeperkt budget ter beschikking om David Livingstone op te sporen in Centraal-Afrika, in ruil voor een exclusief verslag, dat door zijn lezers wordt verslonden. In 1883 installeert hij als eerste ook een fulltime sportredactie, waarna andere kranten snel volgen en in 1900 al 10 procent van de redactionele kolommen gebruikt wordt voor sportverslaggeving. Teams beginnen dan ook speciale secties op hun tribunes te bouwen, die ze de *press box* noemen en waar verslaggevers rustig kunnen zitten om hun notities te maken. Dankzij de trans-Atlantische telegraafkabel kan Bennett later zijn uitgeverij vanuit Parijs aansturen, maar dit levert hem vooral verveling in plaats van voldoening op. Als tijdverdrijf richt hij in 1887 daarom de *Paris Herald* op, een Europese editie van de Amerikaanse krant, die direct een eclatant succes is.[9]

Ondertussen vervijfvoudigt in Amerika gedurende ruim twee decennia het aantal dagelijkse en wekelijkse kranten naar respectievelijk ongeveer 2000 en 14 000 in 1900. Onder de New Yorkse krantenuitgevers – vrijwel allemaal vlak bij het stadhuis gevestigd aan Park Row, dat hierdoor de bijnaam Newspaper Row krijgt – wordt hierbij de signatuur zichtbaar van twee andere markante karakters. De eerste van hen betreft de Hongaarse immigrant Joseph Pulitzer, met wie Bertie in 1895 per telegram correspondeert over een escalerend grensconflict tussen Amerika en Engeland in Brits-Guyana, waarna Pulitzer de verzoenende teksten van Bertie afdrukt op de voorpagina van zijn *New York World* en de kwestie is gesust.

De tweede is de fabelachtig rijke William Randolph Hearst, zoon van een Californische goudmijntycoon, die journalistiek heeft gestudeerd aan Harvard. Daar wordt hij echter voortijdig weggestuurd wanneer hij op de campus enkele massale, volledig uit de hand lopende bierfeesten organiseert en bovendien zijn professoren een po stuurt, met op de bodem hun eigen portretfoto. Daarna werkt hij enkele jaren voor Pulitzer, totdat hij zijn vader vraagt een eigen krant voor hem te kopen. Vanaf dan blijkt Hearst niet te stoppen, zowel in zijn overnamehonger – in 1900 heeft hij tweeënveertig kranten verzameld, waaronder zijn vlaggenschip *New York Journal* – als in zijn zoektocht naar sensationele krantenkoppen. Zijn credo daarbij is dat 'de waarheid niet alleen vreemder is dan fictie, maar ook interessanter'.

De macht van de krantenmagnaten Pulitzer, Hearst en Harmsworth, die later model staan voor de hoofdpersoon in de filmklassieker *Citizen Kane* van Orson Welles, wordt tegen het einde van de eeuw ook zichtbaar in het straatbeeld van New York. Daar verrijzen op de stoep, meestal op de hoek bij een kruising, talloze kiosken.[10] Daarnaast zijn er talloze straatverkopers die hun krant trachten te slijten door de laatste krantenkoppen te schreeuwen, wat met alle verschillende titels tot een oorverdovende kakofonie leidt. Sommigen gaan zelfs zo ver dat ze twee grote, door schouderbanden verbonden borden met daarop grote krantenkoppen voor en achter zich ronddragen (waarvoor Charles Dickens de term *sandwich man* heeft bedacht, die hij beschrijft als 'een stuk menselijk vlees tussen twee sneetjes plakbord'). New York kent dan naar schatting tienduizend dakloze weeskinderen, van wie de meeste jongens zich op het verkopen van kranten storten. Het is zwaar werk omdat ze dagelijks minimaal honderd exemplaren moeten afnemen voor in totaal vijftig cent, zonder retourmogelijkheid (door deze constructie is er geen sprake van loondienst en omzeilen uitgevers de wet op de kinderarbeid). De tieners moeten van 's morgens vroeg tot vaak ver na middernacht afzien, ook in de bittere winterkou en verstikkende zomerhitte, en velen vallen overdag dan ook regelmatig in een portiek in slaap, waarbij ze hun stapel kranten gebruiken als hoofdkussen. Het zijn vooral de branievolle kwajongens die met charme en vindingrijkheid hun product aan de man weten te brengen. Zo groeien de *newsies* in Amerika razendsnel uit tot een voorbeeld van jeugdig ondernemerschap – vandaar de uitdrukking 'van krantenjongen tot miljonair'.

Omdat de jongens slechts zo'n dertig cent per dag overhouden, komt het na kleine protesten uit eerdere jaren in 1899 tot een serieuze staking als Pulitzer en Hearst in tegenstelling tot andere uitgevers een eerdere verhoging van tien cent op hun inkoopprijzen weigeren terug te draaien. Op 18 juli gooit op Long Island, direct aan de overkant van de East River, een groep krantenjongens daarom een distributiewagen van Pulitzer omver, waardoor een dag later in Manhattan en Brooklyn de vlam in de pan slaat. Steeds behendig de politie ontwijkend molesteren groepjes iedere krantenjongen die de twee geboycotte kranten nog durft te verkopen, waarna ze zijn voorraad in brand steken. Het leiderschap komt algauw terecht bij Louis Baletti, die bijkans geschapen lijkt voor een musical: een met groeiachterstand kampende, roodharige immigrantenjongen uit Italië, die een ooglapje draagt over zijn linkeroog, plat praat en klinkende bijnamen heeft als Red Blink en Blind Diamond.

Samen met de schijnbaar uit een avontuurlijk jongensboek afkomstige 'Warhorse' Brennan, 'Racetrack' Higgins, 'Hungry Joe' Kernan, 'Crazy' Aborn en 'Bob the Indian' organiseert Baletti een betoging op Union Square, waar ruim zevenduizend jongens bijeenkomen. Nadat Louis in een toespraak hun eisen bekendmaakt en oproept tot verdere actie, beginnen de jeugdige toehoorders te juichen bij het vrolijke vooruitzicht van een protestmars door de stad, waarbij ze vuurwerk mogen afsteken en zullen worden begeleid door een fanfare. Maar helaas wordt deze door de politie verboden bij gebrek aan de vereiste vergunning. Niettemin moeten Pulitzer en Hearst tandenknarsend toezien hoe hun omzet met twee derde inzakt. Een week later stellen zij een compromis voor: de prijsverhoging blijft gehandhaafd, maar kranten mogen wel worden geretourneerd. Dit stelt de jongens tevreden, zodat de rust direct weer terugkeert op straat. Het voorval zal daarna als inspiratie dienen voor nog vele stakingen die kinderen in de rest van Amerika in de jaren daarna organiseren.

Dat Pulitzer en Hearst samenwerken aan een oplossing voor de ontstane situatie is uniek, omdat ze in zakelijk opzicht elkaars aartsvijanden zijn. Beiden laten journalistiek geen mogelijkheid onbenut voor spectaculaire krantenkoppen, in de wetenschap dat dit de verkoop stimuleert. Ze keren daarbij de uitdrukking 'geen nieuws is goed nieuws' als het ware om: goed nieuws is geen nieuws. Hun kranten staan zodoende vol met heftige ongelukken, lugubere misdrijven, politieke en economische problemen, corruptie en fraude, misstanden binnen bedrijven en de overheid, opzienbarende intriges en een onuitputtelijk arsenaal aan schadenfreude. In 1898 publiceert Hearst, die kort daarvoor door Stead is onderwezen in diens New Journalism, bijvoorbeeld sterk overdreven en zelfs verzonnen stukken over vermeende spanningen tussen Amerika en Spanje over de onafhankelijkheid van Cuba, waardoor oorlog onvermijdelijk lijkt. Hearst gaat zelfs zo ver dat hij zijn illustrator op Cuba een telegram stuurt waarin hij beelden eist van de wreedheden aldaar. Als de illustrator hem vervolgens antwoordt dat er geen wreedheden zijn om te illustreren, sommeert Hearst hem per ommegaande met de tekst: 'Lever jij de beelden, dan lever ik de oorlog.' Niet veel later breekt de oorlog, tegen vrijwel ieders wens, daadwerkelijk uit als het Amerikaanse marineschip USS Maine op mysterieuze wijze tot zinken komt in de haven van Havana.

En ondanks diplomatieke pogingen om publicatie te voorkomen teneinde de spanningen tussen Duitsland en de rest van Europa niet gevaarlijk op te laten lopen plaatst Pulitzer in 1905 een clandestien verkregen interview met de gefrustreerde keizer Wilhelm II, waarin deze ongeremd zijn anti-Engelse sentimenten ventileert. Het is een hatelijke tirade waarin Wilhelm zijn neef Bertie beschuldigt van corruptie, zijn hofhouding als 'verrot' bestempelt en verklaart dat 'oorlog met Engeland onvermijdelijk is, en hoe eerder hoe beter'. Na het lezen ervan is 'Wonderlijk' overigens het enige wat Bertie met gefronste wenkbrauwen bromt tegen Charles Hardinge, de staatssecretaris van Buitenlandse Zaken.

Dit gebruik van sensationele artikelen als middel om tot hogere oplages en winst te komen, wordt *yellow journalism* genoemd. Deze term is afgeleid van een door Richard Outcault getekend stripverhaal dat in 1895 verschijnt in de eerste kleurenbijlage van de *New York World*. In deze comic over roekeloze peuters in de New Yorkse sloppenwijken figureert een kaal en met flaporen gezegend jongetje genaamd Mickey Dugan, dat rondloopt in een geel nachthemd waarop teksten staan geschreven in straattaal. Mickey wordt direct immens populair, waarbij lezers hem als bijnaam The Yellow Kid geven en de oplage een nieuwe impuls krijgt. Bovendien vormt dit succes de basis voor de eerste vorm van merchandising, omdat Mickey verschijnt op bijvoorbeeld speelgoed, buttons, koekblikken, luciferboekjes, ansichtkaarten en zelfs whisky en sigaren. Hoewel The Yellow Kid niet de eerste strip is, wordt het algemeen wel beschouwd als de eerste moderne strip. Het succes doet de jaloerse Hearst een jaar later fel opbieden tegen Pulitzer, waarna hij Outcault voor een extreem hoog salaris wegkaapt en de strip kan verschijnen in zijn *New York Journal*. Maar Pulitzer neemt wraak door het copyright te bemachtigen en een andere tekenaar The Yellow Kid te laten maken voor de *New York World*. Deze gang van zaken komt symbool te staan voor de onscrupuleuze manier waarop Pulitzer en Hearst hun persoorlog uitvechten, vandaar de naam 'yellow journalism'.

In ieder geval valt dankzij de strips ook iets te lachen voor de lezers van deze overwegend negatieve kranten. Daarnaast is er nog wel meer plaats voor humor. Als zogenoemde stoppers, artikelen om de overgebleven ruimte op de pagina's op te vullen, worden namelijk rijmpjes en opzienbarende anekdotes afgedrukt, waarvan sommige zeer populair worden. 'A Mixing of the Babies' vertelt bijvoorbeeld over enkele bevriende jonge moeders die op een feestje zijn, maar daar 'niet van het dansen kunnen genieten omdat de lawaaierige perversiteit van hun baby's te veel aandacht opeist'. Een 'contingent galante jongemannen' biedt aan om op hun nageslacht te passen, en verwisselen dan stiekem de kleding van de pasgeborenen. De vrouwen nemen de baby's mee naar huis en constateren pas de volgende dag hun vergissing. Omdat ze 'mijlenver uit elkaar wonen', zo vervolgt het verhaal, 'kost het twee dagen om alle baby's uit elkaar te halen, en evenzoveel maanden om de vrouwen hun gemoedsrust te laten hervinden'.

Tijdschriften zijn een ander printmedium waar Bertie veelvuldig in figureert. Dat is bijvoorbeeld terug te zien rond de wereldtentoonstelling van 1878 in Parijs, waarbij Bertie net als in 1867 wordt gevraagd om een actieve rol te vervullen als voorzitter van de Royal Commission die de Britse bijdrage hieraan organiseert. Vanaf de eerste voorbereidingen in 1876 tot aan de sluiting van de tentoonstelling geven de Fransen wekelijks het magazine *L'Exposition Universelle de 1878 Illustrée* uit, waarvan alle 104 nummers een artikel over Bertie bevatten die tonen hoe enthousiast en nauw betrokken hij zich van zijn taak kwijt.

En terwijl Berties Londense residentie Marlborough House uitgroeit tot het sociale middelpunt van Engeland met een rijke schakering aan glamoureuze levensgenieters, leiden de talrijke schandalen die dit oplevert ertoe dat zijn entourage in de pers algauw de Marlborough Set wordt genoemd. Bertie zorgt verder ook voor controverses door de aristocratie te veranderen omdat hij ook selfmade men, Amerikanen en Joden in zijn nabijheid toelaat, terwijl hij bovendien een afkeer toont van rassendiscriminatie en het gebruik van het woord *nigger*. Bertie wordt hierdoor beschouwd als 'de eerste moderne roddelcolumnprins', scherp in de gaten gehouden door nieuwe bladen die hun bestaansrecht in grote mate aan hem danken. Zo schittert Bertie veelvuldig als karikatuur in het in 1868 opgerichte *Vanity Fair* en publiceren de in 1874 en 1877 gestarte roddelbladen *The World* en *Truth* saillante onthullingen over zijn affaires.

Net als kranten kennen tijdschriften in de late negentiende eeuw een bloeiperiode met snelgroeiende oplages. Bijvoorbeeld op het gebied van sport, waar reeds bestaande sportbladen hun omvang uitbreiden of frequentie verhogen en ook veel nieuwe titels het licht zien, waarvan overigens opvallend veel op roze, groen of geel papier. Ook verschijnen veel nieuwe wetenschappelijke tijdschriften, zoals *Nature*, en neemt onder de middenklasse en elite ook de belangstelling voor populairwetenschappelijke onderwerpen toe, waardoor bladen als *Scientific American, Popular Science* en *Popular Mechanics* een grote lezersschare krijgen.

Tegelijkertijd worden ook vrouwen ontdekt als specifieke doelgroep. Zo koopt John Brisben Walker in 1889 het nog geen twee jaar oude *Cosmopolitan* uit een faillissementsboedel en vormt het tijdschrift om tot een 'first-class family magazine' met kleurenillustraties, vervolgverhalen en 'een sectie die uitsluitend gewijd is aan de zorgen van vrouwen, met artikelen over mode, huisdecoratie, koken, alsmede de zorg voor en het opvoeden van kinderen'.[11] Walkers inspiratie voor die vrouwenrubriek komt met name van *Harper's Bazaar*, dat zich in New York richt op vrouwen uit de upper class en tegen de eeuwwisseling met illustraties en foto's steeds meer op mode begint te focussen. In 1892 ziet ook de in New York wonende Arthur Baldwin Turnure de potentie hiervan, wat hem doet besluiten om het weekblad *Vogue* te lanceren. Het blad moet de 'ceremoniële kant van het leven vieren' door 'te vertellen over de gewoonten, vrijetijdsactiviteiten, ontmoetingen, bezochte plaatsen en kleding' van de New Yorkse upper class 'en iedereen die op hen wil lijken en in hun exclusieve kring wil komen'. Pas als zijn stadsgenoot Condé Nast het blad in 1905 overneemt en de redactionele formule aanscherpt, begint de oplage overigens echt snel te groeien. Ook nieuwe magazines als *Good Housekeeping, Home Notes, Home Chat* en *Home Companion* dragen ondanks hun naamgeving sterk bij aan de emancipatie van hun lezeressen. Ze zorgen ervoor dat 'mannen dan misschien de buitenwereld domineren, maar vrouwen binnenshuis onbetwist de baas zijn'.

Het toegenomen alfabetisme leidt ook tot een hausse aan boeken, die onvoorstelbare oplages behalen. Tegen de eeuwwisseling bevat menig magazine feuilletons, die na afronding worden uitgegeven in boekvorm, met name in het fantasy-, horror-, misdaad-, reis- en avonturengenre. Zo maakt *The Strand Magazine* vanaf de oprichting in 1891 de Schotse arts Arthur Conan Doyle ongekend populair als auteur. Hij schrijft over een even excentrieke als intelligente privé-detective die beschikt over een uitzonderlijk talent voor observatie en deductief redeneren. Deze immer van een pijp en vergrootglas voorziene Sherlock Holmes lost de ingewikkeldste misdaden op, steevast geholpen door zijn kamergenoot en goede vriend Dr. Watson. Als Conan Doyle in 1893 de alom geliefde Holmes laat sterven, is de verontwaardiging van het leespubliek groot. Hij wordt zelfs mishandeld op straat en ruim 20 000 lezers zeggen direct hun abonnement op. De grote maatschappelijke druk doet hem in 1901 besluiten een prequel te schrijven en Holmes twee jaar later zelfs op miraculeuze wijze te laten herrijzen uit de dood.[12] Een lucratief besluit, want hij zal hiermee ruim zestig miljoen boeken verkopen.

Bertie zelf draagt overigens niet bepaald bij aan deze hausse. Als hij in juni 1902 met buikpijn in bed blijft, beschouwt men het feit dat 'hij een roman leest als een teken dat hij waarlijk ziek is'. Dit betreft overigens het Sherlock Holmesmysterie *The Hound of the Baskervilles*, dat hij 'erg slecht' vindt. Zijn afkeer van boeken is dan ook diepgeworteld en komt voort uit het dramatisch slechte privéonderwijs in zijn jeugd. Als hij later de collectie van zijn bibliotheek in Marlborough House moet opbouwen, geeft hij de eigenaar van Hatchards – de oudste boekenwinkel van Engeland, gevestigd aan Piccadilly in Londen – daarom carte blanche om dit voor hem te regelen. En wanneer Bertie in 1900 tijdens een diner in het Carlton ter gelegenheid van de lancering van de *Dictionary of National Biography* wordt gewezen op iemand die volgens zijn tafelgenoot een autoriteit is op het gebied van Lamb (een achttiende-eeuwse schrijver), legt de verbijsterde Bertie zijn bestek neer en kreunt hoofdschuddend: 'Van lamsvlees!' Wel heeft hij de twijfelachtige eer om de onherkenbaar gemaakte hoofdpersoon te zijn in de populaire roman *Nana*, die Émile Zola schrijft over Berties relatie met de wulpse courtisane Valtesse de la Bigne.

Hoe dan ook, tegen het einde van die eeuw verschijnen nog veel meer boeken die uit zullen groeien tot klassiekers. Bijvoorbeeld *Ben-Hur* uit 1880 (waarvan ruim vijftig miljoen exemplaren zullen worden verkocht), *Strange Case of Dr Jekyll and Mr Hyde* uit 1886, en het in 1897 door Bram Stoker geschreven *Dracula*, een gothic horrorverhaal dat algauw uitgroeit tot een icoon. En het in 1900 verschijnende *The Lost Continent: The Story of Atlantis*, alsmede *Arsène Lupin* uit 1905. Natuurlijk verschijnt ook literatuur van schrijvers als Oscar Wilde, Joseph Conrad, Thomas Hardy, Henry James, Ambrose Bierce, Anton Tsjechov, Lev Tolstoj, Émile Zola en Guy de Maupassant, maar in verkochte oplages is de lichtere fictie het populairst.[13]

Daarbinnen wordt een speciale plaats ingenomen door het nieuwe genre van de sciencefiction, waarvan auteurs Jules Verne en met name H.G. Wells als geestelijk vaders worden beschouwd. In het laatste decennium van de negentiende eeuw zijn mensen door hun verbeterde leefomstandigheden minder geoccupeerd met het heden en de nabije toekomst, en ontstaat er interesse in futurisme, zodat in kranten, tijdschriften en boeken steeds vaker vergezichten verschijnen. Geheel passend bij de tijdgeest is bij deze voorspellingen vooral veel optimisme te ontwaren.

Zo voorziet Verne de komst van elektrisch verlichte steden met wolkenkrabbers, terwijl de meeste mensen in buitensteden zullen wonen en winkelen. Die steden zijn verbonden door snelwegen, alsmede door hogesnelheidstreinen die gebruikmaken van magnetisme en luchtdruk. Voor communicatie zullen er faxen bestaan, alsmede een systeem dat sterk lijkt op internet. Bovendien zullen in die samenleving vrouwen net zozeer in het arbeidsproces participeren als mannen en is er sprake van grootschalig hoger onderwijs. Ook beschrijft hij kant-en-klaarmaaltijden, zonnecellen, ruimtereizen en maanlandingen, elektrische onderzeeërs, hologrammen, elektronische muziek, radionieuws en videobellen. Ook Wells voorspelt veel van deze zaken – waaronder een 'seksuele revolutie' – en met name zijn verwachting dat luchtoorlogen zullen ontstaan waarbij uiteindelijk een 'atoombom' op een stad zal worden gegooid, is iets wat een diepe indruk maakt op Winston Churchill. Vanzelfsprekend komen ook veel voorspellingen niet uit. Uitvinders als Jack Enlan, William Preece en John Watkins en bladen als *Popular Mechanics* profeteren bijvoorbeeld dat boeken op school overbodig worden omdat leerlingen de kennis krijgen overgedragen via elektrocutie. En dat de letters c, q en x vanwege overbodigheid uit het alfabet zullen verdwijnen. Huisartsen zullen via 'elektronisch handen schudden' in staat zijn om een patiënt in een andere stad te diagnosticeren, terwijl auto's geheel vervangen zullen worden door minihelikopters, jetpacks en vliegende boten. Ook zullen muggen en vliegen geheel verdwijnen en zullen aardbeien zo groot worden als appels.

Tot Vernes ongenoegen classificeren velen zijn werk onterecht als kinderboeken. Maar binnen deze categorie is wel een ontwikkeling te zien waar Berties kinderen en kleinkinderen waarschijnlijk veel plezier aan hebben beleefd. Het einde van de negentiende eeuw geldt namelijk als het hoogtepunt binnen het gouden tijdperk van de kinderliteratuur. Dat alles begint bij Charles Lutwidge Dodgson, een wiskundige die zich door zijn uitermate grote intelligentie continu verveelt. Daarom begint hij korte verhalen te schrijven en in 1862, tijdens een boottochtje in Oxford met Robinson Duckworth (de persoonlijke kapelaan van Bertie) en de drie dochtertjes van een collega, van wie de middelste Alice heet, verzint hij al improviserend een fantasievol avontuur waar de meisjes 'ademloos naar luisteren'. Drie jaar later vindt hij uitgever MacMillan bereid om onder het pseudoniem Lewis Carroll een prachtig geïllustreerd kinderboek uit te geven met de titel *Alice's Adventures in Wonderland*, waarin Duckworth overigens figureert als eend. Dodgson heeft het boek gelardeerd met symbolen, puzzels, talige grapjes, maatschappijkritiek en wiskundige concepten, en aldus parodieert hij de tot dan toe immer moralistische kinderboeken. Hiermee markeert het boek een overgang naar een empathische en fantasierijke stijl binnen de kinderliteratuur, zodat het wordt beschouwd als het eerste moderne kinderboek. Het zal uiteindelijk in 170 talen uitkomen en meer dan honderd miljoen keer worden verkocht.[14]

Een andere mijlpaal komt van de eerdergenoemde Mark Twain, die met *The Adventures of Tom Sawyer* het eerste echte jongensboek schrijft, waarna hij in het vervolg uit 1884 ook Toms vriend Huckleberry Finn opvoert en waarvan ruim twintig miljoen exemplaren worden verkocht. Datzelfde jaar publiceert Robert Louis Stevenson zijn boek *Treasure Island*. Met dit zeeroversavontuur schept Stevenson als eerste het romantische beeld van piraten dat nu nog steeds als stereotype geldt: schoeners, zwarte vlaggen met doodskoppen, tropische eilanden, kisten die in het zand begraven zijn, schatkaarten die zijn voorzien van een kruis, en ruige mannen die over een indrukwekkend assortiment zwaarden, messen, driehoekige hoeden, hoofddoeken, ooglappen, oorbellen, tatoeages, houten poten en papagaaien beschikken.

Ondertussen creëert Mary Wright Sewell met haar boek *Black Beauty*, dat meer dan vijftig miljoen keer verkocht zal worden, het genre van het paardenboek. En in Zwitserland verschijnt van de hand van Johanna Spyri het tweedelige boek *Heidi*, waarvan eenzelfde aantal exemplaren over de toonbank gaat. In het aangrenzende Italië brengt in 1883 Carlo Lorenzini een sprookje uit over een arme man, Geppetto genaamd, die uit een magisch blok hout een jongetje tevoorschijn beitelt dat hij Pinocchio noemt (waarbij de eerste versie in pedagogisch opzicht voor verbetering vatbaar is, omdat Pinocchio hierin nog bruut wordt gelyncht aan een boom). Ook dit boek is met bijna tachtig miljoen verkochte exemplaren een waar kassucces. Het zet Lorenzini's landgenoot Emilio Salgari er in 1895 mede toe aan om het eerste van de elfdelige boekenreeks *Sandokan* te schrijven.

Een jaar daarvoor ziet ook een andere aanstaande klassieker het levenslicht, waarin de in Bombay geboren Rudyard Kipling de losse dierenverhalen die hij voor zijn net geboren dochtertje heeft geschreven, heeft verzameld en die hij de titel *The Jungle Book* geeft. Kort daarna publiceert Gilbert Patten zijn eerste boek over Frank Merriwell, een intelligente Yalestudent die excelleert in alle denkbare sporten, dat daarna model zal staan voor vrijwel alle jeugdboeken over sport. Patten, die 'niets gemeen heeft met Merriwell', ontpopt zich als een productief auteur door 143 Merriwellboekjes te schrijven, waarvan er naar schatting 125 miljoen worden verkocht. Aan het collectieve geheugen wordt alweer een bijzonder boek toegevoegd als Frank Baum – na eerder kippenfokker, kantoorbediende, acteur, theaterproducent, winkelier, etaleur, schrijver, uitgever en vertegenwoordiger als beroep te hebben gehad – op vierenveertigjarige leeftijd zijn doorbraak beleeft. Op basis van de verhalen die hij verzint voor zijn vier kinderen, publiceert hij in 1900 *The Wonderful Wizard of Oz*, dat twee jaar lang bovenaan in de bestsellerlijsten staat. En twee jaar later verschijnt ook een 'konijnenboek' waar aanvankelijk geen enkele uitgever interesse in toont, maar waarvan uiteindelijk 130 miljoen exemplaren worden verkocht: *The Tale of Peter Rabbit*.

Tot slot komt die naam Peter ook terug in een ander gedenkwaardig boek, dat net als de meeste hiervoor voortkomt uit de dan heersende gewoonte van volwassenen zelf verhalen te bedenken om aan kleine kinderen te vertellen. Schrijver James Matthew Barrie woont in 1897 aan het Londense park Kensington Gardens als hij daar, tijdens het uitlaten van zijn enorme sint-bernardshond, Arthur en Sylvia Llewelyn Davies met hun peuters George en John en baby Peter ontmoet. Vanaf dan brengt de kinderloze Barrie veel tijd door met de jongens, die hij vermaakt met verhalen waarin hij hun wijsmaakt dat kleine Peter kan vliegen. De jongens blijven hem maar smeken om meer te vertellen, zodat hij in 1902 besluit om in zijn boek *The Little White Bird* zes hoofdstukken op te nemen over de figuur Peter Pan, die dermate aanslaan dat hij deze in 1904 bewerkt tot een theaterstuk.[15] Het succes hiervan wordt zo groot dat Berties zoon, koning George V, in 1913 besluit om Barrie als eer tot baron te benoemen en de Order of Merit te geven. Overigens zal Berties kleinzoon, de latere koning Edward VIII, zich net als Barries hoofdpersoon gedragen als 'een jongen die niet op wil groeien', zodat zijn Amerikaanse vrouw Wallis Simpson hem steevast 'my Peter Pan Prince' noemt.

Noten

1 Als Berties achterachterachterkleinzoon kroonprins William in 2005 ontdekt dat *The News of the World* illegaal zijn voicemails afluistert, wordt de krant onder publieke druk opgeheven.

2 Omdat het Parijs van begin negentiende eeuw geldt als de bakermat van de reclame, is de marketingterm *free publicity* gebaseerd op het Franse woord *publicité*. De eerste publicrelationsbureaus worden pas in de eerste jaren van de twintigste eeuw opgericht.

3 Om te voorkomen dat de hamers verstrikt raken kiest Remington ervoor om frequent gecombineerde letters ver uit elkaar op het toetsenbord te plaatsen, wat leidt tot de qwerty-indeling, die in de meeste westerse landen nog steeds als standaard geldt. Op twee hoeken beschikt het toetsenbord bovendien over een *shift key* om het inktlint omhoog te schuiven, zodat het bovenste deel van de hamerkop een kapitaal afdrukt in plaats van de kleine letter die zich daaronder bevindt.

4 Hiervoor wordt meestal als criterium gebruikt of iemand zelf zijn of haar handtekening kan zetten.

5 Bij het handmatig zetten werd een zogenoemde letterkast gebruikt, een lade met daarin vakjes voor de verschillende loden letters. Ieder lettertype had twee lades: de bovenste bevatte de kapitalen en de onderste de kleine letters. Hierdoor kregen deze algauw de benaming 'bovenkast' en 'onderkast' (in het Engels *upper case* en *lower case*), termen die nog steeds gebruikt worden.

6 Vrijwel alle grote krantenuitgevers vestigen zich in of bij de Rue du Croissant in Parijs. Vanwege hun macht krijgt deze buurt algauw de bijnaam République du Croissant.

7 Op zijn zeilschip Henrietta bevindt zich ook een gewatteerde stal met daarin een koe, om iedere dag over verse melk te kunnen beschikken.

8 Door zijn extravagante levensstijl en schokkende gedrag is 'Gordon Bennett!' in de Engelse taal een uiting geworden van verontwaardiging. Bennett zal overigens pas op zijn drieënzeventigste trouwen, met Maud Potter (voormalig schoondochter van baron Paul Reuter, oprichter van de zeer succesvolle nieuwsdienst Reuters).

9 Na diverse fusies en naamswijzigingen heet dit sinds 2016 *The New York Times International Edition*.

10 In Londen, Parijs en New York zijn nog enkele van deze bouwwerkjes uit

hout, gietijzer en glas terug te vinden. De eerste kiosk lijkt in 1848 ontwikkeld te zijn door het Engelse W.H. Smith & Son (de winkel die later ook de initiator zal zijn van de ISBN-code, een internationale standaard die ieder boek een uniek nummer toekent) voor het snelgroeiende aantal treinstations.

11 Het woord 'magazine' stamt af van het Franse *magasin*, dat oorspronkelijk 'pakhuis' betekent. In 1732 wordt dit woord voor het eerst gebruikt voor een tijdschrift als Edward Cave het blad *The Gentleman's Magazine* op de markt brengt. Hij kiest deze term omdat zijn blad diverse rubrieken bevat, net zoals er verschillende soorten goederen in een pakhuis liggen.

12 Sherlock Holmes ontvangt nog dagelijks vele brieven van fans op zijn thuisadres Baker Street 221B. Onderzoek wijst uit dat 58 procent van de Britse tieners gelooft dat Holmes een echte persoon is of was. Volgens het *Guinness Book of Records* is Holmes dan ook het meest voorkomende personage in films en tv-series.

13 In 1896 start overigens ook het goedkope tijdschrift *Argosy*, vol fictieverhalen. Dit wordt gedrukt op goedkoop papier van houtpulp, zodat dit genre, waaronder vanaf dan ook de stuiverromans worden geschaard, aangeduid zal worden met *pulp fiction* (ook verkort als *pulp*).

14 In 1865 eist de illustrator dat de eerste tweeduizend exemplaren worden 'verkocht als afvalpapier', omdat hij de drukkwaliteit slecht vindt. Hiervan zijn tweeëntwintig boeken gered, waarvan onlangs een exemplaar bij Christie's is geveild voor drie miljoen dollar.

15 Zo zijn er nog talrijke voorbeelden van zeer succesvolle en invloedrijke kinderboeken: *Little Women* (1868), *Sans famille* (1878), *Robin Hood* (1883), *King Solomon's Mines* (1885), *Little Lord Fauntleroy* (1886), *Anne of Green Gables* (1908), *The Wind in the Willows* (1908), *The Lost World* (1912) en *Tarzan* (1912).

11 Over zee, over land en door de lucht

Na zijn benen te hebben gestrekt op het perron van station Brussel-Noord stapt Bertie in de middag van 4 april 1900 weer zijn privétrein naar Kopenhagen in en neemt plaats naast Alexandra, die bij het open raam van hun coupé zit. Terwijl een bediende Bertie thee serveert, klimt plotseling een vijftienjarige jongen op de treeplank en vuurt door het open raam tweemaal een revolver op Bertie af, waarbij Alexandra de kogels langs haar gezicht voelt suizen en hoort afketsen tegen het houtwerk vlak boven het hoofd van haar echtgenoot. De toegesnelde stationschef werkt de knul (naar later blijkt een anarchist genaamd Sipido die wraak wil nemen op de Engelsen voor alle doden die zijn gevallen tijdens de Boerenoorlog in Zuid-Afrika) hardhandig tegen de grond, waarna de trein snel vertrekt en Bertie zonder zichtbare emotie uit het raam buigt om naar de menigte te zwaaien die hem op het perron toejuicht. 'Wat een beroerde schutter, ik begrijp niet hoe hij me heeft kunnen missen,' is het enige wat Bertie er mopperend over mededeelt. Tot zijn ergernis wordt het hem hierna nooit meer toegestaan om in het buitenland zonder lijfwacht te reizen.

Ook voor zijn vele binnenlandse reizen maakt Bertie tot dan toe vooral gebruik van koetsen en stoomtreinen. Twintig jaar eerder hebben de London and South Western Railway en de Great Eastern Railway daarom ieder een Prince of Wales Saloon in gebruik genomen, een luxewagon die hem ter beschikking staat, maar ook voor andere prominenten kan worden ingezet. Pas voor Victoria's diamanten jubileum in 1897 bouwt de London and South Western Railway de uit zes rijtuigen, elk 16 meter lang, bestaande Royal Train, die exclusief is bestemd voor gebruik door de koninklijke familie. Twee jaar later volgt de London, Brighton and South Coast Railway met een even grote koninklijke trein, die, anticiperend op het naderende koningschap, in nauw overleg met Bertie wordt ontworpen. De buitenzijde van dit 'Buckingham Palace op wielen' is in hoogglans bordeauxrood gelakt en voorzien van zijn koninklijke embleem. De inrichting is overdadig luxueus, waarbij het houten interieur 'snijwerk van rozen, klavers en distels van het hoogste vakmanschap bevat, vervaardigd uit zeldzame soorten als Australische agathis, Cubaans mahonie en Indisch satijnhout'. Ook 'de sofa's en fauteuils, gestoffeerd met donkergroen marokijn geitenleder', het gebruik van bladgoud en zijde, alsmede de theekamer met stoffering in bloemmotieven getuigen volgens kranten 'van een voortreffelijke smaak'.

Nog drie jaar later bestelt Bertie zelf twee nieuwe wagons bij de London and North Western Railway. Een ervan is geheel voor hemzelf, met daarin 'een mahoniehouten en met palissander ingelegde sigarenkamer, gemodelleerd naar een traditionele herensociëteit', een zeer comfortabele slaapkamer met tweepersoonsbed, een grote keuken voor zijn chef, een dinerkamer met een tafel voor twaalf personen, voorzien van prachtig bestek en servies in zilver en porselein, alsmede een 'elektrisch verwarmde woonkamer in koloniale stijl en emaillen afwerking'. Tot aan zijn dood zal hij nog acht wagons geschonken krijgen door diverse treinmaatschappijen, waaronder die in Schotland en Ierland. Voor iedere wagon wordt op elk station van vertrek en aankomst steevast een bordeauxrode loper op het perron uitgerold.

Treinreizen zijn aan het einde van de negentiende eeuw 'veelal ruig en niet zonder gevaar'. Zo breekt tijdens een van Berties reizen spontaan een treinwiel af en komt in 1898 zelfs de stoker om als deze op de kolenwagen klimt voor reparatie van een communicatiekoord en daarbij geraakt wordt door een brug. Maar Berties hang naar luxe zorgt hierin zowel direct als indirect voor een fundamentele verandering. Dat laatste voert terug tot 1860, als de Buffalo and Lake Huron

Railway speciaal voor Berties tournee door Canada en Amerika een luxeslaaprijtuig bouwt die de Prince of Waleswagon wordt genoemd. Als de nieuwsgierige en van een lange sik voorziene Amerikaanse aannemer George Pullman hierover hoort, brengt hij een bezoek aan de werkplaats en raakt hierdoor dermate geïnspireerd dat hij onmiddellijk besluit om zelf luxe slaaptreinen te gaan bouwen. Vier jaar later is zijn Palace Car klaar, die aan beide zijkanten op groot formaat Berties blazoen draagt.

Deze slaaptrein wordt zo populair dat Pullman zijn rijtuigen enkele jaren daarna uitbreidt tot een 'hotel op wielen, voorzien van een salon, keuken en luxe restauratiewagen', waarbij 'ultieme service', bijvoorbeeld door kruiers op stations en bediening in de trein, voorop-staat. Passagiers vinden het slapen in zijn nachttreinen zelfs zo aangenaam dat ook een zeer succesvol bijproduct op de markt komt: het Pullmanmatras, dat direct de norm wordt in hotels, schepen en de huizen van welgestelden. Zijn fabriek aan de rand van Chicago groeit door dit alles zo hard dat er een stad ontstaat waarvan de ruim zesduizend inwoners allen Pullmanmedewerkers en hun gezinnen zijn en die dan ook de welgekozen naam Pullman krijgt.

Als de Belgische bankierszoon Georges Nagelmackers op tweeëntwintigjarige leeftijd verliefd wordt op zijn veel oudere nicht, besluiten zijn welvarende ouders hem met vrienden mee op reis te sturen naar Amerika, in de hoop dat dit 'bezoek aan de Nieuwe Wereld genezing brengt'. Daar krijgt hij inderdaad een andere begeestering, maar dan betreffende de Pullmantreinen. Nagelmackers doet George Pullman direct een voorstel om voor hem de Europese markt te ontwikkelen, maar dit blijkt tevergeefs.[1] In 1876 besluit hij daarom zelf de Compagnie Internationale des Wagons-Lits op te richten in Parijs, waarmee hij internationale treinreizen verzorgt die zo luxe zijn dat hij hiervan tien jaar later ook de vaste organisator is voor vrijwel alle Europese staatshoofden, onder wie soms ook Bertie. En op 1 juni 1889, vlak na het begin van de wereldtentoonstelling, geeft Nagelmackers in de imposante hal van Gare de l'Est trots een toespraak omdat, na jaren van moeizaam diplomatiek overleg, zijn Oriënt-Express voor het eerst de ruim 1500 kilometer via Straatsburg, München, Wenen, Boedapest en Boekarest in drie dagen kan afleggen in een rechtstreekse verbinding met eindbestemming Constantinopel.

In 1891 wordt de Oriënt-Express – waarvoor een retour ruim zes maandsalarissen van een fabrieksarbeider kost – enkele malen overvallen, waarbij in totaal vijf passagiers voor losgeld gegijzeld worden en voor 120 000 pond aan sieraden, kunst en waardepapieren wordt buitgemaakt. Het jaar erna breekt aan boord ook nog eens een cholera-epidemie uit en moet de gehele trein in quarantaine worden gestationeerd (iets wat Agatha Christie later zal inspireren tot het schrijven van haar bestseller *Murder on the Orient Express*).[2] Maar het belangrijkste probleem is dan al wel overwonnen: door gebrek aan samenwerking tijdens de snelle aanleg van spoorwegen in de decennia daarvoor, verschilt de spoorbreedte van de rails tussen en zelfs binnen landen, en deze incompatibiliteit maakt veel overstappen noodzakelijk.[3] De hieruit resulterende roep om harmonisatie leidt in 1886 mede tot de eerste, prille Europese samenwerking. Tijdens een conferentie in Bern maken de overheden van landen als Frankrijk, Duitsland, Italië, Spanje, België en het Verenigd Koninkrijk multilaterale afspraken over een universele spoorbreedte, die *standard gauge* zal gaan heten.[4]

Mede dankzij die grensoverschrijdende samenwerking markeert de ononderbroken reis van de Oriënt-Express in 1889 losjes het begin van het tijdperk van massavervoer, waarin lange of internationale reizen veel gemakkelijker, sneller en comfortabeler volbracht kunnen worden. Tot 1910 verdriedubbelt in Europa dan ook het aantal treinpassagiers, wat leidt tot sterke prijsdalingen voor reguliere treindiensten. In 1887 introduceert Wagon-Lits bijvoorbeeld ook de Sud Express, die Britten in 45 uur van Calais via Biarritz en Madrid naar Lissabon rijdt, of de Côte d'Azur Express van Calais naar Nice, die algauw wordt verlengd naar Rome. En in 1896 volgt de Nord Express naar Sint-Petersburg, die enkele jaren later alweer wordt uitgebreid als Trans-Siberië Express, waarmee in totaal ruim 9000 kilometer wordt afgelegd naar Peking. De snelheid van het reizen per trein en het grote volume reizigers maken overigens het controleren van paspoorten steeds lastiger. Dit leidt ertoe dat vanaf circa 1890 de Europese landen met elkaar overeenkomen dat paspoorten niet nodig zijn, zodat grenzen eenvoudig overgestoken kunnen worden, iets wat tot de Eerste Wereldoorlog zal voortduren.[5]

Niettemin heeft zich door het reizen tussen oost en west een volgende belemmering aangediend. Vrijwel alle steden en dorpen hanteren dan nog lokale tijd, gebaseerd op een zonnewijzer, waardoor de lokale treinmaatschappijen ieder een andere standaardtijd aanhouden voor hun dienstregeling. Op de stations waar hun verschillende lijnen gebruik van maken, staan zodoende meerdere klokken, die ieder een eigen tijd aangeven en bovendien verschillen van de lokale tijd aldaar. In Groot-Brittannië wordt daarom in 1880 een wet aangenomen waarmee overal dezelfde tijd geldt (desondanks blijft Bertie op Sandringham, Windsor en Balmoral tijdens zijn koningschap zijn eigen Sandringham Time aanhouden, die pas wordt afgeschaft door zijn kleinzoon Edward VIII). En in Frankrijk voert men in 1891 nationaal de tijd van Parijs in. De betreffende Franse wet vereist overigens ook dat stationsklokken en dienstregelingen vijf minuten achterlopen zodat reizigers die te laat komen hun trein niet missen, terwijl op straat de klokken de correcte Parijse tijd dienen aan te geven.

In Amerika bestaan in 1883 echter wel vijftig verschillende standaardtijden. Het land is zo uitgestrekt tussen oost en west dat niet overal dezelfde tijd kan worden gehanteerd, net als binnen Europa. Maar hiervoor komt een vriend van Bertie met een oplossing. Dit betreft de in Schotland geboren vrijmetselaar Sandford Fleming, die naar Canada emigreert en daar verantwoordelijk wordt voor de aanleg van een spoornetwerk tussen de Atlantische en Pacifische kust. Bertie en hij ontmoeten elkaar in 1878 op de wereldtentoonstelling in Parijs, waar ze veel tijd samen doorbrengen, onder andere met talrijke operabezoeken. Kort daarna bedenkt Fleming een methodiek waarbij hij gebruikmaakt van lengtegraden om de wereld in 24 tijdzones van een heel uur in te delen. Op de Internationale Meridiaanconferentie van 1884 weet hij deze door de deelnemende landen geaccepteerd te krijgen, waarbij het in Londen gelegen Greenwichobservatorium als nulmeridiaan wordt aangemerkt en de hierop gebaseerde Greenwich Mean Time als ijkpunt gaat gelden. Ook legt hij hiermee vast dat de internationale datumgrens in het midden van de Grote Oceaan komt te liggen. En hoewel de doorvoering van zijn tijdzones nog vele jaren zal vergen, wordt Fleming in 1897 op voordracht van Bertie geridderd voor zijn prestatie. Flemings nieuwe thuisland Canada is in 1908 overigens het eerste dat zomertijd invoert om het daglicht optimaal te benutten.

Hoewel Flemings datumgrens in 1872 nog niet bestaat, gebruikt Jules Verne dit concept dan al als onverwachte plotwending aan het einde van zijn avonturenboek *Le Tour du monde en quatre-vingts jours.* Vijf jaar na Flemings conferentie weet de spraakmakende journaliste Nellie Bly, een grote fan van Jules Verne, *New York World*-eigenaar Pulitzer ervan te overtuigen om haar deze reis als eerste daadwerkelijk te laten ondernemen. Op 14 november 1889 stapt ze aan boord van het stoomschip Augusta Victoria en begint aan haar ruim 40 000 kilometer lange reis. Haar bagage bestaat slechts uit de jurk en overjas die ze draagt, en een kleine reistas met daarin wat ondergoed, toiletspullen en tweehonderd pond aan bankbiljetten en goud. Als ze via Engeland in Frankrijk komt, bezoekt ze daar haar held Verne en gaat daarna via Italië en Egypte verder richting Sri Lanka, Maleisië, Singapore (waar ze zich een aap aanschaft), Hongkong en Japan, slechts gebruikmakend van treinen en schepen. Via de telegraaf en post stuurt ze voortgangsverslagen naar de redactie, waardoor het grote lezerspubliek haar op de voet kan volgen en kan wedden op het moment van haar aankomst, met als hoofdprijs een geheel verzorgde reis naar Europa. Na vele tegenslagen komt Bly met twee dagen vertraging aan in de haven van San Francisco, waardoor de hele onderneming alsnog dreigt te mislukken. Maar omdat Pulitzer een privétrein voor haar chartert, kan ze een grote inhaalslag maken en komt ze na in totaal 72 dagen aan in New York, waar haar een groots onthaal wacht.

Dat Bly vooral gebruikmaakt van schepen, illustreert dat ook op dit gebied sprake is van snelle technologische ontwikkelingen. En dit is iets waarin Bertie wederom een opvallende rol speelt, omdat hij niet alleen een gepassioneerd liefhebber van zeilen is, maar ook van motorjachten. In augustus 1901, ruim een halfjaar nadat hij koning is geworden, mag de verheugde Bertie zijn nieuwe HMY Victoria and Albert in gebruik nemen. Het is het eerste Royal Yacht in de geschiedenis dat exclusief door een vorst wordt gebruikt en niet tevens dient voor de marine. Pas na veel aandringen heeft het kabinet fondsen vrijgemaakt voor de vervanging van Victoria's uit 1855 stammende jacht, omdat Berties neven Nicolaas II en Wilhelm II beiden over grotere en modernere staatsschepen beschikken. Net als bij de koninklijke trein heeft Bertie zich intensief bemoeid met het ontwerp, wat resulteert in een opulentie die voor John Pierpont Morgan mede de inspiratie zal vormen om als 'drijvende paleizen' aangeduide oceaanstomers als de Titanic te laten bouwen voor lijndiensten tussen Europa en Amerika.

Berties vijfdeksjacht meet maar liefst 128 meter en telt 336 bemanningsleden. Het 'enorme schip is het laatste woord in luxe' – er zijn bijvoorbeeld koelkasten aan boord – en is 'een gloed van bloemen, bladgoud en lakeien in scharlaken livrei', terwijl tijdens iedere maaltijd een mariniersband kamermuziek speelt. Berties vertrekken beschikken allemaal over elektriciteit en zijn slaapkamer is groot genoeg om een concertvleugel in een hoek te hebben staan. Daarnaast beschikt hij onder andere over een eigen badkamer, zitkamer, sigarenkamer en receptieruimte alsmede een 'speciale kleedkamer met tientallen uniformen, hoeden, medailles en andersoortige kleding voor elke mogelijke gelegenheid'. Bertie gebruikt het schip intensief voor staatsbezoeken in Europa, alsmede voor vakanties in Biarritz en Cannes of cruises langs de kusten van de Middellandse Zee. Voor deze reizen worden speciale bussen ingezet om zijn bagage, 'meestal zeventig stuks hutkoffers en valiezen', die voornamelijk van krokodillenleer zijn vervaardigd, naar de haven te brengen. Ondanks dit alles blijken niet alle tochten even comfortabel: tijdens een oversteek in 1908 is de Noordzee zo ruw dat Bertie zeeziek wordt en Alexandra bovendien 'uit haar stoel valt en als een lijk plat op de vloer blijft liggen, continu brakend'. Zelfs het gezelschap van maîtresses is niet onverdeeld plezierig: als een officier op een keer via het gangboord de patrijspoort van Berties slaapkamer passeert, hoort deze hem mopperen: 'Stop ermee me steeds "meneer" te noemen! En leg nog een extra kussen onder je rug.'

De voorganger van dit jacht, eveneens de HMY Victoria and Albert genaamd, wordt tijdens zijn jaren als Prince of Wales al intensief door Bertie gebruikt. Zo ook op 26 juni 1897, als Bertie koningin Victoria moet vervangen omdat zijzelf te zwak is om de vlootschouw ter ere van haar diamanten jubileum af te nemen. Het is het grootse aantal oorlogsschepen dat ooit samen voor anker gaat: tussen Portsmouth en het eiland Wight liggen in vier linies van ieder elf kilometer lang 170 marineschepen, waarvan vijftig slagschepen, die vrijwel allemaal minder dan 10 jaar oud zijn. Onder 'groot vlagvertoon schitteren alle schepen van het gepoetste koper' en tonen deze hun 'voltallige bemanning in aaneengesloten rijen, gekleed in smetteloos witte uniformen en brede strohoeden', wat een 'verbijsterend schouwspel' biedt.

Tijdens de uiterst formele ceremonie vaart het staatsjacht ter inspectie statig tussen twee linies door als plotseling de aan dek staande Bertie en de zes Lords of the Admiralty naast hem worden opgeschrikt. Tot hun consternatie zien ze hoe een onbekende, ruim dertig meter lange en nauwelijks drie meter brede boot hen plotseling inhaalt en met spectaculair hoge snelheid driest tussen de linies door begint te laveren. Onmiddellijk krijgt een snelle *tender* orders om de achtervolging in te zetten en een einde te maken aan deze beschamende vertoning voor het oog van vele hoogwaardigheidsbekleders uit het Britse imperium die zich ook aan boord van het staatsjacht bevinden. Maar deze tender blijkt in verhouding zo langzaam dat de stuurman er niet in slaagt de vermetele indringer te onderscheppen. Na enige tijd komt de onbekende boot zelf langszij en als de woede van Bertie en de admiraals eenmaal is bekoeld, maakt deze plaats voor nieuwsgierigheid. De eigenaar stelt zich voor als de Ierse, in Londen wonende graaf Charles Parsons, uitvinder van een nieuwe scheepsmotor die hij hun wil demonstreren. Het gezelschap gaat na afloop aan boord van zijn Turbinia, die met een topsnelheid van 64 kilometer per uur dan veruit de snelste boot ter wereld is, en toont hun de bijzondere krachtbron. Het blijkt een stoomturbine die, zonder trillingen, 18 000 omwentelingen per minuut kan maken in plaats van de 1500 bij traditionele stoommotoren en aldus maar liefst 2100 pk genereert.

Bertie, die al enkele jaren ongerust is over de agressieve opbouw van de Duitse zeemacht door zijn neef Wilhelm II, realiseert zich direct dat Parsons' stoomturbine de sleutel vormt om de Britse hegemonie op zee veilig te stellen. Omdat de admiraliteit in zijn ogen echter onvoldoende slagvaardig is, wendt hij zijn invloed aan om deze in nauwe samenwerking met zijn goede vriend admiraal John Fisher te reorganiseren. En terwijl Parsons zijn Turbinia in 1900 over de Seine naar Parijs vaart om deze daar te tonen tijdens de wereldtentoonstelling, initieert Bertie samen met Fisher de ontwikkeling van een nieuw oorlogsschip op basis van een stoomturbine. In 1906 wordt het imposante slagschip HMS Dreadnought te water gelaten, dat met een superieure snelheid en vuurkracht de meeste schepen achterhaald maakt en de maritieme oorlogsvoering fundamenteel verandert.

Niet alleen marineschepen profiteren van deze nieuwe technologie, ook passagiersschepen worden voorzien van een stoomturbine, als eerste de Schotse kustvaarder TS King Edward, vervolgens oceaanstomer RMS Victorian en later ook de RMS Titanic. Het maakt dat een reis tussen bijvoorbeeld Frankrijk en Amerika nog maar ruim vijf dagen duurt, waarbij rederijen in een fanatieke strijd verwikkeld raken om de hoogste gemiddelde snelheid te behalen en zo de felbegeerde Blue Riband (blauwe wimpel) te bemachtigen. Ook vormt Parsons' uitvinding een doorbraak in efficiënte opwekking van elektriciteit, zodat George Westinghouse direct een licentie neemt voor zijn krachtcentrales. Daarnaast levert zijn 'zeer gewaagde publiciteitsstunt' Parsons in 1898, op voordracht van Bertie, een fellowship van de Royal Society op, en later ook een Rumfordmedaille.

Overigens is Parsons niet de enige die dan op zoek is naar alternatieve oplossingen voor bestaande motoren. Rudolf Diesel, een in Parijs geboren zoon van Duitse immigranten, heeft in zijn vrije tijd jarenlang hard gewerkt om een efficiëntere verbrandingsmotor uit te vinden. Hierdoor kan hij in 1893 eindelijk zijn 'diesel' patenteren, die hij, net als Parsons, demonstreert op de wereldtentoonstelling van 1900 in Parijs. En in de drie jaar daarna laat John Fisher in het grootste geheim een geheel nieuw soort schip bouwen voor de Britse marine: een onderzeeër. Tien jaar later neemt Diesel in Antwerpen de SS Dresden richting Engeland om daar met de admiraliteit plannen te maken voor het installeren van zijn motor op hun onderzeeërs, terwijl hij kort daarvoor geweigerd heeft om het exclusieve gebruiksrecht op zijn motor te verstrekken aan de Duitse defensie. Tijdens de bootreis verdwijnt Diesel na het diner echter op mysterieuze wijze, waarbij zijn slaapcabine ongebruikt blijkt. Tien dagen later wordt zijn lijk gevonden door vissers, drijvend in de Noordzee voor de kust van Noorwegen.

Behalve naar land en water kijkt men voor vervoer ook naar de lucht. Bertie toont opnieuw veel interesse in de pogingen die heldhaftige pioniers wagen om vliegen mogelijk te maken. En die pogingen zijn letterlijk levensgevaarlijk, zoals ook blijkt in mei 1907. De Japanse prins Fushimi Sadanaru is dan op staatsbezoek en Bertie nodigt hem uit om in Aldershot, 30 kilometer ten zuiden van Windsor, samen de ballonfabriek van de Royal Engineers te bezoeken. Ze krijgen daar bovendien een speciale demonstratie van de Trasher, een met helium gevulde 'oorlogsballon' die een vrije vlucht maakt, dus zonder vast te zitten aan een touw. Na een vriendelijk gesprek met Bertie vanuit hun mand stijgen de twee luitenants op, maar de volgende dag wordt nog steeds niets van hen vernomen.

Een bericht gaat uit naar alle kustwachtstations aan de zuidkust en na een etmaal wordt de verlaten ballon teruggevonden op vijftien kilometer voor de kust van Exmouth. Als enkele dagen later de zoektocht naar de twee officieren wordt gestaakt, is Bertie zeer aangedaan en stuurt de ouders persoonlijk een brief waarin hij zijn medeleven betuigt en aangeeft temeer geschokt te zijn door het droevige voorval omdat hij hun zoon vlak voor het opstijgen heeft gesproken. Maar dit soort risico's is men dan kennelijk bereid te nemen. Zo raakt de Franse wetenschapper Gaston Tissandier ruim dertig jaar eerder al blijvend doof als zijn ballon Zenith het hoogterecord van 8600 meter behaalt. Dat blijkt echter een relatief lage prijs om te betalen, want zijn twee reisgenoten vallen in de ijle lucht dood neer op de bodem van de mand als gevolg van hypoxie.[6]

Tegen het einde van de eeuw beginnen steeds meer mannen geestdriftig te bouwen aan zeer uiteenlopende ontwerpen van vliegtuigen.[7] Net als bij de andere vernieuwingen valt op dat deze vooral komen van – veelal welgestelde en van zorgvuldig gecoiffeerde gezichtsbeharing voorziene – ondernemers of wetenschappers die gewoonlijk een brede interesse hebben en zodoende verschillende disciplines combineren. Bovendien werken hieraan tegelijkertijd meerdere mensen, zowel alleen als samen, maar veelal geïnspireerd door elkaars ideeën, zodat op meerdere vlakken sprake is van kruisbestuiving.

Na vele halsbrekende en geldverslindende experimenten, waarbij Frankrijk een voortrekkersrol speelt, bestaat helaas nog steeds geen praktisch bruikbaar vliegend vehikel dat zwaarder is dan de lucht.[8] Maar op de wereldtentoonstelling van Parijs in 1889 is sprake van een doorbraak. Bertie kan hier La France bewonderen, dat in essentie een slappe, gekantelde waterstofballon is van ruim vijftig meter lang die in vorm nog de meeste gelijkenis vertoont met een Figuradosigaar. Eronder hangt een houten platform waaraan een richtingsroer en een door accu's aangedreven elektromotor met propeller zijn bevestigd. De Franse makers, Charles Renard en Arthur Krebs, is het hiermee gelukt om vanuit Parijs de eerste volledig gecontroleerde vlucht te volbrengen, waarbij ze na een ronde van acht kilometer weer veilig terugkeren op hun vertrekpunt.[9]

Deze mijlpaal inspireert in 1891 de met vervroegd pensioen gestuurde graaf Ferdinand von Zeppelin – een gedistingeerde, kale Duitse generaal met witte borstelsnor – om een nog groter luchtschip te ontwikkelen, dat passagiers kan vervoeren. Na vele tegenvallers slaagt Zeppelin er vier jaar later eindelijk in om een patent te verkrijgen op een ruim 170 meter lang, modulair aluminium skelet dat is omhuld met geweven stof. Daarbinnen bevinden zich losse compartimenten met waterstof, die naar behoefte kunnen uitzetten en krimpen, terwijl daaronder de stuurruimte voor de bemanning, passagierscabines en propellermotoren worden bevestigd. Als Zeppelin dit patent een jaar later presenteert op een bijeenkomst van de Verein Deutscher Ingenieure, vormt dit aanleiding voor een reeks van drie initiatieven die misschien wel de eerste vorm zijn van crowdfunding in de geschiedenis: de toehoorders raken vakmatig dermate opgewonden dat zij direct fondsen voor hem beginnen te werven bij ondernemers als Gottlieb Daimler en Carl Linde (de hoogleraar die in 1876 de koelkast heeft uitgevonden). Mede doordat Zeppelin zelf de helft van het kapitaal inbrengt – vrijwel alle liquide middelen die hem nog resteren – kan begonnen worden met de bouw van Luftschiff Zeppelin 1.

Op een ponton in de Bodensee wordt hiervoor een hangar gecreeerd die kan meedraaien met de wind, zodat in juli 1900 dan eindelijk het eerste niet-buigzame luchtschip uit de geschiedenis het luchtruim kiest. Echter, na ruim een kwartier is een noodlanding onafwendbaar. Als Zeppelin zich daarna door geldgebrek genoodzaakt ziet zijn onderneming te liquideren, schiet de koning van Württemberg hem te hulp door een loterij te organiseren. Maar pech blijft Zeppelin achtervolgen als in januari 1906 dan eindelijk de LZ 2 opstijgt. Door een combinatie van technische mankementen en het uitbundig overboord gooien van ballast drijft het luchtschip af naar de Alpen, waar het provisorisch moet worden afgemeerd aan bomen en 's nachts wordt verwoest door een storm. Met de haastig gebouwde opvolger lukt het Zeppelin om de Rijksdag subsidie te doen overwegen, waarbij hij moet aantonen dat aan bepaalde veiligheidseisen wordt voldaan. Maar de volgende zakelijke catastrofe dient zich alweer aan als in 1908 ruim 40 000 toeschouwers op een veld vlak bij Stuttgart zien hoe de LZ 4 door de harde wind wordt losgerukt van zijn afmeerplaats. Hierdoor ontstaat kortsluiting, zodat het zeer brandbare waterstof vlamvat en het luchtschip neerstort als een brandende fakkel. Spontaan start het hevig ontdane publiek een nationale wervingscampagne, waarmee 6 miljoen mark wordt opgehaald en de zeppelin eindelijk kan doorbreken als volwaardig luchtvervoer.

In Parijs lijkt Alberto Santos-Dumont, die in Brazilië wordt geboren als zoon van een Franse koffiemagnaat en als uitvinder gefascineerd raakt door het werk van Jules Verne, aanvankelijk ook voorbestemd voor tegenslagen. Op 8 augustus 1901 raakt na het ronden van de Eiffeltoren zijn op La France lijkende luchtschip No. 5 lek. Het komt vervolgens vast te zitten aan het dak van Hôtel Trocadéro, waarna de brandweer de immer van panamahoed voorziene Santos uit zijn langs de muur bungelende mand moet bevrijden. Niettemin groeit 'le petit Santos' uit tot een internationale held die regelmatig op dakhoogte en druk zwaaiend naar de voetgangers een rondje langs de Parijse boulevards maakt, steevast zijn luchtschip Baladeuse afmerend aan een lantaarnpaal bij een café om daar te lunchen.

Overigens is Santos een goede vriend van Louis Cartier, aan wie Bertie in 1901 een verzoek doet om in Londen een winkel te openen vanwege zijn kroning. Bertie bestelt hiervoor zelf onder andere 27 tiara's en benoemt Cartier drie jaar later tot hofleverancier, omdat hij hem beschouwt als 'koning van de juweliers en juwelier van de koningen'. Bertie koopt er zelfs zoveel cadeaus dat zijn kleinzoon, de latere Edward VIII, de uitbundige, door Bertie geïnitieerde kerstvieringen op Sandringham later zal beschrijven als 'Dickens in een Cartiersetting' (voor zijn eerste kerstviering als koning voert Bertie hier een opmerkelijke nieuwe traditie in: alle gasten dienen bij aankomst en bij vertrek publiekelijk gewogen te worden, zodat hij zeker weet dat iedereen veel gegeten heeft en hierdoor zwaarder is geworden). En als Santos in 1904 tegen Cartier klaagt dat het zo lastig is om op zijn zakhorloge te kijken tijdens een vlucht, ontwerpt Cartier voor hem het eerste herenpolshorloge uit de geschiedenis.[10] Dit naar Santos vernoemde uurwerk stelt piloten in staat om de tijd af te lezen zonder hun handen van de besturing te hoeven halen. Het wordt direct zo populair dat het een jaar later mede de inspiratie vormt voor de naar Londen verhuisde Hans Wilsdorf om samen met zijn zwager Alfred Davis pilotenhorloges te gaan produceren onder de naam Rolex (die volgens Wilsdorf het geluid beschrijft dat klinkt tijdens het opwinden).

Ondertussen is men ook bezig met een heel andere benadering van het vliegen, namelijk met behulp van vleugels. Zo besluit in 1891 de door ooievaars gefascineerde Duitse ingenieur Otto Lilienthal na het publiceren van zijn standaardwerk *Der Vogelflug als Grundlage der Fliegekunst* zijn theorie in praktijk te brengen. Met zijn Derwitzer, een vroege deltavlieger die Bertie enkele jaren daarna aandachtig bestudeert op de eerste autobeurs in Londen, zal hij vanaf heuvels in en rond Berlijn ruim tweeduizend zweefvluchten maken. In 1893 vestigt Lilienthal hiermee een record door een zweefvlucht van iets meer dan tweehonderd meter te maken.

Het jaar daarop realiseert hij vlak bij zijn huis in Berlijn zelfs een kunstmatige, vijftien meter hoge heuvel, die hij Fliegeberg noemt. Vanaf dan verzamelt zich hier iedere dag een grote menigte om zijn vluchten te bewonderen en wordt hij vrijwel voortdurend gefotografeerd. Deze beelden maken hem beroemd als de Flying Man en creëren bij miljoenen mensen wereldwijd het idee dat vliegen een praktisch realiseerbaar fenomeen is. Helaas zal hij het verstrekkende effect van zijn heroïsche acties niet meer zelf meemaken. Op 9 augustus 1896 slaat het noodlot toe als Lilienthal bij zijn vierde vlucht van die zaterdagochtend neerstort, een nekwervel breekt en zo op achtenveertigjarige leeftijd komt te overlijden.[11]

In de noordoostelijke staten van Amerika is ondertussen een wedloop ontstaan waarin uiteindelijk iedereen voorbijgestreefd wordt door twee jongemannen die behalve fietsenmakers ook broers zijn: Wilbur en Orville Wright. Al in hun kindertijd krijgen zij van hun vader een speelgoedhelikopter van de Fransman Alphonse Pénaud cadeau, maar omdat dit primitieve speeltje is gemaakt van bamboe, kurk en papier geloven ze niet dat het kan vliegen. Als ze toch het rubberen elastiek opwinden en daarna de wieken beginnen te draaien zodat de helikopter tegen het plafond van hun kamer aan vliegt, zijn ze direct gebiologeerd. Hun hele jeugd zal het onafscheidelijke duo blijven knutselen aan steeds grotere versies van die helikopter. En als ze in 1896 als twintigers lezen over de dood van hun held Lilienthal, besluiten ze technische documentatie op te vragen bij de Smithsonian Institution in Washington. Bovendien beginnen ze te corresponderen met de Franse ingenieur Octave Chanute, die als vraagbaak dient voor vrijwel alle vliegtuigpioniers in Frankrijk, Engeland, Duitsland en diens nieuwe thuisland Amerika. Op basis hiervan beginnen de broers, die beiden hun hele leven vrijgezel zullen blijven, op de zolder boven hun fietswinkel een vliegtuig te bouwen.

Hun uitgangspunt daarbij is simpel: voor vliegen zijn drie zaken van belang, namelijk een vleugel, een motor en besturing. En naar hun oordeel zijn de eerste twee hiervan al voldoende ontwikkeld, maar heeft het ontbreken van de derde geleid tot de dood van hun idool Lilienthal. Door vogels te observeren ontwikkelen ze een systeem van touwen waarmee de uiteinden van de vleugels kromgetrokken kunnen worden. En midden vooraan plaatsen ze een *elevator*, een neusvleugel waarmee de hoek van het vliegtuig in de lengterichting kan worden veranderd. Ze proberen dit succesvol uit met een klein model en beginnen daarna met de bouw van een zweefvliegtuig met een spanwijdte van ruim vijf meter. In oktober 1900 tillen ze deze de dertig meter hoge duinen van Kitty Hawk in North Carolina op, waarna Wilbur op de onderste vleugel gaat liggen en erin slaagt om zich door de wind de lucht in te laten tillen.

Als ze aan een nieuw prototype ook een staart met een verticaal roer bevestigen, beheersen ze de besturing van het zweefvliegtuig over drie assen, zodat ze toe zijn aan de laatste stap. Ze vragen hun werknemer Charlie Taylor om een lichte aluminium benzinemotor te bouwen en gaan ondertussen met een zelf ontwikkelde windtunnel aan de slag om een efficiënte propeller te ontwikkelen, die met een fietsketting aan de motor wordt gekoppeld. Op 17 december 1903 zijn ze helemaal klaar voor de testvlucht met hun Flyer, nadat ze op het strand van Kitty Hawk de laatste hand hebben gelegd aan een soort spoorrails van houten balken, die dient als startbaan. Uit angst voor de woede van hun vader als Orville gewond zou raken, heeft Wilbur zijn jongere broer tot nu toe nooit laten vliegen. Maar door een muntje op te gooien heeft het lot nu bepaald dat deze als eerste in de geschiedenis een motorvliegtuig zal besturen. Om 10.35 uur is het magische moment eindelijk aangebroken: Orville stijgt op en weet twaalf seconden lang in de lucht te blijven, waarbij hij op een hoogte van drie meter bijna veertig meter aflegt.

Het tijdperk van het motorvliegtuig is hiermee definitief aangebroken. En daarna gaat het snel. Wilbur en Orville ontwikkelen hun vliegtuig door en in oktober 1905 slagen ze erin om met de praktischere Flyer 3 in 38 minuten evenzoveel kilometers af te leggen, waarbij ze na een bocht van 180 graden bovendien weer landen op de startbaan. Gedurende de twee jaar daarna vliegen de broers echter helemaal niet, aangezien ze volop bezig zijn met het verkrijgen van een patent en het vinden van klanten, wat in 1908 uiteindelijk allebei lukt. Zo ook in Frankrijk, waar de belangstelling dusdanig groot is dat Wilbur besluit om hier demonstratievluchten te gaan verzorgen (aanvankelijk zonder Orville, omdat deze zwaargewond in het ziekenhuis ligt na een crash waarbij zijn passagier is omgekomen). Aanvankelijk vinden die vluchten in Le Mans plaats voor menigten op een enorm grasveld – de oorsprong van de term 'vliegveld' – maar vanwege de gunstiger weersomstandigheden vestigt Wilbur algauw een vliegschool in het honderd kilometer ten oosten van Biarritz gelegen Pau. En dit is waar Bertie op 17 maart 1909 vanuit zijn vakantieverblijf naartoe reist om de beide Wrights te ontmoeten, waarna hij een uitvoerige uitleg en demonstratie van hen krijgt. Als de broers in mei terugkeren in Amerika, worden ze als helden onthaald met recepties, parades, concerten en vuurwerkshows. En om dit nog meer luister bij te zetten vliegt Wilbur in New York voor meer dan een miljoen toeschouwers zijn historische ereronde om het Vrijheidsbeeld.

In Frankrijk is men zelf ook zeer actief bezig met motorvliegtuigen. Zo is Santos in 1906 de eerste buiten Amerika die een officieel erkende vlucht maakt in een motorvliegtuig. Deze vlucht vanuit het Parijse Bois de Boulogne is ook de eerste in de geschiedenis waarbij toeschouwers aanwezig zijn en bovendien de eerste die op film wordt vastgelegd. Het vliegtuig is overigens door hemzelf gebouwd, waarbij hij de ontwerpen niet patenteert maar openlijk deelt, omdat hij gelooft dat vliegtuigen zullen bijdragen aan wereldwijde welvaart en vrede – wellicht het eerste opensource-initiatief uit de historie. En twee jaar later is de Franse beeldhouwster Thérèse Peltier de eerste vrouw ter wereld die een motorvliegtuig bestuurt. Maar iemand die nog grotere faam verwerft, is Louis Blériot, een man met een enorme snor die doet denken aan latere vliegeniersspelden in de vorm van twee vleugels. Blériot is de uitvinder van de eerste praktische koplampen voor auto's en het geld dat hij verdient met de productie hiervan benut hij voor het ontwikkelen van de Blériot XI, het eerste vliegtuig met een enkele vleugel (tot dan zijn het allemaal dubbeldekkers of driedekkers).

Omdat nog nooit iemand met een vliegtuig een zee is overgestoken, looft Alfred Harmsworth met zijn *Daily Mail* in 1908 een prijs van duizend pond uit voor degene die als eerste het Kanaal tussen Frankrijk en Engeland oversteekt, iets wat door vrijwel iedereen als onmogelijk wordt beschouwd. Maar ondanks het feit dat zijn landgenoot Hubert Latham bij diens poging van een week eerder door motorpech een noodlanding op het water heeft moeten maken en ternauwernood gered kon worden, stijgt Blériot op 25 juli 1909 vlak na zonsopgang op vanuit Calais, daarbij aangemoedigd door een juichende menigte. Dat zijn toestel bijna uiteen dreigt te vallen omdat de vislijm waarmee alles aan elkaar is geplakt begint te ontbinden, lijkt hem nauwelijks te deren. Net als het navigeren trouwens: vlak voor vertrek heeft hij terloops geïnformeerd in welke richting Dover eigenlijk ligt. Vanwege het ontbreken van een kompas begint hij de Franse torpedojager Escopette te volgen, waarop ook zijn echtgenote zich bevindt, maar algauw haalt hij deze in, zodat hij op gevoel zijn richting moet bepalen. Na een halfuur zonder oriëntatiepunten komt de kust van Dover in zicht. Daar maakt hij vanwege de harde wind een onstuimige landing op de kliffen, waarbij zijn onderstel afbreekt. Maar Blériot blijkt ongedeerd en is vanaf dan een internationale held. En gezien Berties grote interesse voor vliegtuigen nodigt Blériot hem uit om op 27 maart 1910 eregast te zijn tijdens de eerste luchtraceweek op het nieuwe vliegveld van Biarritz en deze ceremonieel te openen.

Die grote interesse van Bertie blijkt onder andere uit het feit dat hij een maand eerder de door zijn vriend Charles Rolls opgerichte Aero Club het predicaat 'Royal' verleent vanwege haar uitzonderlijke prestaties in het jaar daarvoor.[12] In vergelijking met Frankrijk en Amerika loopt de ontwikkeling van het motorvliegen in Engeland namelijk ver achter, maar in 1909 volgt een ongekende inhaalslag. In januari wordt *Flight*, het eerste luchtvaartmagazine uit de geschiedenis, opgericht en een maand later openen de gebroeders Short met een licentie van Wright de eerste vliegtuigfabriek ter wereld op het terrein van de Aero Club, vlak bij Londen. Weer een maand later begint de Aero Club gecertificeerde vliegopleidingen te verzorgen en organiseert ze de eerste vliegshow van Engeland. En als de gebroeders Wright eind april op uitnodiging een bezoek brengen aan de Aero Club, voert de vijfentwintigjarige Cambridgestudent John Moore-Brabazon, die 's zomers als monteur werkt voor Rolls, daar de eerste vlucht uit door een Engelse piloot in Engeland. Een halfjaar later neemt Moore-Brabazon overigens een biggetje – Icarus de Tweede gedoopt – in een rieten mand mee aan boord 'om het adagium te weerleggen dat varkens niet kunnen vliegen'.

Blériot opent datzelfde jaar zijn eigen vliegschool in Pau, waar ook Gustav Hamel, de enige zoon van Berties lijfarts, zijn brevet haalt. Omdat Bertie op 6 mei 1910 komt te overlijden, zal hij helaas niet meer mee kunnen maken dat Hamel zijn belofte aan hem nakomt om te landen op Windsor Castle. Maar op 9 september 1911 zet Hamel zijn Blériot XI daar ondanks slechte weersomstandigheden alsnog neer op het grasveld voor het oostelijk terras, toegejuicht door vele jongens van het vlakbij – aan de overkant van de Thames – gelegen Eton College.[13] Hierna overhandigt hij de eerste Britse luchtpost uit de geschiedenis aan de Postmaster General van Groot-Brittannië:

een bijna tien kilo wegende postzak met ruim elfhonderd brieven en kaarten ter gelegenheid van de kroning van Berties zoon, alsmede enkele kranten. De foto's hiervan 'gaan de hele wereld over en geven zo miljoenen een blik op de toekomst'. Het vliegen gaat hem dan kennelijk al zo makkelijk af dat hij aan boord nog kans heeft gezien om zelf een kaart te schrijven aan de nieuwe koning George v.

Noten

1 Vanaf 1881 biedt Pullman zelf zijn diensten wel volledig aan in Engeland, in samenwerking met de London, Brighton and South Coast Railway.
2 Dit duurt veertig dagen, in de letterlijke betekenis van het woord, dat is afgeleid van het Italiaanse *quarante giorni*, de tijdsspanne dat aanmerende schepen tijdens de pestepidemie in de veertiende eeuw in isolatie moeten blijven in Italiaanse havens.
3 De snelle expansie van het spoornetwerk is mede het gevolg van de beschikbaarheid van goedkoop en betrouwbaar staal na de uitvinding van een nieuw procedé door Henry Bessemer.
4 Deze bedraagt 1435 millimeter, gemeten tussen de binnenzijden van de rails. Sinds de Conventie van Bern in 1886 heeft circa 55 procent van het spoor wereldwijd nu een breedte die helemaal terug te voeren is op die van de strijdwagens van de oude Romeinen. Afwijkende breedtes zijn met name te vinden in Rusland, India, Zuid-Amerika en de landen van Afrika beneden de evenaar, variërend van 600 tot 1676 millimeter.
5 Hiermee staat het model voor het huidige Verdrag van Schengen.
6 Op deze hoogte bedraagt de luchtdruk en daarmee het zuurstofgehalte slechts zo'n 30 procent van dat aan de grond. Na ongeveer drie minuten verlies je hier je 'nuttige bewustzijn', waarna je binnen enkele uren overlijdt. Bergbeklimmers noemen alles boven achtduizend meter dan ook de zone des doods.
7 In 1879 lukt het Victor Tatin om zijn Aéroplane, een modelvliegtuigje met twee propellers die worden aangedreven door pneumatische motortjes, bijna honderd meter te laten vliegen. De term *airplane* stamt hiervan af (*aer* is Grieks voor 'lucht'; *planus* is Latijn voor 'vlak', wat verwijst naar de vleugel).

8 Veel vliegtermen komen dan ook uit het Frans, zoals *aviation, fuselage, empennage, aileron, elevon, hangar, pitot* en *pilote*. Hetzelfde geldt overigens voor auto's: *chauffeur, garage, coupé, cabriolet* enzovoort.

9 In Chalais-Meudon is nog steeds de enorme luchtschiphangar van La France te zien.

10 Enkele jaren eerder beginnen Britse officieren tijdens de Boerenoorlog hun zakhorloge wel al aan een leren bandje om hun pols te dragen.

11 Om hem te eren is het grootste vliegveld van Berlijn naar hem vernoemd: Berlin Tegel Airport 'Otto Lilienthal'. Overigens bouwt in 1895 de Britse Percey Pilcher ook een zwever genaamd The Bat. Later dat jaar ontmoet hij Lilienthal, die hem inspireert tot verbeterde versies genaamd The Beetle, The Gull en The Hawk. Helaas stort op 30 september 1899 ook Pilcher neer, met de dood tot gevolg.

12 De Royal Aero Club wordt in 1901 opgericht voor ballonvaren, naar het voorbeeld van de uit 1898 stammende Aéro-Club de France. In 1905 ziet ook de Aero Club of America het licht, waarna de drie in Parijs samen de Fédération Aéronautique Internationale oprichten. Deze groeien uit tot (inter)nationale organen voor regelgeving, opleidingen en wedstrijden voor luchtsporten.

13 Op 1 februari 1911 landt Thomas Sopwith, op uitnodiging van wijlen Bertie en diens zoon George V, als eerste op die plek. In april 1911 voert Pierre Prier overigens de eerste non-stopvlucht uit tussen Londen en Parijs.

12 De eed van Hippocrates

Op 27 februari 1898 laat Bertie zoals gebruikelijk 'steeds weinig op zijn bord liggen' bij een vele gangen tellend diner. In de lommerrijke Londense buurt Mayfair is hij eregast in het grote herenhuis van kolonel George Keppel en 'vermaakt zich uitstekend' met diens echtgenote. Met haar 'albasten huid, grote blauwe ogen, smalle taille, kastanjebruin haar en grote buste' wordt deze negenentwintigjarige Alice 'als een van de schoonheden van de "naughty nineties" geprezen'. Niet slechts haar uiterlijk zal Bertie bij deze eerste ontmoeting bekoord hebben, omdat ze met haar sprankelende geestigheid en vriendelijkheid 'uitblinkt in het gelukkig maken van anderen, als een kerstboom vol cadeautjes voor iedereen'. Desondanks wordt Berties interesse die avond ook gewekt door een heel andere vrouw, de kordate Agnes Keyser, die het als vijfenveertigjarige nog steeds verkiest om ongetrouwd te blijven. Dankzij de erfenis van haar vader, een beurshandelaar, bewoont zij samen met haar eveneens vrijgezelle zus een enorme stadsvilla in het bij Hyde Park gelegen Grosvenor Crescent, de duurste woonstraat van Londen.

Enkele dagen na hun kennismaking wordt Agnes vanuit Marlborough House gebeld met de vraag of Bertie de week erna op de thee mag komen, in het gezelschap van Alice. Tijdens dat bezoek laat Agnes het tweetal na de thee discreet alleen, wat de start vormt van een affaire die tot aan Berties dood zal duren en waarbij hij volgens niet te controleren geruchten zelfs een dochter bij haar verwekt (de in 1900 geboren Sonia, die grootmoeder is van de latere Princess of Wales: Camilla Parker Bowles). Alice zal verreweg de belangrijkste van alle bijvrouwen in zijn leven worden, omdat ze uitgroeit tot zijn vertrouweling en – niet onbelangrijk – als enige in staat blijkt om 'zijn stemmingswisselingen te temperen' na het verliezen van een partij bridge.

Niettemin begint Bertie daarna Agnes ook alleen te bezoeken, omdat ze heel anders is dan zijn andere maîtresses en 'houdt van mannen die ze kan domineren, uitschelden en verzorgen'. Agnes is streng tegen Bertie en moppert dat hij minder moet roken en gezonder moet eten. Met haar moederlijke warmte schotelt ze hem simpele gerechten voor als 'Ierse stoofschotel, gevolgd door rijstpudding en gebakken appel', waarvan hij intens geniet. Als een jaar later in Zuid-Afrika de Boerenoorlog uitbreekt en Engeland wordt 'overspoeld door een vloedgolf van patriottisme', vraagt Agnes aan Bertie wat zij zou kunnen betekenen voor haar land. 'Waarom verander je je huis niet in een ziekenhuis voor gewonde officieren die terug moeten keren?' reageert Bertie. Vervolgens wuift hij haar bezwaar weg dat ze geen ervaring heeft in verpleging, met het argument dat ze hier mensen voor kan inhuren en hij uit zijn koninklijke huishouden artsen kan rekruteren als vrijwilliger. Als Agnes enkele weken later een ziekenzaal met twaalf bedden en een operatiekamer in haar huis heeft ingericht en Bertie op het punt staat de openingsceremonie te verrichten, vraagt zij hem in haar nieuwe witte uniform van gesteven linnen zenuwachtig hoe ze zich eigenlijk moet noemen, waarop hij zonder aarzelen antwoordt: 'Zuster Agnes.' Bertie wordt daarna voorzitter van het bestuur, richt een trust op waarin hij vrienden als Lipton, Sassoon, Cassel, Hirsch en Rothschild geld laat storten voor de kosten van het ziekenhuis en staat Agnes in 1904 toe om de naam te veranderen in King Edward VII's Hospital. Het zal vervolgens uitgroeien tot een vooraanstaande kliniek, die ook het vaste ziekenhuis is van de Britse koninklijke familie.

Dat verpleegsters een wit uniform dragen en zuster worden genoemd, is dan een heel recente uitkomst van ontdekkingen die zijn gedaan door Joseph Lister, een briljante Londense chirurg, naar wie het mondwatermerk Listerine en de listeriabacterie zijn vernoemd. Lister wil eigenlijk priester worden, maar raakt dan zo gefascineerd door geneeskunde dat hij en zijn vrouw hun huwelijksreis zelfs volledig doorbrengen op medische instituten. Bertie kent hem goed via de Royal Society, waarvan Lister vijf jaar voorzitter is, maar ook omdat hij eerder een groot abces heeft weggesneden onder Victoria's oksel (waarover Lister grapt dat hij de enige man is die ooit de koningin met een mes heeft gestoken). In 1902 is Lister de eerste die bij Berties kroning de nieuwe Order of Merit krijgt toegekend, waarbij Bertie hem toevertrouwt: 'Ik weet dat als u en uw werk er niet waren geweest, ik hier vandaag niet zou zitten.'

Omdat Bertie door zijn moeder Victoria niet of nauwelijks is voorbereid op het ambt van koning, raakt hij na haar dood op 22 januari 1901 overweldigd door het administratieve werk. Door de hieruit resulterende stress ontwikkelt Berties toch al niet geringe eetlust zich volgens lijfarts Frederick Treves, voortrekker in het nieuwe vakgebied van buikoperaties, tot de eetstoornis 'dyspepsie, zodat hij van alles en nog wat eet, wat tot verstopping leidt'.[1] Bertie bekent inderdaad dat hij 'niet de moeite kan nemen om te kauwen wat ik eet'. Zijn buik 'zwelt grotesk op als een ballon' en zijn taille en borst meten 122 centimeter, zodat zijn kleren niet meer passen en hij weigert gewogen te worden. Op 16 juni 1902, tien dagen voor zijn kroning, gaat het op Windsor mis als Bertie na het 'schransen van een grote hoeveelheid taaie kreeft' hevige buikpijn en hoge koorts ontwikkelt, zodat hij een week lang ziek op bed ligt. Tegen doktersadvies in reist hij daarna toch naar Buckingham Palace om de kroning voor te bereiden. Daar onderzoekt Treves hem en constateert een grote zwelling bij zijn blindedarm, zodat hij een spoedoperatie voorstelt. Bertie weigert pertinent omdat het ondenkbaar is dat hij zijn onderdanen teleur moet stellen met het hieruit resulterende uitstel van zijn kroning in Westminster Abbey. 'Sire, dan zult u daarheen gaan als lijk,' antwoordt Treves (die later zelf zal overlijden aan buikvliesontsteking als gevolg van een perforatie van zijn blindedarm), waarna Bertie schoorvoetend toestemt.

In allerijl wordt in Berties muziekkamer een tafel geplaatst (volgens sommigen betreft dit een biljart). En omdat het een ongebruikelijke en uiterst risicovolle operatie is, vraagt Treves aan Lister om de leiding te nemen bij het steriliseren van de geïmproviseerde operatiekamer, de instrumenten en alle betrokken medici. Ondertussen wordt het publiek ingelicht over het uitstel van de kroning (César Ritz krijgt hierdoor een zenuwinzinking omdat hij een banket voor vijfhonderd mensen moet afgelasten, waarna hij acuut besluit om met pensioen te gaan). Als Bertie plaatsneemt op de tafel en verdoofd wordt, trekt zijn gezicht zwart weg, begint hij wild met zijn armen te zwaaien en stopt hij tot tweemaal toe met ademen, waardoor Alexandra in paniek raakt en uit de kamer verwijderd moet worden. Snel snijdt Treves door twaalf centimeter vet in de buikwand, waarna stinkend pus uit de opening begint te spuiten en het tot zijn opluchting geen blindedarmontsteking maar een abces blijkt te zijn. Nadat hij een halve liter pus heeft afgetapt, bedekt hij de wond met Listers steriele gaas, en de volgende ochtend zit Bertie alweer goedgehumeurd rechtop in bed een sigaar te roken. Als beloning wordt Treves na afloop van de kroning op 9 augustus door Bertie tot baron benoemd.

Dat Treves deze operatie niet zonder Lister wil verrichten, is omdat deze wordt beschouwd als de vader van de moderne chirurgie. Toch wordt Lister in zijn beginjaren belachelijk gemaakt in *The Lancet* en staan artsen in Engeland en Amerika zelfs vijandig tegenover hem. Rond 1870 overlijdt nog ongeveer de helft van de patiënten na een operatie en Lister stelt dat dit komt door sepsis: infecties door micro-organismen (zoals bacteriën, virussen en schimmels) die leiden tot bloedvergiftiging. Lister verplicht zijn studenten en medewerkers daarom hun handen te wassen en een antiseptisch middel te gebruiken voor het reinigen van medische instrumenten, impregnatie van wondgaas en verstuiving in de operatiekamer. Ook vervangt hij houten operatietafels door stalen en kiest hij voor zeil als vloerbedekking. Hiermee verlaagt hij het aantal postoperatieve sterfgevallen van 46 tot 5 procent, maar helaas gebruikt hij hiervoor fenol, dat hij met goede resultaten heeft zien gebruiken voor de reiniging van rioolwater. Dit is een zeer agressieve stof die huid, ogen en longen irriteert, zodat veel medici weigeren om zijn werkwijze toe te passen.[2] Pas als Lister overstapt op alternatieve oplossingen, volgt zijn doorbraak.

Om besmetting nog meer tegen te gaan brengt Lister ook verbeteringen aan in de hygiëne betreffende de kleding. En dat is noodzakelijk, omdat ziekenhuizen tot rond de eeuwwisseling worden beschouwd als laatste redmiddel: een bezoek leidt in de meeste gevallen tot de dood en aangezien vrijwel alle patiënten gelovig zijn, is de verpleging in handen van nonnen, die in een zwart habijt gekleed gaan en worden aangesproken met 'zuster'. De artsen zijn om die reden ook formeel gekleed in een zwarte lange jas en broek, veelal dezelfde kledingstukken die ze ook buiten de operatiekamer dragen. Omdat Lister constateert dat de boorden van de lange mouwen veel bacteriën bevatten, ontwerpt hij zelf kleding van linnen, omdat deze stof zich het beste leent voor sterilisatie: lange witte doktersjassen met korte mouwen en witte uniformen voor de verpleegsters, die steeds vaker van buiten het klooster komen. Niet alleen zijn vuil en vlekken hierop beter zichtbaar, maar de witte kleur brengt volgens Lister ook de boodschap van hoop over en onderscheidt medici nadrukkelijk van mystieke kwakzalvers. Sommige patiënten moeten hier overigens nog wel aan wennen; zo vinden ze bijvoorbeeld dat hun arts er nu onheilspellend uitziet, als een slager.

Evengoed staat het witte tenue van zuster Agnes symbool voor de omslag naar de moderne geneeskunde. En die is ook zeer wenselijk: in 1870 bedraagt de levensverwachting bij geboorte in Europa en Amerika gemiddeld slechts 36 jaar, met name door hoge kindersterfte. Bertie ervaart de concrete betekenis van dit getal van zeer nabij. Zijn vader Albert overlijdt op tweeënveertigjarige leeftijd aan buiktyfus en zelf overleeft hij deze ziekte op dertigjarige leeftijd ternauwernood. Zijn broer Leopold sterft op dertigjarige leeftijd en zijn zus Alice als ze 35 is. Berties zesde en laatste kind, Alexander, sterft in 1871 een dag na de geboorte. Twintig jaar later krijgt ook Berties tweede zoon, de dan zesentwintigjarige George, buiktyfus en ontsnapt na een ziekbed van zes weken maar net aan de dood.

Ondertussen is in 1889 in Azië een coronavirus ontstaan dat vooral ouderen treft en zoönotisch van aard is (overgedragen van dier op mens). Als gevolg van de internationale transportinfrastructuur van treinen en schepen is het de eerste pandemie in de geschiedenis die zich wereldwijd verspreidt, en bovendien binnen slechts vier maanden. Gedurende ruim vier jaar daarna is, met name in steden, sprake van golven van besmettingen, waarbij in totaal ongeveer een miljoen mensen omkomen (op een wereldbevolking van anderhalf miljard). In januari 1892 raakt ook Berties oudste zoon Albert Victor (Eddy, bijgenaamd Collars and Cuffs vanwege zijn opzichtige kleding en tumultueuze levensstijl) hierdoor besmet en sterft kort daarna aan complicaties bij een longontsteking. De achtentwintigjarige troonopvolger is dan net zes weken verloofd met zijn achternicht Mary van Teck, die zich een jaar na zijn overlijden opnieuw verlooft, met diens broer George, de nu toekomstige koning George v. Overigens is over Eddy, ondanks gebrek aan bewijs, onder complotdenkers dan inmiddels het hardnekkige gerucht ontstaan dat hij Jack the Ripper is.

In 1900 wordt nog bijna de helft van de sterfgevallen veroorzaakt door infectieziekten.[3] Per 100 000 inwoners sterven in het Westen dan jaarlijks 580 mensen aan longontsteking, griep, tuberculose, diarree en difterie. En in China, India en Indonesië komen in de twee decennia daarna nog ruim elf miljoen mensen om bij cholera- en pestepidemieën. Maar in het Westen heeft vanaf de eeuwwisseling 'een willekeurige patiënt met een willekeurige ziekte, die op consult gaat bij een willekeurig gekozen arts, voor het eerst in de geschiedenis een betere kans dan fiftyfifty om profijt te hebben van die ontmoeting'.

Wellicht dat ook Berties inspanningen hieraan hebben bijgedragen, want ondanks het feit dat hij zijn eigen gezondheid structureel verwaarloost, is hij op paradoxale wijze zeer actief in het stimuleren van de gezondheidszorg. Al in 1863, na zijn bruiloft met Alexandra, wordt hij beschermheer van acht ziekenhuizen. En vier jaar later schept hij een precedent door het voorzitterschap van het St Bartholomew's Hospital te aanvaarden, dat hij tot aan zijn kroning vervult. In 1897 richt hij ook het Prince of Wales Hospital Fund op, tien jaar later omgedoopt tot het King's Fund, dat dan het meest ambitieuze ziekenhuisfonds ooit is. Berties doel hiermee is om vrijwilligersziekenhuizen in Londen te financieren, zodat arme inwoners, die zich de publieke en private ziekenhuizen niet kunnen veroorloven en vanwege hun erbarmelijke leefomstandigheden juist buitenproportioneel getroffen worden door infectieziekten, betere toegang krijgen tot de zorg. Als de leidende filantroop van Engeland betrekt Bertie de bisschop en burgemeester van Londen, de president van de Bank of England en bestuurders van de Royal Society erbij voor fondsenwerving. Bovendien organiseert hij hiervoor tuinfeesten, diners en recepties, schrijft hij persoonlijke dankbrieven voor iedereen die minimaal vijfduizend pond schenkt, en beloont hij grote donateurs met een benoeming tot ridder of baron. Mede vanwege dit initiatief – Bertie is inmiddels beschermheer van ruim zeventig ziekenhuizen en bijna honderd goede doelen – wordt hij datzelfde jaar geëerd met een fellowship van het Royal College of Physicians, dat hem daarbij een gouden wandelstok schenkt. In 1907 verleent Bertie ook een *royal charter* aan de Royal Society of Medicine, waarin kort daarvoor zeventien medische genootschappen zijn samengevoegd.[4]

Dit alles past in Berties bredere interesse in wetenschap. Zo speelt hij een actieve rol bij onder andere de Royal Society, woont hij lezingen bij en beloont hij uitvinders met erkenningen. In dat kader ontmoet Bertie in 1889, na zijn bezoek aan de wereldtentoonstelling, opnieuw Louis Pasteur, aan wie hij als voorzitter van de Royal Society of Arts zeven jaar daarvoor al de Albert Medal heeft uitgereikt. In Parijs krijgt Bertie van hem een persoonlijke rondleiding op het net opgerichte Institut Pasteur. De dan zevenenzestigjarige hoogleraar aan de Sorbonne, die heeft moeten toezien hoe drie van zijn vijf kinderen zijn overleden aan buiktyfus, dient voor Lister mede als inspiratiebron omdat hij geldt als de grondlegger van de microbiologie. Pasteur heeft namelijk onder andere ontdekt dat voedselwaren bij gebrek aan mogelijkheden om deze te koelen snel bederven als gevolg van fermentatie en zo ziektes veroorzaken. Hiermee legt hij de basis voor de ziektekiemtheorie, waarvoor hij en zijn medestanders aanvankelijk weggehoond worden door collega's. Maar als oplossing ontwikkelt hij de zogenoemde pasteurisatie, een proces van korte verhitting om micro-organismen te doden, en redt hiermee de Franse kaas-, melk-, bier- en wijnindustrie van de ondergang.

Vanaf 1873 creëert pionier Pasteur mede de nieuwe vakgebieden van pathologie (het vaststellen van oorzaken van ziektes) en immunologie (het versterken van het lichamelijk afweersysteem tegen ziekte veroorzakende micro-organismen) door onderzoek te doen naar cholera, miltvuur en rabiës onder kippen, varkens en konijnen.[5] En in 1885 realiseert hij hierbij een doorbraak als hij de negenjarige Joseph Meister, die door een hond met rabiës is gebeten, injecteert met een vaccin en zo zijn leven redt.[6] Met deze uitvinding van het vaccin is het tijdperk van de preventieve geneeskunde aangebroken, waarna Pasteur vele hommages ontvangt en bij zijn dood in 1895 eervol wordt begraven in de Notre-Dame. Zijn Institut Pasteur zal alleen al in de twee decennia daarna vele medische doorbraken bewerkstelligen, zoals diverse vaccins, inzicht in de werking van het immuunsysteem en de ontdekking van pestbacillen.

Tegelijk met Pasteur werkt ook Robert Koch, die goed bevriend is met Berties oudere zus Vicky, in Duitsland aan de ziektekiemtheorie. Koch, een in 1843 geboren wonderkind dat zichzelf op vierjarige leeftijd met behulp van kranten leert lezen en schrijven en bovendien excelleert in schaken, krijgt op zijn dertigste verjaardag een microscoop cadeau van zijn vrouw, waarna hij besluit om een klein laboratorium te bouwen aan zijn huisartspraktijk. Daar ontwikkelt hij een methode om bacterieculturen te kweken en in 1875 ontdekt hij zo de miltvuurbacterie. Omdat zijn kweken te veel plaats beginnen in te nemen, bedenkt zijn assistent Julius Petri twee jaar later overigens een laag rond glazen schaaltje, dat dankzij het daarover heen passende glazen deksel ook stapelbaar is.[7] Daarmee kan het onderzoek verder worden uitgebreid, en zo ontdekt Koch in 1882 de tuberkelbacil. Terwijl men denkt dat wat tot dan toe tering of pleuris wordt genoemd erfelijk is, toont hij hiermee aan dat het een besmettelijke ziekte betreft en geeft het de naam 'tuberculose'. Twee jaar later weet hij tijdens onderzoek in Egypte en India bovendien de cholerabacterie te isoleren en rond de eeuwwisseling reist hij door de tropen om baanbrekend onderzoek te verrichten naar onder andere malaria, lepra en builenpest.[8]

Met hun methodische aanpak zorgen Pasteur en Koch er samen met anderen voor dat de geneeskunde rond de eeuwwisseling de transitie maakt naar een wetenschappelijk vakgebied. En dat is iets wat op een nogal onverwachte manier ook wordt gestimuleerd door een volstrekte buitenstaander: Alfred Nobel. Als deze eenzame Zweedse wapenproducent eind 1896 overlijdt aan een hersenbloeding, bezit hij bijna negentig fabrieken en heeft hij ruim 350 patenten op zijn naam staan, waaronder voor dynamiet, de detonator en het slaghoedje. Nobels overlijden heeft zelf ook al een explosief karakter omdat hij, tot grote ontsteltenis van de familie, zijn immense vermogen vrijwel geheel blijkt na te laten aan een goed doel. De in Parijs wonende Alfred heeft twaalf jaar eerder namelijk gewetenswroeging gekregen bij het overlijden van zijn broer Ludvig, als Franse kranten bij vergissing een necrologie plaatsen van Alfred zelf en een kop hierbij luidt: 'De handelaar in de dood is dood'. Omdat Alfred op een wat positievere manier wil worden herinnerd, bepaalt hij testamentair dat jaarlijks vijf Nobelprijzen moeten worden uitgereikt. Het feit dat een vredesprijs hier deel van uitmaakt, is voor sommigen van zijn tijdgenoten wellicht net zo verrassend als dat Nobel ook een dichter is die – volgens kenners nogal matige – poëzie publiceert.[9]

Tijdens een jarenlange hevige juridische strijd met Nobels nabestaanden lijken de prijzen er nooit te zullen komen, maar uiteindelijk bereikt de executeur-testamentair een compromis door hun 40 procent van het vermogen af te staan. In 1901 kunnen zo voor het eerst de prijzen worden uitgereikt, die meteen als meest prestigieuze ter wereld gelden omdat ze ruim twintigmaal het gemiddelde jaarsalaris van een hoogleraar bedragen. Opmerkelijk genoeg betreft de eerste prijs, in de categorie natuurkunde, een ontdekking van zes jaar eerder die vooral toegepast zal worden binnen het vakgebied van een andere categorie, namelijk fysiologie en geneeskunde: eind 1895 blijft hoogleraar Wilhelm Röntgen wekenlang op zijn universiteit eten en slapen omdat hij bezig is met wat hij X-stralen noemt, en neemt bij thuiskomst zijn vrouw Anna Bertha direct mee naar zijn laboratorium in de kelder. Maar kennelijk jaagt radiologie mensen schrik aan, want als hij daar trots een foto van haar hand maakt en de daarop zichtbare botten toont, schreeuwt zij ontzet: 'Ik heb mijn dood gezien!' De Schotse ingenieur Alan Campbell-Swinton is de eerste die na Röntgen zelf een foto maakt, en dat betreft de hand van Bertie, die bij het aanschouwen van het resultaat uitroept: 'Wat onsmakelijk!'[10]

In 1902 doet zich meteen al de eerste controverse voor als de Britse medicus Ronald Ross en zijn Italiaanse collega Giovanni Grassi samen de prijs zullen ontvangen voor hun ontdekking van malariaparasieten. Maar Ross misgunt zijn collega de eer en beschuldigt hem in een ongekende polemiek van wetenschapsfraude. Robert Koch, die in 1905 zelf de Nobelprijs zal ontvangen, wordt als 'neutrale arbiter' aangesteld en wijst Grassi onterecht af omdat deze Kochs werk enkele jaren daarvoor openlijk heeft bekritiseerd. Naast dit soort onverkwikkelijke kwesties zal ook de doorlooptijd voor de toewijzing van de prijzen algauw een twistpunt worden. Zo beleeft Albert Einstein in 1905 zijn annus mirabilis, waarin hij maar liefst vier baanbrekende artikelen publiceert over onder andere zijn relativiteitstheorie en de relatie tussen massa en energie ($E = mc^2$), maar wordt de Nobelprijs hem hiervoor pas zestien jaar later toegekend.

Niettemin tonen de prijzen heel duidelijk welke vooruitgang geboekt wordt binnen de betreffende vakgebieden. Zo ook in de categorie fysiologie en geneeskunde, waar Ivan Pavlov in 1904 als eerste Rus wordt gelauwerd voor zijn werk op het gebied van conditionering. Dit kan worden gezien als een teken dat naast het fysieke ook het mentale aspect steeds meer aandacht krijgt. En dat lijkt met name in de Duitstalige landen te gebeuren: rond de eeuwwisseling breekt Sigmund Freud door met de door hem ontwikkelde aanpak van 'psychotherapie', een specialisme dat hij samen met zijn volgeling Carl Jung – onder het genot van hun onafscheidelijke sigaar en pijp – daarna verder uitwerkt. En in 1901 beschrijft de pince-nez dragende Alois

Alzheimer voor het eerst een geval van dementie, bij een eenenvijftigjarige vrouw die verdrietig klaagt dat ze zichzelf is 'kwijtgeraakt'.

Toch richten de laureaten zich meer op het lichaam dan op de geest, en dat is iets waar Bertie volop van profiteert. Vlak voor zijn kroning ontwikkelt zich op zijn neusvleugel, als gevolg van het vele roken, een rode vlek die niet langer te verhullen valt, waarna hij deze als zweer omschrijft omdat nog een groot taboe heerst rond kanker. Zoals altijd staat Bertie open voor de nieuwste uitvindingen, en laat hij het plekje succesvol behandelen met Röntgens X-stralen. De huidkanker keert in 1906 echter terug, zodat Bertie kiest voor therapie met ultraviolet licht, een uitvinding van de Deense dermatoloog Niels Ryberg Finsen, waarvoor drie jaar eerder de Nobelprijs is toegekend en die daarna, evenals een röntgenapparaat, is gedemonstreerd op de wereldtentoonstelling van Saint Louis. Bertie heeft Finsen al in 1901 zelf bezocht voor een demonstratie in zijn kliniek in Kopenhagen en daarna een lamp laten schenken aan het London Hospital, waarvan Alexandra voorzitster is.

Genezing hierdoor blijft echter uit, waarna Bertie in 1907 zijn toevlucht zoekt in een experimenteel middel dat radium heet. Als dit wel blijkt te helpen, is Bertie kennelijk zo opgelucht dat hij zijn rijke vriend Ernest Cassel vertelt dat het zijn 'grootste ambitie is om deze wereld niet te verlaten voordat een echte remedie tegen kanker is gevonden', en hem overhaalt om samen met bierbrouwer en filantroop Edward Guinness een nieuwe instelling daarvoor te financieren, die het London Radium Institute zal gaan heten.

Wrang genoeg zal de ontdekker van radium later zelf komen te overlijden aan de gevolgen van die ontdekking. Dit betreft de geniale Marie Curie, die in 1910 op voordracht van Bertie de Albert Medal krijgt uitgereikt. In 1894 studeert de dan zevenentwintigjarige Marie in Parijs aan de Sorbonne. Ze heeft zo weinig geld dat ze een schamele vliering in het Quartier Latin bewoont, waar ze 's winters al haar kleding over elkaar moet dragen om warm te blijven en vaak zo verdiept is in haar boeken dat ze vergeet te eten. Op de universiteit wordt ze voorgesteld aan docent en onderzoeker Pierre Curie, omdat die haar kan helpen aan laboratoriumruimte voor haar onderzoek naar magnetisme. Algauw ontwikkelen ze daar behalve een werkrelatie ook een liefdesrelatie, zodat Pierres collega's grappen dat 'Marie zijn grootste ontdekking is'. In 1895 trouwt het stel tijdens een sobere huwelijksvoltrekking, waarbij Marie gekleed gaat in een functionele donkerblauwe jurk, die ze daarna altijd tijdens haar werk in het laboratorium zal dragen, en als huwelijksreis gaan ze vervolgens op fietsvakantie.

Een jaar later raakt Marie, die inmiddels zwanger is van dochter Irène, geïnspireerd door Röntgens werk, alsook door de ontdekking van Henri Becquerel dat uranium op röntgen lijkende stralen uitzendt. Dit laatste wordt het onderwerp van haar promotieonderzoek, dat ze vanwege beperkte financiële middelen moet uitvoeren op een plek achter de universiteit waar tot dan toe lijken worden ontleed: een schuurtje waarvan volgens Marie 'het lekkende glazen dak in de zomer zorgt voor temperaturen van een broeikas' en in de winter de tocht en het ontbreken van verwarming leiden tot vrieskou (als chemicus Wilhelm Ostwald het later bezoekt, denkt hij aanvankelijk in de maling te worden genomen omdat het hem 'overkomt als een kruising tussen een stal en een aardappelhok'). Zonder beschermende kleding of faciliteiten stort ze zich volledig op haar experimenten en identificeert algauw een fenomeen waarvoor zij de term *radioactivité* munt. In 1898 ontdekt ze de stof thorium, maar iemand anders publiceert hierover net enkele weken eerder een artikel, waarna Pierre besluit om mee te gaan werken aan Maries onderzoek. Nog datzelfde jaar ontdekken ze samen polonium (vernoemd naar Maries geboorteland Polen) en radium, die als nieuwe elementen aan het in 1869 door de Russische scheikundige Dmitri Mendelejev ontwikkelde periodiek systeem worden toegevoegd. Het echtpaar publiceert daarna diverse artikelen over de toepassing van radium in de bestrijding van kanker, wat de start vormt van de nucleaire geneeskunde.[11]

Rond radium ontstaat algauw een zeer winstgevende industrie, iets waarvan de Curies niet profiteren omdat zij geen patenten hebben vastgelegd. Zo verschijnen producten op de markt als horloges met lichtgevende wijzers, de Nu-Ray Radium Lamp, die radioactieve straling toevoegt aan een gloeilamp, de O-Radium Hat-Pad, die tijdens het dragen van een pet 'het haar blootstelt aan weldadige straling', en de sokken en ondergoed gemaakt van Oradiumwol, die 'een bron van warmte en vitaliteit' is. Kuuroorden beginnen glazen radiumwater te serveren en voor thuisgebruik verkoopt de drogisterijketen Boots zogenoemde Spa-Radium Bulbs om zelf bruisend radioactief kraanwater te maken. En de cosmeticalijn Tho-Radia omvat onder andere zeep, tandpasta, dag- en nachtcrème, gezichtstonic en lippenstift die het uiterlijk 'een gezonde gloed' geven. Deze verzorgingsproducten worden op de verpakking aangeprezen met 'Formule du Docteur Alfred Curie', een huisarts die geen familie is van de Curies en zich ook nooit heeft beziggehouden met radioactiviteit.

Ondertussen beschouwt Marie het als een 'vreugdevol aspect van werken op het laboratorium om de flessen 's avonds in het donker licht te zien geven'. Pas later begint ze ook het gevaar van straling te beseffen (haar notitieboeken zijn nog steeds radioactief) en hiervoor publiekelijk te waarschuwen.[12] Voor haarzelf komt dit echter te laat, omdat haar beenmerg is aangetast en ze uiteindelijk zal sterven aan de hieruit resulterende bloedarmoede. Inmiddels heeft ze dan als eerste vrouw de Nobelprijs ontvangen. In 1903 wil de Koninklijke Zweedse Academie voor Wetenschappen deze overigens alleen aan Henri Becquerel en Pierre Curie toekennen omdat vrouwen er niet voor in aanmerking komen, maar na een klacht van Pierre gaat de prijs alsnog naar het drietal. Als Pierre drie jaar later omkomt bij een verkeersongeval in Parijs, neemt Madame Curie als eerste vrouw aan de Sorbonne zijn leerstoel over. En in 1911 ontvangt zij als eerste persoon voor de tweede keer de Nobelprijs, die ditmaal niet de categorie natuurkunde, maar scheikunde betreft. Ook haar dochter Irène zal later de Nobelprijs ontvangen, evenals haar schoonzoon Frédéric Joliot.

Gedurende zijn koningschap reist Bertie intensief door Europa om de Britse splendid isolation te doorbreken en diplomatie te bedrijven, waarbij hij alle machthebbers bezoekt en zo de door Duitsland aangewakkerde spanningen steeds tracht te temperen. Het resulteert onder andere in de Triple Entente tussen Groot-Brittannië, Frankrijk en Rusland, en dit zal hem als bijnamen Uncle of Europe en Peacemaker opleveren. In zijn streven naar vrede werkt hij veel samen met parlementslid Randal Cremer, die in 1889 de Inter-Parlementary Union (de voorloper van de Volkenbond en de VN) heeft opgericht, waarna deze ook de basis legt voor de internationale vredesconferenties van 1899 en 1907 in Den Haag en hiervoor in 1903 de Nobelprijs voor de Vrede ontvangt en aansluitend door Bertie wordt geridderd.

De eerste die in 1901 deze vredesprijs ontvangt, is de Zwitserse bankier Henri Dunant, die in 1863 een non-gouvernementele organisatie opricht, die het jaar daarna op de eveneens door hem georganiseerde eerste Geneefse Conventie als het Internationaal Comité van het Rode Kruis wordt erkend.[13] Geïnspireerd door Dunant helpt Bertie zijn voormalige assistent Robert Loyd-Lindsay zeven jaar later om het Britse Rode Kruis op te richten en hier voorzitter van te worden (en het later ook een royal charter te verlenen). Als lid voor het vrouwencomité betrekken zij ook Florence Nightingale, die in het decennium daarvoor het vak van verpleging heeft ontwikkeld met haar zeer populaire handboek *Notes on Nursing* en haar opleiding van zusters. Het eerste wat zij doen is het inzamelen van bijna 200 000 pond voor veldhospitalen en transport op de slagvelden van de Frans-Duitse Oorlog, waar Britse vrijwilligers de gewonden uit beide kampen gaan helpen.

In diezelfde oorlog ontwikkelt de Duitse chirurg generaal Friedrich von Esmarch een groot driehoekig katoenen doek dat op ruim dertig manieren kan worden gebruikt voor het snel verbinden of spalken van gewonden in het veld, iets waarin hij soldaten lesgeeft en waarvoor hij de term 'eerste hulp' munt. Bertie raakt zeer geïnspireerd door dit idee. Hij is namelijk begaan met de kinderen en volwassenen die werken in de mijnen, fabrieken, havens en spoorwegen, waar de zeer gevaarlijke omstandigheden jaarlijks leiden tot duizenden gewonden – die geen geld hebben om naar de dokter te gaan – alsmede honderden doden. Als hij in 1876 wordt geïnstalleerd in de Order of St John – een middeleeuwse broederschap van kruisvaarders die in Jeruzalem een hospitaal hebben gesticht – initieert hij samen met filantroop John Furley de oprichting van St John Ambulance, een moderne vrijwilligersvereniging die gestoeld is op een militaire organisatiestructuur.[14] Berties jongere zus Helena, die is getrouwd met de Duitse prins Christiaan van Sleeswijk-Holstein, vertaalt de lessen van Esmarch in het Engels en met enkele aanvullingen daarop wordt zo het eerste EHBO-handboek ter wereld gepubliceerd. In het eerste jaar worden al ruim duizend vrijwilligers opgeleid, die een certificaat ontvangen zodat ze op betrouwbare wijze spoedeisende hulp kunnen bieden op gevaarlijke werkplekken.

In de beginjaren krijgen deze vrijwilligers echter te maken met onbegrip en spot van het publiek, dat hun de bijnaam Body Snatchers geeft, verwijzend naar het fenomeen van lijkenpikken om de snelgroeiende geneeskundeopleidingen te kunnen voorzien van voldoende lichamen voor hun anatomische lessen.[15] Bertie zet zich in om de oprechtheid van hun motieven duidelijk te maken, onder andere door tijdens het gouden jubileum van zijn moeder Victoria in 1887 voor het eerst een geüniformeerde St John Ambulance aanwezig te laten zijn op de parade, waarna deze nieuwe eenheid ook bij publieke evenementen als voetbalwedstrijden paraat zal staan. Deze brigade krijgt ook de beschikking over een koets die is voorzien van een brancard, verband en spalken (plus een fles whisky ter verdoving). Een jaar later zorgt Bertie ervoor dat St John Ambulance een royal charter krijgt, en hij wordt hiervan zelf Grand Prior. Bij de begrafenis van zijn zoon Eddy laat hij de brigadeleden een erewacht vormen, waarbij hij de pers over hen vertelt: 'Heren, dit is een goed uniform, ik geloof dat het veel goeds zal voortbrengen.' En enkele jaren later verschijnt hij op een bal zelfs verkleed als ridder van St John uit de renaissance. Het draagt er allemaal aan bij dat het aantal doden op gevaarlijke werkplekken met een factor tien daalt en dat St John Ambulance zal uitgroeien tot een organisatie met ruim een half miljoen vrijwilligers in veertig landen.

Dat die vroege vorm van een ambulance over een fles whisky beschikt, geeft overigens aan dat men nog volop aan het experimenteren is met verdoving en pijnbestrijding. Halverwege de negentiende eeuw zijn een harde klap op het hoofd en verwurging nog de gebruikelijkste methoden om iemand bewusteloos te maken voorafgaand aan een ingreep. Daarna probeert men het zeer brandbare en stinkende ether, om vervolgens over te stappen op chloroform, dat als niet onbelangrijk nadeel heeft dat een kleine overdosering leidt tot de dood (en toch door Treves gebruikt wordt om Bertie onder narcose te brengen bij diens buikoperatie). De innovatieve Amerikaanse arts William Halsted, die onder andere de operatiehandschoen uitvindt, begint zelfs geïsoleerde cocaïne toe te passen, maar raakt hieraan zelf hopeloos verslaafd. Om hem af te laten kicken sturen collega's hem op een cruise naar de Cariben, waar hij betrapt wordt bij de scheepsmedicijnkast. Bij een volgende ontwenningskuur krijgt hij morfine toegediend, maar dit zorgt helaas slechts voor een aanvullende verslaving.

Medici staan in die tijd volledig open voor nieuw ontdekte verdovende middelen, wat is terug te zien in benamingen als 'drugstore' en 'narcotica'. Zo ontwikkelen in 1895 laboranten van Bayer & Co, dat vier jaar later Aspirine op de markt zal brengen, een extreem sterke opioïde, die de merknaam Heroïne krijgt (verwijzend naar het Oudgriekse woord voor 'sterk' en 'heldhaftig'). Dit is vijftien jaar lang zonder recept als niet-verslavend hoestdrankje verkrijgbaar in winkels, totdat de autoriteiten de ware aard ervan ontdekken en het beginnen te verbieden – te laat, omdat er dan al onvoorstelbare aantallen verslaafden zijn. Gelukkig is recent een cilinder uitgevonden om gassen in op te slaan en komt de Duitse uitvinder Bernhard Dräger in 1902 met een drukregelaar hiervoor, zodat lachgas kan worden vermengd met zuurstof, waarna de eerste moderne oplossing voor anesthesie op de markt komt.

Ondertussen gaan de medische vernieuwingen in razend tempo door. Zo ontwikkelt de Amerikaanse arts Chevalier Jackson eigenhandig het vakgebied van endoscopie om mensen van een verstikkingsdood te redden. Hij ontwikkelt een kijkinstrument om via de keel het binnenste van zijn patiënten te inspecteren, en manieren om objecten uit de luchtpijp of slokdarm te verwijderen. Als liefhebberij bouwt hij hier overigens een fascinerende collectie van 'onverstandig ingeslikte' voorwerpen mee op, waaronder een toneelkijker, een polshorloge, een hangslot, een speelgoedtrompet, een radiatorsleutel, een lepel, een vleespen, een pokerchip, een medaille en een rozenkrans. En in 1903 vindt de Nederlandse arts Willem Einthoven het elektrocardiogram uit, waarmee een hartfilm kan worden gemaakt, iets waarvoor hij met de Nobelprijs wordt beloond. Tegelijkertijd worden talrijke ontdekkingen gedaan: alleen al tussen 1901 en 1906 worden bijvoorbeeld voor het eerst bloedgroepen, hormonen en vitamines geïdentificeerd.

Al deze vooruitgang op geneeskundig vlak zorgt ervoor dat de gemiddelde levensverwachting in Europa en Amerika tussen 1890 en 1910 stijgt van 41 tot 52 jaar, een trend die zich daarna doorzet. Maar als gevolg van zijn ongezonde levensstijl mag dit voor Bertie helaas niet meer baten. Enkele jaren na zijn troonsbestijging begint zijn gestel steeds meer tekenen van aftakeling te vertonen, beginnend met een bronchitis, die algauw een chronisch karakter krijgt en zich vervolgens ontwikkelt tot emfyseem. Begin 1906 krijgt hij een dermate zware aanval dat zijn artsen hem een kuur van zeelucht adviseren. Hoewel Bertie zijn gezondheidsproblemen ontkent, geeft hij uiteindelijk toe. In februari vertrekt hij naar Biarritz en verblijft tot in het voorjaar in het direct aan het strand gelegen Hôtel du Palais, het voormalige zomerpaleis van keizerin Eugénie. Het reces blijkt inderdaad een heilzaam effect te hebben, waarschijnlijk ook omdat Alice Keppel al die tijd verblijft in een nabijgelegen villa en ter vermaak vrijwel dagelijks een assortiment Franse hertoginnen langskomt. Echter, in maart 1908 krijgt Bertie een nog zwaardere aanval, waarbij ditmaal ook gesproken wordt over 'pijn in de hartstreek'. Hij vertrekt opnieuw voor lange tijd naar Biarritz, waar hij in april zelfs Herbert Asquith laat langskomen voor diens ambtsaanvaarding als nieuwe premier, iets wat in Engeland op weinig waardering kan rekenen.

Het jaar daarop ontkomt Bertie er niet aan om een reeds lang gepland bezoek aan Berlijn af te leggen, omdat dit uit diplomatiek oogpunt anders een belediging vormt voor zijn paranoïde neef Wilhelm II, die zijn oom inmiddels Satan noemt. Tegen een maîtresse verklaart Bertie hierover: 'Ik heb niet lang meer te leven. En daarna zal mijn neef een oorlog beginnen.' In Berlijn raakt hij voortdurend buiten adem bij het trappen lopen en tijdens een diner valt hij in slaap. Bertie toont kennelijk dermate uitgeput dat Wilhelm zelfs lijfarts James Reid inlijft als spion en instrueert om vanuit Engeland codeberichten te telegraferen over Berties gezondheidstoestand. Uit imago-overwegingen streeft Wilhelm ernaar om tijdig aan Berties sterfbed te staan, net zoals hij hierin geslaagd is bij koningin Victoria.

Op oudjaarsavond van 1909 wil Bertie om middernacht traditioneel de eerste zijn om de voordeur van Sandringham te openen voor het nieuwe jaar. Maar een kleinkind rent erop af en is hem nietsvermoedend voor, waarna Bertie somber bromt: 'We zullen dit jaar veel tegenslag hebben.' Inderdaad krijgt hij enkele weken later een nieuwe aanval van bronchitis. Gefrustreerd dat hij niet langer zijn energieke zelf is, begint hij weinig rationeel de ene sigaar na de andere te roken. Wederom vertrekt hij, na lang aandringen, in maart naar Frankrijk en bij zijn tussentijdse verblijf in Parijs valt hij nu zelfs in slaap tijdens zijn geliefde operavoorstelling. En dat herhaalt zich daarna in Biarritz op de dagelijkse plezierritten met Stamper, waarvan hij anders zo intens geniet (zelfs een rit naar Lourdes, waar Bertie met de bisschop een bezoek brengt aan de befaamde grot, brengt geen heil). Na enkele dagen stort zijn gezondheid volledig in en ontwikkelt zich een longontsteking met zeer hoge koorts. Reid raakt in paniek omdat een angstaanjagend scenario zich aandient: zijn koning die in het buitenland overlijdt, met alleen diens maîtresse aan zijn bed. Hij besluit alles geheim te houden en tot zijn niet geringe opluchting herstelt Bertie na een week wonderwel.

Pas op 26 april voelt Bertie zich sterk genoeg om terug te keren naar Londen, waar Asquith en Winston Churchill hem opwachten op het treinstation om hem bij te praten over de parlementaire crisis die zich tijdens zijn afwezigheid heeft ontwikkeld en Berties aandacht vereist. Maar als hij op 2 mei bij Agnes Keyser is, maakt deze zich ongerust over de kortademigheid en hoestbuien die Bertie het praten en eten vrijwel onmogelijk maken. Alexandra wordt met spoed gesommeerd terug te keren van haar lange vakantie op Corfu, en ondertussen blijft Alice Keppel alle dagen bij Bertie, die in steeds hogere frequentie zuurstof en injecties met strychnine krijgt toegediend door Reid. Terwijl Reid daarna lange tijd volhoudt om in zijn medische bulletins positief nieuws naar buiten te brengen, ziet hij zich op 6 mei dan toch genoodzaakt om hierin het onafwendbare door te laten schemeren.

Voor Buckingham Palace verzamelt zich daarna onmiddellijk een grote menigte, omdat Bertie ondanks zijn korte regeerperiode de populairste soeverein in tweeënhalve eeuw is. Velen zullen later zeggen dat hij de laatste grote koning is (de edwardiaanse periode, die zelfs na zijn dood doorloopt tot 1914, zal daarom de laatste zijn die naar een monarch wordt vernoemd). Wellicht beginnen sommigen zich die dag te realiseren hoe Bertie door zijn snelle en publieke adoptie van uitvindingen en vernieuwingen een fundamentele bijdrage heeft geleverd aan de transformatie van de maatschappij. En misschien zullen vele uitvinders en ondernemers zich er die dag bewust van zijn geworden dat zij de doorbaak van hun geesteskinderen voor een belangrijk deel ook te danken hebben aan het nimmer aflatende enthousiasme waarmee Bertie deze heeft omarmd, gesteund en verbreid.

Hoe dan ook, vlak na het middaguur valt Bertie flauw als hij naar de kanariekooi in zijn slaapkamer wandelt. In bed krijgt hij daarna de eerste van een serie hartaanvallen. Nog slechts af en toe is hij bij bewustzijn. In het bijzijn van zijn familie overlijdt hij een kwartier voor middernacht aan de gevolgen hiervan. Kort daarvoor heeft zijn zoon George hem nog verteld dat Berties paard Witch of the Air die middag gewonnen heeft op Kempton Park. Daarop uit Bertie zijn laatste woorden, die mogelijk ook weergeven hoe hij ondanks een moeizame jeugd terugkijkt op zijn leven: 'I am so glad.'

Noten

1 Treves is ook bevriend met de misvormde Joseph Merrick, beter bekend als de Elephant Man, die hij redt van een freakshow op de kermis en daarna in een Londens ziekenhuis laat wonen en behandelt.

2 Ignaz Semmelweis, een docent geneeskunde in Wenen, komt in 1847 ook op het idee van handen wassen om de zogenoemde kraamvrouwenkoorts te voorkomen. Helaas wil niemand naar hem luisteren, waarna hij zijn verstand verliest, over straat begint te zwerven, en uiteindelijk in een gesticht wordt doodgeslagen door zijn bewakers.

3 Tegenwoordig is dat circa 3 procent. In de top 10 staan nu hartziekten en kanker met afstand bovenaan.

4 Een royal charter is een koninklijk decreet dat de zelfstandigheid en onafhankelijkheid van een organisatie garandeert en hiermee een prestigieuze erkenning van de belangrijke positie ervan vormt.

5 Pasteur is hierbij geïnspireerd door de Engelse arts Edward Jenner, die ontdekt dat door het zoontje van zijn tuinman te besmetten met koepokken deze slechts lichte koorts krijgt en daarna immuun is voor de onder mensen voorkomende variant van pokken. Jenner bedenkt hiervoor de term 'vaccinatie'.

6 Meister zal als dank zijn hele volwassen leven als conciërge op het Institut Pasteur blijven werken. Als op 24 juni 1940 de Duitsers Parijs binnenvallen, neemt hij zelfs zijn hele familie mee naar het instituut om dit te beschermen tegen de soldaten. Maar uit angst dat zijn familie iets zal overkomen, stuurt hij iedereen daar alsnog weg. Vervolgens bedenkt hij zich dat hij hen hierdoor juist in de handen van de nazi's heeft gedreven en pleegt uit schuldgevoel zelfmoord. Zijn familie keert echter enkele uren daarna veilig terug op het instituut.

7 De petrischaal is nog steeds een standaardattribuut. Als de Londense professor Alexander Fleming in 1944 op vakantie is, waait een schimmelspoor door het raam van zijn laboratorium en valt in een petrischaal waarop hij het deksel is vergeten te leggen. Bij terugkomst ontdekt hij dat de schimmel de bacteriële groei heeft afgeremd, wat de basis vormt voor zijn uitvinding van penicilline.

8 Koch baseert zich hierbij op de ontdekking van John Snow uit 1854 dat de cholera-epidemie in de arme Londense wijk Soho zich verspreidt via besmet water uit een openbare pomp aldaar.

9 Na diverse fusies en overnames is Nobels naam nog altijd terug te zien in de onderneming AkzoNobel.

10 Campbell-Swinton zal later de theoretische basis leggen voor de uitvinding van de televisie.

11 In 1908 ontvangt de Duitse arts Paul Ehrlich de Nobelprijs voor zijn bijdrage aan de immunologie. Het jaar erna vindt hij arsfenamine uit, waarmee syfilis kan worden genezen en dat de start vormt van de chemotherapie (een door hem gemunte term).

12 Voor radium bedraagt de halveringstijd (een fenomeen dat in 1907 door Ernest Rutherford aan de University of Manchester is ontdekt) maar liefst 1600 jaar.

13 Om Dunant te eren en zich te associëren met de neutraliteit van diens thuisland kiest de organisatie als symbool een tegengestelde Zwitserse vlag: een symmetrisch rood kruis op een witte achtergrond.

14 'Ambulance' is dan nog een breed begrip dat staat voor medische hulpverlening ter plekke. Gaandeweg zal het specifieker gebruikt worden als term voor het transportmiddel waarmee patiënten worden vervoerd.

15 In 1955 zal deze term ook door Jack Finney als titel worden gebruikt voor zijn sciencefictionroman *The Body Snatchers*.

Dank

Er wordt weleens gezegd dat mensen tweemaal sterven: de eerste keer als men overlijdt en opnieuw als niemand zich degene meer herinnert. Dat laatste lijkt op Bertie sterk van toepassing, want in vergelijking met andere Britse monarchen is hij relatief onbekend. Zelf had ik in ieder geval nog nooit van hem gehoord, totdat ik hem ineens overal tegenkwam in mijn research naar uitvindingen. Zonder dat hij het weet (daar ga ik vooralsnog van uit), heeft Bertie me daarna een zeer amusante basis gegeven om mijn verhaallijn op te bouwen. En dat is het eerste waarvoor ik hem wil bedanken. Het tweede is dat hij altijd vooraan in de rij heeft gestaan bij alle noviteiten in de wondere wereld van uitvindingen, zodat mede dankzij hem een grote sprong voorwaarts werd gemaakt. Ondanks al Berties tekortkomingen en uitspattingen kun je eigenlijk niet anders dan een beetje van hem houden. Zelf ben ik hem tijdens het schrijven in ieder geval gaan beschouwen als een soort denkbeeldige vriend.

Dat Bertie is gaan fungeren als de rode draad van dit boek, is alweer een kwestie van toeval. Op zaterdagochtend, terwijl ik aan dit boek aan het schrijven was, las mijn vrouw in *FD Persoonlijk*, het weekendmagazine van *Het Financieele Dagblad*, een interview met literair agent Paul Sebes, die ook in Bergen bleek te wonen. Ik stuurde hem meteen een bericht en midden in de eerste coronalockdown bleek hij wel zin te hebben in een project vlak bij huis. Een paar dagen later parkeerde hij zijn fiets naast mijn tuinkantoor en maakten we op anderhalve meter afstand kennis met elkaar. En toen we daarna de structuur van mijn boek bespraken, kwam hij direct met de briljante suggestie om een hoofdpersoon als verbindende schakel tussen alle losse verhalen over uitvinders te zoeken. Een ingeving die voor mij ineens alles op zijn plek liet vallen, omdat ik hiervoor Bertie kon gebruiken. Daarna heeft Paul me op onovertroffen wijze geholpen om als auteur van managementboeken ook te leren hoe je historische non-fictie schrijft, een onvoorstelbare luxe die ik iedereen zou gunnen. Ik wil hem dan ook bedanken voor zijn niet-aflatende toewijding en harde werken.

En net als Bertie wil ik ook Paul nog een tweede maal bedanken, namelijk voor het feit dat hij me heeft voorgesteld aan anglofiel Josje Kraamer, die direct enthousiast was over het boek en voorstelde mijn boek bij Querido uit te geven. Hierna werd ze ook mijn redacteur en hebben we met veel plezier samengewerkt om het boek nog een stap verder te brengen. Ik wil Josje daarom bedanken voor haar vertrouwen, vakmanschap, ongekend harde werken en positieve energie. Ook Lionne Hietberg, Gaia Cerpac, Nanja Toebak, Kay Brugmans, Sonja Huntelerslag, Vincent Schmitz en Thomas Coenraads ben ik veel dank verschuldigd.

Daarnaast zou het schrijven van dit boek onmogelijk zijn geweest zonder mijn eigen supportersvereniging. Erelid daarvan is mijn vrouw Suzanne, die trouw ieder weekend zorgde voor versgebakken appeltaart of bananenbrood. Het vormde een vast onderdeel van een soort ritueel, waardoor ik 's avonds niet kon wachten om de volgende ochtend om zes uur met een latte macchiato heerlijk te gaan zitten schrijven, immer in gezelschap van onze luid snurkende Engelse bulldog Henk. Maar bovenal wil ik haar bedanken omdat ze altijd onvoorwaardelijk in mij gelooft en me helpt om te kunnen doen waarvan ze aanvoelt dat dit belangrijk is voor me. De andere twee leden van verdienste zijn Julius en Floris, onze twee prachtige pubers die me goed doen nadenken over geschiedenis, heden en toekomst. Met een heerlijke mix van nieuwsgierigheid en geestige spot over hun 'nutty professor'-vader hield mijn nageslacht me ook tijdens dit schrijfproces weer lekker scherp.

Daarnaast wil ik Carla Jonker bedanken voor haar rol als cheerleader. Ook Bill Bryson ben ik erkentelijk omdat hij me als mijn 'literaire held' op het snijvlak van wetenschap, uitvindingen, reizen, geschiedenis en humor heeft geïnspireerd om dit boek te gaan schrijven. Verder wil ik Jane Ridley en Jill Jonnes bedanken, omdat hun boeken een belangrijke referentie voor mij hebben gevormd. Ook de Royal Collection Trust, de Library of Congress en de vele vrijwilligers achter Wikipedia zijn voor mij onmisbaar gebleken.

Tot slot wil ik ook jouzelf bedanken voor het lezen van mijn boek. Ik hoop dat dit je minstens zoveel plezier heeft opgeleverd als het schrijven ervan mij deed.

Bergen, april 2022

Noten

15 ‘“Ik heb geen’ Ratcliffe, S. (2011). *Oxford Treasury of Sayings and Quotations.* Oxford University Press.

15 ‘Die regeert dan’ Steinbach, S. (2011). *Understanding the Victorians: Politics, Culture and Society in Nineteenth-Century Britain.* Routledge.

1 Tijd voor verandering

17 ‘En in de’ Hopkins, J.C. (2016). *The Life of King Edward VII.* Palala Press.

17 ‘Duizenden jongens en’ Range, M. (2016). *British Royal and State Funerals: Music and Ceremonial since Elizabeth I.* Boydell Press.

17 ‘De witte foxterriër’ Pastoureau, M. (2008). *Les Animaux Célèbres.* Arléa.

18 ‘Die adoratie wordt’ Hibbert, C. (2007). *Edward VII: The Last Victorian King.* Palgrave Macmillan.

18 ‘Na het overlijden’ Ibid.

18 ‘Tot zijn zwagers’ Heffer, S. (1998). *Power and Place: The Political Consequences of King Edward VII.* Weidenfeld & Nicolson.

19 ‘Hierdoor frequenteert hij’ Glencross, M. (2015). *The State Visits of Edward VII: Reinventing Royal Diplomacy for the Twentieth Century.* Palgrave Macmillan.

19 ‘Tussen al die’ MacDonogh, G. (2003). *The Last Kaiser.* St Martin’s Press.

19 ‘En helaas voelt’ Weightman, G. (2003). *Signor Marconi’s Magic Box.* HarperCollins.

19 ‘Dit duo wordt’ Gelardi, J.P. (2019). *Pageant of Kings: The Nine Sovereigns at Edward VII’s Funeral.* Bowker.

20 ‘Onderweg kunnen de’ Edge, S. (2010). The Funeral of Edward VII: End of the Empires. *The Daily Express,* 16 april.

20 ‘Wilhelm is echter’ Magnus, P. (1964). *King Edward VII.* John Murray.

20 'Wilhelm geeft Bertie' Linton, L. & De Luca, M. (2013). *The Royals*. Channel Five; Plumptre, G. (1997). *Edward VII*. Trafalgar Square Publishing.

20 'Steiff, de vermaarde' Edwards, A. (1984). *Matriarch: Queen Mary and the House of Windsor*. W. Morrow.

20 'En hoewel Alexandra,' St. Aubyn, G. (2010). *Edward VII*. Faber & Faber.

20 'In de St' Middlemas, K. & Fraser, A. (1972). *The Life and Times of Edward VII*. Weidenfeld and Nicolson.

20 'Die koestert niet' Weintraub, S. (1997). *Uncrowned King: The Life of Prince Albert*. Simon & Schuster.

21 'Maar ondanks het' Ridley, J. (2012). *The Heir Apparent*. Random House.

21 'Ze trouwen in' Fulford, R. (1965). *Dearest Child*. Holt, Rinehart & Winston.

21 'Ze haat de' Worsley, L. (2018). *Queen Victoria: Daughter, Wife, Mother, Widow*. Hodder & Stoughton.

21 'Ze beschouwt het' Ridley.

21 'Na de moeilijke' Woodham-Smith, C. (1972). *Queen Victoria: From Her Birth to the Death of Prince Consort*. Alfred A. Knopf.

21 'De baby verveelt' Esher, R.B.B. & Benson, A.C. (2015) *The Letters of Queen Victoria: A Selection from Her Majesty's Correspondence between the Years 1837 and 1861. Volume 1, 1837-1843*. Palala Press.

21 'Ze noemt hem' Woodham-Smith.

22 'Daar speelt overigens' Charlot, M. (1989). *Victoria: Le pouvoir partage?*. Flammarion.

22 'Op haar vierde' Esher, R.B.B. (2015). *The Influence of King Edward*. Book on Demand.

22 'Bertie beschikt over' Van Der Kiste, J. (2001). *Dearest Vicky, Darling Fritz: Queen Victoria's Eldest Daughter and the German Emperor*. Sutton Publishing.

22 'Daarbij komt ook' Ridley.

22 'Slechts sporadisch komen' Benson, E.F. (1933). *King Edward VII: An Appreciation*. Longmans, Green & Co.

22 'Victoria's antipathie jegens' Hibbert, C. (2000) *Queen Victoria: A Personal History*. Harper Collins.

23 'Hij gaat zelfs' Ridley.

23 'Maar als Florence' Lloyd, I. (2019). *An Audience with Queen Victoria: The Royal Opinion on 30 Famous Victorians*. The History Press; Weintraub, S. (2001). *Edward the Caresser: The Playboy Prince Who Became Edward VII*. Free Press.

23 'Als zijn docent' Magnus.

23 'Ze gedragen zich' Ridley.

24 'Maar Albert weigert' Weintraub (2001).

24 'Ook is hij' Ridley.

24 'Victoria benoemt Albert' Bolitho, H. (2010). *Albert the Good and the Victorian Reign*. Kessinger Publishing.

24 'Daarop ziet hij' *Encyclopaedia Britannica*: Salic Law.

24 'Het geeft zijn' Davenport-Hines, R. (2017). *Edward VII: The Cosmopolitan King*. Penguin.

25 'Datzelfde jaar, 1851' Hopkins.

25 'Bertie vergaapt zich' Bryson, B. (2010). *At Home: A Short History of Private Life*. Doubleday.

25 'Hieronder bevinden zich' Bureau International des Expositions (BIE): www.bie-paris.org/site/en/1851-london.

25 'Ook keizer Napoleon' Clarke, S. (2014). *Dirty Bertie: An English King Made in France*. Century.

25 '"Geloof dat maar' Mortimer, R. (1961). *Leaves from a Journal: A Record of the Visit of the Emperor and Empress of the French to the Queen, and of the Visit of the Queen and HRH the Prince Consort to the Emperor of the French, 1855*. André Deutsch.

25 'Bij het bezoeken' Ibid.

26 'Hier raakt Bertie' Bureau International des Expositions (BIE): www.bie-paris.org/site/en/1855-paris.

26 'Zijn verdere leven' Lee, S. (1925). *King Edward the Seventh: A Biography, Vol. i*. MacMillan and Co.

26 'In de zomer' Ridley.

26 'En omdat zijn' Fulford.

26 'Dit laatste duidt' Magnus.

27 'In plaats daarvan' Ridley.

27 'En door vrijwel' Hibbert, C. (1976). *The Royal Victorians*. Berkley Publishing.

28 'Zo ongeveer het' Hibbert (2007).

28 'Al dat eten' Hogg, M. (2016). Inside George's Breeches: The Health of George IV. *Pavilion Tales*. Royal Pavilion & Museums, Brighton & Hove.

28 'Volgens Bruce maakt' Magnus.

28 'Hoe dan ook' Ferguson, N. (1998). *The World's Banker: The History of the House of Rothschild*. Weidenfeld & Nicolson.

28 'Bovendien hebben zijn' Lee (1925).

28 'Met zijn bescheiden' Donaldson, F.L. (1974). *Edward VIII*. J.B. Lippincott Company.

29 'Het succes maakt' Faulkner, C.A. (2021). *President Buchanan Greets a Guest of State: The Prince of Wales at the White House*. The White House Historical Association; Fulford.

29 'Op Cambridge is' Aronson, T. (1988). *The King in Love: Edward VII's Mistresses*. John Murray.

29 ''s Nachts klautert Bertie' Arnold, C. (2017). *Edward VII: The Prince of Wales and the Women He Loved*. St. Martin's Press.

29 'Pas in november' Fulford.

29 'Hij krijgt steeds' The typhoid fever death rate. JAMA, 1898, XXX (7): 381-382.

30 'Berties communicatie met' Ridley.

30 'Met ruim zes' Auerbach, J.A. (1999). *The Great Exhibition of 1851: A Nation on Display*. Yale University Press.

31 'Die in Parijs' Gralton, E.M.L. (2014). Lust of the Eyes: The Anti-Modern Critique of Visual Culture at the Paris *Expositions universelles*, 1855–1900. *French History & Civilization*, 5, pp 71-81.

31 'Door een teleurstellende' Sheppard, F.H.W. (1975). The Exhibition Building of 1862. *Survey of London*, 38: 137-147.

31 'Naast opnieuw vele' Menczer, B. (1967). Exposition, 1867. *History Today*, 17(7): 429-436.

31 'Met die laatsten' Strauss-Schom, A. (2018). *The Shadow Emperor: A Biography of Napoleon III*. St. Martin's Press.

31 'De periode tot' Landes, D. (2003). *The Unbound Prometheus: Technical Change and Industrial Development in Western Europe from 1750 to the Present*. Cambridge University Press.

32 'Alle dynamiek concentreert' Kelly, B., Papanikolaou, D., Seru, A. & Taddy, M. (2018). Analysis of US Patent Office Data. Grafiek bij: Van Dam, Andrew (2018). Step Aside Edison, Tesla and Bell: New Measurement Shows when US Inventors Were Most Influential. *Washington Post*, 27 november.

32 'Tijdens de zomer' Ridley; St. Aubyn.

33 'Beneni chanteert Bertie' Camp, A.J. (2007). *Royal Mistresses and Bastards: Fact and Fiction 1714-1936*. Anthony Camp.

33 'Terwijl de dokters' *The Times*, november en december 1871.

33 'Ironisch genoeg is' Magnus.

33 'Na afloop maakt' Ridley.

33 'Bertie ziet het' Foot, M.R.D. (2020). *Encyclopaedia Britannica*: William Ewart Gladstone.

33 'Bovendien ontvangt hij' Matthew, H.C.G (2006). Edward VII. *Oxford Dictionary of National Biography*. Oxford University Press.

34 'Omdat Bertie vrijwel' Davenport-Hines.

2 Stad van plezier

36 'Begin 1887 blijkt' MacAulay, J.A.M. (1889). *Speeches and Addresses of HRH the Prince of Wales: 1863-1888*. William Clowes and Sons.

36 'Om zo min' Life in London: The Argonauts of the Wild West. *The Philadelphia Inquirer*, 27 april 1887.

36 'Sommigen dragen een' Gallop, A. (2009). *Buffalo Bill's British Wild West*. The History Press.

36 'Als het schip' Russell, D. (1979). *The Lives and Legends of Buffalo Bill*. University of Oklahoma Press.

36 'Brakend over de' Jonnes, J. (2009). *Eiffel's Tower: The Thrilling Story Behind Paris's Beloved Monument and the Extraordinary World's Fair That Introduced It*. Penguin.

37 'Door de stevige' Feest, C.F. (1987). *Indians and Europe: An Interdisciplinary Collection of Essays*. Herodot.

37 'Maar de opwinding' The Wild-West Show. *Daily News*, 16 april 1887.

37 'Kraanmachinisten zetten ondertussen' Buffalo Bill's Good-Bye. *The New York Times*, 1 april 1887.

37 'In een zijstraat' Winget, D.H. (1912). *Anecdotes of Buffalo Bill Which Have Never before Appeared in Print*. La Clinton.

37 'In Earl's Court' Griffin, C.E. (2010). *Four Years in Europe with Buffalo Bill*. University of Nebraska Press.

37 'Deze voormalige goudzoeker' Wilson, R.L. & Martin, G. (1998). *Buffalo Bill's Wild West: An American Legend*. Random House.

38 'Helaas weigert het' Rosa, J.G. (2003). Wild Bill Hickok, Gunfighter: An Account of Hickok's Gunfights. University of Oklahoma Press.

38 'Dit is de' Jonnes (2009).

38 'Ze besluit daarna' Russell.

38 'Tegen het einde' Rydell, R.W. & Kroes, W. (2005). *Buffalo Bill in Bologna: The Americanization of the World, 1869-1922*. University of Chicago Press.

38 'Bertie blijkt echter' Cooper, C.R. (1934). *Annie Oakley, Woman at Arms. A Biography*. Borodino Books.

39 'Ze jaagt dan' Riley, G. (1994). *The Life and Legacy of Annie Oakley*. University of Oklahoma Press.

39 'Tot slot draait' Cansler, S. (2014). Annie Oakley, Gender, and Guns: The 'Champion Rifle Shot' and Gender Performance, 1860-1926. *Pursuit*, 5(1): artikel 15.

39 'Alexandra is verrukt' Kasper, S. (1992). *Annie Oakley*. University of Oklahoma Press.

40 'Als Oakley vervolgens' Riley (1994).

40 'Bertie sluit echter' Cooper.

40 'Hij vraagt haar' Kasper.

40 'Daarna tracht hij' Cooper.

40 'Als ze vervolgens' Cameron Wilson, E.J. (1958). *Annie Oakley, Little Sure Shot*. Bobbs-Merrill.

40 'Hierbij reikt hij' Cooper.

40 'Voor Bertie leidt' Gallop.

40 'Aangezien koningin Victoria' Aronson (1988).

41 'Als groot liefhebber' Aronson (1988); Ridley.

41 'Met zes bedienden' Tschumi, G. (1954). *Royal Chef*. William Kimber.

41 'Entertainment is aan' Stein, A. & Evans, B.B. (2009). *An Introduction to the Entertainment Industry*. Peter Lang Publishing.

41 'Een voorbeeld hiervan' *Encyclopaedia Britannica*: Circus.

41 'Hier beleeft ook' Gay, P. (2002). *Schnitzler's Century: The Making of Middle-Class Culture 1815-1914*. W.W. Norton & Co.

41 'In 1894 opent' Kasson, J.F. (1978). *Amusing the Million: Coney Island at the Turn of the Century*. Hill and Wang.

41 'Het aan de' Immerso, M. (2002). *Coney Island: The People's Playground*. Rutgers University Press.

42 'Niettemin opent in' Denson, C. (2002). *Coney Island: Lost and Found*. Ten Speed Press.

42 'Bertie is inmiddels' Clarke (2014).

42 'De combinatie van' Lewis, R.M. (2007). *From Traveling Show to Vaudeville: Theatrical Spectacle in America, 1830-1910*. The Johns Hopkins University Press; Reside, D (2011). *Musical of the Month: The Black Crook*. New York

Public Library for the Performing Arts.

42 'Bertie is met' Hyman, A. (1975). *The Gaiety Years*. Cassell.

42 'Hierin figureert hij' Aronson (1988); Magnus.

43 'Diens frivole levensstijl' Ibid.

43 'Daarnaast houdt hij' Clarke (2014).

43 'Deze "tijdzone" wordt' Hayle, J. (2020). *101 Facts about King Edward VII: The Undervalued King*. History Series Book.

43 'Reeds jaren eerder' Clarke (2014).

43 'Onder de Britse' Tinniswood, A. (2016). *The Long Weekend*. Basic Books.

44 'Zo denkt baron' Leslie, A. (1973). *The Marlborough House Set*. Doubleday.

44 'En Bertie zelf' Hibbert (2007).

44 'Om Bertie te' Arnold (2017).

44 'Sommigen laten zelfs' Clark, T. (2015). *Edward VII: From Playboy Prince to Uncle of Europe*. Very Short History.

44 'Uiteraard begint hij' Taylor, D.J. (2008). *Bright Young People*. Vintage Publishing.

44 'Bertie wil zelfs' Aronson (1988).

44 'Berties libido is' Camp, A.J. (2007). *Royal Mistresses and Bastards: Fact and Fiction 1714-1936*. Anthony Camp.

44 'In Londen beschikt' Ridley.

45 'Dit alles levert' Hattersley, R. (2004). *The Edwardians*. London: Little, Brown.

45 'De immer van' Ridley.

45 'Zo is hij' Murray, A. (2006). *All the King's Horses: A Celebration of Royal Horses*. Robson Books.

45 'Als ook in' Edwards, A. (1992). *The Grimaldis of Monaco: The Centuries of Scandal: The Years of Grace*. William Morrow.

45 'Berties vriend William' Hibbert (2007).

45 'Maar bovenal zoekt' Clarke (2014).

46 'Veruit het duurste' Rudorff, R. (1973). *Belle Époque: Paris in the Nineties*. E.P. Dutton.

46 'Vanuit deze statige' Ridley.

46 'Naar eigen ontwerp' Aronson; Perrottet, T. (2011). *The Sinner's Grand Tour: A Journey Through the Historical Underbelly of Europe*. Crown.

46 'Dit laat Bertie' Baxter, J. (2006). *We'll Always Have Paris: Sex and Love in the City of Light*. Harper Perennial.

46 'Verder zijn er' Weisberg, G. (2001). *Montmartre and the Making of Mass*

Culture. Rutgers University Press.
46 'De lage huren' Cate, P.D. & Shaw, M. (1996). *The Spirit of Montmartre: Cabarets, Humor, and the Avant-Garde 1875-1905*. Rutgers University Press.
47 'Zij verkeren meestal' Glencross, M. (2015). *The State Visits of Edward VII: Reinventing Royal Diplomacy for the Twentieth Century*. Palgrave Macmillan.
47 'Bijgenaamd de Groene' Arnold, W.N. (1988). Vincent van Gogh and the Thujone Connection. *Journal of the American Medical Association*, 26(20), 3042-3044.
47 'Tegenstanders, onder leiding' Adams, J. (2004). *Hideous Absinthe: A History of the Devil in a Bottle*. I.B. Tauris.
47 'Een dronken Oscar' Baker, P. (2001). *The Book of Absinthe: A Cultural History*. Grove Press Books.
47 'Vincent van Gogh' Naifeh, S. & Smith, G.W. (2011). *Vincent van Gogh: De biografie*. Bert Bakker.
47 'Zijn motto hierbij' Frey, J. (1994). *Toulouse-Lautrec: A Life*. Viking.
47 'Dit eerste moderne' Baldran, J. (2002). *Paris, carrefour des arts et des lettres: 1880-1918*. L'Harmattan.
47 'In etablissementen als' Weightman, G. (1992). *Bright Lights, Big City*. Collins & Brown.
47 'In gelegenheden als' Trav, S.D. (2006). *No Applause: Just Throw Money*. Faber & Faber.
48 'Die variététheaters in' Weightman (1992).
48 'Deze wordt in' Pessis, J. & Crépineau, J. (2002). *Le Moulin Rouge*. Éditions de La Martinière.
48 'Als verwijzing naar' Habas, J. (2010). *Les secrets du Moulin Rouge*. La Belle Gabrielle.
48 'Bij deze cancan' Burleigh, R. (2003). *Toulouse-Lautrec: The Moulin Rouge and the City of Light*. Harry N. Abrams.
48 'De reden hiervoor' Clarke, M. (1981). *The History of Dance*. Crown Publishers.
49 'En de politie' Esperbe, P. (2005). *Des Histoires de Paris*. L'Harmattan.
49 'De eerste keer' Clarke (1981).
49 'In 1895 bevalt' Souvais, M. (2008). *Moi, la Goulue de Toulouse-Lautrec: les mémoires de mon aïeule*. Publibook.
49 'Ook de nachtelijke' *Guinness World Records*: 'champagne', 'Moulin Rouge'.
49 'Maar ook de' Noiriel, G. (2016). *Chocolat, la véritable histoire de l'homme sans nom*. Bayard Culture.

49 'Ook het op' Nohain, J. & Caradec, F. (1993) *Le Pétomane 1857-1945: A Tribute to the Unique Act Which Shook and Shattered the Moulin Rouge*. Dorset Press.

50 'Net als overigens' Murray, G.B. (1992). *Toulouse-Lautrec: A Retrospective*. Hugh Lauter Levin.

50 'Hierdoor krijgt hij' Bryson, B. (2019). *The Body: A Guide for Occupants*. Doubleday.

50 'Henri vertrekt naar' Frey.

50 'Henri zal het' Murray (1992).

50 'Nadat Oller en' Donson, T.B. & Griepp, M.M. (1982). *Great Lithographs by Toulouse-Lautrec*. Courier Corporation.

50 'Deze lithograaf heeft' Bargiel, R. (2010). *La Belle Epoque de Jules Chéret: de l'affiche au décor*. UCAD.

50 'Gevallen van vergiftiging' Bryson (2010).

51 'In een provisorisch' Eldridge, L. (2014). *The Beauty Pioneers: The History of Rimmel*. Lisa Eldridge.

51 'Het maakt hem' Bargiel.

51 'Het betekent een' Burleigh.

51 'Henri legt hiermee' Murray (1992).

52 'Van mei 1888' Weisberg, G.P. (2016). Reflecting on Japonisme: The State of the Discipline in the Visual Arts. *Journal of Japonisme*, 1(1): 3-16.

52 'Het japonisme krijgt' ten-Doesschate Chu, P. (2018). *Beyond Chinoiserie*. Brill.

52 'Door deze te' Breuer, K. (2010). *Japanesque: The Japanese Print in the Era of Impressionism*. Prestel Publishing.

52 'Bij Vincent is' Van Tilborgh, L., Bakker, N., Homburg, C. & Kodera, T. (2018). *Van Gogh & Japan*. Mercatorfonds.

52 'Hiermee slechten ze' Van Gogh Museum (2016). *Les Origines de L'Art Nouveau. La Maison Bing*. Mercatorfonds.

52 'Populair zijn met' Rosa de Carvalho, F.R. (2017). *Prints in Paris 1900*. Mercatorfonds.

52 'Bertie en Henri' Serullaz, M. (1978). *Phaidon Encyclopedia of Impressionism*. Phaidon.

52 'Hetzelfde wordt in' Fletcher, P. & Helmreich, A. (2011). *The Rise of the Modern Art Market in London, 1850-1939*. Manchester University Press.

53 'De beschaamde galeriehouder' Bellet, H. (2012). Toulouse-Lautrec Gallery at the Palais de Berbie. *The Guardian*, 24 april.

53 'Als Henri later' Leclercq, P. (1921). *Autour de Toulouse-Lautrec*. H. Floury.
53 'Ook dragen steeds' Asian Art Museum (2018). Kimono Refashioned: Japan's Impact on International Fashion.
53 'Mede dankzij de' De Marly, D. (1991). *Worth: Father of Haute Couture*. Holmes & Meier Pub.
53 'Van de vakkundig' Clarke (2014).
54 'Ook de gedeukte' Cowles, V. (1956). *Gay Monarch: The Life and Pleasures of Edward VII*. Sharpe Books.
54 'Deze naar Bertie' Levitt, S. (1991). *Fashion in photographs 1880-1900*. Batsford.
54 'Bertie introduceert ook' Serullaz.
54 'Bovendien laat hij' Harrison, E.S. (1968). *Our Scottish District Checks*. National Association of Scottish Woolen Manufacturers.
54 'De daar aanwezige' Clarke (2014).
54 'Ook Berties vrouw' Ibid.
54 'Daarnaast spelen vrouwen' Madsen, A. (2009). *Coco Chanel: A Biography*. Bloomsbury Publishing; Picon, J. (2002). *Jeanne Lanvin*. Flammarion.
55 'In vele landen' Hosken, F.P. (1981). Towards a Definition of Women's Rights. *Human Rights Quarterly*, 3(2): 1-10; Ridley.
55 'Bijvoorbeeld La Goulue' Ashton, D. & Brown Hare, D. (1981). *Rosa Bonheur: A Life and a Legend*. Studio.
55 'Of archeologe Gertrude' Adams, A. (2010). *Ladies of the Field: Early Women Archaeologists and Their Search for Adventure*. Greystone Books.
55 'Slechts bij hoge' Offen, K. (2000): *European Feminisms, 1700-1950: A Political History*. Stanford University Press.
56 'Om onnavolgbare redenen' Goetz, C.G. (1987). *Charcot, the Clinician*. Raven Press.
56 'En omdat gemeenschap' Maines, R.P. (1999). *The Technology of Orgasm: 'Hysteria', the Vibrator, and Women's Sexual Satisfaction*. Johns Hopkins University Press.
56 'De royalty's op' King, H. (2011). Galen and the Widow: Towards a History of Therapeutic Masturbation in Ancient Gynaecology. *Journal on Gender Studies in Antiquity* (1): 205-235.

58 'Het Londense paleis' Hibbert (2000); Shrabani, B. (2011). *Victoria & Abdul*. History Press.

58 "'Dit indrukwekkende pand' Hibbert, C. (1984). *Queen Victoria in Her Letters and Journals*. John Murray.

58 'Omdat hij bovendien' Clarke (2014).

58 'Net als in' Smil, V. (2019). *Growth: From Microorganisms to Megacities*. MIT Press.

59 'In de Verenigde' United States Census Bureau (www.census.gov): census 1880 en census 1910.

59 'En hoewel het' Office for National Statistics (www.ons.gov.uk): 'UK Population Estimates 1851 to 2014'.

59 'Frankrijk stagneert rond' Institut national de la statistique et des études économiques (www.insee.fr): 'Bilan démographique 2020', 'Population totale par sexe et âge au 1er janvier 2021, France métropolitaine'.

59 'Om te voorkomen' Huss, M.M. (1990). Pronatalism in the Inter-War Period in France. *Journal of Contemporary History*, 25(1): 39-68.

59 'Ondertussen is in' Klein Goldewijk, K., Beusen, A., De Vos, M. & Van Drecht, G. (2011). The HYDE 3.1 Spatially Explicit Database of Human Induced Land Use Change over the Past 12,000 Years. *Global Ecology and Biogeography*, 20(1): 73-86.

59 'Door de industriële' Malanima, P. (2009). *Pre-Modern European Economy: One Thousand Years (10th-19th Centuries)*. Brill; Smil.

59 'Bovendien maken nieuwe' Bairoch, P. (1991). *Cities and Economic Development: From the Dawn of History to the Present*. University of Chicago Press.

59 'Van 1,9 miljoen' GB Historical GIS / University of Portsmouth: London GovOf through time. Population Statistics. Total Population, *A Vision of Britain through Time* (www.visionofbritain.org.uk).

59 'Parijs groeit in' Gibson, C. (1998). *Population of the 100 Largest Cities and Other Urban Places in the United States: 1790 to 1990*. United States Census Bureau(www.census.gov); Institut national de la statistique et des études économiques (www.insee.fr): 'Évolution et structure de la population en 2017. Unité urbaine de Paris'.

59 'In de binnenstad' Inwood, S. (1999). *A History of London*. Basic Books; Willms, J. (1997). *Paris Capital of Europe: From the Revolution to the Belle Epoque*. Holmes & Meier Pub.

59 'En in de' United States Census Bureau(www.census.gov): census 1840 en census 1910.

59 'Bertie raakt zo' Clarke (2014).

60 'Bertie houdt vervolgens' Roberts, A. (2000). *Salisbury: Victorian Titan.* Phoenix.

60 'Ook via zijn' Howes, A. (2020). *Arts and Minds: How the Royal Society of Arts Changed a Nation.* Princeton University Press.

60 'De bestuurders van' Bryson (2010).

60 'Hierbij zal een' Clarke (2014).

60 'Dat jaar organiseert' Ageorges, S. (2006). *Sur les traces des Expositions Universelles.* Parigramme.

60 'De vorm van' Harvie, David I. (2006). *Eiffel: The Genius Who Reinvented Himself.* Stroud; Kerdellant, C. (2021). *La Vraie vie de Gustave Eiffel.* Robert Laffont.

60 'Ondanks de bezwaren' Hibbert (2007).

61 'Hij raakt gefascineerd' Loyrette.

61 'Daar raakt hij' Peyrel, B. (2020). *The Eiffel Tower: Timeless Monument.* La Martinière/Abrams.

61 'Eiffel begint zijn' Carmona, M. (2002). *Eiffel.* Fayard.

61 'Zijn faam wordt' Seitz, F. (2014). *Gustave Eiffel. Le triomphe de l'ingénieur.* Armand Colin.

62 'Door gebrek aan' Khan, Y.S. (2010). *Enlightening the World: The Creation of the Statue of Liberty.* Cornell University Press.

62 'Deze ziet zich' Bryson (2010).

62 'Eiffel komt direct' Moreno, B. (2000). *The Statue of Liberty Encyclopedia.* Simon & Schuster.

62 'Door deze gordijngevel' Carmona.

62 'Vanwege zijn vakmanschap' Bryson (2010).

62 'Eiffel is er' Jonnes (2009).

62 'De muren van' Girard, H. (1890). *La Tour Eiffel de trois cents mètres.* Firmin-Didot.

63 'Ook beroemdheden als' Jonnes (2009).

63 'De ondergrond biedt' Alphand, A. (2018). *Les Promenades de Paris. Histoire, Description Des Embellissements, Dépenses de Création (1867).* Hachette Livre – BNF.

63 'Voor hoogbouw zijn' Leiby, K. (2011). Secrets of the Eiffel Tower. *Yale Scientific*, 91(1): 2-5.

64 'Achter de schermen' Loyrette, H. (1985). *Gustave Eiffel*. Rizzoli.

64 'Maar zodra het' Baldran, J. (2002). *Paris, carrefour des arts et des lettres: 1880-1918*. L'Harmattan.

64 'Ze kenschetsen de' Protestation contre la Tour de Mr Eiffel. *Le Temps*, 14 februari 1887.

64 'In latere interviews' Jonnes (2009).

64 'Eiffel reageert hierop' Harvie.

65 'En dit heeft' Campbell, J.W. & Pryce, W. (2003) *Brick: A World History*. Thames & Hudson.

65 'Toch maakt de' Engleheart, G.D. (1860). *Journal of the progress of HRH the Prince of Wales Through British North America; and His Visit to the United States, 10th July to 15th November, 1860*. Privately Printed.

65 'Op Broadway bezoekt' Morgan, H.J. (1861). *The Tour of HRH the Prince of Wales through British America and the United States*. John Lovell.

65 'Ook beschikt het' Burrows, E.G. & Wallace, M. (1999). *Gotham: A History of New York City to 1898*. Oxford University Press.

65 'Deze zelfdragende constructie' Willis, C. (1995). *Form Follows Finance: Skyscrapers and Skylines in New York and Chicago*. Princeton Architectural Press.

65 'Door de meeste' Bruegmann, R. (1997). *The Architects and the City: Holabird & Roche of Chicago, 1880-1918*. University of Chicago Press.

66 'Die wordt opgeleverd' Condit.

66 'In 1899 verschijnt' Willis.

66 'De draaideur lost' Van Kannel, H.E. & Fox Marshall, J. (1988). *T. Van Kannel, the Inventor: His Autobiography and Journal*. H.E. Van Kannel and J.F. Marshall.

66 'Daarnaast leiden wolkenkrabbers' Bernard, A. (2014). *Lifted: A Cultural History of the Elevator*. NYU Press.

66 'Pas nadat liften' Aronson, S.M.L. (2010). Rooms with a View: Inside and out, a New York Penthouse Attracts Attention. *Architectural Digest*, 67(4): 62-69.

67 'Een belangrijk onderdeel' Bernard.

67 'Hoewel Otis ook' Jonnes (2009).

67 'En in Londen' Dennis, R. (2008). 'Babylonian Flats' in Victorian and Edwardian London. *The London Journal*, 33(3): 233-247.

67 'Vanaf dan kunnen' Day, J.R. & Reed, J. (2010). *The Story of London's Underground*. Capital Transport.

67 ‘Hoewel dit alles’ Ackroyd, P. (2012). *London Under.* Vintage Books.
68 ‘Deze techniek voorkomt’ Mason, M. (2013). *Walk the Lines: The London Underground, Overground.* Arrow Books.
68 ‘Mede omdat vervoersklassen’ Wolmar, C. (2005). *The Subterranean Railway: How the London Underground Was Built and How It Changed the City Forever.* Atlantic Books.
68 ‘En daarna breidt’ Ackroyd.
68 ‘De bestuurders gaan’ Bobrick, B. (1981). *Labyrinths of Iron: A History of the World's Subways.* Newsweek Books.
68 ‘Et voilà, in’ Allaz, C. (2013). *Histoire de la poste dans le monde.* Pygmalion; Bindi, A. & Lefeuvre, D. (1990). *Le Métro de Paris: Histoire d'hier à demain.* Ouest-France.
69 ‘Pas op 12’ Vigne, G. (2016). *Hector Guimard. Le geste mangnifique de l'Art Nouveau.* Editions du Patrimoine. Centre des monuments nationaux.
69 ‘Pas ruim drie’ Bindi.
69 ‘Reizigers kunnen zich’ Descouturelle, F., Mignard, A. & Rodriquez, M. (2003). *Le métropolitain d'Hector Guimard.* Somogy.
69 ‘In New York’ Bobrick.
69 ‘Deze is slechts’ Cadbury, D. (2005). *Dreams of Iron and Steel: Seven Wonders of the Nineteenth Century, from the Building of the London Sewers to the Panama Canal.* Perennial.
70 ‘De bestuurders van’ Roberts, C. (2005). *Cross River Traffic: A History of London's Bridges.* Granta Books.
70 ‘Deze krijgt de’ Lambert, G. & De Andia, B. (1999). *Les ponts de Paris.* Action artistique de la ville de Paris.
70 ‘Verschillende middenstanders beginnen’ Whitaker, J. (2011). *The World of Department Stores.* Vendome Press.
70 ‘Maar wat zijn’ Miller, M.B. (1981). *The Bon Marché: Bourgeois Culture and the Department Store, 1869-1920.* Princeton University.
71 ‘Eiffel oogst veel’ Seitz.
71 ‘Mede daarom wordt’ Le Goff, C. & Aitken, S. (2011). *Au bonheur des dames, l'invention du grand magasin.* Arte.
71 ‘Zola bekritiseert hierin’ Zola, É. (2018). *In het paradijs voor de vrouw.* L.J. Veen Klassiek.
71 ‘Tussen 1890 en’ Miller.
71 ‘In Brompton Road’ Dale, T. (1986). *Harrods: The Store and the Legend.* Pan.
72 ‘Bertie, die in’ Whitaker.

72 'Niettemin krijgen de' Dale; Goetz, A. (2003). *Up, Down, Across: Elevators, Escalators and Moving Sidewalks.* Merrell.

72 'Na de opening' Maloney, A. (2015). *The World of Mr. Selfridge: The Glamour and Romance.* William Morrow.

72 'Met als uitgangspunt' Woodhead, L. (2012). *Shopping, Seduction and Mr. Selfridge.* Profile Books.

73 'Op het dak' Honeycombe, G. (1984). *Selfridges, Seventy-Five Years: The Story of the Store 1909-84.* Park Lane Press.

73 'Tot 1904 is' Woodhead.

73 'Ook hangt hij' Wendt, L. & Kogan, H. (1997). *Give the Lady What She Wants: The Story of Marshall Field & Company.* And Books.

73 'Ondertussen lanceert overigens' Kirk, N.C. (2018). *Wanamaker's Temple: The Business of Religion in an Iconic Department Store.* NYU Press.

73 'Dit gebied rond' Burrows (1999).

73 'Even verderop in' Sachar, R. (2012). *The Vast New York Shoe Conspiracy.* Forgotten Stories; Whitaker, J. (2006). *Service and Style: How the American Department Store Fashioned the Middle Class.* St. Martin's Press.

74 'En daarna doet' Burrows.

74 'Het publiek loopt' Hendrickson, R. (1979). *The Grand Emporiums: The Illustrated History of America's Great Department Stores.* Stein and Day.

74 'Overigens zullen Isidor' *Encyclopaedia Britannica*: Straus Family.

74 'Rond de jaren' Bowler, G. (2007). *Santa Claus: A Biography.* McClelland & Stewart.

74 'In 1881 krijgt' Forbes, B.D. (2008). *Christmas: A Candid History.* University of California Press.

74 'Maar ook bij' Byrne Paquet, L. (2003). *The Urge to Splurge: A Social History of Shopping.* ECW Press.

75 'Deze *mannequins* (afgeleid' Steele, V. (2005). *Encyclopedia of Clothing and Fashion. Vol. 2.* Charles Scribner's Sons.

75 'Hiermee is de' De Marly, D. (1991). *Worth: Father of Haute Couture.* Holmes & Meier.

75 'Hoewel de welvaart' Hoffman, C. (1970). *The Depression of the Nineties: An Economic History.* Greenwood Publishing.

75 'Enerzijds gaat dat' Roberts (2005).

76 'Hiervan bekent hij' Geary, R. (2003). *The Beast of Chicago.* NBM Publishing.

76 'De politie heeft' Rumbelow, D. (2004). *The Complete Jack the Ripper.* Penguin Books.

76 'Na de strijd' Choate; Hibbert (2007).

76 'Rond 1885 ontstaat' Gabaccia, D.R. (2007). Inventing 'Little Italy'. *Journal of the Gilded Age and Progressive Era*, 6(1): 7-41.

76 'Terwijl in de' Chinn, C. (2019). *Peaky Blinders: The Real Story.* John Blake Publication.

76 'Tot hun jonge' Critchley, D. (2009). *The Origin of Organized Crime in America: The New York City Mafia, 1891-1931.* Routledge; Pak, E. (2019). *The True Stories Behind 'The Godfather'.* Biography.

77 'Helaas moet Petrosino' Hale, D. (2011). *Secrets of the Royal Detective: Self Education for the Police, 1899.* Coast & Country; Talty, S. (2018). *The Black Hand: The Epic War Between a Brilliant Detective and the Deadliest Secret Society in American History.* Mariner Books.

77 'Er zijn echter' Sifakis, C. (1994). *Hoaxes and Scams: A Compendium of Deceptions, Ruses and Swindles.* Facts on File.

77 'Meerdere malen moet' Cohen, G. (2005). For You, Half Price. *The New York Times*, 27 november.

77 'Maar dankzij doortastende' Ridley.

77 'Beneni's *mano nera*-praktijk' Choate, M. (2008). *Emigrant Nation: The Making of Italy Abroad.* Harvard University Press.

4 Zondagsrijders

80 'Als Randolph niet' Lee, C. & Lee, J. (2010). *The Churchills: A Family.* Palgrave MacMillan.

80 'Naast de relatie' Aronson (1988).

80 'Op het terrein' Rolt, L. (1950). *Horseless Carriage: The Motor Car in England.* Constable; Victoria and Albert Museum: Automobiles of English High Society – the Honeymoon Years (Lafayette collection).

80 'Vervolgens ontmoet hij' Prince of Wales Attends Demonstration of a Motorcar. *The Pall Mall Gazette*, 12 maart 1896; Ridley.

81 'Ze wil met' Tweney, D. (2010). Road Trip! Berta Takes the Benz. WIRED, 12 augustus.

81 'Halverwege moet ze' Robertson, P. (2011), *Robertson's Book of Firsts: Who Did What for the First Time.* Bloomsbury Publishing.

81 'Door de vele' Elis, A. (2010). *Mein Traum ist länger als die Nacht. Wie Bertha Benz ihren Mann zu Weltruhm fuhr.* Hoffmann und Campe.

81 'Daarom stopt Bertha' Georgano, G.N. (1985). *Cars: Early and Vintage, 1886-1930*. Grange-Universal.

82 'Volledig uitgeput komt' Elis.

82 'Haar wederhelft luistert' Benz, C.F. (1925). *Lebensfahrt eines deutschen Erfinders. Meine Erinnerungen*. Koehler & Amelang.; Jonnes (2009).

82 'Als het financiële' Siebertz, P. (1950). *Karl Benz. Ein Pionier der Motorisierung*. Reclam.

82 'Pas als om' Benz.

82 'En daarna begint' Georgano (1985).

83 'Omdat het geen' Mercedes-Benz AG (1994). *Benz & Cie. Zum 150. Geburtstag von Karl Benz*. Motorbuch Verlag.

83 'Na dit onfortuinlijke' Benz.

83 'Ambtenaren verbieden Karl' Elis.

83 'En haar stunt' Ibid.

83 'Na zijn presentatie' Benz.

84 'Wetgeving staat dit' Gerhard, U. (1997). Frauen in der Geschichte des Rechts. Von der Frühen Neuzeit bis zur Gegenwart. *Zeitschrift für Germanistik*, 9(1): 197-199.

84 'Zo neemt hij' Prince of Wales in a Motorcar. *Daily Mail*, 13 april 1897.

84 'Daarbij laat hij' Horrall, A. (2001). *Popular Culture in London c. 1890-1918*. Manchester University Press.

84 'De inzittenden raken' Jonckheere, N. (2020). *Kings and Cars: Edward VII of the United Kingdom*. PreWarCar.

84 'Zoals vaak in' Bernal, J.D. (1970). *Science and Industry in the Nineteenth Century*. Indiana University Press.

84 'In 1886 gaan' Niemann, H. (2000). *Gottlieb Daimler: Fabriken, Banken und Motoren*. Delius Klasing.

84 'Net als hun' Wise, D.B. (1974). Daimler: Founder of the Four-Wheeler. *World of Automobiles*, 5: 481-483.

84 'Hierna groeit hun' Seherr-Thoss, H.C. von (1989). *Zwei Männer, ein Stern. Gottlieb Daimler und Karl Benz in Bildern, Daten, Dokumenten*. VDI Verlag.

84 'Als hij ruim' Bird, A. (1962). *Gottlieb Daimler: Inventor of the Motor Engine*. Weidenfeld & Nicolson; Nixon, St. J.C. (1948). *Daimler, 1896-1946: A Record of Fifty Years of the Daimler Company*. G.T. Foulis.

85 'Nadat Bertie met' Rhodes, A.R.E. (1970). *Louis Renault, a Biography*. Harcourt, Brace & World.

85 'Dit zal nog' Burgess-Wise, D. (1999). Cars for King and Court. *Automo-*

bile Quarterly, 39(1): 54-63; Long, B. (2020). *The Royal Daimlers*. Wolferton Station.

85 'Niettemin neemt Maybach' Jellinek-Mercedes, G. (1966). *My Father, Mr. Mercedes*. G.T. Foulis & Co.

85 'Daarna raakt hij' Krebs, M. (2001). Her Name Still Rings A Bell. *The New York Times*, 19 oktober.

85 'Toch ziet hij' Adler, D. (2008). *Mercedes-Benz*. Motorbooks.

86 'Omdat de auto' Robertson.

86 'De opwinding is' Eckermann, E. (2001). *World History of the Automobile*. Society of Automotive Engineers.

86 'Dit doet Bertie' Cowles (1956).

86 'De twee Parijzenaren' Beare, D. (2017). *Panhard & Levassor: Pioneers in Automobile Excellence*. Amberley Publishing.

86 'En terwijl de' Beare.

86 'In 1891 verkrijgt' Loubet, J.L. (2009). *La maison Peugeot*. Librairie Académique Perrin.

86 'Het automerk Peugeot' Georgano (1985).

86 'Zeven jaar later' Mouret, J.N. (2009). *Louis Renault*. Gallimard/Folio.

86 'Al experimenterend creëert' Loubet, J.L. (1998). *Renault – Cent Ans d'Histoire*. ETAI.

87 'Het resultaat is' Dymock, E. (1999). *The Renault File*. Dove Publishing.

87 'De verzamelde menigte' Loubet (1998).

87 'In 1905 zal' Cowles (1956).

87 'In Duitsland speelt' Ludvigsen, K.E. (1975). *Opel: Wheels to the World*. Princeton Publishing.

87 'In 1899 richt' Clark, J. (2011). *Mondo Agnelli: Fiat, Chrysler, and the Power of a Dynasty*. Wiley.

87 'En in 1906' Frostick, M. (1976). *Lancia*. Dalton Watson.

87 'Ook ALFA (Anonima' Owen, D. (1999). *Alfa Romeo: Always with Passion*. Haynes Publications.

87 'Dat jaar richt' Lambert, Z.E. & Wyatt, R.J. (1968). *Lord Austin: The Man*. Sidgwick and Jackson.

87 'Omdat Alexandra niet' Georgano, G.N. (1973). *The Complete Encyclopedia of Motorcars: 1885 to the Present*. Dutton; Victoria and Albert Museum.

87 'En in 1904' Robson, G. (1981). *The Rover Company*. Patrick Stephens.

87 'Ter plekke besluiten' Rowbotham, W.A. (1970). *Silver Ghosts and Silver Dawn*. Constable.

88 'In 1905 stapt' Sharratt, B. (2000). *Men and Motors of 'The Austin': The Intriguing Inside Story*. Haynes Group.

88 'In 1895 brengen' Kimes, B.R. (1996). *Standard Catalog of American Cars 1805-1942*. Krause Publications.

88 'Twee jaar later' Georgano, G.N. (2000). *Beaulieu Encyclopedia of the Automobile*. HMSO.

88 'Na een conflict' Nevins, A. & Hill, F.E. (1954). *Ford: The Times, the Man, the Company*. Charles Scribners' Sons.

88 'Hij begint direct' Kimes.

88 'En in 1908' Cobb, J.G. (1999). Model 'I' Gets Award. *The New York Times*, 24 december.

88 'Hij heeft vooral' McCalley, B.W. (1994). *Model T Ford: The Car That Changed the World*. Krause Publications.

88 'De eerste jaren' Lacey, R. (1986). *Ford: The Men and the Machine*. Little, Brown.

88 'Ford verfijnt dit' Nye, D.E. (2013). *America's Assembly Line*. MIT Press.

89 'In de vier' *Encyclopaedia Britannica*: Automotive Industry; Foner, E. & Garraty J.A. (2010). *Automobile History*: www.history.com/topics/inventions/automobiles; Freyssenet M. (2018). *La production automobile mondiale, des quatre continents et des principaux pays constructeurs, 1898-2018*. CNRS; Georgano (2000).

89 'Door het vroege' Victoria and Albert Museum.

89 'Als echte aficionado' Cowles (1956).

89 'Stamper klimt uit' Stamper, C.W. (2017). *What I Know: Reminiscences of Five Years Personal Attendance Upon His Late Majesty King Edward the Seventh (Classic Reprint)*. Forgotten Books.

89 'Daarnaast dient Stamper' Clarke (2014).

90 'Hij laat Stamper' Cowles (1956).

90 'Niettemin neemt hij' Stamper.

90 'Al in 1898' Robertson.

90 'Op 18 december' Holthusen, J.R. (1999). *The Fastest Men on Earth*. Sutton Publishing.

90 'Een journalist onder' Rendall, I. (1995). *The Chequered Flag*. Weidenfeld and Nicolson.

90 'Een maand later' Holthusen.

91 'Met deze Jeantaud' Posthumus, C. (1971). *Land Speed Record: A Complete History of the Record-Breaking Cars from 39 to 600+ mph*. Osprey Publishing.

91 'Jenatzy doorbreekt die' Northey, T. (1974). Land Speed Record: The Fastest Men on Earth. *World of Automobiles*, 10: 1162-1167.

91 'Deze Lohner-Porsche' Porsche Museum, 2010. *Ferdinand Porsche. Hybrid Automobile Pioneer.* Edition Porsche Museum.

91 'Dit is in' Sampson, A. (1975). *The Seven Sisters: The Great Oil Companies and the World They Made.* Hodder & Stoughton.

92 'Na 6 uur en' Evans, R.J. (1985). *Steam Cars.* Shire Publications.

92 'En zo wordt' Dauncey, H. (2007). Entre presse et spectacle sportif, l'itinéraire pionnier de Pierre Giffard (1853-1922). *Le Temps des Médias*, 9(2): 35-39.

92 'Uiteindelijk doen vier' Scharchburg, R.P. (1993). *Carriages without Horses: J. Frank Duryea and the Birth of the American Automobile Industry.* Society of Automotive Engineers.

92 'En in Frankrijk' Rendall.

92 'Dit donkergroen, genaamd' Barrington, E.J. (1963). *The Gordon Bennett Races.* Cassell & Company.

92 'Bertie wordt hiervan' Reid, C. (2015). *Roads Were Not Built for Cars.* Island Press.

92 'Twee jaar later' Rizet, D. (1998). *100 ans de passion automobile: Le Salon de l'automobile, 1898-1998.* Mazarine.

92 'In de jaren' Flammang, J.M. & Frumkin, M. (1999). *World's Greatest Auto Show: Celebrating a Century in Chicago.* Krause Publications; Merksamer, G.D. (2000). *A History of the New York International Auto Show: 1900-2000.* NYADA.

93 'Dit laatste betreft' Boddy, B. (1976). Daimler's 80th year. *Motor Sport*, september, 1060-1066.

93 'Hoewel de snelheden' Flink, J.A. (1998). *The Automobile Age.* MIT Press.

93 'Ook wordt een' Altes vom Auto. Meldungen aus 125 Jahren Tops und Flops. *Auto, Motor und Sport*, 27 januari 2011: 16-17.

93 'Rijbewijzen worden in' Robertson.

93 'Dit leidt tot' *Encyclopaedia Britannica*: Walter Arnold.

94 'Vanaf dan luidt' Brendon, P. (1997). *The Motoring Century: Story of the Royal Automobile Club.* Bloomsbury Publishing.

94 'Twee andere leden' Bernard, L.F., Granet, F., Lemerle, J.L. & Piat, E. (2012). *L'Histoire de l'Automobile Club de France.* Éditions de L'Automobile Club de France; Venables, D. (2007). *Brooklands: The Official Centenary History.* Haynes Publishing.

94 'Ongeveer tien jaar' Brendon (1997).

94 'Het maakt Lonsdale' Sutherland, D. (1965). *The Yellow Earl: The Life of Hugh Lowther, 5th Earl of Lonsdale, 1857-1944.* Cassell.

95 'Lonsdale draagt zelfs' Ibid.

95 'Hij neemt de' Boddy, B. (1968). Cars in Books. *Motor Sport,* december: 1150-1156.

95 'Om die reden' Sutherland.

95 'Een jaar later' Lay, M.G. (1992). *Ways of the World: A History of the World's Roads and of the Vehicles That Used Them.* Rutgers University Press.

95 'Om haar oprichter' Sutherland.

96 'Daar zijn de' Laux, J.M. (1976). *In First Gear: The French Automobile Industry to 1914.* McGill-Queen's University Press.

96 'Als Édouard in' Darmon, O. (1997). *Le Grand Siècle de Bibendum.* Éditions Hoëbeke.

96 'Dit zal vier' Lay.

5 Citius, altius, fortius

99 'In een brief' Aronson.

99 'Tot haar ongenoegen' Horrall.

99 'Direct na de' Sutherland.

99 'Om de sport' *Encyclopaedia Britannica*: Marquess of Queensberry Rules; London Prize Ring Rules.

99 'De belangrijkste richtlijn' Heinz, W.C. (1961). *The Fireside Book of Boxing.* Simon and Schuster.

100 'Deze regels laten' Silverman, J. (2004). *The Greatest Boxing Stories Ever Told: Thirty-Six Incredible Tales from the Ring.* The Lyons Press.

100 'Burke blijkt dan' Derby Gisclair, S. (2018). *The Olympic Club of New Orleans: Epicenter of Professional Boxing, 1883-1897.* Octavia Books.

100 'In een grote' Horrall.

100 'Victoria's grootofficier Lord' Sutherland.

100 'Al tastend in' Sichel, P. (1958). *The Jersey Lily.* W.H. Allen.

100 'Als Lonsdale enkele' Foulkes, R. (2004). Cameron, Violet (1862-1919). *Oxford Dictionary of National Biography*. Oxford University Press.

100 'Omdat Lonsdale in' Miles, H.D. (1906). *Pugilistica.* J. Grant.

100 'Nadat in 1887' Sutherland.

101 'Vanwege het nog' Dawson, L. (1946). *Lonsdale*. Odhams Press.

101 'Maar omdat Lonsdale' Sutherland.

101 'Doordat Lonsdale ook' Newell, A. (2019). *The Yellow Earl: In His Own Words: The Lost Interview*. Withnail Books.

101 'En als dank' Horrall.

101 'Bertie stelt een' Windsor Hockey Heritage Society: *Birthplace of Hockey* (birthplaceofhockey.com).

101 'Daarna zal Bertie' Middlemas, K. (1972). *The Life and Times of Edward VII*. Weidenfeld and Nicolson.

101 'Het moderne ijshockey' Vaughan, G. (1996). *The Puck Starts Here: The Origin of Canada's Great Winter Game, Ice Hockey*. Goose Lane.

102 'Ook de gegalvaniseerd' McKinley, M. (2006). *Hockey: A People's History*. McClelland & Stewart.

102 'In dezelfde noordoostelijke' Rader, B.G. (2008). *Baseball: A History of America's Game*. University of Illinois Press.

102 'In het najaar' Glenn, D. (1982). *The History of Professional Basketball Since 1896*. Stein and Day.

102 'Beiden vragen daarbij' Dearing, J.B. (2007). *The Untold Story of William G. Morgan, Inventor of Volleyball*. WingSpan Press.

103 'Allereerst is dat' Sutherland.

103 'Hierbij leggen velen' Ibid.

103 'Wilhelm beschouwt Lipton' Raboy, M. (2016). *Marconi: The Man Who Networked the World*. Oxford University Press.

103 'Dit omdat Albert' Benson.

103 'Hoewel hij er' Hibbert (2007).

104 'Als in 1890' Carpentier, F. (2004). *Le sport est-il éducatif?* Presses universitaires de Rouen.

104 'Juist als de' Gillmeister, H. (1998). *Tennis: A Cultural History*. Bloomsburry.

104 'Dit betreft *paille-maille*' Smith, N. (1991). *Queen of Games: The History of Croquet*. Weidenfeld & Nicolson.

104 'Met enkele aanpassingen' Cowles (1956).

104 'En hiervoor richten' Lake, R.J. (2015). *A Social History of Tennis in Britain*. Routledge.

105 'Al binnen enkele' Barrett, J. (2020). *Wimbledon: The Official History*. Vision Sports Publishing.

105 'Australië volgt in' Gillmeister.

105 'Vijf jaar later' Grasso, J. (2011). *Historical Dictionary of Tennis*. Scarecrow Press.

105 'Het tennis internationaliseert' Gillmeister.

106 'Tijdens zijn studie' MacAloon, J.J. (1981). *This Great Symbol: Pierre de Coubertin and the Origins of the Modern Olympic Games.* Routledge.

106 'Uiteindelijk legt een' Collins, T. (2009). *A Social History of English Rugby Union.* Routledge.

106 'In 1894 presenteert' Young, D.C. (1996). *The Modern Olympics: A Struggle for Revival.* Johns Hopkins University Press.

107 'Na afloop wordt' Mallon, B. (1984). *The Olympics: A Bibliography.* Garland Publishers.

107 'Algauw doen zich' Llewellyn Smith, M. (2004). *Olympics in Athens 1896. The Invention of the Modern Olympic Games.* Profile Books.

107 'Deze spoort het' Durry, J. (1997). *Le vrai Pierre de Coubertin.* UP Productions.

107 'Op een zonovergoten' Getty Images: Popperfoto collection, item 78958823.

107 'Na een toespraak' Randall, D. (2011). *1896: The First Modern Olympics.* Black Toad Publishing.

107 'Om de koning' Llewelyn Smith.

108 'Ook in de' Wallechinsky, D. & Loucky, J. (2012). *The Complete Book of the Olympics.* Aurum Press.

108 'Wat atletiek betreft' Randall.

108 'Omdat verschillende sporters' Ibid.

109 'In de zinderend' Gehrke, H.J. (2009). From Athenian Identity to European Ethnicity: The Cultural Biography of the Myth of Marathon. In: Derks, T. & Roymans, N. (eds.), *Ethnic Constructs in Antiquity: The Role of Power and Tradition. Amsterdam Archaeological Studies,* 13. Amsterdam University Press.

109 'Vele sportverenigingen zullen' Sears, E.S. (2001). *Running Through the Ages.* McFarland.

109 'In minder dan' Coates J.R. (1996). London 1908: The Games of the IVth Olympiad. In: *Historical Dictionary of the Modern Olympic Movement* (Findling, J.E. & Pelle, K.D. eds.). Greenwood Press.

110 'Maar door diplomatieke' Mallon, B. & Buchanan, I. (1999). To No Earthly King... *Journal of Olympic History,* 21, 21-28.

110 'Enthousiastelingen zullen daarbij' Lennartz, K. & Teutenberg, W. (1995). *Olympische Spiele 1900 in Paris.* Agon-Sportverlag.

110 'Het uitblijven van' Drevon, A. (2000). *Les Jeux Olympiques oubliés: Paris 1900.* CNRS Éditions.

110 'Hierdoor wordt geen' Lennartz.

110 'De Seine fungeert' De Wael, H. (2003). Olympic or Not? A Discussion about the Status of Events of 1900 and 1904. *Journal of Olympic History*, 11(1): 21-27.

110 'En in 1904' Mallon, B. (1998). *1904 Olympic Games: Analysis and Summaries*. LA84 Foundation.

111 'Hiermee laat Bertie' Jenkins, R. (2008). *The First London Olympics: 1908*. Piatkus Books.

111 'Totaal uitgeput haalt' Longman, J. (2012). The Marathon's Random Route to Its Length. *The New York Times*, 20 april.

111 'Omdat Pietri zelf' Wilcock, B. (2008). The 1908 Olympic Marathon. *Journal of Olympic History*, 16(1): 31-47.

111 'De aandacht die' Lovesey, P. (2001). Conan Doyle and the Olympics. *Journal of Olympic History*, 10: 6-9.

112 'Ook golf staat' Wallechinsky, D. (1984). *The Complete Book to the Olympics*. Penguin.

112 'Samen met de' Millar, D. (1985). *Queen Victoria's Life in the Scottish Highlands*. Philip Wilson.

112 'Dit wordt verder' Lowndes, M.B. (2010). *His Most Gracious Majesty King Edward VII*. General Books.

112 'Ook wordt hij' Castell Hopkins, J. (1910). *The Life of King Edward VII*. W.E. Scull; Hibbert (2007).

112 'En om internationale' Lowerson, J. (1983). Scottish Croquet: The English Golf Boom, 1880-1914. *History Today*, May.

113 'Met zijn tackles' Stein, V. & Rubino, P. (2008). *The Billiard Encyclopedia*. Balkline Press.

113 'Tien jaar later' Tanaji Lakde, A. (2019). *Field Hockey: National Game of India in General Parlance*. Ashok Yakkaldevi.

113 'Ook het aan' Frith, D. (1978). *The Golden Age of Cricket: 1890-1914*. Lutterworth Press.

113 'Toch gaat in' Lowndes (2010).

114 'Het bijkomende voordeel' Winner, D. (2006). *Those Feet: A Sensual History of English Football*. Bloomsbury Publishing.

114 'Hiermee groeit sport' Ibid.

114 'Overigens zijn rugby' Marples, M. (1954). *A History of Football*. Secker and Warburg.

114 'Ter plekke richten' Brown, P. (2013). *The Victorian Football Miscellany*. Superelastic.

114 'Hierin gebruikt men' Pickford, W. & Gibson, A. (1906). *Association Football and the Men Who Made It.* Caxton.

115 'En in 1886' Bath, R. (1997). *The Complete Book of Rugby.* Seven Oaks.

115 'In de Verenigde' Bernstein, M.F. (2001). *Football: The Ivy League Origins of an American Obsession.* University of Pennsylvania Press.

115 'En als in' Mitchell, A. (2011). *Arthur Kinnaird: First Lord of Football.* CreateSpace.

115 'Tussen 1873 en' Ibid.

115 'Hierop antwoordt de' Catton, J.A.H. (1005). *The Story of Association Football: Classic Reprint.* Soccer Books.

116 'Zijn moeder geldt' Doughan, D. & Gordon, P. (2007). *Women, Clubs and Associations in Britain.* Routledge.

116 'Maar heimelijk betalen' Brown.

117 'In het seizoen' Catton.

117 'Dit is de' Metcalf, M. (2013). *The Origins of the Football League: The First Season 1888/89.* Amberley Publishing.

117 'En rond de' Dunmore, T. (2011). *Historical Dictionary of Soccer.* Scarecrow Press.

117 'In 1886 richt' Ibid.

117 'Voetbal is inmiddels' Radnedge, K. (2010). *The Complete Encyclopedia of Soccer.* Carlton Books.

118 'En dan pleegt' Mitchell.

6 De tweewielergekte

120 'Op de podia' Ewen, D. (1966). *American Popular Songs.* Random House.

120 'Het succes van' Horrall.

120 'De fictieve Daisy' Carroll, L. (2008). *Royal Affairs: A Lusty Romp Through the Extramarital Adventures That Rocked the British Monarchy.* Berkley.

121 'Daarnaast is ze' Anand, S. (2009). *Daisy: The Life and Loves of the Countess of Warwick.* Piatkus Books.

121 'De ruzie die' Arnold (2017).

121 'Daarnaast heeft de' Ewen.

121 'Dit blijkt onder' Freund, P. (2012). Humber, Thomas (1841-1910). *Oxford Dictionary of National Biography.* Oxford University Press.

121 'En in de' The Online Bicycle Museum (onlinebicyclemuseum.co.uk): Humber collection.

121 'En hoewel Victoria' Horrall.

121 'In het laatste' Ibid.

122 'En in 1895' Smith, D.C. (1986). *H.G. Wells: Desperately Mortal: A Biography*. Yale University Press.

122 'De boektitel typeert' Herlihy, D.V. (2004). *Bicycle: The History*. Yale University Press.

122 'Onder de vele' López-César, I. (2019). *World Expos and Architectonic Structures. An Intimate Relationship*. Bureau International des Expositions.

122 'Dit gebeurt onder' Du Cros, W.H. (1938). *Wheels of Fortune, a Salute to Pioneers*. Chapman & Hall.

122 'Als dank wordt' Aronson.

122 'Als boerenzoon heeft' Du Cros.

122 'Dat advies om' Cooke, J. (2000). *John Boyd Dunlop*. Dreoilín Specialist Publications.

123 'Dunlop denkt inmiddels' Baroni, F. (2008). *The Bicycle: The Myth and the Passion*. Relié.

123 'Dunlop krijgt hierdoor' Tompkins, E. (1981). *History of the Pneumatic Tyre*. Eastland Press.

123 'Helaas raakt Goodyear' Slack, C. (2002). *Noble Obsession: Charles Goodyear, Thomas Hancock, and the Race to Unlock the Greatest Industrial Secret of the Nineteenth Century*. Hyperion.

124 'De luchtband is' Herlihy.

124 'Deze *Laufmaschine* krijgt' Clayton, N. (2016). *The Birth of the Bicycle*. Amberley Publishing Limited.

124 'Om zichzelf verklarende' Hadland, T. & Lessing, H.E. (2014). *Bicycle Design: An Illustrated History*. MIT Press.

124 'De Parijzenaar Eugène' Ibid.

125 'Het is eerder' Wilson, D.G. & Papadopoulos, J. (2004). *Bicycling Science*. MIT Press.

125 'Terwijl jongemannen halsbrekende' Baroni.

125 'Bertie draagt sterk' Tweedie, A.I. (2018). *1882 Stanley Cycle Show*. Grace's Guide to British Industrial History.

125 'Naar schatting komen' Sharp, A. (2003). *Bicycles & Tricycles, a Classical Treatise on Their Design and Construction*. Courier Dover Publications.

125 'Maar de rage' *Encyclopaedia Britannica*: Bicycle.

125 'In Engeland gaat' Herlihy.

126 'Er bestaan dan' Tripp, B. (2013). *Renold Chains: A History of the Company*

and the Rise of the Precision Chain Industry 1879-1955. Routledge.
126 'Omdat deze mechaniek' Wilson & Papadopoulos.
126 'Omdat berijders hiermee' Herlihy.
126 'Zijn fiets is' Clayton (2016).
126 'Nadat Dunlop eind' Du Cros.
126 'Later dat jaar' The Pedal Club. *The Golden Book of Cycling*: William Hume.
126 'In vele westerse' Clayton (2016).
126 'Dit lukt hem' Morge, R.L. (2007). *Michelin: Michel, Marius, Marie et les autres*. L'Harmattan.
127 'Zo kan hij' Bonnet, O. & Gazagnes, P. (2002). *Sur les traces de Michelin à Clermont*. Éditions du Miroir; Pyer, A. (2003). *Les Premiers Temps des Véloce-Clubs: Apparition et Diffusion du Cyclisme Associatif Français Entre 1867 et 1914*. L'Harmattan.
127 'Na Dunlop en' *Encyclopaedia Britannica*: Goodyear Tire and Rubber Company; Firestone Tire and Rubber Company.
127 'De fietsbel, die' *The Cyclist: Trade Section*, 20 mei 1903.
127 'Ook Berties in' Princess Victoria Biking. *The Sphere*, 31 maart 1900.
128 'Toria koestert blijkbaar' Makepeace, M. (2014). *Princess Victoria's Cycling Adventure*. British Library.
128 'Doordat het relatief' Segrave, K. (2019). *Women and Bicycles in America, 1868-1900*. McFarland.
128 'De beroemde vrouwenrechtenactiviste' Sherr, L. (1995). *Failure Is Impossible: Susan B. Anthony in Her Own Words*. Random House.
128 'En als hij' Willard, F.E. (1991). *How I Learned to Ride the Bicycle: Reflections of an Influential 19th Century Woman*. Fair Oaks Pub.
128 'Aan het einde' Hallenbeck, S. (2010). Riding Out of Bounds: Women Bicyclists' Embodied Medical Authority. *Rhetoric Review*, 29(4): 327-345.
129 'De christelijke Women's' The Online Bicycle Museum (onlinebicyclemuseum.co.uk): 1898 Christy Anatomical Saddle; Women's Rescue League: Public Announcement of Resolutions, 29 juni 1896.
129 'En tot slot' Shadwell, A. (1897). The Hidden Dangers of Cycling. *National Review*, februari.
129 'Niettemin slaagt de' Segrave.
129 'Net als Bloomer' Zheutlin, P. (2008). *Around the World on Two Wheels: Annie Londonderry's Extraordinary Ride*. Citadel.
129 'En hierna patenteren' Jungnickel, K. (2018). *Bikes and Bloomers: Victorian Women Inventors and their Extraordinary Cycle Wear*. Goldsmiths Press.

130 '"Ik kan niet' Hamalian, L. (2005). *The Cramoisy Queen: A Life of Caresse Crosby.* Southern Illinois University.

130 'Hoe dan ook' Macy, S. (2011). *Wheels of Change: How Women Rode the Bicycle to Freedom.* National Geographic.

130 'Zo worden bijvoorbeeld' United States Patent Office: granted applications 552271, 596272 en 627066.

130 'Zo vindt hij' Hadland, T. (1987). *The Sturmey-Archer Story.* Pinkerton Press.

130 'En die conclusie' Heine, J. & Praderes, J.P. (2009). *The Golden Age of Handbuilt Bicycles: Craftsmanship, Elegance, and Function.* Rizzoli.

131 'Vanaf dat moment' Berto, F.J. (2016). *The Dancing Chain: History and Development of the Derailleur Bicycle.* Van der Plas/Cycle Publishing.

131 'De excentrieke wielrenner' Seray, J. & Lablaine, J. (2006). *Henri Desgrange, l'homme qui créa le Tour de France.* Cristel.

131 'Bertie wordt in' Tranter, A. (2018). In Search of London's Lost Velodromes. *The Telegraph*, 16 maart.

131 'Het publiek kan' Sergent, P. (2018). *Le temps des vélodrome. Mémoire du Cyclisme.* Editions Sutton.

131 'En de succesvolle' La Licorne: Course Bicyclette. Jean Marie Corre.

132 'Zo komt hij' Drozdov, A. (2007). *Aluminium: The Thirteenth Element.* Rusal Library.

132 'En zijn eerste' Reid (2015).

132 'Als deze renners' La Licorne.

132 'In 1900 richten' Herlihy.

132 'Bij het in' Boeuf, J.L. & Léonard, Y. (2003) *La République de Tour de France.* Seuil.

132 'Maar helaas heeft' Bredin, J.D. (1986). *The Affair: The Case of Alfred Dreyfus.* George Braziller.

133 'Omdat niemand echter' Wise, D.B. (1974). De Dion: The Aristocrat and the Toymaker. In: Ward, I. (ed.). *The World of Automobiles.* Orbis Publishing.

133 'En in zijn' Boeuf & Léonard.

134 'Als wraak weet' Goddet, J. (1991) *L'Équipée Belle.* Robert Laffont.

134 'Ter viering van' Bodley, J.E.C. (1903). *The Coronation of Edward the Seventh: A Chapter of European and Imperial History.* Methuen & Co.; Loftie, W.J. (1902). *The Coronation Book of Edward VII. King of All the Britains and Emperor of India.* Cassell and Company.

134 'Vanwege Goddets positieve' Nicholson, G. (1991). *Le Tour.* Hodder and Stoughton.

134 'Desgrange is pas' Boeuf & Léonard.

135 'Desgrange is furieus' Seray, J. (2000). *1904. The Tour de France Which Was to Be the Last.* Ann Arbor Press.

135 'Zo is hij' Goddet.

135 'Naar zijn mening' Seray & Lablaine.

135 'Desgrange voert ook' Henry, R. (2006). Vélocio vs. the Tour de France. *Bicycle Quarterly*, 5(2): 1.

136 'Zijn oplossing is' Woodland, L. (2003). *The Yellow Jersey Guide to the Tour de France.* Random House.

136 'En niet in' Nicholson.

136 'Nog weer later' Fotheringham, W. (2003). *A Century of Cycling: The Classic Races and Legendary Champions.* Mitchell Beazley.

7 De grand tour

138 'Mede door Berties' Cumming, D. (1977). Royalty and the Royal Geographical Society. *The Geographical Journal*, 143(2): 171-178; Hall, M.B (1981). Public Science in Britain: The Role of the Royal Society. *Isis*, 72(4): 627-629.

138 'Na een rondleiding' Crane, D. (2005). *Scott of the Antarctic: A Life of Courage and Tragedy in the Extreme South.* Harper Collins.

138 'Een jaar later' Savours, A. (2001). *The Voyages of the Discovery: Illustrated History.* Chatham Publishing.

139 'Na hun aankomst' Preston, D. (1999). *A First Rate Tragedy: Captain Scott's Antarctic Expeditions.* Constable.

139 'Omdat hij wel' Riffenburgh, B. (2005). *Nimrod: Ernest Shackleton and the Extraordinary Story of the 1907-09 British Antarctic Expedition.* Bloomsbury Publishing.

139 'De lichamen en' Crane.

139 'Zo wordt bijvoorbeeld' *Encyclopaedia Britannica*: Kilimanjaro; Himalaya.

139 'Men raakt er' Zahnle, K. (2001). Decline and Fall of the Martian Empire. *Nature*, 412: 209-213.

140 'Hierbij redt hij' Jeal, T. (1989). *Baden-Powell.* Hutchinson.

140 'En als hij' Baden-Powell, R. (1992). *Lessons from the Varsity of Life.* Stevens Publishing.

140 'Hierna verspreidt de' Hillcourt, W. (1992). *Baden-Powell: The Two Lives of a Hero*. Gilwellian Press.

141 'Ook Jules Verne' Schor, E. (2016). *Bridge of Words: Esperanto and the Dream of a Universal Language*. Metropolitan Books.

141 'Evenals de internationalisering' Duc, G., Perroux, O., Schiedt, H.U. & Walter, F. (2014). *Transport and Mobility History: Between Modal Competition and Coordination*. Editions Alphil.

141 'De twee mannen' Lee (1925).

141 'Met een grote' Farnie, D.A. (1969). *East and West of Suez: The Suez Canal in History, 1854-1956*. Clarendon Press.

141 'Het 193 kilometer' Hallberg, C.W. (1974). *The Suez Canal, Its History and Diplomatic Importance*. Octagon Books.

141 'Het verkort de' Farnie.

142 'In 1888 kondigt' Parker, M. (2007). *Panama Fever: The Epic Story of One of the Greatest Human Achievements of All Time: The Building of the Panama Canal*. Doubleday.

142 'Dit alles is' Jonnes (2009).

142 'Waar voorgaande wereldtentoonstellingen' Young, P. (2008). From the Eiffel Tower to the Javanese Dancer: Envisioning Cultural Globalization at the 1889 Paris Exhibition. *The History Teacher*, 41(3): 339-362.

142 'Zo ligt naast' Revol, P. (2000). *Influences de la musique indonésienne sure la musique française du xxème siècle*. L'Harmattan.

142 'Ook Argentinië, Chili' Palermo, L.E. (2003). Identity under Construction: Representing the Colonies at the Paris Exposition Universelle of 1889. In: Peabody, S. & Tyler, S. (eds.), *The Color of Liberty: Histories of Race in France*. Duke University Press.

143 'Deze trend wordt' Palermo.

143 'Terwijl ontdekkingsreiziger Henry' Dugard, M. (2003). *Into Africa: The Epic Adventures of Stanley and Livingstone*. Doubleday.

143 'Het maakt ook' Pakenham, T. (1992). *The Scramble for Africa: White Man's Conquest of the Dark Continent from 1876 to 1912*. Avon Books.

143 'Vanwege de uitgestrektheid' Canny, N. (1998). *The Origins of Empire: The Oxford History of the British Empire: Volume 1*. Oxford University Press.

144 'In de bezettende' Aronson; Chamberlain, M.E. (2014). *The Scramble for Africa*. Routledge.

144 'Die term vindt' Chaney, E. (2000). *The Evolution of the Grand Tour: Anglo-Italian Cultural Relations Since the Renaissance*. Routledge.

144 'En op 6' Ridley.

144 'Vrome families slagen' Trease, G. (1967). *The Grand Tour: A History of the Golden Age of Travel*. Holt, Rinehart and Winston.

145 'Acuut geheugenverlies lijkt' Chaney.

145 'In plaats van' Towner, J. (1985) The Grand Tour: A Key Phase in the History of Tourism. *Annals of Tourism Research*, 12: 297-333.

145 'Dichter Lord Byron' Isaacson, W. (2014), *The Innovators: How a Group of Hackers, Geniuses, and Geeks Created the Digital Revolution*. Simon & Schuster; MacCarthy, F. (2002). *Byron: Life and Legend*. John Murray.

145 'Daarbij staat hij' Ridley.

145 'Zo laat hij' Lee (1925).

146 'In plaats daarvan' Ridley.

146 'In Jeruzalem besluit' Caplan, J. (2000). *Written on the Body: The Tattoo in European and American History*. Princeton University Press; Hunt J. (2002). *Four Paths to Jerusalem: Jewish, Christian, Muslim, and Secular Pilgrimages, 1000 BCE to 2001 CE*. McFarland; Rose, K. (1983). *King George V*. Weidenfeld and Nicolson.

146 'Met name bij' McDowell, C. (2013). *Collecting Antiquities: Edward VII's Right Royal Pastime*. Culture Concept.

146 'Iets wat daar' Towner.

146 'Bertie beschikt zelfs' McDowell, C. (2013). *Cairo to Constantinople: Capturing Cultural Moments in Time*. Culture Concept.

146 'Daarna beginnen achtereenvolgens' Parks, T. (2021). *The Hero's Way: Walking with Garibaldi from Rome to Ravenna*. W.W. Norton & Company; Trease.

147 'Tegelijkertijd houden Joodse' Rybczynski, W. (1991). *Waiting for the Weekend*. Viking.

147 'Daarnaast adopteren adellijke' Löfgren, O. (2002). *On Holiday: A History of Vacationing*. University of California Press.

147 'Dit inspireert weer' Aron, C.S. (1999). *Working at Play: A History of Vacations in the United States*. Oxford University Press.

148 'Fargo is direct' Grossman, P.Z. (1987). *American Express: The People Who Built the Great Financial Empire*. Beard Books.

148 'Zo maken Alexandra' Ridley.

148 'Als groot liefhebber' Clarke (2014).

148 'Het toerisme naar' Teulié, G. (2017). World War Two Iconoclasm: The Destruction and Reconstruction of Memorials to Queen Victoria and

Edward VII on the French Riviera. *E-rea*, 14(2): 1-24.

148 'Het uit 1873' Magnus.

148 'Met Londen als' Aronson.

148 'Verder bezoekt hij' Ridley.

148 'Ondertussen jaagt Bertie' Lee (1925).

149 'Door de wereldtentoonstellingen' Mabire, J.C. (2019). *L'Exposition Universelle de 1900*. L'Harmattan; Maddison, A. (2003). *The World Economy: Historical Statistics, Vol. 2*. OECD.

149 'De prentbriefkaart is' Stephens, S. (2015). Framing the Eiffel Tower: From postcards to Postmodernism. In: Edwards et al. (eds.), *Framing French Culture*. University of Adelaide Press.

149 'In respectievelijk 1894' Burdick, J. (1986). *Pioneer Post Cards: The Story of Mailing Cards to 1898*. Nostalgia Press.

149 'Er is sprake' Willoughby, M. (1992). *A History of Postcards*. Bracken Books.

150 'Niettemin blijken de' Baldwin, B. (1988). On the Verso: Postcard Messages as a Key to Popular Prejudices. *Journal of Popular Culture*, 22(3): 15-28.

150 'Samen richten zij' Denning, A. (2014). *Skiing Into Modernity: A Cultural and Environmental History*. University of California Press.

150 'De aanleg van' Huntford, R. (2013). *Two Planks and a Passion*. Bloomsbury.

150 'Vanaf 1909 voegt' Allen, E.J.B. (2011). *Historical Dictionary of Skiing*. Scarecrow Press.

151 'De gasten worden' Burrows (1999).

151 'Veel inspiratie voor' Sandoval-Strausz, A.K. (2008). *Hotel: An American History*. Yale University Press.

151 'Tegelijkertijd geldt in' Denby, E. (1998). *Grand Hotels: Reality & Illusion: An Architectural and Social History*. Reaktion Books.

151 'Weliswaar bevinden zich' Ibid.

152 'Vanuit hun kamer' Williams, O. (2020). *The Secret Life of the Savoy and the D'Oyly Carte Family*. Headline.

152 'Allereerst is dat' Barr, L. (2018). *Ritz and Escoffier: The Hotelier, the Chef, and the Rise of the Leisure Class*. Clarkson Potter.

152 'Daarnaast weet Carte' Denby.

152 'De reden hiervoor' James, K. (2002). *Escoffier: The King of Chefs*. Hambledon.

152 'Zijn talent hiervoor' Ritz, M.L. (1938). *César Ritz: Host to the World*. J.B. Lippincott.

152 'Carte biedt hun' Shaw, T. (1994). *The World of Escoffier*. Zwemmer.

153 'Berties maîtresse en' Williams (2020).

153 'En voor een' Escoffier, A. (1996). *Auguste Escoffier: Memories of My Life*. Wiley; Murphy, A.G. (2016). *Melba: A Biography*. Palala Press.

154 'Daarnaast vindt hij' Denby.

154 'In dit boek' Shaw.

154 'Bertie erkent de' Barr.

154 'Begin 1897 worden' Williams (2020).

155 'Alle kamers beschikken' Barr.

155 'Ook Bertie verblijft' Ritz.

155 'Bertie "volgt" Ritz' Ashburner, F. (2004). Escoffier, Georges Auguste (1846-1935). *Oxford Dictionary of National Biography*. Oxford University Press.

155 'Als dank krijgt' Denby.

155 'In New York' Cowles, V. (1979). *The Astors*. Knopf.

156 'En omdat Lina' McCarthy, J.R. & Rutherford, J. (1931). *Peacock Alley: The Romance of the Waldorf-Astoria*. Harper.

156 'Het doet Astor' Morehouse, W. (1991). *The Waldorf Astoria: America's Gilded Dream*. Xlibris.

156 'Lange tijd zal' Morrison, W.A. (2014). *Waldorf Astoria*. Arcadia Publishing.

157 'En sommige gasten' McCarthy.

8 Electrifying

159 'Allereerst zegt hij' Ridley.

159 'Bertie "snuffelt dagen' Hibbert (2007).

159 'Talrijke vertrekken worden' Robinson, J.M. (2010) *Windsor Castle: The Official Illustrated History*. Royal Collection Publications.

159 'Zijn beeldenstorm is' Ridley.

159 'Wel laat Bertie' Royal Collection Trust (2019). *Factsheet: Buckingham Palace*; Tucker, M. (2020). *Windsor Castle: Changing Hundreds of Royal Clocks*. BBC.

159 'Geïnspireerd door de' Ridley.

160 'Enkel verwarmd door' Bryson (2010); Robinson (2010).

160 'Hetzelfde doet hij' Aronson.

160 'Dat wordt een' Sewell, J.P.C. (1931). *Personal Letters of King Edward VII*. Hutchinson.

160 'Vrijwel alles aan' Ageorges, S. (2006). *Sur les traces des Expositions Universelles*. Parigramme.

160 'Ook het 240' Mabire, J.C. (2000). *L'Exposition universelle de 1900*. L'Harmattan.

160 'Voor de tentoonstelling' Chanut, C.P. (1980). *Histoire française des foires et des Expositions universelles*. Baudouin.

161 'Maar de tentoonstelling' Bureau International des Expositions (BIE): www.bie-paris.org/site/en/1900-paris.

161 'Met een gezamenlijk' Mabire (2000).

161 'Thomas Edison is' Huhtamo, E. (2013). (Un)walking at the Fair: About Mobile Visualities at the Paris Universal Exposition of 1900. *Journal of Visual Culture*, 12(1): 61-88.

162 'Hierdoor raakt men' Bryson (2010).

162 'Bertie ondergaat in' Ridley.

162 'Hij schroomt niet' Bryson (2010).

162 'In zijn hele' Morris, E. (2019). *Edison*. Random House.

162 'Al in 1860 'Dyer, F.L. (1910). *Edison: His Life and Adventures*. Harper & Brothers; Ridley.

163 'Edison heeft in' Stross, R.E. (2007). *The Wizard of Menlo Park: How Thomas Alva Edison Invented the Modern World*. Crown Publishers.

163 'Zijn teams testen' Morris.

163 'En eind 1879' Stross.

163 'In maart 1879' Swan, M.E. & Swan, K.R. (1968). *Sir Joseph Wilson Swan FRS: Inventor and Scientist*. Oriel Press.

164 'Alexandra ontvangt daar' Dyer.

164 'Na een ontmoeting' Borvon, G. (2009). *Histoire de l'électricité. De l'ambre à l'électron*. Vuibert; Bowers, B. (1972). The Rise of the Electricity Supply Industry. *History Today*, 22(3): 176-183.

164 'Bertie is hun' Meadowcroft, W.H. (1921). *The Boy's Life of Edison*. Harper & Brothers.

164 'Omdat Bertie daarnaast' Swan & Swan.

164 'En deze omwenteling' Chernow, R (1998). *Titan: The Life of John D. Rockefeller*. Penguin Random House.

164 'Dit betreft John' Hawke, D.F. (1980). *John D. The Founding Father of the Rockefellers*. Harper & Row.

164 'Rockefeller, die een' Chernow; Wade, F. (1945). The Geology of the Rockefeller Mountains, King Edward VII Land, Antarctica. *Proceedings of the American Philosophical Society*, 89(1): 67-77.

165 'In paniek weten' Yergin, D. (2008). *The Prize: The Epic Quest for Oil, Money, and Power.* Simon and Schuster.

165 'In 1869 produceert' Ibid.

165 'Met dit monopolie' Hawke.

166 'Ook binnenshuis is' Bowers, B. (1982). *A History of Electric Light and Power.* Science Museum.

166 'En ze zorgen' Bryson (2010).

166 'De eerste van' Strouse, J. (2000). *Morgan, American Financier.* Perennial.

166 'Ook Morgan is' Carosso, V.P. (1987). *The Morgans: Private International Bankers, 1854-1913.* Harvard University Press; Lee (1925).

167 'Opmerkelijk genoeg slaagt' Ritson, D. (2000). *Mr. Bensley's Pram.* BBC Radio 4.

167 'In 1901 zal' Carosso.

167 'Mede doordat in' Bridges, H. (1958). The Robber Baron Concept in American History. *Business History Review*, 32(1): 1-13; Davidson, J. 2015). *How to Compare Fortunes Across History*: time.com/3978055/richest-people-of-all-time-methodology/; Hargreaves, S. (2014). *The Richest Americans in History*: money.cnn.com/gallery/luxury/2014/06/01/richest-americans-in-history/index.html.

167 'In slechts enkele' Beatty, J. (2008). *Age of Betrayal: The Triumph of Money in America, 1865-1900.* Vintage Books.

167 'Krantenmagnaat William Randolph' Bryson (2010).

167 'Daarnaast worden diezelfde' Davis, R.W. (1991). We Are All Americans Now! Anglo-American Marriages in the Later 19th Century. *Proceedings of the American Philosophical Society*, 135: 140-199.

167 'Berties vroege bewondering' Cowles (1956).

167 'Alleen al in' Davis.

168 'Maar de kroon' Bryson (2010).

168 'Haar schoonzus verschijnt' Bodanis, D. (2006). *Electric Universe: How Electricity Switched on the Modern World.* Abacus.

168 'Overigens leidt de' Stasz, C. (1995). *The Rockefeller Women.* St. Martin's Press.

168 'Hun vermogen is' Bridges.

168 'Dit betreft het' Bryson (2010).

168 'De huizen van' Jonnes, J. (2003). *Empires of Light*. Random House.
169 'Maar omdat Morgan' Jonnes (2003).
169 'Paarden lopen er' Simon, L. (2004). *Dark Light: Electricity and Anxiety from the Telegraph to the X-Ray*. Harcourt.
169 'Hierna rolt Edison' Nye, D.E. (1997). *Electrifying America*. MIT Press.
169 'George Westinghouse, rijk' Jonnes (2003).
170 'Bertie komt algauw' O'Neill, J.J. (1978). *Prodigal Genius: The Life of Nikola Tesla*. Angriff Press.
170 'Zelf zal Bertie' Seifer, M.J. (1998). *Wizard: The Life and Times of Nikolas Tesla*. Citadel Press.
170 'De avond erna' Carslon, W.B. (2013). *Tesla: Inventor of the Electrical Age*. Princeton University Press; Ridley.
170 'Tesla is een' Hartsfield, T. (2012). *Mad Scientists of the Modern Age: Nikola Tesla*. RealClearScience.
170 'De verontruste professoren' Tesla, N. (1919). *My Inventions: The Autobiography of Nikola Tesla*. Experimenter Publishing Company.
171 'Hij begint als' Cheney, M. (2011). *Tesla: Man Out of Time*. Simon & Schuster.
171 'Hij wordt daarna' Seifer.
172 'Edisons concurrent Westinghouse' Jonnes (2003).
172 'Het feit dat' Bureau International des Expositions (BIE): www.bie-paris.org/site/en/1893-chicago; Simon.
172 'Behalve vele slinkse' Nye (1997).
172 'Als deze in' McNichol, T (2006). *AC/DC: The Savage Tale of the First Standards War*. John Wiley & Sons.
173 'De ijlings opgetrommelde' Jonnes (2003).
173 'Edison grijpt het' Klein, M. (2010). *The Power Makers: Steam, Electricity, and the Men Who Invented Modern America*. Bloomsbury Publishing.
173 'Brown krijgt opdracht' Brandon, C. (1999). *The Electric Chair: An Unnatural American History*. McFarland & Co.
174 'Pas na vele' McNichol.
174 'Hiermee komt de' Klein.
174 'En dit vormt' Mortimer, I. (2014). *Human Race: 10 Centuries of Change on Earth*. Vintage Books.
174 'Hieronder bevindt zich' Seifer.
175 'Maar andere ideeën' Tesla.
175 'Ook is Tesla' Tesla, N. (1900). *The Problem of Increasing Human Energy*. Neeland Media.

175 'Hij is in' Cheney.

175 'In 1900 is' Schroeder, F.E.H. (1986). More "Small Things Forgotten": Domestic Electrical Plugs and Receptacles, 1881-1931. *Technology and Culture*, 27(3): 525-543.

175 'Onderwijl verschijnen aan' Robertson.

175 'Deze huishoudelijke apparaten' Bryson (2010).

175 'Het concept van' O'Dea, W.T. (1958). *The Social History of Lighting*, Routledge and Kegan.

175 'Weer tien jaar' Van Dulken, S. (2002). *Inventing the 20th Century: 100 Inventions That Shaped the World: From the Airplane to the Zipper.* New York University Press.

9 In beeld en geluid

178 'En als Temple' Ridley.

179 'De pers noemt' Camp, A.J. (2007). *Royal Mistresses and Bastards: Fact and Fiction 1714-1936.* Anthony Camp.

179 'In de achtertuin' Rosen, M. (1987). Méliès, Georges. In: Wakeman, J. (ed.), *World Film Directors: Volume I, 18901945.* The H.W. Wilson Company.

179 'Het betekent de' Ezra, E. (2000). *Georges Méliès.* Manchester University Press.

179 'Na afloop grapt' Frazer, J. (1979). *Artificially Arranged Scenes: The Films of Georges Méliès.* G.K. Hall & Co.

179 'Achter in de' Huret, J. (1989). *La Catastrophe du Bazar de la Charité.* F. Juven.

180 'Vanwege de feestelijke' Fuligni, B. (2019). *L'Incendie du Bazar de la Charité.* Archipel.

180 'Als ook het' Paoli, D. (1997). *Il y a cent ans: l'incendie du Bazar de la Charité.* MDC.

180 'Bij het bergen' Amedo O. (1897). The Role of Dentist in the Identification of the Victims of the Catastrophe of the 'Bazar de la Charite', Paris, 4th May, 1897. *Dent Cosm.*, 39: 905-912.

180 'Er zijn niet' *La Terrible Catastrophe du 4 mai 1897. Liste complète des victimes et des blessées.* H. Perret; Ridley.

180 'En dat laatste' Hibbert, C. (1976). *Edward VII.* Viking; Stanistreet, A.

(2002). *Heroes of the Albert Medal.* Token Publishing.
181 'Bell, die overigens' Bruce, R.V. (1990). *Bell.* Cornell University Press.
181 'Maar in de' Bryson (2010).
181 'Dit apparaat is' Coe, L. (1995). *The Telephone and Its Several Inventors: A History.* McFarland & Co.
181 'Datzelfde jaar levert' Bruce; Hibbert (1976).
181 'In 1889 presenteert' Ageorges, S. (2006). *Sur les traces des Expositions Universelles.* Parigramme.
182 'Door er een' Gelatt, R. (1977). *The Fabulous Phonograph, 1877-1977.* Collier.
182 'Maar algauw wordt' Kermabon, J. (1994). *Pathé, premier empire du cinema.* Éditions du Centre Pompidou.
182 'Deze draaiende cilinder' Prince, S. (2010). Through the Looking Glass: Philosophical Toys and Digital Visual Effects. *Projections,* 4(2): 19-40.
183 'In 1888 presenteert' Auzel, D. (1992). *Émile Reynaud et l'image s'anima.* Du May.
183 'Maar daags voordat' Rawlence, C. (1990). *The Missing Reel: The Untold Story of the Lost Inventor of Moving Pictures.* Atheneum.
183 'En het is' Quigley, M. (1960). *Magic Shadows: The Story of the Origin of Motion Pictures.* Quigley Publishing.
184 'Samen met zijn' Morris.
184 'Hij ergert zich' Ackerman, C.W. (1930). *George Eastman: Founder of Kodak and the Photography Business.* Beard Books.
184 'Uiteindelijk oogt de' Bryson (2010).
184 'In zijn woonplaats' Ackerman.
185 'Eastman heeft er' Brayer, E. (1996). *George Eastman: A Biography.* Johns Hopkins University Press.
185 'Eastman, die met' Hoover, G. (2018). *George Eastman: The Greatest Technology Entrepreneur in US History?* American Business History Center.
185 'In 1895 is' Ford, C.T. (2004). *George Eastman: The Kodak Camera Man.* Enslow Publishing.
185 'Het betekent de' Bryson (2010).
185 'Tegen het einde' Ford.
185 'Deze zijn genomen' Dimond, F. & Taylor, R. (1987). *Crown & Camera: The Royal Family and Photography, 1842-1910.* Viking; Princess Victoria (1868-1935): Kodak photographs. Royal Collection Trust (www.rct.uk).
186 'Als eerste ontwikkelen' Hendricks, G. (1972). *Origins of the American Film.* Arno Press.

186 'Het nieuws over' Robinson, D. (1997). *From Peepshow to Palace: The Birth of American Film*. Columbia University Press.
186 'Boven op deze' Ibid.
186 'De eerste vertoning' Eagan, D. (2010). *America's Film Legacy: The Authoritative Guide to the Landmark Movies in the National Film Registry*. Continuum.
186 'Ondanks dit weinig' Robinson (1997).
187 'Maar de rage' Musser, C. (1994). *The Emergence of Cinema: The American Screen to 1907*. University of California Press.
187 'In 1892 raakt' Toulet, E. (1988). *Cinématographe. Invention du siècle*. Gallimard.
187 'Met deze cinematograaf' IMDb (www.imdb.com): *Le Prince de Galles* (1892).
187 'In 1895 legt' Pinel, V. (1994). *Louis Lumière, inventeur et cinéaste*. Nathan.
187 'Op 28 december' Ponsonby, F. (1951). *Recollections of Three Reigns*. Eyre & Spottiswoode.
187 'Samen met een' Aubert, M. et al. (1997). *La Production cinématographique des frères Lumière*. Centre national de la cinématographie: Bibliothèque du film.
187 'Edison realiseert zich' Allen, R.C. (1979). Vitascope/Cinématographe: Initial Patterns of American Film Industrial Practice. *Journal of the University Film Association*, 31(2): 13-18.
188 'Zijn tactiek slaagt' Musser.
188 'Maar in 1907' Abel, R. (1998). *The Ciné Goes to Town: French Cinema, 1896-1914*. University of California Press; Mortimer, I. (2015). *Human Race: 10 Centuries of Change on Earth*. Vintage Books.
188 'Hun volgende film' Abel.
189 'En daarom stelt' *Oxford English Dictionary*: Internetted; Standage, T. (2014). *The Victorian Internet: The Remarkable Story of the Telegraph and the Nineteenth Century's Online Pioneers*. Bloomsbury.
189 'Een jaar later' Cookson, G. (2006). *The Cable*. Tempus Publishing.
189 'De telegraafmaatschappij maakt' Huurdeman, A.A. (2003). *The Worldwide History of Telecommunications*. Wiley.
189 'De toegenomen transparantie' Steinwender, C. (2018). Real Effects of Information Frictions: When the States and the Kingdom Became United. *American Economic Review*, 108(3): 657-696.
189 'De extraverte Bertie' Hale, D. (2011). *Secrets of the Royal Detective: Self Edu-*

cation for the Police 1899. Coast & Country; Lowndes, M.B. (1901). *His Most Gracious Majesty, King Edward VII*. G. Richards.

190 'In juni 1896' Raboy.

190 'Twee jaar later' Weightman (2003).

190 'Maar tegen de' Ridley.

191 'Ook wordt hij' Raboy.

191 'Tussen Bertie en' Weightman (2003).

191 'Wellicht dat dit' Ibid.

191 'Hij neemt hoogleraar' Hong, S. (2001). *Wireless: From Marconi's Black-Box to the Audion*. MIT Press.

192 'Enkele uren later' Raboy.

192 'Ook dit wordt' Weightman (2003).

192 'Mede dankzij Berties' Marconi, M.C. (2014). *Marconi, My Beloved*. Dante University Press.

192 'Na goedkeuring vangt' Gill, A. (2011). *Titanic: Building the World's Most Famous Ship*. Lyons Press.

192 'Zowel Morgan als' Daugherty, G. (2012). Seven Famous People Who Missed the Titanic. *Smithsonian Magazine*, march: 8-11.

193 'Op de avond' Lightoller, C.H. (1935). *Titanic and Other Ships*. Nicholson and Watson.

193 'Het zeewater blijkt' Baarslag, K. (1935). *SOS to the Rescue*. Oxford University Press.

193 'Zo slaagt hij' Ward, C. (2011). *And The Band Played On*. Hodder and Stoughton.

193 'Phillips blijft ondertussen' Eaton, J.P. & Haas, C.A. (2021). *Titanic: A Journey Through Time*. The History Press.

193 'Bride raakt zwaargewond' Harold Bride, Surviving Wireless Operator of the Titanic. *The New York Times*, 19 april 1912.

193 'In de bijgaande' Toscano, A. (2012). *Marconi's Wireless and the Rhetoric of a New Technology*. Springer.

193 'Nadat de Amerikaanse' Minichiello, R. (1998). *Titanic Tragedy Spawns Wireless Advancements*. The Guglielmo Marconi Foundation.

193 'En daarnaast vormt' Keane, S. (2006). *Disaster Movies: The Cinema of Catastrophe*. Wallflower Press.

193 'Hierbij is een' *Encyclopaedia Britannica*: Victoria Day; Van Dalen, B. (2019). Happy 200th to the Mother of Confederation. *The Hamilton Spectator*, 17 mei.

194 'Enkele maanden later' Belrose, J.S. (1995). Fessenden and Marconi: Their Differing Technologies and Transatlantic Experiments during the First Decade of this Century. *Proceedings of the 1995 International Conference on 100 Years of Radio*: 32-43.

194 'Fessenden maakt hiervan' Douglas, S.J. (1987). *Inventing American Broadcasting, 1899-1922.* The Johns Hopkins University Press.

194 'En hiermee verzorgt' Kintner, S.M. (1932). Pittsburgh's Contributions to Radio. *Proceedings of the Institute of Radio Engineers*, december: 1849-1862.

194 'Na experimenten met' Adams, M. (2011). *Lee de Forest: King of Radio, Television, and Film.* Copernicus.

194 'Hoe dan ook' Briggs, A. (1985) *The BBC: The First Fifty Years.* Oxford University Press; Cox, J. (2009). *American Radio Networks: A History.* McFarland & Company.

10 Stop de persen!

197 'Met scoops over' Clarke, B. (2004). *From Grub Street to Fleet Street: An Illustrated History of English Newspapers to 1899.* Routledge.

197 'In het betreffende' Ridley.

197 'Als prins van' Paris, B.J. (1991). *Character as a Subversive Force in Shakespeare: The History and Roman Plays.* Fairleigh Dickinson University Press.

197 'Het toont hoe' Williams, R. (1997). *The Contentious Crown: Public Discussion of the British Monarchy in the Reign of Queen Victoria.* Ashgate Publishing Company.

197 'Stead, een onvermoeibare' Whyte, F. (1925). *A Life of W.T. Stead. Volume 1 & 2.* J. Cape.

198 'Hierbij schuwt hij' Brake, L. (2013). *Stead Alone: Journalist, Proprietor and Publisher, 1890-1903.* British Library Press.

198 'Als zijn voormalige' Hamer, D.A. (1968). *John Morley: Liberal Intellectual in Politics.* Oxford University Press.

198 'Ondanks de eerdere' Aronson.

198 'Daarmee legt Bertie' Hibbert (2007).

198 'Dat is een' Cutlip, S.M. (1994). *The Unseen Power: Public Relations – A History.* Lawrence Erlbaum Associates.

198 'De typemachine, die' Adler, M.H. (1973). *The Writing Machine: A History of the Typewriter.* Allen and Unwin.

199 'In combinatie met' Robinson, W.S. (2012). *Muckraker: The Scandalous Life and Times of W.T. Stead.* Biteback Publishing.

199 'In 1892 publiceert' Baylen, J.O. (2014). Stead, William Thomas (1849-1912). *Oxford Dictionary of National Biography.* Oxford University Press.

200 'Al in 1902' Brendon, P. (2003). *Eminent Edwardians: Four Figures Who Defined Their Age: Northcliffe, Balfour, Pankhurst, Baden-Powell.* Pimlico.

200 'De daarna door' Horrie, C. (2003). *Tabloid Nation: From the Birth of the Mirror to the Death of the Tabloid Newspaper.* André Deutsch.

200 'Het maakt hem' Boyce, D.G. (2004). Harmsworth, Alfred Charles William, Viscount Northcliffe (1865-1922). *Oxford Dictionary of National Biography.* Oxford University Press.

200 'Vanwege het grote' Briggs, A. & Burke, P. (2010). *Social History of the Media: From Gutenberg to the Internet.* Polity Press.

200 'Voor zijn bijdrage' Fyfe, H. (1930). *Northcliffe, an Intimate Biography.* MacMillan Publishing.

200 'Voor Harmsworth vormt' Ridley.

200 'Het laatste decennium' Douglas, G.H. (1999). *The Golden Age of the Newspaper.* Greenwood.

200 'Deze trend komt' Vincent, D. (2000). *The Rise of Mass Literacy: Reading and Writing in Modern Europe.* Polity Press.

201 'Als voorzitter van' Lee (1925).

201 'Daarnaast wordt een' Denslow, W.R. (2007). *10,000 Famous Freemasons. Volumes I-IV.* Cornerstone.

201 'Zo leiden de' Reid, T.R. (1888). *Life of the Right Honourable William Edward Forster. Volume I.* Chapman and Hall.

201 'Zijn *common school*' Mondale, S. (2001). *School: The Story of American Public Education.* Beacon.

201 'En in Frankrijk' Rambaud, A. (1903). *Jules Ferry.* Plon-Nourrit.

201 'Tegelijkertijd nemen vrijwel' Hindman, H. (2014). *The World of Child Labor: An Historical and Regional Survey.* Routledge.

201 'In Frankrijk stijgt' Limage, L. (2005). *The Growth of Literacy in Historic Perspective: Clarifying the Role of Formal Schooling and Adult Learning Opportunities.* UNESCO.

201 'Zoals bijvoorbeeld de' Hunter, D. (2011). *Papermaking: History and Technique of an Ancient Craft.* Dover Publications.

202 'Ook de in' Boag, A. (2000). Monotype and Phototypesetting. *Journal of the Printing History Society*: 57-77.

202 'Het zal een' Le Ray, E. (2009). *Marinoni, le fondateur de la presse moderne (1823-1904).* L'Harmattan.

202 'In 1895 is' Shaya, G. (2004). The Flaneur, the Badaud, and the Making of a Mass Public in France, circa 1860-1910. *American Historical Review,* 109(1): 41-77.

202 'De grootste titels' Bellanger, C. (1972). *Histoire Générale de la presse française. Tome III.* PUF.

202 'Niettemin verschijnen artikelen' Clarke (2014); Magnus.

203 'Regelmatig loopt hij' Cane, A. (1981). *James Gordon Bennett: Hôte Prestigieux et Fantasque de la Côte d'Azur.* B. De Gourcez.

203 'En tijdens een' Jefferson, S. (2016). *Gordon Bennett and the First Yacht Race across the Atlantic.* Bloomsbury.

204 'Als Mays broer' O'Connor, R. (1962). *The Scandalous Mr. Bennett.* Doubleday.

204 'Ondertussen vervijfvoudigt in' Collins, R.F. & Palmegiano, E.M. (2007) *The Rise of Western Journalism 1815-1914: Essays on the Press in Australia, Canada, France, Germany, Great Britain and the United States.* McFarland.

204 'De eerste van' Hibbert (2007).

205 'Zijn credo daarbij' Whyte, K. (2009). *The Uncrowned King: The Sensational Rise of William Randolph Hearst.* Counterpoint.

205 'De macht van' Houseman, John (1972). *Run-Through: A Memoir.* Simon & Schuster.

205 'Sommigen gaan zelfs' Nasaw, D. (1985). *Children of the City: At Work and at Play.* Anchor Press.

206 'Zo groeien de' DiGirolamo, V. (2019). *Crying the News: A History of America's Newsboys.* Oxford University Press.

206 'Het leiderschap komt' Nasaw, D. (1999). Youse an' Yer Noble Scrap: On Strike with the Newsboy Legion in 1899. In: *Big Town, Big Time.* New York Daily News.

207 'Het voorval zal' Bartoletti, S.C. (1999). *Kids on Strike!* HMH Books.

207 'Niet veel later' Kobre, S. (1964). *The Yellow Press, and Gilded Age Journalism.* Florida State University.

207 'Na het lezen' Ridley.

208 'Hoewel The Yellow' Gordon, I. (1998). *Comic Strips and Consumer Culture, 1890-1945.* Smithsonian Books.

208 'Deze gang van' Campbell, W.J. (2003). *Yellow Journalism: Puncturing the Myths, Defining the Legacies.* Praeger.

209 'Omdat ze "mijlenver' Onion, R. (2014). Going Viral in the Nineteenth Century. *Lapham's Quarterly*, voorjaar.

209 'Vanaf de eerste' Clarke (2014).

209 'Bertie zorgt verder' Allfrey, A. (1991). *King Edward VII and His Jewish Court*. Weidenfeld & Nicolson.

209 'Bertie wordt hierdoor' Ridley.

209 'Zo schittert Bertie' Davenport-Hines; Spiring, P.R. (2009). *The World of Vanity Fair*. MX Publishing.

209 'Bijvoorbeeld op het' Eaman, R. (2009). *Historical Dictionary of Journalism*. Scarecrow Press.

210 'Ook verschijnen veel' *Encyclopaedia Britannica*: Magazine Publishing.

210 'Zo koopt John' Landers, J. (2010). *The Improbable First Century of Cosmopolitan Magazine*. University of Missouri Press.

210 'Walkers inspiratie voor' Bailey, G. (2017). *Harper's Bazaar: 150 Years: The Greatest Moments*. Abrams.

210 'Pas als zijn' Oliva, A. & Angeletti, N. (2012). *In Vogue: An Illustrated History of the World's Most Famous Fashion Magazine*. Rizzoli.

210 'Ze zorgen ervoor' Montgomery, M.E. (2016). *Displaying Women: Spectacles of Leisure in Edith Wharton's New York*. Routledge.

211 'Een lucratief besluit' Stashower, D. (2000). *Teller of Tales: The Life of Arthur Conan Doyle*. Penguin Books.

211 'Dit betreft overigens' Ridley.

211 'Zijn afkeer van' Benson.

211 'En wanneer Bertie' Behrman, S.N. (1960). *Conversation with Max*. Hamish Hamilton.

211 'Wel heeft hij' Hewitt, C. (2016). *The Mistress of Paris: The 19th-Century Courtesan Who Built an Empire on a Secret*. Icon Books.

212 'Natuurlijk verschijnt ook' Thurschwell, P. (2005). *Literature, Technology and Magical Thinking, 1880-1920*. Cambridge University Press.

212 'Daarbinnen wordt een' Scholes, R.E. & Rabkin, E.S. (1977). *Science fiction: History, Science, Vision*. Oxford University Press.

212 'Geheel passend bij' Mortimer, I. (2015). *Human Race: 10 Centuries of Change on Earth*. Vintage.

212 'Ook beschrijft hij' Allotte de la Fuÿe, M. (1956). *Jules Verne, sa vie, son oeuvre*. Coward-McCann; Butcher, W. (2006). *Jules Verne: The Definitive Biography*. Thunder's Mouth Press.

212 'Ook Wells voorspelt' McLean, S. (2009). *The Early Fiction of H.G. Wells: Fantasies of Science*. Palgrave.

213 ‘Ook zullen muggen’ Mortimer; Seelhorst, M. (2002). *The Best of Popular Mechanics, 1902-2002*. Hearst Communications.

213 ‘Tot Vernes ongenoegen’ Butcher.

213 ‘Het zal uiteindelijk’ Lecercle, J.J. (1994). *Philosophy of Nonsense: The Intuitions of Victorian Nonsense Literature*. Routledge.

214 ‘Met dit zeeroversavontuur’ Carpenter, H. (1985). *Secret Gardens: The Golden Age of Children’s Literature*. Houghton Mifflin.

214 ‘Het zet Lorenzini’s’ Hunt, P. (1996). *International Companion Encyclopedia of Children’s Literature*. Taylor & Francis.

214 ‘Een jaar daarvoor’ Gilmour, D. (2003). *The Long Recessional: The Imperial Life of Rudyard Kipling*. Pimlico.

214 ‘Patten, die “niets’ Patten, G. (1964). *Frank Merriwell’s ‘Father’: An Autobiography*. University of Oklahoma Press.

214 ‘Op basis van’ Carpenter, A.S. & Shirley, J. (1992). *L. Frank Baum: Royal Historian of Oz*. Lerner Publishing Group.

215 ‘En twee jaar’ Taylor, J. (1996). *Beatrix Potter: Artist, Storyteller*. Frederick Warne.

215 ‘Het succes hiervan’ Dudgeon, P. (2016). *J.M. Barrie and the Boy Who Inspired Him*. Thomas Dunne Books.

215 ‘Overigens zal Berties’ Morton, A. (2018). *Wallis in Love: The Untold Life of the Duchess of Windsor, the Woman Who Changed the Monarchy*. Grand Central Publishing.

11 Over zee, over land en door de lucht

218 ‘Tot zijn ergernis’ Ridley.

218 ‘Twintig jaar eerder’ Hoey, B. (2009). *The Royal Train: The Inside Story*. Haynes Publishing.

218 ‘Pas voor Victoria’s’ The New Royal Train in Which the Queen Will Travel from Windsor to London. *The Graphic*, 19 juni 1897.

219 ‘Ook “de sofa’s’ New Royal Train. *The Morning Post*, 17 april 1899.

219 ‘Een ervan is’ The New Royal Train. *Sheffield Daily Telegraph*, 29 december 1902.

219 ‘Voor iedere wagon’ Hoey.

219 ‘Treinreizen zijn aan’ Cookridge, E.H. (1978). *Orient Express: The Life and Times of the World’s Most Famous Train*. Random House.

219 'Zo breekt tijdens' Accident to the Royal Train. *Nottingham Evening Post*, 11 oktober 1881; The Accident on the Royal Train. Inquiry at Stonehaven. *Aberdeen Journal*, 7 juli 1898.

220 'Vier jaar later' Jefferys, C.W. (1950). *The Picture Gallery of Canadian History. Volume 3*. The Ryerson Press.

220 'Zijn fabriek aan' Pring, M. (2019). *Luxury Railway Travel: Social and Business History*. Pen & Sword.

220 'Nagelmackers doet George' Picon, G. (2017). *Orient-Express: de l'histoire à la légende*. Éditions Albin Michel.

220 'En op 1' Sherwood, J.B. & Fallon, I. (2012). *Orient-Express: A Personal Journey*. Robson Press.

221 'Het jaar erna' Picon (2017).

221 'Maar het belangrijkste' Otte, T.G. & Neilson, K. (2012). *Railways and International Politics: Paths of Empire, 1848-1945*. Routledge.

221 'Tijdens een conferentie' Schivelbusch, W. (2014). *The Railway Journey: The Industrialization of Time and Space in the Nineteenth Century*. University of California Press.

221 'Tot 1910 verdriedubbelt' Ibid.

221 'En in 1896' Sherwood.

222 'Dit leidt ertoe' Torpey, J. (1998). Le contrôle des passeports et la liberté de circulation. Le cas de l'Allemagne au XIXe siècle. *Genèses*, 1: 53-76.

222 'Vrijwel alle steden' Howse, D. (1980). *Greenwich Time and the Discovery of the Longitude*. Oxford University Press.

222 'Op de stations' Harrington, R. 2003). *Trains, Technology and Time-Travellers: How the Victorians Re-Invented Time*. University of York.

222 'In Groot-Brittannië' Bartky, I.R. (2007). *One Time Fits All: The Campaigns for Global Uniformity*. Stanford University Press.

222 'De betreffende Franse' Ribeill, G. (2021). *Les trains de nuit*. La Vie du Rail.

223 'En hoewel de' Burpee, L.J. (1915). *Sandford Fleming, Empire Builder*. Oxford University Press.

223 'Flemings nieuwe thuisland' Prerau, D. (2005). *Seize the Daylight: The Curious and Contentious Story of Daylight Saving Time*. Thunder's Mouth Press.

223 'Vijf jaar na' Kroeger, B. (1994). *Nellie Bly: Daredevil, Reporter, Feminist*. Three Rivers Press.

223 'Maar omdat Pulitzer' Marks, J. (1993). *Around the World in 72 Days: The Race between Pulitzer's Nellie Bly and Cosmopolitan's Elizabeth Bisland*. Gemittarius Press.

224 'En dit is' Cowles (1956).
224 'Pas na veel' Jordan, J. (2021). *Warship 2021*. Osprey Publishing.
224 'Net als bij' Gittelman, S.H. (2012). *J.P. Morgan and the Transportation Kings: The Titanic and Other Disasters*. University Press of America.
224 'Berties vijfdeksjacht meet' Jordan.
224 'Daarnaast beschikt hij' Cowles (1956).
224 'Ondanks dit alles' Marder, A. (1956). *Fear God and Dread Nought. Volume* II. Jonathan Cape.
225 'Zelfs het gezelschap' Jullian, P. (1963). *Edward and the Edwardians*. Sidgwick & Jackson.
225 'Onder "groot vlagvertoon' Guy, S. (2021). *Reviewing the Fleet*. National Museums Liverpool.
225 'De eigenaar stelt' Appleyard, R. (1933). *Charles Parsons: His Life and Work*. Constable & Co.
226 'Het blijkt een' Scaife, W.G.S (1999). *From Galaxies to Turbines: Science, Technology and the Parsons Family*. CRC Press.
226 'Omdat de admiraliteit' Hough, R. (1992). *Edward and Alexandra: Their Private and Public Lives*. Hodder & Stoddart.
226 'In 1906 wordt' Howarth, David (1980). *The Dreadnoughts*. Time Life.
226 'Niet alleen marineschepen' Scaife.
226 'Het maakt dat' Kludas, A. (2000). *Record Breakers of the North Atlantic, Blue Riband Liners 1838-1952*. Chatham.
226 'Ook vormt Parsons"' Klein.
226 'Daarnaast levert zijn' Hamer, M. (1980). *Famous Names in Invention*. Wayland.
227 'Hierdoor kan hij' Grosser, M. (1978). *Diesel: The Man and the Engine*. Atheneum.
227 'En in de' Lambert, N.A. (1999). *Sir John Fisher's Naval Revolution*. University of South Carolina Press.
227 'Tien dagen later' Nitske, W.R. & Wilson, C.M. (1965). *Rudolf Diesel: Pioneer of the Age of Power*. University of Oklahoma Press.
227 'Na een vriendelijk' Clayton, A. (1994). *Martin Leake: Double* VC. Pen & Sword.
227 'Als enkele dagen' Ibid.
228 'Dat blijkt echter' Hallion, R.P. (2003). *Taking Flight*. Oxford University Press.
228 'Bovendien werken hieraan' Isaacson (2014).

228 'De Franse makers' Simmona, G.M. (2019). *Early French Aviation*. Air World.

229 'Daarbinnen bevinden zich' Robinson, D.H. (1973). *Giants in the Sky*. Foulis.

229 'Mede doordat Zeppelin' Eckener, H. (1938). *Count Zeppelin: The Man and his Work*. Massie Publishing.

230 'Spontaan start het' Robinson (1973).

230 'Niettemin groeit "le' Hoffman, P. (2003). *Wings of Madness: Alberto Santos Dumont and the Invention of Flight*. Hyperion Press.

230 'En als Santos' Cartier Brickell, F. (2019). *The Cartiers: The Untold Story of the Family Behind the Jewelry Empire*. Ballantine Books.

230 'Dit naar Santos' Nadelhoffer, H. (2007). *Cartier*. Chronicle Books.

230 'Het wordt direct' Thompson, D. (2008). *The History of Watches*. Abbeville Press.

231 'Zo besluit in' Anderson, J.D. (2001). *A History of Aerodynamics and Its Impact on Flying Machines*. Cambridge University Press.

231 'Met zijn Derwitzer' Reid (2015).

231 'In 1893 vestigt' Blisse, M. (1990). *Otto und Gustav Lilienthal: ihr Leben in Bildern*. FAB Verlag.

231 'Op 9 augustus' Lillienthal Museum: www.lilienthal-museum.de.

232 'Op basis hiervan' Crouch, T.D. (1989). *The Bishop's Boys: A Life of Wilbur and Orville Wright*. W.W. Norton.

232 'En naar hun' Crouch, T.D. (1981). *A Dream of Wings: Americans and the Airplane, 1875-1905*. W.W. Norton.

232 'In oktober 1900' Howard, F. (1998). *Wilbur and Orville: A Biography of the Wright Brothers*. Dover Publications.

232 'Ze vragen hun' McCullough, D. (2016). *The Wright Brothers*. Simon & Schuster.

233 'Om 10.35 uur' Tobin, J. (2003). *To Conquer the Air: The Wright Brothers and the Great Race for Flight*. Free Press.

233 'Gedurende de twee' McCullough.

233 'En om dit' Smithsonian National Air and Space Museum: The Wright Brothers: The Invention of the Aerial Age; AFI Catalog of Feature Films (aficatalog.afi.com): Wilbur Wright and His Majesty King Edward VII (1909).

234 'Het vliegtuig is' Wykeham, P. (1963). *Santos-Dumont: A Study in Obsession*. Harcourt, Brace & World.

234 'En twee jaar' Van Hare, T. (2012). *Thérèse Peltier: The First Woman Pilot.* Historic Wings.

234 'Blériot is de' Elliot, B.A. (2000). *Blériot: Herald of an Age.* NPI Media Group.

234 'Maar ondanks het' Hales-Dutton, B. (2020). *Cross-Channel Aviation Pioneers.* Pen & Sword.

234 'Net als het' Mak, G. (2008). *In Europe: Travels Through the Twentieth Century.* Random House.

234 'Maar Blériot blijkt' Elliot.

235 'En gezien Berties' Vivier, B. (2005). *Histoire de l'aviation au Pays Basque.* Atlantica.

235 'En als de' Jarrett, P. (2009). Flight 100: History 1909-1918. *Flight International,* 2 januari.

235 'Een halfjaar later' Arnold-Baker, C. (1996). *The Companion to British History.* Routledge.

235 'Omdat Bertie op' Bramson, A.E. (1990). *Pure Luck: The Authorized Biography of Sir Thomas Sopwith, 1888-1989.* Patrick Stephens.

236 'Het vliegen gaat' Goddard, A. (2010). *Windsor: The Castle of Our Kings.* Nabu Press.

12 De eed van Hippocrates

238 'In de lommerrijke' Hough, R. (1999). *Sister Agnes: The History of King Edward VII's Hospital for Officers, 1899-1999.* John Murray.

238 'Met haar "albasten' Souhami, D. (1996). *Mrs Keppel and Her Daughter.* HarperCollins.

238 'Niet slechts haar' Carroll, L. (2008). *Royal Affairs: A Lusty Romp through the Extramarital Adventures That Rocked the British Monarchy.* NAL Trade.

238 'Dankzij de erfenis' Leslie (1973).

238 'Tijdens dat bezoek' Lamont-Brown, R. (2011). *Alice Keppel and Agnes Keyser: Edward VII's Last Loves.* The History Press.

238 'Alice zal verreweg' Aronson.

239 'Niettemin begint Bertie' Leslie (1973).

239 'Met haar moederlijke' Lamont-Brown.

239 'Het zal vervolgens' Hough (1999).

239 'Dat verpleegsters een' Fitzharris, L. (2017). *The Butchering Art: Joseph*

Lister's Quest to Transform the Grisly World of Victorian Medicine. Scientific American/Farrar, Straus and Giroux.

240 'In 1902 is' Worboys, M. (2013). Joseph Lister and the performance of antiseptic surgery. *Notes and Records of the Royal Society of London*, 67(3): 199-209.

240 'Omdat Bertie door' Hibbert (2007).

240 'Door de hieruit' Trombley, S. (1989). *Sir Frederick Treves: The Extra-Ordinary Edwardian*. Routledge.

240 'Tegen doktersadvies in' Ridley.

240 '"Sire, dan zult' Mirilas, P. & Skandalakis, J.E. (2003). Not Just an Appendix: Sir Frederick Treves. *Archives of Disease in Childhood*, 88(6): 549-552.

240 'En omdat het' Hibbert (2007).

241 'Ondertussen wordt het' Barr; Denby.

241 'Nadat hij een' Ridley.

241 'Als beloning wordt' Trombley.

241 'Dat Treves deze' Pitt, D. & Aubain, J.M. (2012). Joseph Lister: Father of Modern Surgery. *Canadian Journal of Surgery*, 55(5): 8-9.

241 'Lister verplicht zijn' Cartwright, F.F. (1963). *Joseph Lister: The Man Who Made Surgery Safe*. Hart-Davis.

241 'Ook vervangt hij' Bryson (2019).

241 'Pas als Lister' Fitzharris.

242 'Sommige patiënten moeten' Hochberg, M.S. (2007). The Doctor's White Coat: An Historical Perspective. AMA *Journal of Ethics*, 9(4): 310-314; Jones, V.A. (1999). The White Coat: Why not Follow Suit? JAMA, 281(5): 478.

242 'En die is' Riley, J.C. (2001). *Rising Life Expectancy: A Global History*. Cambridge University Press.

242 'Berties zesde en' Ridley.

242 'Twintig jaar later' Rose.

243 'Gedurende ruim vier' Knudsen, J.K. (2020). *Overraskende opdagelse: Coronavirus har tidligere lagt verden ned*. DR; Vijgen et al. (2006). Evolutionary History of the Closely Related Group 2 Coronaviruses: Porcine Hemagglutinating Encephalomyelitis Virus, Bovine Coronavirus, and Human Coronavirus OC43. *Journal of Virology*, 80(14): 7270-7274.

243 'De achtentwintigjarige troonopvolger' Rose.

243 'Overigens is over' Cook, A. (2006). *Prince Eddy: The King Britain Never Had*. Tempus Publishing.

243 'Per 100 000 inwoners' Bryson (2019).

243 'En in China' Porta, M. (2008). *Dictionary of Epidemiology*. Oxford University Press.

243 'Maar in het' Bynum, W. (2011). Medicine: Clinical Precision. *Nature*, 471: 446-447.

243 'Al in 1863' Lamont-Brown.

243 'En vier jaar' Lee (1925).

244 'Berties doel hiermee' Ridley.

244 'Bovendien organiseert hij' Davenport-Hines.

244 'Mede vanwege dit' Davenport, G., McDonald, I. & Moss-Gibbons, C. (2001). *The Royal College of Physicians and Its Collections: An Illustrated History*. James & James.

244 'In 1907 verleent' Hunting, P. (2002). *The History of the Royal Society of Medicine*. RSM Press.

244 'Dit alles past' Magnus.

244 'In Parijs krijgt' Lee (1925).

244 'Maar als oplossing' Reynolds, M.D. (1994). *How Pasteur Changed History: The Story of Louis Pasteur and the Pasteur Institute*. McGuinn & McGuire.

245 'Zijn Institut Pasteur' Debré, P. (1998). *Louis Pasteur*. Johns Hopkins University Press.

245 'Tegelijk met Pasteur' Tanner, A. & Hawkins, S. (2001). *The Ward Names at Great Ormond Street Hospital, 1852-1914*. The Historic Hospital Admission Registers Project.

245 'Omdat zijn kweken' Brock, T.D. (1999). *Robert Koch: A Life in Medicine and Bacteriology*. ASM Press.

245 'Twee jaar later' Knight, D.C. (2019). *Robert Koch: Father of Bacteriology*. Muriwai Books.

246 'Met hun methodische' Bryson (2019).

246 'Het feit dat' Evlanoff, M. & Fluor, M. (1969). *Alfred Nobel: The Loneliest Millionaire*. Ward Ritchie Press.

247 'Maar kennelijk jaagt' Haase, A., Landwehr, G. & Umbach E. (1997). *Röntgen Centennial: X-rays in Natural and Life Sciences*. World Scientific Publishing.

247 'De Schotse ingenieur' Campbell-Swinton, A.A. (1930). *Autobiographical and Other Writings*. Longmans, Green and Co.

247 'Robert Koch, die' Cook, G.C. (2007). *Tropical Medicine: An Illustrated History of The Pioneers*. Academic Press.

247 'Zo beleeft Albert' Isaacson, W. (2007). *Einstein: His Life and Universe.* Simon & Schuster.

247 'En dat lijkt' Roazen, P. (1975). *Freud and His Followers.* Random House.

247 'En in 1901' Bryson (2019).

248 'Zoals altijd staat' Ridley.

248 'Bertie heeft Finsen' Forestier, A. (1901). *The King and Queen's Kindly Interest in the Suffering.* Look and Learn; Science Museum Group (collection.sciencemuseumgroup.org.uk): Finsen Lamp Presented by Queen Alexandra.

248 'Als dit wel' Lee (1925).

248 'In 1894 studeert' Santos, L.J. (2021). *Half Lives: The Unlikely History of Radium.* Pegasus Books.

249 'In 1895 trouwt' Redniss, L. (2010). *Radioactive: Marie & Pierre Curie: A Tale of Love and Fallout.* It Books.

249 'Nog datzelfde jaar' Santos.

249 'Het echtpaar publiceert' L'Annunziata, M.F. (2007). *Radioactivity: Introduction and History.* Elsevier Science.

250 'Deze verzorgingsproducten worden' Santos.

250 'Ook haar dochter' Curie, E. (2001). *Madame Curie: A Biography.* Da Capo Press.

250 'Het resulteert onder' Magnus.

251 'In zijn streven' Arnoldson, K.P. (1908). *Lecture: World Referendum.* The Nobel Peace Prize; Evans, H. (1909). *Sir Randal Cremer: His Life and Work.* T. Fisher Unwin.

251 'De eerste die' Moorehead, C. (1999). *Dunant's Dream: War, Switzerland and the History of the Red Cross.* HarperCollins.

251 'Geïnspireerd door Dunant' Wood, E. (1995). *The Red Cross Story.* Dorling Kindersley.

251 'Als lid voor' Gill, G. (2005). *Nightingales: The Extraordinary Upbringing and Curious Life of Miss Florence Nightingale.* Random House.

251 'Het eerste wat' Wood.

251 'In diezelfde oorlog' Pearn, J. (1994). The Earliest Days of First Aid. *The British Medical Journal*, 309(6970): 1718-1720.

252 'In het eerste' Cole-Mackintosh, R. (1986). *A Century of Service to Mankind: A History of the St John Ambulance Brigade.* Century Benham.

252 'Het draagt er' Corbett Bell, R. (2012). *The Ambulance: A History.* McFarland & Company; Job, R. (2019). *The Philanderer Philanthropist: Edward*

VII's Charitable Contributions to Health and Medicine. Museum of the Order of St John.

253 'Daarna probeert men' Hibbert (2007); Sneader, W. (2005). *Drug Discovery: A History*. John Wiley and Sons.

253 'Om hem af' Bryson (2019).

253 'Dit is vijftien' Sneader.

253 'Gelukkig is recent' Kamp, M. (2017). *Bernhard Dräger: Erfinder, Unternehmer, Bürger – 1870 bis 1928*. Wachholtz Verlag.

253 'Als liefhebberij bouwt' Bryson (2019).

254 'En in 1903' Snellen, H.A. (1995). *Willem Einthoven (1860-1927): Father of Electrocardiography. Life and Work, Ancestors and Contemporaries*. Kluwer Academic Publishers.

254 'Tegelijkertijd worden talrijke' Bryson (2019).

254 'Al deze vooruitgang' Riley (2001).

254 'Hij vertrekt opnieuw' Ridley.

254 'Het jaar daarop' McLean, R.R. (2007). *Royalty and Diplomacy in Europe, 1890-1914*. Cambridge University Press.

255 'Tegen een maîtresse' Leslie, A. (1972). *Edwardians in Love*. Hutchinson.

255 'Uit imago-overwegingen' Reid, M. (1996). *Ask Sir James*. Eland Publishing.

255 'Maar een kleinkind' Hibbert (2007).

255 'En dat herhaalt' Stamper.

255 'Hij besluit alles' Reid (1996).

255 'Alexandra wordt met' Ridley.

256 'Terwijl Reid daarna' Brown, R (2010). *Royal Poxes & Potions: Royal Doctors and Their Secrets*. The History Press.

256 'Velen zullen later' Priestley, J.B. (1970). *The Edwardians*. Heinemann.

256 'Kort daarvoor heeft' Lee (1925).

Illustratieverantwoording

KATERN 1

p.1 boven: Smithsonian Libraries, foto Philip Henry Delamotte.
p.1 onder, p.3 onder, p. 24 onder, p. 31 boven: Royal Collection Trust / © Her Majesty Queen Elizabeth II 2022.
p.2: W. & D. Downey via Wikimedia Commons.
p.3 boven: *The Illustrated London News.*
p. 5 onder: Library of Congress, Prints & Photographs Division, LC-USZ62-132411.
p. 6 boven: Library of Congress, Prints & Photographs Division, LC-USZ62-24612.
p. 6 onder: Metropolitan Museum of Art, Harris Brisbane Dick Fund.
p. 7 boven: Library of Congress, Prints & Photographs Division, LC-USZ62-18086.
p. 8 boven, p. 13 onder: Brown University Library via Wikimedia Commons.
p. 8 onder: Henry Clay Cochrane Collection (COLL/1) at the Marine Corps Archives and Special Collections, via Wikimedia Commons.
p. 9 boven: Library of Congress, Prints & Photographs Division, LC-USZ62-18086.
p. 9 onder: Georges Garen via Wikimedia Commons.
p. 12 boven: British Library.
p. 12 onder: Alf van Beem via Wikimedia Commons.
p. 13 boven: Rijksmuseum, Amsterdam.
p. 14 boven: Library of Congress, Prints & Photographs Division, George Grantham Bain Collection, LC-USZ62-30118.
p. 14 onder: Thomas Nast via Wikimedia Commons.
p. 15 boven: Messrs. Valentine & Sons, Ltd via Wikimedia Commons.
p. 15 onder: Mercedes-Benz Classic Archive.
p. 16 boven: Automuseum Dr. Carl Benz.
p. 16 onder: Library of Congress, Prints and Photograph Division, LC-USZ62-59503.
p. 18 onder: Royal Automobile Club.
p. 19 boven: Sir John Lavery via Wikimedia Commons.

p. 19 onder: Carlton Reid.
p. 23 onder: Library of Congress, Prints & Photographs Division, LC-DIG-ppms-ca-55331.
p. 24 boven: National Museums Scotland.
p. 25 boven: British Motor Museum.
p. 28 boven: Library of Congress, Prints & Photographs Division, LC-USZC2-134.
p. 29 boven: Library of Congress, Prints & Photographs Division, LC-USZ62-78118.
p. 29 onder: Library of Congress, Prints & Photographs Division, George Grantham Bain Collection, LC-DIG-ggbain-39190.
p. 32 boven: Library of Congress, Prints & Photographs Division, LC-USZ6-2070.

KATERN 2

p. 1 boven: Abel Faivre via Wikimedia Commons.
p. 2: Library of Congress, Prints & Photographs Division, LC-DIG-pga-03063.
p. 3 boven: Brown University Library via Wikimedia Commons.
p. 3 onder: Library of Congress, Prints & Photographs Division, LC-USZ62-11081.
p. 4 onder: Library of Congress, Prints & Photographs Division, LC-DIG-ds-10771.
p. 5 boven: Library of Congress, Prints & Photographs Division, George Grantham Bain Collection, LC-DIG-ggbain-04851.
p. 5 onder: The Illustrated London News.
p. 6: Dickenson V. Alley.
p. 7 onder: Library of Congress, Prints & Photographs Division, LC-DIG-ppms-ca-15645.
p. 8 boven: Library of Congress, Prints & Photographs Division, LC-USZC4-435.
p. 8 onder: Library of Congress, Prints & Photographs Division, LC-DIG-ppms-ca-25637.
p. 9 boven: Louis Poyet.
p. 9 onder: Library of Congress, Prints & Photographs Division, Gilbert H. Grosvenor Collection.
p. 10 boven: Library of Congress, Prints & Photographs Division, National Photo Company Collection.
p. 10 onder, p. 11 onder: Royal Collection Trust / © Her Majesty Queen Elizabeth II 2022.
p. 11 boven: Acroterion via Wikimedia Commons.
p. 12 boven: Library of Congress, Manuscript Division.

p. 12 onder: Library of Congress, Prints & Photographs Division, George Grantham Bain Collection, LC-DIG-ggbain-11212.
p. 13 boven: Titanic's Marconi Room via Wikimedia Commons.
p. 14 boven: Marcellin Auzolle via Wikimedia Commons.
p. 14 onder: Library of Congress, Prints & Photographs Division, LC-DIG-ppmsc-03761.
p. 15: John Hassall, Australasian Photographic Review, 23 januari 1911. A 770.5 AU7P v. 18, via Wikimedia Commons.
p. 16 onder: The New York Public Library.
p. 17 boven: Library of Congress, Prints & Photographs Division, LC-DIG-det-4a21012.
p. 17 onder: Library of Congress, Prints & Photographs Division, LC-DIG-nclc-03865.
p. 18: U.S. National Archives and Records Administration.
p. 19 onder: Boston Public Library.
p. 20: Lewis Carroll & Charles Robinson Charles, *Alice's Adventures in Wonderland*, Cassell & Company, Londen.
p. 21: L. Frank Baum & W.W. Denslow, *The Wonderful Wizard of Oz*, George M. Hill, Chicago.
p. 23 boven: Flominator via Wikimedia Commons.
p. 23 onder: Library of Congress, Prints & Photographs Division, LC-USZ62-100556.
p. 25 boven: Library of Congress, Prints & Photographs Division, LC-DIG-ppmsca-02546.
p. 25 onder: Library of Congress, Prints & Photographs Division, LC-DIG-pp-prs-00626.
p. 28 boven: Daily Mirror via Wikimedia Commons.
p. 28 onder: Maude Coleridge in The Tatler, via Wikimedia Commons.
p. 29 boven: Philadelphia Museum of Art.
p. 30 boven: The Trustees of the British Museum.
p. 30 onder: Lucien Chavan / ETH Zürich via Wikimedia Commons.
p. 31 boven: Naar een tekening van A. Forestier, Wellcome Collection.

Register

Abdul, Karim 58, 159
absint 47, 158
Academy of Music 28, 42, 164
achtbaan 41-42
achterwielaandrijving 86
Adventures of Tom Sawyer, The 214
Aesopus 109
Agnelli, Giovanni 87
Agnew, Mary Alma Victoria 115
agrarische revolutie 59
Albert I van België 19
Albert Medal 10, 13, 164, 180, 244, 248
Albert van Saksen 38
Albert van Saksen-Coburg en Gotha 7-8, 21-27, 29, 50, 58, 103, 144, 159, 242
Albert Victor van Clarence (Eddy) 8, 11, 243
Aldini, Giovanni 162
Alençon, Émilienne d' 49
Alexander III van Rusland 40
Alexander John van Saksen-Coburg en Gotha 9, 242
Alexandra van Denemarken 8-10, 20, 29, 32, 39, 43, 54, 58, 72, 80, 87, 103, 107, 111, 148, 159, 164, 178, 185, 197, 218, 224, 241, 243, 248, 256
Alfa Romeo 87
Alfred (Affie) van Saksen-Coburg en Gotha 7, 23-24
Alice van Saksen-Coburg en Gotha 7, 23, 30, 242
Alice's Adventures in Wonderland 213
All England Lawn Tennis and Croquet Club, The 104
Allgemeiner Deutscher Automobil-Club (ADAC) 97
Almanach de Gotha 29
Alphand, Adolphe 64
Alzheimer, Alois 247-248
Amateur Athletic Club 99
ambulance 253, 258
America's Cup 103
American Automobile Association (AAA) 97
American Express 147
American football 115
ampère 164
amplitudemodulatie (AM) 194
Amundsen, Roald 139, 157
amusementspark 41
Ancaster, Lord 100
Anchesenamon 168
Anderson, Mary 97
anesthesie 253

Anne of Green Gables 217
Anne van Groot-Brittannië 24
ansichtkaart 149, 166, 208
Anthony, Susan B. 128
Argosy 217
Arnold, Walter 93
Arsène Lupin 212
Arthur van Connaught en Strathearn 7
art nouveau 52, 69-70
aspirine 161, 253
Asquith, Herbert Henry 254-255
assemblagelijn 88
Astor, John Jacob (IV) 156, 196, 199
Astor, William Waldorf (Willy) 34, 155-156, 176
Athene 8, 11, 107, 109, 144, 146
attractiepark 42
Au bonheur des dames 71
Austin, Herbert 87-88
Austin Motor Company 88, 97
Auto, L' 133-136
Automobile Association (AA) 95, 97
autoshow 11, 92
Averoff, Georgios 107
Avril, Édouard-Henri 149
Avril, Jane 51

Babbage, Charles 31, 157
baccarat 11, 45
Baden-Powell, Robert 13, 140
baksteen 65
Baletti, Louis 206
Balmoral 23-24, 58, 112, 140, 222
barometer 25
Barras, Charles M. 42
Barrie, James Matthew 215
Bartholdi, Frédéric Auguste 62
Barucci, La, *zie* Giulia Beneni
basketbal 102
batterij 161, 175
Baum, L. Frank 215
Bayer, Karl 132
Bazar de la Charité 179
Beatrice van Saksen-Coburg en Gotha 7
Becquerel, Henri 249-250
Bedford, Francis 146
Bell, Alexander Graham 13, 34, 180-182, 195
Bell, Daisy, *zie* Daisy Greville
Bell, Gertrude 55
belle époque 32
Beneni, Giulia 33, 77, 79
Beneni, Piro 32-33, 77
Ben-Hur 212
Bennett Jr., James Gordon 203-204, 216
Bensley, Harry 166-167
Benz, Bertha 81-82
Benz, Eugen 81
Benz, Karl 10, 34, 82-84, 97
Benz, Richard 81
Benz Patent Motorwagen 83
Beresford, Charles 44, 121
Berlier, Jean-Baptiste 68
Berlin, Irving 111
Berliner, Emile 182, 195
Bernard, Émile 50
Bernhardt, Sarah 10, 42-43, 63, 153, 170, 178
Berry, Marcellus 147
Bessemer, Henry 236
bessemerprocedé 31

Biarritz 221, 224, 233, 235, 254-255
bicycle 120, 122, 125
Bierce, Ambrose 212
Bigne, Valtesse de la 211
bike craze 122
Bing, Siegfried 52
binnenband 127, 135
Bird, Ellen 74
Bismarck, Otto von 34, 143
Bissell, George 165
Black Beauty 214
Black Maria 186
Blake, Arthur 109
Blanc, broers (François en Louis) 45
Blériot, Louis 13, 73, 234-235
bloedgroep 254
Blondin, Charles 28
Bloomer, Amelia 129
Bloomingdale's 73
Bly, Nellie 223-224
Body Snatchers, The 258
Boerenoorlog 140, 160, 218, 237, 239
boiler 161, 175
Bojangles, *zie* Bill Robinson
boksen 99-101, 186
Boldt, George 156
Bon Marché, Le 70-71
Bonheur, Rosa 55
Booth, Hubert Cecil 177
Bosch, Robert 85
Boucicaut, Aristide 70-71
Bouly, Léon 187
Bowen, Andy 100
Boyton, Paul 41
Bradley, Milton 182
brassière 130
Bride, Harold 192-193
British Broadcasting Company (BBC) 118, 195
British Open 112
broodrooster 175
Brooke, Daisy, *zie* Daisy Greville
Brooke, Lord, *zie* Francis Greville
Brookes, William Penny 106
Brooklands 94
Brooklyn Bridge 69-70, 77
Brooks Brothers 177
Brown, Harold P. 173
Brown, John 58, 159
Browne, Thomas 176
Bruant, Aristide 51
Bruce, Robert 27-28, 145
bruidslijst 73
Brunel, Isambard Kingdom 189
Buchanan, James 29
Buckingham Palace 7, 11-13, 22, 24, 58, 77, 80, 85, 90, 101, 151, 159-160, 177-178, 181, 219, 240, 256
Buffalo Bill, *zie* William Frederick Cody
Buick 88
buiktyfus 8-9, 29, 33, 242, 244
buizenpost 68, 73
Burke, Jack 100
Burke, Thomas 108
burlesque 47
Byrd, Richard E. 176
Byron, Lord 145, 157

Cadillac 88
Caesar 18-20
Cambridge 8, 28-29, 114-115, 235
Cameron, Violet 100
Camp, Walter 115

Campbell-Swinton, Alan Archibald 247, 258
cancan 48
Cannes 8, 84, 148, 224
Cape to Cairo Railway 143
Capone, Al 76
captain of industry 177
Cardano, Girolamo 162
Carême, Marie-Antoine 154
Carlos I van Portugal 19
Carnegie, Andrew 156, 167, 176
Carrington, Charles 28
Carroll, Lewis 213
Carte, Richard D'Oyly 151-152, 154, 163
Cartier, Louis 12, 230
Caruso, Enrico 77
Cassel, Ernest 239, 248
Cave, Edward 217
Cecil, Edward 140
centrale verwarming 12, 152, 160
Cézanne, Paul 51
Chabanais, Le 46, 50
Chambers, John 99
Chambrier, James de 53
champagne 46, 49, 152
Champs de Mars 160-161
Champs-Élysées 12, 26, 61, 69, 84
Chanel, Coco 55, 155
Chanute, Octave 232
Chaplin, Charlie 47
Charcot, Jean-Martin 55-56
Charles I van Engeland 24
Charles II van Engeland 24
Charles, prins van Wales 35
Charlotte van Mecklenburg-Strelitz 58
Charvet, Joseph-Christophe 54
Chase, Malcolm 102
Chasseloup-Laubat, Gaston de 90-91
Chat Noir, Le 47, 64
Chéret, Jules 50-51
Chetwynd, George 100
Chevron 165
Chicago 32, 41, 65, 73, 75, 88, 92, 97, 172, 174, 177, 186, 220
Chocolat, *zie* Rafael Padilla
cholera 170, 221, 243, 245, 257
Christiaan IX van Denemarken 38
Christiaan van Sleeswijk-Holstein 252
Christie, Agatha 221
Christmas Lectures 170
Church of England 113
Churchill, Jennie 10, 80, 168, 178, 203
Churchill, Randolph 80
Churchill, Winston 34, 155, 212, 255
cinematograaf 179-180, 182, 187, 195
circus 8, 41, 94
Citizen Kane 205
Citroën, André 86
Claridge's 151, 154
Clark, James 23
Claude, Georges 176
Clifden, Nellie 8, 29
Coca-Cola 60
Cody, William Frederick 10, 37-38, 40-41, 63
Cole, Henry 25
Colette, Sidonie-Gabrielle 57
Collinson, John 57
Collodi, Carlo, *zie* Carlo Lorenzini

Compagnie Internationale des Wagons-Lits 220
computer 31
conditionering 247
Coney Island 42, 79
Conrad, Joseph 212
Constantijn I van Griekenland 107
contactlenzen 60
Cook, Thomas 150
Copernicus, Nicolaas 196
Corleone, Vito 76
Cormon, Fernand 50
Corre, Jean-Marie 131-132
cosmetica 50-51
Cosmopolitan 210
Costamagna, Emilio 136
Costello, Frank 76
Coubertin, Pierre de 104-107, 109-110, 115
coulomb 164
couturier 53, 75
cowboy 36-38, 40, 168
Cowes Week 138, 148, 190
Cravath, Paul Drennan 177
Cravathmodel 177
Cremer, Randal 251
crêpes suzette 153
cricket 104, 110, 113, 117, 191
Cros, Arthur du 122
Cros, Harvey du 122
Crosby, Caresse, *zie* Mary Phelps Jacob
crowdfunding 229
Crust, Harry 57
Crystal Palace 25, 35, 61, 117, 140, 160, 164
Cunard Line 192
Curie, Alfred 250
Curie, Irène 250
Curie, Marie 34, 248-250
Curie, Pierre 248-250

Daguerre, Louis 183
Daily Mail 191, 199, 234
Daily Mirror 200
Daily Telegraph, The 200
Daimler 11, 80, 84-86, 95, 130
Daimler, Gottlieb 10, 34, 84-85, 97, 229
Dalí, Salvador 57
dameszadel 129
Dante Alighieri 196
Darwin, Charles 27, 162
datumgrens 223
Davis, Alfred 231
Davis, Dwight 105
Davis Cup 105
De Dion-Bouton 11, 80
Debussy, Claude 157
Dedicoat, John Richard 127
Degas, Edgar 51
Deligiannis, Theodoros 107
Delmonico's 156, 171, 174
deltavlieger 231
derailleur 131, 135
Desgrange, Henri 131, 133-136
detonator 246
Diana, prinses van Wales 158
Dickens, Charles 59, 205, 230
Diesel, Rudolf 141, 227
Dion, Jules-Albert de 80, 92, 97, 133
Disraeli, Benjamin 158, 197
Dodge 88
doorlopend krediet 73

Downing, Jack 29
Doyle, Arthur Conan 211
draadloze telegrafie 192, 194
draaideur 66, 78
Dracula 212
Dräger, Bernhard 254
Drais, Karl von 124
Dreyfusaffaire 132
driewieler 43, 83, 123, 125
Driscoll, Bridget 97
Duckworth, Robinson 213
Dudley, Georgina, *zie* Georgina Ward
Duhamel, Henry 150
duikerspak 31
Du Pont, familie 167
Dunant, Henri 251, 258
Dunlop, John Boyd 34, 122-124, 126-127, 137
Duryea, Charles 88
Duryea, J. Frank 88, 92
dynamiet 139, 246
dynamo 170

Earl's Court 37
Eastman, George 34, 184-185, 195
Eco, Umberto 196
Edison, Thomas 34, 63, 161-164, 166, 168-174, 177, 181-188, 193-196
Edisonia Hall 188
EdiSwan 164
Edward VII van het Verenigd Koninkrijk (Bertie) *passim*
Edward VIII van het Verenigd Koninkrijk 158, 215, 222, 230
Edwardes, George 42
eerste hulp 251
eggs Benedict 156
Ehrlich, Paul 258
Eiffel, Gustave 34, 60-65, 70-71, 141, 194
Eiffeltoren 10, 32, 63-64, 67, 149, 160-161, 194, 230
Einstein, Albert 141, 247
Einthoven, Willem 254
elektriciteit 12, 68, 151, 160-162, 169-170, 172, 175-176, 224, 226
elektriciteitsdraad 169
elektrische stoel 173
elektrocardiogram 254
elektrocutie 173, 213
elektrolyse 170
elektromagnetische inductie 170
elektromotor 161, 228
elektroshock 11, 162
Elephant Man, The, *zie* Joseph Merrick
Elizabeth II van het Verenigd Koninkrijk 35
Ellis, William Webb 106
endoscopie 253
English Football League (EFL) 117
Enlan, Jack 213
Erasmus, Desiderius 196
Escoffier, Auguste 10-11, 34, 152-155, 158
Esmarch, Friedrich von 251-252
Esperanto 10, 140-141, 187, 198
etalage 74-75
Eton 113, 115, 235
Eugénie de Montijo 7, 25, 43, 53, 141, 151, 254
Everest, George 139
explicateur 188

Exposition Universelle 26
Exxon 165

FA Cup 115-117
Fabergé, Peter Carl 18
Fagan, John 122-123
fair play 101, 114
FAO Schwarz 74, 79
farad 164
Faraday, Michael 170
Fargo, James 147-148
Farrar, Eugenia 194
Fayed, Dodi 158
Fédération Aéronautique Internationale 237
Fédération Internationale de Football Association (FIFA) 118
Fédération Internationale de l'Automobile (FIA) 97
Feeks, John 172
Ferdinand I van Bulgarije 19
Ferrari, Enzo 196
Ferris Wheel 41
Ferry, Jules 201
Fessenden, Reginald 177, 194
FIAT 87
fiets 11, 83, 87, 95, 120-132, 134-137, 231-232, 249
fietsbel 120, 127
Fifth Avenue 73, 75, 150, 155, 168, 174
Figaro, Le 149
film 13, 79, 161, 179-180, 183, 185-188, 193, 195-196, 205, 217, 234
filmstudio 186
Finn, Huckleberry 174, 214
Finney, Jack 258
Finsen, Niels Ryberg 12, 248
Firestone, Harvey Samuel 127
Fisher, John 12, 226-227
Flack, Teddy 109
Fleet Street 200
Fleming, Alexander 257
Fleming, John Ambrose 191, 194
Fleming, Sandford 9, 222-223
Fogolin, Claudio 87
folioscoop 195
fonograaf 181-182, 194
Football Association (FA) 11, 114
Foottit, George 49
Ford, Henry 34, 88, 177
Forest, Lee de 194
Forge, Abiel La 74
Forster, William Edward 201
fossiele brandstof 175
fotorol 184-186
France, La 10, 228, 230, 237
Frankenstein 176
Frederik VIII van Denemarken 18
frenologie 22-23, 34
Freud, Sigmund 247
Frick, Henry Clay 196
frisdrankmachine 31
Furley, John 252
Fushimi, Sadanaru 227

Galvani, Luigi 162, 196
galvanisme 176
Gandhi, Mahatma 141
Garibaldi, Giuseppe 76
Garnier, Charles 64
Garros, Roland 105
Gassner, Carl 175
Gaumont, Léon 188
Gazzetta dello Sport, La 136

gelijkstroom 171, 177
Gem, Harry 104
General Electric 174
generator 151-152, 161, 165, 169, 173
George I van Griekenland 19, 38, 63, 107
George I van Groot-Brittannië 24
George II van Groot-Brittannië 24
George III van het Verenigd Koninkrijk 23, 24, 58
George IV van het Verenigd Koninkrijk 24, 35
George V van het Verenigd Koninkrijk (Georgie) 9, 11, 19, 101, 122, 146, 191, 215, 236-237, 242-243, 256
gevulkaniseerd rubber 25, 123
gewapend beton 31, 61, 65, 176
gietijzer 35, 46, 60-61, 65, 69, 71, 125, 216
Giffard, Pierre 91, 132-134
Gilded Age 32, 167
Gillette, King Camp 153
Giro d'Italia 136
Gladstone, William Ewart 33, 40-41, 198
gloeilamp 151, 161, 163-164, 168, 170, 188, 249
Godet, Victor 134
Godfather, The 76
Gogh, Vincent van 47, 50, 52
golf 10, 73, 104, 110, 112-113
Goodwood 100, 103
Goodyear, Charles 123, 127
gordijngevel 62
Gordon-Cumming, William 45
Goulue, La, *zie* Louise Weber
grammofoon 182, 195
Gramont, Antoine Alfred Agénor de 79
Grand Marnier 153-154
Grand Palais 160
grand tour 8, 144-146, 148
Granville, Joseph Mortimer 56
grasmaaier 26
Grassi, Giovanni Battista 247
Gravesend 36-37
Gray, Elisha 195
Great Exhibition, The 25
Green, William 128
Greenwich Mean Time 223
Gregorius XVI, paus 146
Greville, Daisy 10, 44, 120-122, 170, 198
Greville, Francis 120-121
Grimaldi, Charles 45
Guérin, Robert 117-118
Guggenheim, Benjamin 196
Guide Culinaire, Le 154
Guide Michelin 96
Guilbert, Yvette 51
Guimard, Hector 69
Guinness, Edward 248
Guy-Blaché, Alice 188

Haakon VII van Noorwegen 18
Hall, Charles 132
Halsted, William Stewart 253
Hamel, Gustav 235
Händel, Georg Friedrich 194
Harcourt, Mary 44
Hardinge, Charles 208
Hardy, Oliver 47
Hardy, Thomas 212

Harland & Wolff 192
Harmsworth, Alfred 199-200, 202, 205, 234
Harper's Bazaar, 210
Harper's Weekly 74, 151
Harrod, Charles Henry 34, 72
Harrods 71-72, 158
Harvard 102, 205
Hatchards 211
Haussmann, Georges-Eugène 34, 46, 63, 78
haute cuisine 154
Haynes, John 111
Hearst, William Randolph 34, 167, 204-208
Heidi 214
Helena van Saksen-Coburg en Gotha 7, 252
Hendrik IV van Engeland 197
Hendrik V van Engeland 197
heroïne 253
Héroult, Paul 132
Hershey, Milton S. 196
Hertz, Heinrich 174, 190
Hickok, James 38
Hippocrates 55
Hirsch, Maurice de 239
HMY Victoria and Albert 12, 224-225
Hoare, Mary Jane 116
hockey 104, 112-113
hofleverancier 53, 72, 85, 121, 126, 157, 230
Hofmann, Friedrich 65
Holmes, H.H. 75
Holmes, Sherlock 211, 217
Home Insurance Building 65
Home trainer 125
honkbal 102
hoogwieler 125
Horatius 98
hormonen 254
hotel 41, 75, 96, 151-152, 154-158, 164, 202, 220
Hôtel de Ville 68-69
Houdini, Harry 47
House of Commons 60
House of Lords 60
Houston, David 184
Humber 11, 121
Humber, Thomas 126
Hume, Willie 126
Hyde Park 17, 20, 25, 71, 103, 238,
hysterie 55-56

ijshockey 11, 101-102
immunologie 245
industriële revolutie 31, 55, 59, 200
Institut Pasteur 244-245, 257
International Football Association Board (IFAB) 117
International Olympic Committee (IOC) 106
Internationale Meridiaanconferentie 222
internet 212
Isabella II van Spanje 63
Ismay, J. Bruce 192
Ivy League 102

J'accuse 133
Jack the Ripper 76, 243
Jackson, Chevalier 253
Jacob, Mary Phelps 130

Jamais Contente, La 91, 96
James I van Engeland 24
James II van Engeland 24
James, Henry 212
japon 53
japonisme 51-53
Jarrett, Henry Clay 42
Jeantaud 90-91
Jeffery, Thomas B. 127
Jellinek, Elvin Morton 97
Jellinek, Emil 85
Jellinek, Mercédès 85
Jenatzy, Camille 90-91
Jenner, Edward 257
Jenney, William Le Baron 65
Jerome, Jennie, *zie* Jennie Churchill
Jobs, Steve 196
Johnson, Edward Hibberd 164
Johnstone, Frederick 28
Joliot, Frédéric 250
Jung, Carl Gustav 247
Jungle Book, The 214

Kannel, Theophilus Van 66, 78
kauwgom 60
Keaton, Buster 47
Kemmler, William 173-174
kentekenplaten 89, 93
Keppel, Alice 12, 178, 254, 256
Keppel, George 238
Keppel, Sonia 238
kerst 25, 72-75, 147, 164, 194, 230, 238
Keyser, Agnes 12, 238-239, 242, 256
kinetoscope 183, 185-187, 195
King Edward VII Land 138, 176
King Edward VII's Hospital 12, 239
King Solomon's Mines 217
King's Fund 243
Kinnaird, Arthur 115-118
kiosk 69, 205, 216
Kipling, Rudyard 214
Kirchner, Albert 188
Kissam, Maria Louisa 156
Koch, Robert 245-247, 257
Kodak 10, 184-185, 195
koelkast 175-176, 224, 229
koffiezetapparaat 26
koppeling 82, 86
kraag 54, 130
krantenjongen 206
Krebs, Arthur Constantin 228
Kuifje 17
kwikpomp 163

lachgas 253
Ladies' Mile 73
Lamb, Charles 211
Lancia, Vincenzo 87
Langtry, Lillie 9, 100, 203
Lanvin, Jeanne 55
Latham, Hubert 234
Laurel, Stan 47
Lavigne, Alexis 75
Lawrence, Thomas Edward 55
Laws of the Game 114, 116, 118
Lawson, Harry 126
leerplicht 201
Lefèvre, Géo 132-135
Lemaître, Albert 92
Leopold II van België 38
Leopold van Albany 7, 120-121, 242
Lermusiaux, Albin 109
Lesseps, Charles de 142
Lesseps, Ferdinand de 9, 141-142

Levassor, Émile 80-81, 86, 92
Lewis, Rosa 44
lift 31, 65-67, 151
Lilienthal, Otto 231-232, 237
Lincoln, Abraham 29
Linde, Carl 229
linotype 202
Lipton, Thomas 103, 239
Lister, Joseph 239-242, 244
listeriabacterie 239
Listerine 60, 239
Little Lord Fauntleroy 217
Little Women 217
Livingstone, David 143, 204
Llewelyn Davies, familie 215
Locke King, Hugh 94
Lohner-Porsche Mixte 91
Lombroso, Cesare 35
Londonderry, Annie 129
Lonsdale, graaf van, *zie* Hugh Cecil Lowther
Lorenzini, Carlo 214
Lost World, The 217
Loubet, Émile 133
Louis, Spyridon 109
Louise van Saksen-Coburg en Gotha (dochter van Bertie) 9
Louise van Saksen-Coburg en Gotha (zus van Bertie) 7
Louvois, markies de, *zie* François-Michel le Tellier
Lovelace, Ada 31, 157
Lowell, Percival 139
Lowther, Hugh Cecil 34, 94-95, 100-103, 117, 166
Loyd-Lindsay, Robert 251
luchtpost 235
luchtschip 10, 228-230, 237
Ludwig, Anna Bertha 11, 247
Lumière, Auguste 34, 188
Lumière, Louis 34, 141, 188

Mace, Jem 100
Macy, Rowland Hussey 34, 74
Macy's 73-74
maffia 76-79
magazine 92, 209-210, 217, 235, 259
Magnan, Valentin 47
magnate 177, 205
Mall, The 20, 58
Manet, Édouard 51
Mann, Horace 201
mannequin 75
mano nera 77
Manuel II van Portugal 19
marathon 13, 109, 111
Marconi, Guglielmo 12-13, 34, 190-194
marconist 192-194
Margaretha (Margaret) van Connaught 18
Marinoni, Hippolyte Auguste 202
Marlborough House 8, 58, 152, 159, 209, 211, 238
Marnier-Lapostolle, Louis-Alexandre 154
Marshall Field 73
Marx Brothers, The 47
Mary II van Engeland 24
Mary van Teck 11, 243
Mata Hari 55
Maud van Wales 9
Maupassant, Guy de 64, 68, 212
Maxim's 49

May, Caroline 203-204
Maybach 97
Maybach, Wilhelm 10, 34, 84-85
Meister, Joseph 245, 257
Melba, Nellie 153
melbatoast 153
Méliès, Georges 13, 179
Mendelejev, Dmitri 249
Mercedes 85-86, 90, 95
Mercedes-Benz 97, 158
Mérode, Cléo de 49
Merrick, Joseph 257
Merriwell, Frank 214
Métro 69
metronoom 26
Metropolitan Museum 77
Metropolitan Opera 164
Meucci, Antonio 195
Mewès, Charles 155
Meyan, Paul 86
Meyer, Eugène 124
Meyer, Hans 139
Michaël Aleksandrovitsj van Rusland 40
Michaux, Pierre 124
Michelin 96, 98, 126-127
Michelin, André 34, 96, 127
Michelin, Édouard 34, 96, 126-127, 133
Midway Plaisance 41
miljonair 167, 206
Missell, David 175
mixer 175
Mobil 165
Model T 88
modeshow 75
mogul 177
Monet, Claude 51, 153
Monier, Joseph 61
Montagu of Beaulieu, Edward 94
Monte Carlo 10, 45, 152
Montmartre 46-48, 50, 87
Moore-Brabazon, John 235
Mordaunt, Charles 44
Mordaunt, Harriet 44-45
Morgan, John Pierpont 166-169, 174-176, 192, 224
Morgan, William 102
Morley, Ebenezer Cobb 114
Morley, John 198
Morny, Mathilde de 57
Morse, Samuel 188-189
morsecode 188-189, 194
Mothe, Antoine de la 97
Motor Car Act 93, 95
motorfiets 84, 92
Mott, John Raleigh 196
Moulin Rouge, Le 10, 48-51, 57
Mozart, Wolfgang Amadeus 170
Munshi, *zie* Karim Abdul
Murder on the Orient Express 221
musical 42, 206
musichall 41, 47, 120-121, 188
Muybridge, Eadweard 183-184

naaimachine 26, 87, 175
Nagelmackers, Georges 220
Naismith, James 102
Nana 211
Napoleon III van Frankrijk 7, 25, 31, 43, 53, 57
Napoleon Bonaparte 25, 97, 199
Nares, George 141
Nast, Condé 210

Nast, Thomas 74
National Broadcasting Company (NBC) 195
National Geographic Society 181
National Sporting Club (NSC) 100, 166
Nature 210
neonverlichting 175
New Journalism 198, 207
newsie 206
News of The World, The 197, 216
Newspaper Row 204
New York Herald, The 42, 204
New York Journal 205, 208
New York Times International Edition, The 216
New York World 205, 208, 223
Niagara Falls 28, 175
nickelodeon 196
Nicolaas II van Rusland 18, 63, 224
Nightingale, Florence 23, 251
Nobel, Alfred 34, 246, 258
Nobel, Ludvig 246
Nobelprijs 136, 196, 199, 247-248, 250-251, 254, 258
nucleaire geneeskunde 249

Oakley, Annie 10, 39-40, 55-56
O'Brien, Beatrice 191
Observer, The 200
ohm 164
Oldsmobile 88, 93
olie 91, 165-166, 176
Oliphant, Laurence 145
Olivier, broers (Aimé, Marius en René) 124
Oller, Joseph 48, 50-51, 75
Olympische Spelen 11, 13, 106-109, 112
ondergrondse 67-68
opblaasbare band 122
Opel, Adam 87
Opel, Sophie 87
Order of Merit 35, 215, 240
O'Reilly, Samuel 157
Oriënt-Express 220-221
Osborne 24, 58, 190-191, 203
Otero, Caroline (La Belle) 49
Otis, Elisha 65-67
Otto, Nicolaus 82
Outcault, Richard Felton 208
Oval, The 117
Oxford 8, 27, 114, 213

paardloze koets 81, 83
Padilla, Rafael 49
Paget, Mary (Minnie) 178
Palais d'Électricité 161
Palais d'Industrie 61
Pall Mall Gazette, The 57, 197
Palmer, Henry 42
Pan, Peter 215
Panamakanaal 62, 142
Panhard, René 80, 86
Panhard et Levassor 11, 81, 84, 86
Paoli, Xavier 53
paperclip 161
parallelschakeling 172
Paris Herald 204
Park Row 66, 204
Parker, George 77
Parker Bowles, Camilla 238
Parsons, Charles 12, 225-227

Pasteur, Louis 10, 244-246, 257
pasteurisatie 245
Pastor, Tony 47
Pathé, broers (Charles, Émile, Jacques en Théophile) 34, 182, 188
pathologie 245
Patten, Gilbert 214
Pavlov, Ivan 247
Paxton, Joseph 35
Peaky Blinders 76
Pearl, Cora 202
Peary, Robert 157
pêche melba 153
peepshow 186
Peltier, Thérèse 234
Pénaud, Alphonse 231
penthouse 78
Perera, Augurio 104
Pernod, Henri-Louis 47
personal shopper 73
Petit Journal, Le 202
Pétomane, Le, *zie* Joseph Pujol
Petri, Julius Richard 245
petrischaal 257
Petrosino, Giuseppe 77, 79
Peugeot 86, 92
Peugeot, Armand 34, 86
Pheidippides 109
Phillips, Jack 192-193
Pietri, Dorando 111
Pilcher, Percy 237
Pinocchio 214
Pirou, Eugène 188
plastic 31
polonium 249
polshorloge 230, 254
ponskaart 161
Pont Alexandre-III 70
Pont, Du (familie) 167
Poole, Henry 54
Popular Mechanics 210, 213
Popular Science 210
pornofilm 188
Porsche, Ferdinand 91
Potter, James Brown 54
Potter, Maud 216
Pougy, Liane de 49
Preece, William Henry 190, 213
Prier, Pierre 237
Priestley, Joseph 137
Primrose, Archibald 33-34
Prince, Louis Le 183, 187
prince-de-galles 54
psychotherapie 247
public relations 198
public school 106
Puccini, Giacomo 153
Pujol, Joseph 49
Pulitzer, Joseph 34, 62, 204-208, 223
Pulitzer Prize 78
Pullman, George 34, 220, 236
Pullman-matras 220
pulp fiction 217

Queen Anne's Mansions 67
Queensberry Rules 99, 101
qwerty 216

race 12, 28, 45, 85-87, 90-93, 96, 103, 109, 131-132, 139, 143, 235
racefiets 131-132
radar 60
radio 193-194, 212
radioactivité 249-250

radiologie 247
radium 13, 248-250, 258
reclame 51, 98, 121, 175, 215
Red Shirt 37
Reid, James 255-256
Reis, Johann Philipp 195
reisgids 146
relativiteitstheorie 247
remblok 81, 126
Remington 198, 216
Renard, Charles 228
Renault 87
Renault, Louis 34, 86
Reno, Jesse 78
Renoir, Pierre-Auguste 51
Renold, Hans 126
République du Croissant 216
Reuter, Paul Julius 216
reuzenrad 41, 160
Review of Reviews, The 198
Reynaud, Émile 182-183
Rhodes, Cecil 143, 157
Righi, Augusto 190
rijbewijs 93, 95
Rimmel, Eugène 34, 50-51
rits 161
Ritz, César 10, 12, 34, 152-156, 159, 241
Robertson, Morgan 196
Robin Hood 217
Robinson, Bill 47
Rockefeller, Edith 168
Rockefeller, John D. 91, 164-165, 167-168, 176
Rode Kruis 251
Rolex 231
rollenketting 126
Rolls, Charles 13, 87, 235
Rolls-Royce 85, 88
Romeo, Nicola 87
Röntgen, Wilhelm Conrad 11, 34, 247-249
röntgenstraling 11, 247-249
Roosevelt, Theodore 77, 153, 192
Rose, Ralph 110
Rosebery, Lord, *zie* Archibald Primrose
Ross, Ronald 247
rotatiepers 202
Rothschild, Alfred de 28
Rothschild, Ferdinand de 190, 239
Rothschild, Henri de 86
Rothschild, Nathaniel de 28
roulette 45
Rover 87, 97, 126
Royal Aero Club 13, 235, 237
Royal and Ancient Golf Club of St Andrews 8, 112
Royal Automobile Club (RAC) 94
royal charter 244, 251-252, 257
Royal College of Physicians 12, 244
Royal Geographic Society 138
Royal Institution 170, 183, 190
Royal Society 11, 138, 164, 170, 190, 226, 240, 244
Royal Society of Arts 13, 60, 164, 180, 201, 244
royal warrant 72, 85, 121, 158
Royce, Henry 87
RRS Discovery 138-139
rugby 106, 110, 113-115
Rutherford, Ernest 258

safety bike 126
Salgari, Emilio 214
Salis, Rodolphe 47
Salon International de l'Auto et Accessoires 92
Samaritaine, La 71
Sandokan 214
Sandringham 8, 10, 40, 43, 90, 101, 112, 148, 191, 222, 230, 255
sandwich man 205
Sans famille 217
Santa Claus 74-75
Santos-Dumont, Alberto 230, 233
Sardou, Victorien 42
Sassoon, Arthur 239
Satie, Erik 157
Savoy Hotel 11, 151-156, 163
Sawyer, Tom 174, 214
Schermerhorn Astor, Caroline (Lina) 155-156
Schwab, familie 167
Scientific American 210
Scientific management 167
Scott, Robert Falcon 12, 138-139
scouting 13, 140-141
Scramble for Africa 143
Seiberling, Frank 127
seismograaf 60
seizoenuitverkoop 70
Selfridge, Harry Gordon 34, 72-73
Selwyn, Edgar 196
Semmelweis, Ignaz 257
sepsis 241
serieschakeling 171
Sewell, Mary Wright 214
Seymour, Hugh 46
Shackleton, Ernest 12, 138-139
Shakespeare, William 22, 197
Shelley, Mary 176
Sheridan, Martin 110
Sherry's 168
shift key 216
signeersessie 73
Simpson, Wallis 158, 215
Sipido, Jean-Baptiste 218
skiën 150
slaghoedje 246
Slinger van Foucault 26
Smith, Jem 101
smoking 54
snelheidsboete 93
snelheidsmeter 93
Snow, John 257
soccer 114
softbal 102
Sopwith, Thomas 237
Sorbonne 106, 244, 248, 250
SOS-signaal 193
souvenir 146, 149
Spalding, Albert 34, 102
special effects 187
spoorbreedte 68, 221
sportswear 54
Sprengel, Hermann 163
Spyri, Johanna 214
Stadion Panathinaiko 107
Stamper, Charles William 89-90, 94, 255
Standard Oil 165
Stanley, Frederick Arthur 101
Stanley, Henry Morton 143, 204
Starley, John Kemp 126
Staten Island 38, 41
Statler en Waldorf 158

Stead, William Thomas 197-199, 207
Steen, Jan 13
Steiff 20
stekker 175
stemmachine 25
Stevenson, Robert Louis 214
St John Ambulance 10, 252
St Paul's Cathedral 33
Stockman, Frédéric 75
stofzuiger 13, 161, 175, 177
Stoker, Bram 211
stoomturbine 226
stopcontact 175
Strand Magazine, The 211
Strange Case of Dr Jekyll and Mr Hyde 212
Straus, Ida 74
Straus, Isidor 74, 196
Straus, Nathan 74
Strauss, Johann 153
strijkijzer 60, 175
Strong, Ann 128
stroomoorlog 169, 174
stuiverroman 37, 217
Sturmey, Henry 130
stuurwiel 86
subway 69
Suezkanaal 9, 141
suffragette 55
suikerspin 161
sulfietprocedé 201
Sullivan, John 101
Suriray, Jules 137
Suter, Fergus 116
Swan, Joseph 163-164
tabloid 199-200
Tale of Peter Rabbit, The 215
tankstation 81, 96
Tarzan 217
Tatin, Victor 236
tatoeage 8, 36, 146, 157, 214
Taylor, Charlie 232
Taylor, Frederick Winslow 167
technologische revolutie 31
telefonie 12, 73, 94, 110, 155, 160, 169, 181, 190, 194-196
telegrafie 25, 141, 165, 169, 172, 183, 188-190, 192, 194, 204, 223, 255
telegram 82, 175, 204, 207
telescoop 25, 160
Tellier, François-Michel le 155
Temple, Frederick 178
tennis 23, 101, 103-106, 115
Terront, Charles 127
Tesla, Nikola 11, 34, 170-172, 174-175
Thoreau, Henry David 157
Thousand Islands-dressing 156
ticker tape 183, 195
tijdzone 43, 222-223
Times, The 151, 200
Tissandier, Gaston 228
Titanic 74, 192-193, 199, 224, 226
toerisme 31, 112, 144, 146-149, 151
Toetanchamon 168
Tolstoj, Lev 141, 212
Toulouse-Lautrec, Henri de 10, 34, 47, 50-53, 57, 158
Tour de France 132, 134
Tour du Monde en quatre-vingts Jours, Le 223
Tour Montparnasse 78
tourniquet 68

Tower Bridge 10, 70, 75
tractor 161
transformator 161, 172
Trans-Siberië Express 221
traveller's cheque 148
Treasure Island 214
trein 8, 12, 20, 43, 56, 68, 135, 141, 150, 161, 183, 200, 212, 216, 218-224, 243, 256
Treves, Frederick 240-241, 253, 257
Trinity College 115
Trottoir Roulant 161
Truth 209
Tschirky, Oscar 156
Tschumi, Gabriel 41
Tsjechov, Anton 212
Tube 68, 78
tuberculose 129, 243, 245
Turbinia 226
Turnure, Arthur Baldwin 210
tuxedo 54
Twain, Mark 174, 213
tycoon 177
typemachine 198, 202

ukiyo-e 52
ultraviolet 248
Underground 67
Union des Sociétés Françaises des Sports Athlétiques (USFSA) 104
urbanisatie 59
US Open 112
US Steel 167

vaatwasser 60, 175
vaccin 35, 245, 257
vakantie 23, 44, 73, 147, 184, 224, 233, 249, 255, 257
Valentine, Robert 74
Vanderbilt, Cornelius 153, 168, 176
Vanderbilt, George Washington (II) 196
Vanderbilt, William Henry 168
Vane-Tempest, Susan 32
Vanity Fair 209
variététheater 47-48, 188
vaudeville 47-48, 186, 188
velg 127
vélo 124
Vélocio, *zie* Paul de Vivie
vélodrome 131, 133
ventiel 126, 137
ventilator 26, 175
verbrandingsmotor 82, 84, 227
Verity, Frank 159
Verne, Jules 136, 141, 212, 223, 230
versnellingsbak 85-86
Vian, Philip Louis 57
vibrator 56
Vickers, broers (Edward en William) 87
Victoria van het Verenigd Koninkrijk 7-10, 12, 15, 20-24, 26,29, 30, 32-34, 36, 38-41, 45-46, 50, 58, 61, 67, 80, 99-100, 106, 112, 120-121, 138, 144-145, 148, 151, 159-160, 164, 180, 190-191, 197, 203, 218, 224-225, 240, 252, 255
Victoria van Saksen-Coburg en Gotha (Toria) 9, 127-128, 185
Victoria van Saksen-Coburg en Gotha (Vicky) 99
Victoria Eugénie van Battenberg 18

Vikélas, Dimítrios 106
Viollet-le-Duc, Eugène 62
vitamine 254
Vivie, Paul de 130-131
Vogue 210
volleybal 102
volt 161, 164, 172-173
vrachtwagen 96
Vrijheidsbeeld 62, 77, 79, 233
vrijmetselaar 36, 201, 222
Vuelta a España 136
vulpen 60

Walden 157
Waldorf-Astoria 156, 158, 171
waldorfsalade 156
Walker, John Brisben 210
Wall, Frederick 118
Wall Street 166, 169
War of the Worlds, The 136, 140
Ward, Georgina 80
Warwick, Daisy, *zie* Daisy Greville
wasmachine 26, 175
waterkrachtcentrale 175
waterstof 175, 228-229
Watkins, John 213
Watson, Dr. John H. 211
Watson, Thomas A. 181
watt 176
Watt, James 127
Weber, Louise 10, 49, 51, 55
weekend 43-44, 100, 147
wegenkaart 96
wegenwacht 12, 94-95
Welles, Orson 205
Wells, H.G. 122, 136, 140, 212
wereldtentoonstelling 7-10, 25-26, 30-32, 41, 48, 51, 60-61, 63, 69-70, 75, 82-83, 91, 106, 110-111, 122, 142, 149-150, 52, 160, 162, 172, 174-175, 177, 181, 185-187, 209, 220, 222, 226-228, 244, 248
Westinghouse, George 170, 172-174, 177, 194, 226
W.H. Smith & Son 217
White City Stadium 110-111
White Lodge 24
White Star Line 192
Wilde, Oscar 47, 212
Wilhelm II van Duitsland 18-20, 34, 44, 85, 103, 207, 224, 226, 255
William, hertog van Cambridge 216
William III van Engeland 24
William IV van het Verenigd Koninkrijk 21, 24
Willy, Louise 188
Wilsdorf, Hans 231
Wilson, Arthur 45
Wimbledon 40, 104
Wind in the Willows, The 217
window shopping 74
Windsor 10, 12, 20, 24, 29, 58, 111-112, 128, 140, 159-160, 177, 181, 222, 227, 235, 240
wintersport 101, 150
wisselstroom 172-174, 177
Witte Huis 29
wolkenkrabber 8, 65-67, 69, 75, 78, 174, 194, 212
Wolseley 87-88
Wonderful Wizard of Oz, The 215
Wood, Charles 126
Wood, Ellen 146
Wood, Fernando 65

Woolfall, Daniel 118
Worth, Charles Frederick 53, 75
Wright, broers (Orville en Wilbur) 13, 231-233, 235
Wright Flyer 232-233
Wulf, Theodor 78
Wurlitzer, Rudolph 196

Yale 101-102, 115, 214
yellow journalism 208
Yellow Kid, The 208
Young Man's Christian Association (YMCA) 102, 116
Young Women's Christian Association (YWCA) 116

zaklamp 175
Zamenhof, Ludwik Lejzer 140
zeppelin 229-230
Zeppelin, Ferdinand von 228-229
Zidler, Charles 48, 50-51
ziekenhuis 12, 123, 155, 233, 239, 242-244, 256
zoetstof 60
Zola, Émile 64, 71, 132, 211-212
zomertijd 223
zonne-energie 175
Zuidpool 138-139
zweefvliegen 231-232